일본의 노예

일러두기   영어 및 한자 병기는 본문 안에 고딕 서체의 작은 글자로 처리했습니다.
인명 및 지명은 국립국어원의 외래어 표기법에 따라 표기했으며, 규정
에 없는 경우는 현지음에 가깝게 표기했습니다.

SLAVES OF JAPAN

일본의 노예

한국인이 꼭 알아야 할 역사의 진실

박태석 지음

월드헤리티지

잊어서는 안 될
우리의 과거를 쓰면서

I

'네버 어게인!Never Again!'

1945년 4월 독일 바이마르에 있는 나치의 부헨발트 수용소에서 살아남은 유대인들이 사용한 슬로건입니다. 그 이후 전 세계의 거의 모든 유대인 홀로코스트 기념관에서 슬로건으로 사용하고 있습니다. 원래 이 용어는 유대인 이츠학 람단의 1927년 서사시 〈마사다Masada〉의 '마사다여, 절대로 다시 무너지지 마라!Never again shall Masada fall!'라는 구절에 나옵니다. 오늘날에는 '마사다, 네버 어게인'으로 줄여서 부릅니다.

그 역사적 배경이 유명한 마사다 항쟁입니다. 기원전 63년부터 로마의 지배를 받아오던 유대인들은 시카리Sicarii라고 불리는 독립운동 단체를 중심으로 수십 년 동안 독립운동을 벌입니다. 이들은 망토 속에 단검(시카)을 숨기고 다니다가 로마인이나 로마에 동조하는 유대인을 만나면 살해하는 방식으로 저항운동을 했습니다. 서기 66년 그들은 예루살렘을 일시적으로 되찾기도 했지만, 서기 70년 로마군에게 다시 점령당합니다. 도시와 성전은 완전히 파괴되고 유대인 110만 명이 살육을 당합니다.

이때 시카리 유대인들은 가족과 함께 마사다 요새로 퇴각하여 최후의 항쟁을 계속합니다. 마사다는 사해의 남서쪽 해변에 위치하고 있습니다. 주위의 유대 광야의 산들과는 고립된 해발 450미터의 이 절벽 요새는 정상에 길이 600미터, 폭 250미터의 평지를 이루고 있습니다. 로마의 최정예부대인 제10군단이 마사다 함락을 위해 3년 동안이나 공격을 시도했지만 성공하지 못했습니다. 사방이 절벽인 천혜의 요새인 데다가 비록 소수이지만 유대인들의 저항이 워낙 강력했기 때문입니다. 로마의 실바 장군은 마지막 작전으로 유대인 노예들을 앞장세워 요새 서쪽에 흙으로 경사로를 쌓아 올리기 시작합니다. 마침내 공사가 끝나고 다음 날이면 로마군의 총공세가 예고된 상황에서 유대인 지도자 엘르아살 벤 야일은 그날 밤 960명의 동지들을 모아 놓고 마지막 연설을 합니다.

"형제들이여, 이제 날이 밝으면 우리는 체포될 운명에 놓여 있습니다. 하지만 아직도 우리에게는 사랑하는 가족들과 함께 영광스러운 죽음을 선택할 시간이 있습니다. 로마군이 심판하게 하지 말고 우리 스스로 심판하도록 합시다. 우리의 아내들이 저들에게 욕보임을 당하지 않은 채로 죽음을 맞게 합시다. 우리의 자녀들이 노예가 무엇인지 모른 채로 죽음에 이르도록 합시다. 영원한 자유인으로 먼 훗날 후손들에게 항복하지 않은 유대인으로 남읍시다."

이 비장한 연설에 모두의 마음이 하나가 되었습니다. 남자들은 집에 들어가 이별의 포옹과 키스를 나눈 뒤 가족들을 자신의 손으로 죽였습니다.

남자들만 남게 되었을 때 제비로 뽑힌 10명이 나머지 남자들을 모두 죽였습니다. 그리고 그중 한 명이 나머지 9명을 죽인 후 자신도 자결했습니다. 다음 날 아침 로마군이 성문을 부수고 쳐들어왔을 때 그들은 유대인들의 시체만을 볼 수 있었습니다. 플라비우스 요세푸스의 《유대전쟁사》에 나오는 이야기입니다.

이 비극의 전설은 오늘날까지 승화되어 마사다는 현재 이스라엘군 신병들의 선서식장으로 활용되고 있습니다. 이곳에서 그들은 "마사다! 로 오드 파암!"을 외치면서 각오를 새롭게 합니다. "Masada! Never Again!", 즉 "마사다와 같은 일은 다시는 없다!"라는 말입니다. 해마다 수십만 명의 이스라엘인들이 마사다를 방문하여 조상들의 슬픈 역사를 기억하며 "마사다! 네버 어게인!"을 다짐합니다.

이제 '네버 어게인!'은 슬픈 역사를 기억하며 다시는 반복하지 말자는 세계 보편의 용어가 되었습니다. 다수의 홀로코스트 기념관뿐만 아니라, 폴란드의 트레블린카 유대인 강제수용소 기념관과 나치의 다하우 집단수용소, 르완다 대학살 기념관, 재미 일본인 강제수용 기념관에서도 슬로건으로 사용하고 있습니다.

우리의 역사 속에는 어둡고 슬픈 과거가 많이 있습니다. 이를 들추어내는 것은 즐거운 일이 아닐 수 있습니다. 하지만 그런 슬픈 과거가 재발하지 않도록 기억하고 대비하는 것은 너무나 중요한 일입니다. 우리들의 정신력을 키우는 일이기도 합니다. 하지만 이러한 일들이 국수주의나 배타주의, 혐오주의로 발전하지 않아야 함은 성숙한 시민이 지켜야 할 도덕성입니다.

II

저는 약 4년 전 새로운 결심을 했습니다. 자녀들 교육도 모두 마치면서 가장으로서 가정에 대한 책임을 어느 정도 이행했다고 생각이 들어서 국가와 사회를 위하여 조금이라도 도움이 되는 일을 찾아보자고 생각했던 겁니다. 저는 사회에 기여할 수 있는 방식이 무엇이 있을까 고민하다, 평소 좋아하는 사회과학 연구 활동을 체계적으로 진행하여 자료를 남긴다면 사회제도 개선에 보탬이 될 수 있다는 생각에 이르렀습니다.

저는 일찍이 정치제도 개선을 위한 서적을 발간한 적이 있습니다. 1997년 검사로 근무하던 중, 미국의 공무원 부패방지제도 연구를 위해 미국 캘리포니아주 연방검찰과 연방법원, 공정정치 실행위원회Fair Political Practice Commission 등을 방문해 연수한 사실이 있습니다. 당시의 연수 경험을 바탕으로 2000년 후배 검사들과 함께 '공적 신뢰Public Trust'를 기반으로 하는 미국의 정치자금 규제, 공무원의 윤리 및 부패 방지, 로비스트 규제에 관한 제도 등 미국의 정치개혁 제도 전반에 관한 내용을 다룬《정치개혁 이렇게 한다》라는 책을 출간하여 국내 선거제도 발전 및 공무원 윤리 개선에 나름대로 기여를 한 사실이 있습니다. 당시만 해도 공무원 윤리나 선거 기부금 제도, 이해충돌 문제, 주식의 백지위임 등의 제도는 국내에서는 생소한 개념이었습니다. 이러한 제도들이 반드시 제 책의 영향이라고 하기는 어렵지만, 이제 모두 공무원 윤리 법률과 선거 관련 법률에 반영되어 우리나라에서도 시행이 되고 있습니다. 다만 로비스트 규제 제도는 아직도 시행되지 않고 있습니다.

저는 이번에는 일본군 위안부와 강제징용 문제를 연구하여 그 진실을 파악하고 해결 방안을 모색하는 데 도움이 되는 연구를 하기로 마음먹었습니다. 제가 위안부 문제에 관심을 가지게 된 계기는 7~8년 전에 외국 인권 보호 사례를 찾아보면서부터입니다.

1941년 12월 7일 일본이 진주만의 미 해군기지를 공격했습니다. 루스벨트 대통령은 일본의 미국 서부 해안 지역 대규모 추가 공세를 우려하여 1942년 2월 19일 행정명령으로 미국 서부에 거주하는 약 12만 명의 일본인들을 수용소에 약 3년간 격리했습니다. 그리고 1945년 1월경 일본의 패색이 짙어지자 이들을 석방했습니다. 일본인 피해자들과 그들의 자녀들인 닛세이들과 산세이들은 수십 년 동안 끈질긴 인내와 노력으로 미국 정부에 인권침해의 구제를 호소했습니다. 결국 1988년 미국 의회에서 '시민자유법'을 제정하여 미국 정부가 일본인 피해자들에게 사과하고 많은 보상을 했습니다.

그러한 역사적 사실을 보면서 '왜 우리의 위안부나 강제징용 피해자들은 같은 방식으로 일본 정부로부터 사과와 배상을 받을 수 없는가' 하는 생각을 하게 되었습니다. 인권침해 피해자로서의 일본인이 그 가해자인 미국 정부로부터 보상과 사과를 받았다면, 인권침해 가해자로서의 일본 정부는 위안부와 강제징용 피해자들에게 보상과 사과를 하는 것이 자연스러운 논리입니다. 저는 한국이나 일본 국민이 사실관계를 잘못 알고 있는 것은 아닌지 의문이 들었습니다.

그렇게 시작하여 위안부와 강제징용 피해자들에 관련된 자료들을 정리하는 과정에서 자연스럽게 일본의 중세와 근대사에 접근하게 되었습니다. 그 과정에서 위안부와 강제징용 제도가 일본의 중세 시대의 전쟁 관습인 '인취'와 '난취'에 그 기원을 두고 있다는 사실을 발견할 수 있었습니다. 일본에서는 중세 시대부터 전쟁에서의 승자가 전리품의 일부로 남녀를 납치해 가는 '인취人取'가 빈번하게 행해졌습니다. 계속된 내란으로 노동력이 부족해지자 왜구들은 조선인이나 중국인까지 납치하여 일본 농지 소유주들에게 노예로 팔아 농사를 짓게 했습니다. 16세기 중반 대항해 시대에는 지방 영주들이 주변 국가의 남녀를 납치하여 포르투갈 상인들에게 노예로 팔고 대신 그들의 무기와 화약을 구입했습니다.

16세기 전국의 통일과 함께 서양 무기의 도입으로 군사력이 강화되자, 조선을 침략하여 임진왜란을 일으키고 수많은 조선인들을 납치해 갔습니다. 당시 규슈 지방 다이묘(영주)를 중심으로 한 일본군들은 일본 노예 상인들과 함께 조선의 남부 지방을 돌아다니며 수십만 명의 조선인 남녀들을 강제로 끌고 가서 노예로 삼거나 포르투갈 상인들에게 팔았습니다. 그리고 충청, 전라, 경상 지방의 유명 도자기 기술자들을 대거 납치해 가서 도자기 산업을 크게 발전시켰습니다. 2세기가 지난 후 일본의 조슈, 사가, 사쓰마의 세 번이 1867년 파리 만국박람회와 1873년 빈 만국박람회에서 대상 등을 탄 것은 우연이 아닙니다. 이때부터 일본의 문화가 자포니즘Japonism이라는 이름으로 유럽에 널리 알려지게 되고, 일본 국민들은 자신들의 문화와 국가에 대한 자부심을 갖게 되었습니다. 이는 메이지 유신의 성공으로 이어지면서 정치, 경제, 사회가 두루 발전하는 계기가 되었습니다.

일본은 도요토미 히데요시와 도쿠가와 이에야스가 일본을 통일하고 중앙집권을 확립하자, 외국의 침략으로부터 그들의 통치권을 지키기 위하여 쇄국정책을 취했습니다. 그들은 모든 서양 국가들에게 문을 걸어 잠갔지만, 오직 네덜란드 상인들에게는 문호를 개방했습니다. 그들을 통하여 서양의 문물을 습득하면서 제국주의 시대의 식민지화 정책에 대한 국제 정세를 모두 알고 있었습니다. 일본은 그러한 네덜란드 상인들에게 오란다유키상이라고 부르는 윤락 여성들을 제공했습니다. 오란다유키상은 중국 상인들에게 제공된 윤락 여성들과 함께 가라유키상이라고 통칭됩니다. 이러한 가라유키상 제도는 차츰 발전하여 19세기 들어 메이지 유신과 함께 일본인들의 해외 왕래가 빈번해지자, 젊은 여성들을 해외로 보내 외국 군인이나 상인을 상대로 윤락행위를 제공하는 형태로 변화하게 되었습니다.

1853년 미국 페리 제독의 흑선이 에도만에 나타나면서 일본은 부국강병의 필요성을 절실하게 깨달았습니다. 결국 젊은 무사들을 중심으로 아시아 국가로는 처음으로 근대화에 성공했습니다. 메이지 유신은 국가 제도와 산업 전체를 바꾼 참으로 대단한 사건이었습니다. 이들은 자신들의 나라가 서양의 제국주의의 희생물이 되지 않기 위해 미국과 서양을 방문하여 그들을 배우고 서양인들을 고용하여 그들의 제도와 기술을 습득했습니다. 아직도 산업 근대화에 어려움을 겪고 있는 나라들의 입장에서는 충분히 배울 만한 가치가 있다고 생각합니다. 그러나 일본은 수많은 어려움을 겪으면서 근대화와 산업화에 성공하자, 서양보다도 더 지독한 제국주의 정책을 취하게 됩니다. 가장 큰 희생자가 바로 이웃에 있는 조선이었습니다. 조선을 식민지로 만든 후에 중국 대륙을 침범하고, 자신들의 근대화를 도와준 미국과 영국, 네덜란드 등을 상대로 태평양 전쟁을 일으켜 아시아 전역 대부분을 점령했습니다.

전쟁 기간 중 수많은 일본 군인들이 중국과 동남아시아, 남태평양 지역으로 출전하게 되자 위안부 제도를 만들어 조선 식민지 여성들을 강제로 끌고 가 전쟁터의 성노예로 삼았습니다. 그리고 수많은 군인들이 출병하면서 노동력이 크게 부족해지자, 조선 식민지와 중국 점령지의 남성들을 강제로 징용하여 일본과 태평양 각지에서 강제 노동에 종사하게 했습니다. 한국으로서는 참을 수 없는 역사적 수치입니다. 하지만 우리들의 조상인 조선 위정자들의 잘못도 적지 않습니다. 이들은 허구한 날 왕권 유지와 권력 쟁탈에만 몰두하고 내부 정쟁으로 세월을 보냈습니다. 국가의 부국강병을 기초로 한 국민들의 안전 보호에는 아무런 관심도 없었고, 의지나 능력도 없었습니다. 나라에 기본이 없었던 겁니다. 위안부와 강제징용 피해자는 그러한 역사의 결과입니다.

위안부와 강제징용 제도는 거시적으로 볼 때 중세 시대 일본의 인취와 난취, 왜구의 조선인과 중국인 납치, 임진왜란 당시의 조선인 연행, 포르투갈 상인의 해외 노예 매매, 유럽 상인과 군인들에 대한 가라유키상 제도 등과 연결된 행위라고 볼 수 있습니다. 즉, 이러한 역사적 사건들이 우연히 발생한 것이 아니고, 전자의 경험을 바탕으로 이루어진 관행적 행위로서 서로 연결되어 있다는 것입니다. 미래에도 새롭게 진화한 형태로 재발할 가능성이 있다고 보아야 한다는 의미이기도 합니다.

그래서 저는 일본의 유녀 제도, 노예 매매, 임진왜란, 가라유키상, 일본의 제국주의 진행 과정에 대해서도 살펴보았습니다. 위안부나 강제징용 자체에 대한 연구에만 집중하는 것보다 거시적인 분석이 국가와 사회에 도움이 된다고 보았습니다. 20대에 했던 일본어 공부를 다시 시작했지만, 여전히 부족한 일본어 실력이었기 때문에 파파고나 구글 같은 번역기의 도움도 받았습니다.

제가 자료를 수집하고 검토하는 과정에서 후배인 전종원, 강경희, 김남기 세 분 변호사들에게 제 생각을 이야기하고 동참을 권유했습니다. 혼자 하는 것보다 여러 사람이 참여하면 훨씬 수월한 것은 모든 일의 이치입니다. 변호사 세 분은 수년 전에 제가 중앙선관위 사이버테러(디도스) 진상규명 특별검사로 일할 때 특별수사관으로 참여하여 함께 일한 인연이 있습니다. 전종원 변호사는 민주사회를 위한 변호사모임의 주요 멤버로도 활동하고 있고, 강경희 변호사는 대한변호사협회의 기획이사, 변호사시험 위원 등 많은 사회 봉사 활동을 하고 있으며, 김남기 변호사는 전종원 변호사와 함께 민간인 국정농단 특별검사팀에 합류하여 특별수사관으로 맹활약한 바가 있습니다. 세 분 변호사 모두 사회 정의를 실현하고 사회제도를 개혁하는 일에 항상 솔선수범하고 있는 순수하고 능력 있는 분들입니다.

저는 이분들에게, 우리가 학자는 아니지만 변호사로서 사회 문제를 파악하고 이에 대한 자료 수집과 해결 방안의 정리에 비교적 뛰어나니 사회에 기여하는 연구를 같이하자고 제의했습니다. 다행히도 세 분 변호사들이 흔쾌히 동참하여 연구 모임을 시작한 지 3년이 넘었습니다. 제가 자료를 수집하여 원고를 종합 정리하면 세 분이 검토했습니다. 토론을 통하여 상호 의견을 제시한 다음 원고의 방향을 정하는 방식으로 책자를 완성해 나갔습니다. 저를 비롯한 세 분 변호사들이 모두 가족의 생계를 책임져야 하는 직업인들이어서 시간을 내어 틈틈이 연구 활동을 하는 바람에 시간이 많이 걸렸습니다. 이 세 분 변호사들의 격려와 도움이 없었으면 이 결과물은 나올 수 없었을 것이라고 생각합니다.

III

위안부나 강제징용 피해자 문제는 기본적으로 인권 문제입니다. 그리고 이들이 위법한 국가권력에 의하여 자신의 자유와 생명, 재산에 피해를 입었다는 점은 명백합니다. 그렇다면 가해자인 국가나 기업이 이들의 피해를 보상하고, 미래에 이와 같은 피해가 재발하지 않도록 제도적 장치를 마련하는 것이 인권 문제 해결의 당연한 귀결입니다. 그러나 이러한 위안부와 강제징용 문제는 단순한 인권 문제의 차원을 넘어서 한국과 일본의 국가적 문제가 되었고, 양국의 외교적·경제적 갈등의 원인이 되었습니다. 한국과 일본의 정부와 국민 사이에는 문제의 본질에 대한 엄청난 이해의 간격이 있으며, 이를 극복하기 위한 노력이 필요함에도 어느 국가의 정부도 이에 대한 해결책을 강구하고자 하는 진지한 노력이나 협의가 없었습니다. 비록 탁상공론이기는 하나, 저를 비롯한 우리 연구 모임에서는 세계 각국의 인권침해 피해 사례에 대한 갈등과 해결 방안을 살펴보면서 위안부 문제와 강제징용 문제에 대한 해결 방안을 이 책에 이어서 찾아보고자 합니다. 처음에는 연구 결과를 단권으로 정리하여 내고자 계획했으나, 연구 분량이 많아지면서 이번에는 '일본의 노예'라는 제목으로 위안부와 강제징용의 실상, 그리고 이와 역사적 연관성을 가진 일본의 유녀와 가라유키상, 임진왜란의 인취와 약탈 등에 대한 연구 결과를 먼저 출간하게 되었습니다.

연구 과정에서 위안부 피해자들의 고통과 아픔을 이해하지 못하고, 이들을 직업 윤락 여성으로 묘사하는 것에 대하여 마음이 아팠습니다. 나아가 충분히 반증하고 진실을 밝혀야 할 책임감을 느꼈습니다. 그리고 강제징용 피해자 문제도 그 사안의 진실과 피해 규모가 제대로 밝혀지지 않아서 무척 안타까웠습니다. 이 피해자들은 우리들의 할머니이고 할아버지입니다. 우리가 밝혀야 합니다. 우리 민족의 정체성을 확보하는 일이기도 하며, 이런 일이 다시는 반복되지 않도록 해야 하는 것이 우리들의 의무이기도 합니다. 한국과 일본은 영원히 함께 살아가야 할 중요한 이웃입니다. 역사적으로도 대부분 서로 도와주면서 함께 발전해 왔습니다. 두 나라가 서로 마음을 열고 이해를 한다면, 해결되지 않을 일도 없습니다.

일본에는 위안부나 강제징용의 문제에 대하여 국수주의적 입장에서 편협한 태도를 보이는 우익 성향의 정치인이나 학자들도 많지만, 요시미 요시아키吉見義明 일본 주오대학 교수나 토츠카 에츠로戶塚悦朗 변호사 등과 같이 앞장서서 일본 제국에 의한 일본군 위안부의 인권침해의 진실을 밝히고자 노력하는 분들도 많이 있었습니다. 한국에서도 일본군 위안부 문제 제기나 강제징용 피해자들의 배상 청구가 국가의 이익에 반한다고 판단하는 사람들도 있지만, 윤정옥 이화여대 교수나 김학순 피해자와 같이 일본이라는 큰 국가를 상대로 위안부나 강제징용 피해자들의 빼앗긴 청춘과 인권을 찾기 위하여 노력한 용기 있는 사람들도 있었습니다.

생계에 바쁜 가운데서도 빠짐없이 연구 모임에 참석하여 원고의 내용을 검토하고 조언을 아끼지 않았던 전종원, 강경희, 김남기 변호사의 노고에 깊은 감사를 드립니다. 그리고 이제 늦어버린 인사가 되었지만, 생전에 늘 아껴주시던 고 김정길 전 법무부장관님과 고 윤동민 변호사님에게도 감사를 표시하고 싶습니다.

일본어 논문 번역을 도와준 대한변협의 국제팀 정서영 팀장님, 책 발간에 도움을 주신 피플투데이의 손경숙 발행인님, 에이트리 법무사사무소의 신호종 대표님, 도서출판 생각의창 김병우 대표님에게도 감사의 말씀을 드립니다.

마지막으로 각자의 자리에서 성실하게 자신의 업무를 수행하고 있는 아들 내외와 딸 내외, 그리고 아내에게도 무한한 사랑을 보냅니다.

01

SLAVES OF JAPAN

제1부

위안부와 강제 동원의 역사적 기원

_ 인취와 난취

일본의 유녀와 인신매매

일본의 인신매매 관행

일본에서 인신매매의 역사는 매우 오래되었다. 일본에서 매춘부는 유녀 遊女, 유조라고 부르며, 성매매 지역인 유곽遊郭, 유카쿠이나 숙소에서 남성에게 성적 서비스를 하는 여성을 일컫는다. 이런 여성들은 8세기의 나라 시대와 헤이안 시대부터 존재했다. 그런데 이 유녀들은 대부분 폭력이나 기망, 유혹, 그리고 인신매매의 방법으로 어린 소녀일 때 끌려와 평생 성노예 생활을 했다.

근세에 이르러 유녀의 숙소가 도시의 한곳으로 집중되면서 유곽이 형성되었고, 유녀들은 유곽이라는 폐쇄된 공간에서 자유를 박탈당한 채 평생을 살아야 했다. 1584년 도요토미 히데요시의 정권에서 지금의 오사카 도톤보리강 북안에 최초의 유곽이 만들어졌다. 그 후 1589년에는 교토 야나기마치에 유곽이 형성되었고, 도쿠가와 이에야스의 에도 시대에는 에도(도쿄)를 비롯한 전국에 유곽이 만들어졌다. 나아가 메이지 시대에 유곽은 전국에 약 350개, 그 이외의 유곽과 유사한 것이 약 150개가 있었다.[1] 이러한 유곽은 국가의 공인을 받아야 했고 세금도 납부했다. 공인을 받지 않은 사창은 금지되었지만 은밀히 존재했다. 일본은 산창제散娼制가 아닌 유녀들을 한곳에 모아 집중적으로 관리하는 집창제集娼制를 실시했는데, 그중 상당수는 에도 시대부터 유곽의 일상생활도 구획 내로 제한하는 형식을 이어갔다.

일본에서 국제적인 인신매매인 노예무역도 한때 성행했다. 14~15세기에 왜구들은 한반도나 중국 산둥반도 등지에서 조선인과 중국인 들을 납치하여 일본 각지나 류큐 왕국 등에 노예로 팔아넘겼다. 16세기 후반에 들어서 포르투갈을 비롯한 서구 유럽의 그리스도교 선교사들과 상인들이 일본을 왕래하기 시작했다. 그러자 일본의 서부 지방 영주들은 총과 화약 등을 구입하고, 젊은 일본 남성과 여성을 그 대가로 팔았다. 그중에는 임진왜란 중 조선에서 끌려간 조선의 젊은 남성들과 여성들도 있었다. 이들 중 여성들은 대부분 외국에 성노예로 팔려 나갔다. 이러한 노예무역은 반세기 이상 계속되다가 일본의 쇄국정책과 함께 점차 사라졌다.

일본은 17세기 에도 시대에 들어와 쇄국정책을 펼쳤다. 그러면서도 네덜란드나 중국과의 통상은 지속했고, 정부의 통제 아래 이들 국가의 상인들을 상대로 하는 유녀인 가라유키상이 등장하게 되었다. 이처럼 근대에 들어서면서 외국과의 통상이 빈번해지자 일본은, 외국 상인들을 대상으로 일종의 위안부 역할을 하는 윤락 여성들에게 일정한 장소에 머물며 성매매를 하게 했다.

또 일본의 무역 상인들이 해외로 진출하면서 일본의 젊은 여성들을 납치, 기망, 유혹, 인신매매 등의 방법으로 해외로 끌고 가 일본 상인들이나 유럽 상인들에게 윤락을 제공하게 했다. 가라유키상의 해외 진출인 것이다.

일본군 위안부 제도는 일본의 매춘 제도를 모방한 것이라는 견해가 있다. 일본에서의 매춘 제도는 잘 조직화되어 있었는데, 일본 정부와 군대가 일본 군인들에게 성적 서비스를 제공하기 위하여 유사한 제도를 개발했다는 것이다.[2] 일부 일리 있는 주장이지만, 노예성이나 인신매매의 정도에 있어서는 큰 차이가 있다.

일본 군부와 정부는 이러한 일본의 매춘 제도, 노예무역으로서의 성노예 매매, 그리고 해외의 일본 윤락녀인 가라유키상 제도를 종합하여 군대 내 위안소 제도를 두었던 것으로 보인다. 다만 위안소는 매춘 제도나 가라유키상과는 비교할 수 없을 정도로 위안부를 철저하게 격리하여 이들의 신체의 자유를 구속했다. 일본 정부는 군부대 내 위안부를 통해 일본 군인들의 강간 범죄를 감소 또는 방지하고자 했다. 더 나아가 이를 통해 반일 감정이 악화되는 것을 막고, 군인들 사이의 성병을 예방하며, 기밀이 외부에 유출되는 것을 방지하고자 했다. 특히 일본 군인들의 성적 만족을 통한 사기 진작의 목적이 컸다.[3]

미국 국토안보부Homeland Security Department에 따르면, 인신매매human trafficking는 현대판 노예제도로서 위력, 기망, 강요 등을 사용해 노동력이나 상업적 성행위를 피해자의 의사에 반하여 착취하는 것을 말한다. 인신매매상trafficker들은 피해자들을 인신매매하기 위하여 폭력 또는 기망의 방법을 사용하거나, 거짓으로 높은 보수를 받는 직업을 제공한다고 하거나, 애정 관계를 약속하는 등의 방법을 사용하는 것이 일반적이다. 인신매매 피해자들에는 다양한 연령대와 종족, 그리고 여러 국적의 남성과 여성, 아동이 포함된다. 인신매매상들은 폭력이나 기망, 강요의 방법을 사용하여 피해자들을 유인한다. 그리고 강제로 이들로부터 노동력을 착취하거나 상업적으로 성행위를 착취한다. 그들은 정신적·감정적으로 취약하거나, 경제적 어려움에 있거나, 사회 안전망이 결여되어 있거나, 자연재해 또는 정치적 불안정 등의 다양한 사유로 쉽게 먹잇감이 될 수 있는 피해자들을 찾아 유인한다.[4] 이러한 기준에 의할 때 일본의 유녀, 노예무역의 성노예, 가라유키상, 일본군 위안부 모두 인신매매의 피해자라고 할 수 있다.

일본의 유녀나 가라유키상은 순전한 윤락 여성으로서 일본의 게이샤나 한국의 기생과는 성격을 달리한다. 일본의 게이샤는 음악가나 고상한 예술가로서 엄격한 훈련을 거친다는 점에서 유녀와 다르다. 그리고 게이샤가 손님과 성관계를 갖는 것은 저녁의 유흥 자리 이후에 드물게 있었을 뿐이다. 게이샤는 대부분 한 남성과 지속적으로 관계를 가져왔다는 점에서도 유녀와 그 성격을 달리한다.[5] 한국의 기생은 윤락 여성이라기보다는 일본의 게이샤에 가깝다고 할 것이다.

일본 윤락 산업의 발전, 여성 인신매매의 결과

역사적으로 수세기 동안 가난한 농촌 지역의 소녀들은 유괴되거나 팔려서 전국의 도시와 교역 루트로 이동했다. 가마쿠라 시대(1185~1333년)에는 제국의 수도인 교토와 막부 수도인 가마쿠라 사이의 도로를 따라 여관업과 윤락업 등 여행자들을 위한 사업이 번창했다. 무로마치 시대(1378~1573년)에는 정치적 수도가 다시 교토로 집중되고 윤락업은 도시 팽창과 더불어 번성하면서 공식적인 허가와 규제를 받는 대상이 되었다. 요시하라 쇼군 시절(1521~1546년)에는 윤락업 담당 부서가 설치되고 세금이 징수될 정도로 윤락업이 체계화되기 시작했다. 조선과는 달리 일본은 이처럼 윤락이 하나의 산업으로 발전함에 따라 하류층인 농촌 여성들의 인신매매도 일찍부터 성행했다.

심지어 일본 상인들은 이러한 유녀들을 15세기 조선에까지 데리고 들어와서 일본 상인들을 상대로 윤락행위를 하도록 했다. 1407년(태종 7년) 조선은 왜구들의 민간인 노략질의 피해가 심각해지자 일본인들의 요청에 따라 국방상의 견지에서 흥리왜선(무역선)의 입항지를 두 곳으로 제한했는데 부산포가 그중 하나였다. 부산포에 거주하는 일본인 중 일부는 조선으로 귀화했지만, 일본인으로 한반도에 거주하면서 귀화하지 않는 항거왜恒居倭도 많았다. 이들은 자신들의 수령을 우두머리로 하는 자치가 행해졌다. 개항 초 부산포의 항거왜인 가운데는 상인뿐만 아니라 유녀도 존재했다. 이들은 일본 외교 사절이 탄 외교선이나 일본 상선이 입항하면 호객 행위를 하기에 급급했다.[6] 이에 비추어 볼 때 15세기 초에 이미 일본에는 유녀라는 제도가 존재했고, 일본인들은 해외 거주지에 유녀들을 데리고 가는 관습이 있었던 것으로 보인다.

일본의 윤락업을 체계적으로 관리하기 시작한 것은 도요토미 히데요시였다. 그는 1580년대에 권력을 잡은 후 오사카를 주요 성곽으로 선택하고 오사카 도시 안에 일본 최초로 담벼락으로 둘러싸인 유곽을 만들었다. 1600년에 일본이 통일되자 많은 무사들이 윤락업소를 개설했고 도시의 일부 지역이 유곽으로 지정되었다. 가장 유명한 홍등가는 1618년 설립된 요시와라 유곽으로 도쿠가와 막부의 중심지인 에도에 위치했다. 이곳은 윤락업소와 다방 등이 계층적으로 존재하고 담벼락으로 둘러싸인 지역이었다. 이곳의 여성들은 돈이 곤궁한 부모들에 의하여 성노예로 팔려왔으

며, 이들이 빌린 돈을 갚고 이곳을 나가는 것은 거의 불가능했다.[7]

농촌 지역 여성들에 대한 인신매매는 19세기와 20세기에 걸쳐 계속되었고, 특히 도시 지역에서 남성 노동력의 급속한 증가와 더불어 성매매 수요가 증가함에 따라 상황은 더욱 심각해졌다. 유럽 상인들의 왕래에 따라 규슈 북서부 지역을 중심으로 시작된 일본에서 외국으로의 윤락 산업의 수출은, 공식적으로 허용된 일본 국내 윤락업의 자연스러운 확장의 결과였다.

일본 유녀의 성노예 생활

일본의 매춘부들은 대부분 자발적 의사에 의한 취업이 아니었고 인신매매에 의한 소녀들의 강제 이동이었다. 그 결과 신체의 자유를 억압당하는 성적 노예들이었다. 여현女衒, 제겐이라는 이름으로 알려진 알선업자들은 일본 전역을 돌아다니며 어린 여성들을 물색하여 국내 취업을 제안하거나 해외에서 일하게 해주겠다고 속였다. 그러고는 부모에게 돈(가불금)을 건넨 후 다시 이들을 포주에게 넘겨 차익을 챙겼다. 심지어 알선업자들은 여성들을 납치하여 포주에게 매매하기도 했다. 이들의 윤락녀 모집은 가불금이라는 계약 관행과 맞물려 농촌 여성들의 무지를 틈 탄 부정한 계약이었다.[8] 윤락녀가 된 여성들에게는 손님이 지불한 금액의 25% 정도만 돌아갔으며, 그마저도 15%는 다시 가불금을 변제한다는 명목으로 빼앗겼다. 결국 그녀들에게 남는 것은 채무뿐이었고, 윤락녀 생활을 벗어날 수가 없었다.

더구나 유곽제와 집창제라는 유곽 제도의 폐쇄 환경은 가불금과 연결되어 그들의 신체의 자유를 억압하여 일본 윤락녀들의 노예 상태를 더욱 심화시켰다. 에도 시대를 연 도쿠가와 막부는 1617년 도시의 외곽에 유곽 지역을 설정하여 그곳에서만 매춘할 수 있도록 제한하는 명령을 내렸다. 에도의 요시와라吉原, 오사카의 신마치新町, 그리고 교토의 시마바라島原가 가장 유명한 3대 유곽이었다. 매춘부와 고급 창녀들은 유녀로 허가를 받아야 했고 이들은 오이란花魁을 정점으로 계급화되었다. 유곽 지역은 담벼락으로 둘러싸였고 세금 부과의 대상이었으며, 접근이 통제되었다. 유녀들은 담벼락 밖으로 외출이 거의 인정되지 않았고, 오직 친족이 죽었을 때와 1년에 한 번 하나미花見, 벚꽃 구경를 위한 외출이 허용되었다. 이처럼 유곽은 유녀들을 집단으로 모아 놓고 사실상 감금한 채 신체의 자유를 제한했다. 이러한 집창제는 산창제와는 달리 국가의 윤락 여성들에 대한 통제를 훨씬 더 용이하게 했다. 이와 같이 일본의 공창제도는 국가권력이 제도적으로 여성을 성적으로 수탈한 것이었다.

요시와라 유곽, 일본 최대의 유곽

유녀들의 노예성을 알기 위해서는 그녀들의 유곽 생활을 보면 쉽게 확인할 수 있다. 요시와라 유곽은 일본 에도 시대에 생겨난 거대 유곽촌(집창촌)으로 3대 유곽 중 제일 유명한 곳이며 일본 윤락촌의 대명사와 같은 곳이다. 원래는 니혼바시 근처에 있었으나 갈수록 규모가 커졌기 때문에 막부는 요시와라를 에도 외곽으로 옮기라고 명령했고, 1657년 3월 2일 메이레키 대화재가 일어나면서 구舊요시와라는 전소되었다. 결국 니혼츠제(현재의 니혼츠미)로 이전하게 되었는데 이곳이 신新요시와라다. 신요시와라는 에도 말기까지 전성기를 누렸으며, 지금도 근처에 고급 사창가가 존재한다.

도쿠가와 이에야스는 1590년 8월 30일 에도(지금의 도쿄)에 입경해 1603년 정이대장군으로 임명되었다. 그리고 이에야스가 에도막부를 연 이때부터 시골이던 에도는 갑자기 활기를 띠게 되고 관동 무사의 중심지가 되었다. 이에야스는 도카이 지방에서 다수의 가신단을 이끌고 에도로 들어갔는데, 에도의 도시 기능을 정비하고자 대규모 토목 공사를 진행했다. 공사를 위해 관동 일원으로부터 인부를 모으게 되었고, 전란의 시대가 끝나 직업을 구하는 낭인이 많았다. 이들이 일을 찾아 에도로 모여들자 에도의 남녀 비율은 남성이 압도적으로 많아졌다. 에도 초기의 기록은 없지만, 에도 중기에 인구의 3분의 2가 남성이라는 기록이 있다. 그런 역사적 배경 속에서 에도 시내에 남성 인부들을 상대로 하는 유녀들의 윤락업소가 흩어져 영업을 시작하게 되었다.

이들 윤락업소의 수가 증가하게 됨에 따라 허가를 받지 않고 영업하는 업소들이 늘어났다. 막부에서는 도시 이미지 관리 차원에서 윤락업소의 이전을 종용하기도 했지만 마땅한 장소가 없어서 골머리를 앓고 있었다. 에도막부는 에도성의 대공사를 추진하는 한편, 무가의 저택 정비 등으로 에도를 전국을 지배하는 도시로 품격을 높일 필요가 있었다. 이 때문에 서민들은 이주를 강요당하는 경우가 많았고, 그중에서도 유녀의 집 또한 종종 이전 요구를 받았다. 이때부터 유녀의 집들은 유곽 설치를 해달라고 진정하기 시작했다. 막부는 처음에 이들의 요구를 들어주지 않았다. 몇 차례의 진정 후, 1612년 모토쇼간지 앞에서 유녀의 집을 운영하는 쇼지 진에몬이 유곽 경영인의 대표로 나서서 유곽을 한곳에 모아 운영하게 해달라는 청원을 냈다. 그는 청원서에 '① 손님을 하룻밤만 묵게 하고 연박을 허락하지 않는다. ② 속여 팔려온 딸은 조사해 친정으로 돌려보낸다. ③ 범죄자 등은 신고한다'라는 세 가지 조건을 붙여서 청원했다.

막부는 진에몬의 청원을 수리한 후, 5년 후인 1617년 니혼바시 근처에도 최초의 유곽인 요시와라吉原의 설치를 허가했다. 그때 막부는 진에몬이 청원 시에 신청한 조건에 추가하여 에도 시내에는 일절 유녀의 집을 두지 말 것, 유녀의 시내 파견도 하지 말 것, 유녀가 있는 건물이나 유녀가 입는 옷은 화려하지 않은 것으로 할 것 등을 요구했다. 이렇게 요시와라 유곽은 1618년 11월에 설립되었다.[9]

이러한 내용에 비추어 볼 때 요시와라 유곽을 설립할 당시에도 유녀를 구하기 위해 인신매매가 성행했던 것으로 보인다. 쇼지 진에몬이 막부의 유곽촌 설치 허가를 받기 위해 보낸 청원서에 '속여 팔려온 딸은 조사해 친정으로 돌려보낸다'라는 조건을 붙여서 막부의 호감을 사고자 했던 점에 비추어 보면, 당시 처녀들을 기망해 유곽촌에 인신매매하는 관행이 사회적으로 문제가 되었다는 것을 알 수 있다.

요시와라 유곽은 대지 면적이 2만여 평이고, 최전성기에는 수천 명의 유녀가 있었다. 이후 요시와라 유곽은 메이지 시대 이후 축소되었다가, 기독교 여성 단체인 부인교풍회의 운동 등에 의해 1956년 5월 21일에 매춘방지법이 가결되어 이듬해인 1957년 4월 1일에 시행되자, 구요시와라 시대부터 계산하여 340년 만에 역사에서 막을 내렸다.

요시와라 유곽에서 일하는 유녀들은 지위의 높낮이를 막론하고 노예와 같은 생활을 했고 인권이라는 것은 존재하지도 않았다. 요시와라 유곽의 유녀 공급은 전부 인신매매로 이루어졌다. 아동 인권 개념이 없었던 만큼 자식은 부모의 소유물로 간주되었기에, 가난해서 입을 줄이거나 빚이 많아 돈이 필요하다는 이유로 어린 딸을 부모들이 업자에게 팔아넘기는 경우도 많았다. 그리고 업자는 다시 이들을 각 유곽에 되파는 식으로 유녀들이 충당되었다. 피임 실패로 임신한 유녀가 아이를 출산하면 그 아이들도 유곽의 소유물이 되었다. 남자아이는 유곽 종업원으로, 여자아이는 유녀로 키워졌다.

이렇게 유녀들 대부분은 본인의 의사와 상관없이 강제적으로 유녀가 되었다. 유녀가 된 이후에는 일정한 기간 가족의 빚을 갚는다는 목적으로 일을 했는데 그 비용은 유곽에서 지원해주는 게 아니었다. 식비부터 치장 비용, 방세, 일을 쉴 때 발생하는 손해 비용까지 전부 유녀 자신의 수입에서 지출했다. 또 유곽 주인에게 뜯기는 마진세도 매우 많았다. 중급 이상 유녀는 휘하에 후배 유녀인 카무로禿와 신조新造를 필수적으로 두어야 했는데, 카무로와 신조의 의식주나 교육 비용도 유녀의 수입으로 해결해야 해서 유녀들은 개인 재산 축적은커녕 스스로 빚을 갚고 나간 경우는 단 한 번도 없었다. 카무로는 오이란 신변의 허드렛일을 하는 10세 전후의 소녀를 말하고, 신조는 15~16세의 유녀 견습생, 특히 오이란 후보 등을 말한다. 고급 유녀인 오이란은 버는 돈이 많은 만큼 지출 비용도 많았기 때문에 대부분의 수입이 유곽으로 빠져나가 오이란도 제 발로 유곽을 나가는 것은 불가능했다. 그리고 유녀들의 야반도주를 방지하고자 유녀들을 유곽 주인의 허가가 없으면 요시와라 밖을 나갈 수 없게 했다. 유녀들이 바깥사람인 척 위장해서 나가는 것을 원천적으로 막기 위해 일반 부녀자들의 요시와라 내부 출입을 금했다.

요시와라 유곽의 유녀들 대부분은 죽을 때까지 유곽을 떠나지 못했다. 이들은 말 그대로 성노예로서 신체의 자유가 전혀 없었고 죽어서야 자유를 찾을 수 있었다. 유녀들은 성병에 취약했으므로 성병에 걸려 갑작스럽게 죽는 경우도 많았다. 성병에 걸린 사실이 발각되면 유곽에서 쫓겨났는데, 오갈 곳이 없으니 돗자리를 들고 거리에서 매춘하거나 거리에서조차 매춘을 못 하면 아예 도시 밖으로 나가 뗏목 같은 것을 띄우고 강가에서 매춘을 하는 요타카夜鷹로 전락해 죽었다. 이 요타카는 일반 유녀뿐만이 아닌 코우시, 오이란 같은 상급 유녀들도 많았다. 죽은 유녀는 장례도 제대로 치르지 않고 매녀売女라고 적은 뒤 대충 멍석에 말아 강가나 절 근처에 버리는 식으로 처리했다. 또 요시와라의 계명을 어겨 처형당하거나 처벌 목적으로 구타당하다 죽은 유녀들도 많았다. 이들은 계명을 어겼다는 이유로 죽임을 당하고, 장례도 치르지 못한 채 짐승처럼 길가나 절 앞에 버려졌다.

다만 유녀들은 유곽 측에서도 중요한 상품이었기에 요시와라 계율을 심각하게 어긴 것이 아니면 어지간해서는 죽이지 않았고 구타만 한 뒤 유곽으로 돌려보냈다. 하지만 얼굴이나 몸에 흉터가 생기면 계급이 떨어지거나 일하는데 지장이 생겼고 최악에는 요타카로 전락할 수도 있었다. 신요시와라 근처에 죠칸지浄閑寺라는 절이 있었는데, 보통 요시와라에서 유녀들이 죽으면 죠칸지 앞에 내다 버렸다. 그러면 죠칸지의 승려들이 그들을 화장해주고 명복을 빌어주었다.

보통 15세부터 정식 유녀가 되었는데 유녀들의 평균 수명은 약 23세로 알려져 있다. 당시의 보통 사람들의 평균 수명보다도 훨씬 짧았다. 유녀들은 성병에 감염되어 죽거나 규율을 어겨 처형되었을 뿐만 아니라 당시 화장품의 주재료였던 수은과 납 중독, 영양실조, 좁은 가게 내의 비위생적인 집단생활로 인한 면역 저하와 스트레스 등으로 건강을 해쳤기 때문이다. 또 낙태 시술을 받다가 사망한 경우도 많았다.

영양실조, 비위생적인 집단생활 등으로 건강 상태도 나쁘고 상품 가치가 없는 유녀나 병에 걸려 죽을 때가 임박한 유녀는, 장의 등의 수고를 생략하기 위해서 가게 측이 계약 기간인 연계年季를 포기하는 방식으로 실질적인 해고나 추방을 했다. 만일 유녀들이 성병에 걸리지 않고 건강을 유지했다 해도 20대 후반이 되면 빚을 다 갚았다는 이유로 낙적이 되었다. 그러나 실상은 상품 가치가 떨어져서 내쫓는 것에 가까웠다. 이들은 대부분 어릴 때부터 매춘과 가무만 배워서 달리 할 일이 없고, 유녀 시절부터 각종 이유로 돈을 유곽에 뜯겨 개인 재산이 없었다. 그런 이유로 반토신조가 되어 후배 유녀들을 양성하거나 오이란의 시중 담당, 호객꾼, 뚜쟁이, 게이샤로 전직해 유곽에 계속 남게 되었다. 즉, 유녀들은 일단 유곽에 팔려오면 쓸모가 없어질 때까지 착취당하다가 죽으면 멍석에 말린 채 죠칸지 앞이나 길가에 버려져 이름 없는 시체로 사라지는 것이다.

결국 유녀들이 안전하게 유곽에서 나가는 방법은 단 하나밖에 없었다. 27세가 되기 전에 단골손님이 빚을 갚아주는 대신 그의 첩이나 부인이 되어 유녀에서 낙적되는 것, 즉 미우케身請け가 되는 것이었다. 문제는 미우케 비용은 화대 비용보다 비쌌고, 오이란은 배로 더 비쌌기 때문에 사례가 드물었다. 재력가라고 해도 미우케를 하는 것은 쉽지 않았던 것이다.[10]

이러한 점 때문에 요시와라 유곽은 공창제도의 어두운 면을 그대로 보여주었는데, 막부가 합법적으로 운영하고 문제점들을 묵인한 인신매매와 성노예의 소굴이라고 보아야 할 것이다.

일본 전국 시대의 인신매매, 인취와 난취

○

인간 사냥과 노예무역

노예는 고대 때부터 세계적으로 존재했으며, 항상 매매의 대상이 되어 유통되었다. 중세에 들어서면서 인신매매나 사람을 약탈하는 행위는 보다 세계적인 방향으로 전개되었다. 이슬람 세계에서는 고도로 세련된 노예 유통 체계가 구축되어 있었으며 중앙아시아, 러시아 초원, 발칸 반도, 유럽 북부, 아프리카 대륙 북부 등으로 퍼져 있었다. 그리고 그것을 매개한 것이 이슬람 상인이었다.

세계적인 인신매매는 유럽 상인들에 의한 아프리카 흑인들의 인간 사냥과 노예무역에서 시작되었다. 유럽인의 아프리카인 노예무역은 1441년 포르투갈인 안톤 곤사우베스가 아프리카 서부 사하라 해안에서 납치한 아프리카인 남녀를 포르투갈의 엔리케 항해 왕자에게 바치면서 시작되었다. 1441~1448년까지 927명의 노예가 포르투갈 본국에 납치된 것으로 기록되어 있으나 이들은 모두 베르베르인으로 흑인이 아니었다. 또 납치된 사람들도 왕실에서 일하는 하인이라는 점에서 대우가 그다지 나쁘지 않았던 것으로 보인다. 1452년 교황 니콜라우스 5세는 포르투갈인들에게 이교도를 영원한 노예로 만들 수 있도록 허용해 비기독교권의 침략을 정당화했다.

대항해 시대 아프리카 흑인 왕국들은 서로 부족 투쟁을 거듭했고, 노예사냥으로 얻은 다른 부족 흑인을 매각하는 방식으로 포르투갈과의 통상에 대응했다. 포르투갈인들은 이 구매 노예를 서인도제도로 운송해서 카리브해 전역에서 전개하고 있던 사탕수수 생산을 위한 플랜테이션에 필요한 노동력으로 매각했다. 노예를 모아 유럽의 업자에게 판매한 것은 현지 권력자인 흑인이나 아랍 상인들이었다.[11]

이러한 노예무역은 대항해 시대인 15세기에서 19세기 전반까지, 특히 16세기에서 18세기의 시기에 주로 스페인, 포르투갈, 네덜란드, 영국, 프랑스, 덴마크, 스웨덴 등 유럽 상인들과 아메리카를 포함한 유럽계 식민지 상인들이, 아프리카와 아메리카 대륙을 연계하여 약 3세기에 걸쳐 아프리카 원주민을 대상으로 전개했다. 이를 통해 서인도의 플랜테이션 경영에 필요한 노동력을 제공했다.

유럽 상인들은 영국의 리버풀과 프랑스의 보르도에서 실려 나온 총기, 기타 산업 제품들을 아프리카로 가져와 원주민과 교환했다. 나아가 이렇게 획득한 흑인들을 서인도제도와 북아메리카에 매각하고 설탕 등을 유럽으로 가져가는 삼각무역이 발전했다. 또 아프리카에 면사포 수요가 많다는 사실에 착안해 영국 자본가들이 맨체스터에서 면공업을 시작했다. 영국 산업혁명의 기반인 면공업은 노예무역이 계기가 되어 시작되었던 것이다. 버클리 은행의 설립 자금이나 제임스 와트 증기기관의 발명에 융

자된 자금은 노예무역에 의해 축적된 자본이라고 전해진다.[12]

이러한 노예무역은 인도적 혹은 산업적 견지에서 1807년에 영국에서부터 금지되었고, 유럽 국가들의 아프리카 식민지화와 함께 노예무역 금지와 노예제 폐지는 차츰 유럽 전역으로 확대되었다. 이러한 움직임 속에서 미국에서는 1808년 노예의 수입이 금지되었는데, 면화 플랜테이션에서 노예를 사역하려는 남부 플랜테이션 농장주들의 밀수가 계속되었다. 1861년 노예제를 둘러싼 갈등으로 남북 전쟁이 발발하여 노예제 유지를 내세운 남군이 패배하고, 1865년 링컨 대통령에 의해 노예제가 완전히 폐지되었다.

동아시아 지역에서의 인간 사냥과 인신매매는 일본이 주도했다. 일본은 섬나라였지만 바다를 통해 세계로 이어져 있었다. 그리고 일본인의 약탈과 인신매매도 동아시아 사회에서 벌어지게 된다. 특히 중국 및 조선과의 사이에서 14세기 중반 무렵부터 인간 사냥과 인신매매에 있어서 맹위를 떨친 '왜구'의 존재가 있다. 왜구의 활동 범위는 한반도, 중국 대륙의 연안과 내륙 및 남양 방면의 해역으로 매우 광범위했다. 당시의 조선인·중국인은 이러한 일본인을 중심으로 한 해적의 집단을 '왜구'라고 불렀다. 광개토대왕비에도 '광개토대왕은 400년에 신라에 5만 대군을 파견하여 왜구를 크게 격파했고, 그 후에도 한반도에 침입한 왜구를 대패시켰다'는 문구가 나온다. 그러나 왜구의 활동은 대체로 14세기 중반부터 15세기 초에 걸쳐 크게 나타나기 시작했다. 왜구는 식량 등 물자에 국한하지 않고 인간까지 약탈의 대상으로 삼았다. 한반도와 중국 대륙에서는 왜구에 의해 사람이 납치되어 일본으로 그대로 끌려갔다. 이리하여 일본에 연행된 사람들을 피로인被虜人이라고 불렀다.[13]

일본 중세의 노예사냥, 인취

그런데 일본에 의한 노예사냥과 노예 매매는 그 역사가 오래되었다. 예로부터 일본 전쟁터에서는 전리품의 일부로 남녀를 납치해 가는 '인취人取'가 심심찮게 행해졌다. 침략 지역에 거주하는 비전투원들에 대한 납치나 비전투원 납치 자체를 목적으로 한 침략도 항상 이루어졌던 것으로 보인다.

일본에서는 전근대, 특히 중세에서 인취와 인신매매가 행해졌다. 그것은 결코 공식적으로 인정된 것은 아니지만 공공연한 비밀이었다고 할 수 있다. 무로마치 시대에도 인취와 인신매매가 있었다는 사례가 있다.

특히 왜구들은 한국인들과 중국인들을 납치하여 노예로 매매했다. 전기 왜구前期倭寇는 한반도, 산둥·요동 반도에서 조선인과 중국인들을 사냥하여 납치하고 노비로 사역시키거나 이키, 쓰시마, 북부 규슈에서 노예로 매각했으며 류큐에까지 전매된 사례도 있다.[14] 14세기의 왜구를 전기 왜구라고 부르며 주로 한반도를 중심으로 준동했다. 후기 왜구後期倭寇는 16세기의 왜구로 중국 해안을 중심으로 활동했다.

고려왕조의 정사《고려사》에 의하면, 1388년 6월에 왜구가 한반도의 전라·경상·양광의 삼도에 침입해 많은 사람이 약탈당하는 막대한 피해를 입었다.《고려사》의 기록에는 왜구의 선단은 50여 척이나 되며, 천여 명을 납치해 갔다고 한다. 국가 존망의 위기였다고 할 수 있다.

중국에서도 마찬가지였다.《황명태조실록》의 1373년 5월 기록에 의하면, 왜구에 의한 사람의 살육 등이 문제가 되었고, 다음 해에는 이에 대한 대책의 일환으로 수군을 강화하여 주변 해역을 순찰하게 했다. 당시 대국인 명나라도 왜구의 피해에 골머리를 앓는 모습이 역력했다.[15]

또 1419년(세종 1년) 조선의 이종무는 대마도(쓰시마) 정벌에 나서 음력 6월 20일 대마도에 도착하여 도주 사다모리에게 항복을 권했다. 대답이 없자 왜구를 수색하여 그곳에 억류되어 있던 131명의 명나라 남녀를 찾아냈고, 29일에는 명나라 사람 15명과 조선인 8명을 찾아내 구출했다고 한다.

조선의 관료 송희경의 《노송당 일본 행록》이라는 사료에도 왜구가 일본 해역을 석권하여 한반도와 중국에서 사람을 납치하고 있었다고 기록하고 있다. 《노송당 일본 행록》은 송희경이 1420년 무로마치 막부의 4대 쇼군 아시카가 요시모치足利義持의 파견 사절에 대한 회례사 자격으로 일본을 방문하고 작성한 기행문집이다. 송희경은 위 책에서 여행 중 중국 강남 태주台州에서 왜구에게 납치되어 일본인의 노예가 된 중국인을 만난 사실과 중국 명나라 사람 위천魏天이 왜구에게 납치되어 조선과 일본, 명나라 사이에서 전매되면서 훗날 일본 막부의 중국어 통역으로 일한 사실 등을 소개하고 있다.

이러한 역사적 사실도 중세부터 왜구들이 한반도와 중국에서 조선인들과 중국인들을 납치하여 대마도 등 일본으로 끌고 가 노예로 매매한 것은 명백한 사실임을 입증하고 있다.

일본에서 14세기 중반 가마쿠라 시대 후반부터 남북조의 난이 시작되어 약 반세기 동안 계속되는 바람에 혼란 상태가 장기간 지속되었다. 특히 규슈에서도 곳곳에서 전투가 벌어져 극심한 내란 상태에 빠졌다. 당연히 농지는 황폐해지고 수확이 곤란해져 식량이 부족했으며, 전쟁 시 식량 등의 약탈도 문제가 되었다.

이런 연유로 논밭을 경작할 사람을 국내에서 조달하는 것이 곤란했으므로 이들을 국외에서 충당할 수밖에 없게 되었다. 규슈에서는 만성적인 농사꾼 부족에 시달렸고, 왜구들은 조선인이나 중국인을 납치하여 일본 농지 소유주들에게 팔아 이들로 하여금 농사를 짓게 했다. 대마도(쓰시마)는 한반도와 가까워 상대적으로 인신매매가 성행했다. 이렇게 일본 내에서의 노동력 부족은 조선인이나 중국인에 의해 보충되었다. 물론 이들이 종사한 것은 농업 이외에도 목축, 어업, 재목의 운반 등이 주된 업종이었다. 모두 가혹한 육체노동이며, 노예로서 가축처럼 사역당한 것이다.[16] 일본의 이와 같은 한국인과 중국인에 대한 노동력 착취의 역사적 경험은 훗날 20세기 일본 제국주의 시대에 조선 식민지와 중국 점령지의 남성들을 강제로 징용하여 일본 각지에서 강제 노동에 종사하게 한 것과 연계가 된다.

또 왜구들이 납치한 조선인과 중국인은 육체노동뿐만 아니라 다양한 직종에서 일하기도 했다. 그중 하나가 통역이다. 당시의 공용어는 중국어였기 때문에 통역은 거의 중국인으로 한정되어 있었다. 중국어를 어느 정도 읽고 쓰는 자는 노예로 일본에 끌려가 일본어도 능통하게 되면서 통역을 맡았다.

다른 하나는 중국이나 조선 등의 안내인으로서 종사하게 하는 것이었다. 왜구가 중국과 조선에 상륙할 때 지리에 밝은 사람이 꼭 필요했기 때문이다. 말하자면 왜구의 앞잡이로 이용한 셈이다. 아이러니하게도 피로인이 왜구를 도와 새로운 피로인을 낳게 되었다.

일본의 중세 이후 노예사냥, 난취

16세기 후기 왜구는 더 큰 규모의 노예무역을 벌여 중국 동남부의 강남, 푸장, 푸젠 등지를 습격해 주민들을 납치하고 쓰시마, 마쓰우라, 하카타,

사쓰마, 오스미 등 규슈 지방으로 끌고 가 노예로 매각했다. 이러한 '란보도리乱妨取り'와 그 후 이어진 임진왜란으로 노예무역은 더욱 확대되었고, 후기 왜구들은 동남아시아로 거점을 확대했다. 밀무역도 하는 후기 왜구에 의해 매각된 노예의 일부는 포르투갈 상인을 통해 마카오 등에서 전매되었는데, 거기에서 인도로 보내진 사람도 있었다고 한다.[17] '란보도리'는 전국 시대부터 아즈치모모야마 시대에 걸쳐 행하여진 것으로, 전쟁 후에 병사가 사람과 물건을 약탈한 행위를 말한다. 일반적으로 이를 줄여서 '난취乱取'라 부른다. 당시 군대의 병사는 농민이 많았으며 식량 배급이나 전쟁터에서의 약탈 목적의 자주적 참가도 있었다. 전국 시대는 15세기 말부터 16세기 말에 걸쳐 전란이 빈발한 시대로 무로마치 막부의 권위가 저하됨에 따라 전국 각지에 다이묘가 대두되었다. 1467년부터 1590년까지의 시기다. 아즈치모모야마 시대安土桃山時代는 오다 노부나가와 도요토미 히데요시가 중앙 정권을 잡았던 시대로 1573년부터 1603년까지를 말한다.

전국 시대에 일본의 마을에서 생활하는 사람들은 때때로 전쟁에 참가해야만 했고, 전쟁터에서 상대방에게서 약탈한 돈과 식량 등을 전리품으로 챙겼다. 전쟁터에서 사람을 체포한 경우 자기 소유가 되므로 납치한 사람을 파는 일도 흔히 있었다. 즉, 전쟁에 나가는 것 자체가 자신의 생사를 건 싸움이었고, 살기 위해 필요한 방편이 약탈이었다. 이런 전쟁터에서 사람의 약탈은 필연적으로 인신매매로 진행되었다.

카이국甲斐国의 다이묘 타케다 노부토라武田信虎를 비롯해 16세기 당시 일본 사람들의 생활과 세태를 기록한 사료로《묘법사기妙法寺記》가 있다. 거기에는 수많은 사람의 약탈 기록이 남아 있다.

1536년, 사가미국相模国에 타케다의 군대가 쳐들어가, '아시가미足弱'를

100명 정도 잡아갔다고 한다. 아시가미는 '발이 약한 사람', '보행 능력이 약한 사람'이라는 뜻으로 여성, 노인, 아이를 의미한다. 즉, 타케다의 군대는 전쟁의 전리품으로서 아시가미인 약자를 강탈해 고국으로 돌아갔던 것이다. 시대를 막론하고 여성, 노인, 어린이는 언제나 약자였다.

그리고 1546년에는 카이국에서 기근이 들어 굶어 죽는 자가 속출했다고 한다. 그런 상황에서 타케다의 군대는 이웃 나라의 남녀를 생포해 모조리 카이국으로 끌고 갔다. 생포된 사람들은 그들의 친척 등에게 2관, 3관, 5관, 10관 등으로 되팔려 나갔다. 현재의 화폐 가치로 환산하면 1관은 약 10만 엔이다. 생포된 사람들을 그 친척들이 약 20만~100만 엔에 다시 사들인 것이었다. 신분이나 성별, 나이에 따라 가격이 정해진 것으로 추측된다. 이처럼 아시가미는 매매가 될 뿐 아니라 농업 등의 귀중한 노동력이 되었다.[18]

전국 시대에는 이처럼 전쟁터에서 사람 또는 물자를 강탈하는 '난취'가 빈번했다. 전쟁터에서 노획한 것은 당연히 내 것이 되었다. 어떤 의미에서 전쟁에 참가하는 것은 난취가 목적이라고 생각될 정도다. 그러한 모습은 《갑양군감甲陽軍鑑》에도 생생하게 묘사되어 있다. 《갑양군감》은 에도 시대 초기에 집성된 군서로 카이국의 타케다 신겐武田信玄·카츠요리勝頼 부자의 치적, 전투, 전술, 형법 등이 기술되어 있다. 타케다 신겐은 타케다 노부토라의 아들이다.

타케다 신겐의 전투로 가장 잘 알려진 것은 에치고국의 우에스기 겐신上杉謙信과 사투를 벌인 가와나카지마川中島 전투다. 1553년 처음으로 두 사람이 칼을 맞댄 이래, 합계 5회에 걸쳐 자웅을 겨루었다. 가와나카지마 전투에서 시나노국으로 침공한 타케다 군대가 그 기세로 에치고국 세키야마(니가타현 묘고시)에 침입하여 화재를 일으키자 사람들은 뿔뿔이 도망쳤다. 타케다 군대는 에치고 사람들을 난취해 자신들의 노예로 납치해왔다고 한다. 대부분 여자들과 아이들이었다.

《갑양군감》에는 병졸이 남녀나 아이 외에 말이나 칼, 호신용 작은 칼을 전쟁터에서 얻음으로써 경제적으로 풍요로워졌다고 적고 있다. 여성에 관하여는 가사 노동에 종사시키거나 혹은 성적인 대상으로 취급했다. 경우에 따라서는 매각하여 금전으로 대체하는 것도 가능했을 것이다. 전쟁에 가는 것은 바로 생활이 달려 있고, 게다가 운이 좋으면 재미도 있었다고 한다.

이렇게 되자 전쟁에 나간 자들의 관심은 극단적으로 말하면 싸움의 승패보다는 난취에서 얼마나 약탈했는가에 쏠려 있었다. 《갑양군감》의 한 구절에는 다음과 같이 기록되어 있는 부분이 있다.

난취에만 마음이 가 있어서 적의 승리도 알아채지 못했다. 난취에만 빠져 있고, 적을 토벌할 마음이 전혀 없었다.

난취에 열중하는 사람들은, '앞뒤 분간을 못 하는 탐욕스러운 사람들'이라고 평가받게 되었다. 이렇게 되자 이들이 전쟁터에 왔는지, 난취하러 왔는지 목적조차 분명치 않게 되었다.

타케다 군대가 시나노국을 침공했을 때 다이몬 고개(나가노현 지노시)를 넘은 후 병사들에게 7일간의 휴가가 주어졌다. 그러나 병사들은 쉴새 없이 함성을 지르며 인근 민가를 습격했다. 목적은 약탈이었으며 논밭 작물마저 빼앗았다. 불과 사흘 만에 마을에서 약탈을 끝내자 여력이 남아 있었던지 이튿날부터는 더 먼 마을까지 달려가 약탈을 일삼는 형국이었다.

뿐만 아니라 전쟁이 끝나고 적의 성을 함락시켜도 난취만은 계속되었다. 그것이 병사들에게 포상이 되었기 때문이다. 1566년 우에노국 미노와성이 타케다 신겐에 의해 함락되자, 잡병들은 미노와성을 본거지로 하여 적병을 차례차례로 포획하고 난취했다. 그들에게 있어서는 전투보다 난취가 전쟁이었다고 말할 수 있을지도 모른다.

전국 시대의 전쟁은 수입을 얻는 수단의 하나였으며 병사를 동원하는 전국 다이묘들도 이들을 종군시킬 이유와 동기 부여가 필요했다. 그것이 난취이며 그들의 수입원이 되었다. 바로 살기 위한 전쟁이었던 것이다. 이렇게 사람과 물자를 약탈하자 잡병들의 삶은 윤택해졌다. 《갑양군감》에는 그 모습이 다음과 같이 묘사되어 있다.

빼앗은 칼, 작은 호신용 칼 등을 팔면서 넉넉해졌다. 말과 여자를 빼앗고 이로써 풍요로워지니 나라 백성들까지 모두 부귀해지고 평안해졌다. 그렇게 되니 나라 안에서 소란이 일어나지 않았다.

전국 시대에는 다이묘들이 다른 나라를 침공해 전쟁을 벌이고 그로 인해 나라가 부유해지는 것이 현실이었다.

난취의 모습은 《야시로 일기八代日記》에도 묘사되어 있다. 그 기술에 따르면, 전쟁터에서는 우마와 함께 사람들도 약탈의 대상이 되었다. 때로는 야습을 하여 사람을 빼앗아 간 모습도 엿보이며, 또 수천 명을 생포하여 그 규모가 얼마나 큰지 놀라울 정도다.

1566년 2월, 나가오 카게토라長尾景虎의 공격에 의해 히타치 오다성(이

바라키현 츠쿠바시)이 점령당했다. 오다성이 점령된 직후 성 아래는 순식간에 인신매매 시장이 열렸다고 한다. 그 모습은 《별본화광원화한합운別本和光院和漢合運》에 다음과 같이 기록되어 있다.

오다성이 개성하자 카게도라景虎의 뜻에 따라 봄 동안 사람이 20전, 30전에 매매되었다.

위 글에 의하면, 인신매매는 카게토라의 공인 아래 행해진 것으로 보인다. 20전이라고 하면 현재 일본의 화폐 가치로 환산해 약 2천 엔인 셈이다. 하급 병사들은 상당수의 여자와 아이를 생포하고 이를 판매하여 생활의 양식으로 삼았던 것으로 보인다.

납치된 사람들을 다시 사들이기도 했다. 이때 돈이 필요함은 물론 중개인으로 상인이나 해적이 간여했다는 지적이다. 상인들에게는 전쟁터에서의 백성 납치 행위는 일종의 상행위로 그들 상인의 주머니를 두둑하게 했던 것이다.

《노부나가 공기信長公記》에 따르면, 1575년에 오다 노부나가가 에치젠국을 토벌할 때 살해된 인간과 생포된 사람의 수가 3~4만 명에 이르렀다고 전한다. 여기에는 병사는 물론 백성들도 포함되어 있었다. 많이 살해되기도 했지만 생포된 백성은 전리품으로 취급되었을 것이다.

비슷한 사례는 오사카 전투에서도 확인된다. 《의연 준후 일기義演准后日記》에 의하면, 오사카 전투에서 승리를 얻은 도쿠가와군의 병사는 여자나 아이를 사로잡아 개선한 것을 전하고 있다. 도쿠가와 방의 하치스카군은 약 170명의 남녀를 사로잡았다고 하는데, 그중 여자가 68명, 아이가

64명으로 그 대부분을 여자와 아이가 차지하고 있다. 약자인 여자나 아이가 생포되는 것은 공통된 보편성이었다.[19] 오사카 전투는 에도막부와 도요토미 가문 사이에 1614년과 1615년에 걸쳐 헤게모니를 둘러싸고 이루어진 전쟁으로 도쿠가와 이에야스 측이 승리했다.

임진왜란 당시 조선인에 대한 난취는 극심했다. 와타나베 다이몬에 의하면, 처음엔 난취를 금지했던 히데요시도 방향을 전환해 붙잡은 조선인을 진상하도록 명령을 내렸다고 주장하고 있다.[20]《다문원일기多聞院日記》에 따르면, 임진왜란 당시 난취로 납치된 조선인 소녀들은 약탈품과 함께 쓰시마, 이키를 거쳐 나고야로 보내졌다.[21]

히데요시의 어오와 도쿠가와의 대오, 쇼군의 위안소

1582년(덴쇼 10년) 6월 오다 노부나가가 횡사한 후, 도요토미 히데요시는 착실하게 스스로의 기반을 굳혔다. 국왕의 섭정인 칸파쿠関白가 된 것은 덴쇼 13년의 일이다. 포르투갈 선교사 루이스 프로이스Luis Fróis의《일본사》는 히데요시의 노골적인 권력욕에 대해 이렇게 표현하고 있다.

이렇게 해서 (히데요시는) 기반을 굳히고 기도한 것이 성취되었다고 보자마자, 그는 이제 과거의 가면을 버리고, 그 후 노부나가에 대하여는 아무런 신경을 쓰지 않을 뿐만 아니라, 할 수 있는 일은 만사에 있어서 그(노부나가)를 능가하여, 그보다 뛰어난 인물이 되려고 부단한 노력을 했다.

정치적 권력을 보유한 히데요시는 자신의 권위를 높이려 했다. 그중 하나가 덴쇼 11년부터 시작된 오사카성의 축성이다. 오사카성 축성의 의도나 공사 모습은 《16·7세기 예수회 일본 연보》에 다음과 같이 기록되어 있다.

(히데요시는) 자기의 지위를 한층 더 높여 이름을 불멸하게 하고, 격에 있어서나 그 밖에 어떤 일에 있어서나 노부나가보다 앞서고자 여러 나라를 다스리고, 영주로서의 권세를 떨칠 것을 결정하고, 그 오만함을 한층 과시하기 위해 사카이에서 삼 리, 도읍지에 있는 오사카大坂라고 칭하는 곳에 새로운 궁전과 성, 그리고 도시를 세우고 건축 규모와 장려함에서 노부나가가 아즈치산에 쌓아 올린 것을 크게 능가하고자 했다.

《16·7세기 예수회 일본 연보》에 의하면, 오사카성을 축성하는 히데요시의 의도를 '자신의 이름과 기억을 남기는' 데 있었다고 지적한다. 노부나가가 사망한 후, 히데요시는 경외 받음과 동시에 한번 결정한 것은 완수하는 인물이라고 평가되고 있었다. 오사카성 공사에는 수만 명의 인부가 동원되었는데, 이를 거부하는 것은 죽음을 의미했다고까지 기록되어 있다.

완성된 오사카성의 호화로움에 방문객들은 경탄하며 말을 잇지 못할 정도였다. 《16·7세기 예수회 일본 연보》에는 성곽이 크고 작은 철문을 갖추고 있으며, 많은 보물을 축적하고 무기·탄약과 식량 창고를 갖추고 있다는 점 등이 기록되어 있다. 또 성에는 아름다운 정원과 다실이 있고 실내는 그림으로 꾸며져 있었다고 한다.

프로이스의 《일본사》에 의하면, 오사카성이 호화 현란했던 것은 히데요시가 높은 신분 출신은 아니지만 노부나가의 후계자가 되어 천하를 장악했기 때문이라고 지적했다. 그런 다음, 히데요시가 '모든 사람의 마음을 자신에게 돌리기 위해 모든 방법을 동원해 자신의 권위를 장식했다'라고 기술하고 있다. 노부나가가 일찍이 호화 장려한 아즈치성을 만들었듯이 히데요시도 오사카성을 건축하여 그를 흉내 내면서 넘어서려고 노력했던 것이다.[22]

오사카성과 엄청난 부를 얻은 히데요시에게 그다음 필수 아이템은 여성이었다. 히데요시는 여자를 좋아했고, 그는 오사카성에 여자들이 기거할 시설이 필요했다.

에도 시대에는 대오大奥, 오오쿠라는 것이 있었다. 히데요시도 오오쿠와 유사한 어오御奥, 어어쿠라는 것을 오사카성에 가지고 있었다. 어오는 임금의 안방이라는 뜻이다. 무로마치 장군이나 전국 다이묘도 어오를 가지고 있었을 것으로 생각되지만, 그 사료는 부족하다.

오사카성의 어오에 관한 사료로는 1586년 4월 6일 자 분고국 기리시탄 다이묘 오토모 무네린大友宗麟의 서장書狀이 있다.[23] 무네린은 사쓰마국의 시마즈가 분고국으로 침입하는 바람에 열세에 빠져 히데요시에게 도움을 청하기 위해 오사카성에 와 있었다.

무네린의 서한은 오사카성 견문록으로서의 가치가 매우 높다. 거대한 오사카성의 천수, 황금의 다실, 명물 다기에 관한 기술도 중요하지만, 주목할 만한 것은 어오의 견학이다. 무네린은 어오를 실제 구경한 몇 안 되는 사람 중의 한 사람이었다. 그는 히데요시의 침실과 시녀들의 의상실을 구경하고 시녀들의 생활에 대한 설명을 들었다.

오사카성의 어오의 존재에 관해서는, 프로이스의 서한이나 《현여상인 패총어좌소일기》[24]에 그 한 단락이 기록되어 있다. 특히 프로이스의 서한에서는 히데요시와 마찬가지로 오다 노부나가가 이미 어오와 같은 제도를 가지고 있었다는 것과 어오에 있는 여성들의 신분이 높았던 것을 기술하고 있다.

어오에는 약 120명의 여성들이 있는 것으로 알려져 있다. 인원수로는 에도 시대의 오오쿠에 뒤지지만 나름대로 큰 규모였다. 나중에는 성안에 호화 찬란한 장식을 하고 300명이 넘는 미소녀가 시녀로 고용되었다고 한다.

히데요시가 여자를 좋아한 것에 관해서는 프로이스의 《일본사》에 다음과 같이 기술되어 있다.[25]

(히데요시는) 나이 50이 넘었는데도 육욕과 불품행不品行에 관하여 극히 방종하게 행동했고, 야망과 육욕이 그에게서 정상적인 판단력을 앗아간 듯했다. 이 극악의 욕정은 그로서는 그칠 줄을 모르고 그 온몸을 지배하고 있었다. 그는 정청 안에 몸집이 큰 처녀들을 300명이나 두었을 뿐만 아니라 찾아가는 여러 성채에도 많은 처녀들을 두었다.

프로이스는 히데요시가 그 많은 여성들을 어떻게 모았는지에 대해서도 기술하고 있다.

그(히데요시)가 그러한 모든 국가를 방문할 때 주목적의 하나로 한 것은 잘생긴 처녀를 찾아내는 것이었다. 그의 권력은 절대적이었으므로 그 뜻을 거역하는 자가 없고, 그는 영주와 군후, 귀족, 평민 들의 딸을 보면 어떤 부끄러움도 두려워하지 않았다. 또 부모들이 흘리는 수많은 눈물을 완전히 무시하고 수탈했다.

1598년 8월 18일에 히데요시는 병으로 죽었다. 그로부터 2년 후에 세키가하라 전투가 발발해 도요토미 가문의 세력은 크게 약화되었다. 그리고 1615년 5월의 오사카 전투에서 패배하면서 도요토미 가문은 완전히 멸망했다.

원래 에도성은 1457년 오기타니 우에스기 가문의 가신 오타 도관이 쌓아 올린 평산성이었다. 1590년 히데요시 정권의 2인자 도쿠가와 이에야스가 정벌한 간토 8개국을 새로운 영지로 수여받아 에도(현 도쿄)를 근거지로 활동하면서 도쿠가와 가문의 소유가 되었다. 히데요시가 '가라이리(중국 입성)'를 명분으로 임진왜란을 일으켰을 때 이에야스는 나고야성에 머무르며 조선에 출진하지 않고 병력을 보존했다. 후일 조선과 외교 관계를 재개하고자 할 때 일본 측에서는 이 점을 내세웠다. 이에야스는 히데요시가 사망한 후 1600년 10월, 지금의 기후현에 위치한 세키가하라에서 전투가 벌어졌을 때 동군을 이끌고 히데요시의 가신단이 주축이 된 서군에 승리하여 사실상 전국의 패권을 장악했다. 1603년 이에야스는 고요제이 천황에게서 쇼군으로 임명받자, 천하의 부성府城 건설이라는 대의명분을 걸고 전국의 다이묘들에게 공사 협력을 받아 에도성 확장 공사를 실시했다.

그 후 약 260년 동안 막부 청사가 되었다. 15대에 걸친 도쿠가와 쇼군 및 그 가신단이 정무를 보는 장소가 되었던 것이다. 쇼군은 에도성 내에 거주했으므로 쇼군의 가족 여성들이 사는 대오(오오쿠)도 마련되었다. 대오는 히데요시가 설치한 어오와 같은 곳이었으나 그 규모는 훨씬 더 컸다. 이곳 대오에는 쇼군가의 자녀나 정실, 오쿠시나카(어전 시녀)가 거처했다. 대오에 거주하는 시녀의 수는 1,000명에서 최성기에는 3,000명이었다고

한다.[26]

　오스만튀르크 제국의 술탄은 톱카피 궁전에 할렘을 두어 그곳에서 시녀 500명이 생활했다고 하는데, 그것과 비교하면 어오와 대오의 규모를 짐작하게 한다. 이러한 어오와 대오는 일본 최고 권력자인 쇼군의 개인적 쾌락을 위하여 수많은 여성들이 자유권을 억압당하고 인권을 유린당한 곳이다. 그러한 점에서 그 후 일본 역사에 등장하는 유곽이나 일본군 위안소 등과 유사성을 지닌다고 할 수 있다.

노예무역, 해외로 팔려 간 일본인

해외 인신매매, 일본의 오래된 관습

일본은 16세기 중반 포르투갈과 교역을 시작했다. 일본의 지방 영주인 다이묘들은 포르투갈 상인들에게 총과 화약을 사기 위해 일본 남성들과 함께 여성들을 노예로 팔았다. 포르투갈 상인들은 이러한 일본 여성들을 선박에 싣고 다니면서 성노예로 활용하거나, 그들을 아시아 식민지나 유럽으로 데리고 가 자신들의 첩으로 삼았다. 그것도 아니면 다른 유럽인들에게 노예로 팔아넘겼다. 또 일본의 다이묘들은 임진왜란 당시 수많은 조선 여성들을 일본으로 끌고 가 자신들의 첩으로 삼거나 포르투갈 상인들에게 팔아넘겼다. 이러한 조선 여성들도 임진왜란 이전에 팔려 나간 일본 여성들과 마찬가지로 외국에서 노예 생활을 하다가 자신의 삶을 찾지 못하고 죽었다. 이처럼 16세기 중후반에 등장한 일본 여성과 조선 여성의 노예 매매와 노예 생활은 20세기 태평양 전쟁 개시 전후의 일본군 위안부 여성들의 성노예 생활과 유사한 점을 많이 가지고 있다. 그래서 그 역사적 연관성을 발견할 수 있는 것이다.

그 후 17세기 초반경 도요토미 히데요시가 시작한 인신매매 금지 조치가 도쿠가와 이에야스와 그의 아들 히데타다 시대에 더욱 강화되고 포르투갈 상인들을 추방하면서 다이묘들의 노예 매매는 점차 사라지게 되었다. 그리고 포르투갈 상인 대신 네덜란드 상인이 일본과의 교역을 독점하면서 이들을 상대로 하는 새로운 형태의 윤락업인 가라유키상이 등장하게 되었다. 가라유키상 제도는 일본 특유의 제도로서 근세 초기부터 일본을 방문한 외국 상인들에게 윤락을 제공하기도 하고 일본 여성들을 성노예로 매매하기도 했다. 그러다가 19세기 초부터 일본인들이 외국 상인들을 따라 해외의 외국 상인들의 거류지로 진출하면서 이들은 시골 처녀들을 납치하거나 유인하여 해외 현지의 포주들에게 거금을 받고 팔았다. 이러한 가라유키상 제도는 해외의 외국 상인들이나 일본인 상인들에게 성적 접대를 제공했다는 점에서 해외의 일본 군인들의 성노예 생활을 한 위안부 제도와 유사성을 지닌다. 하지만 일본군 위안부들, 특히 조선인 위안부 여성들은 대부분 납치나 기망에 의하여 전쟁터에 강제 연행되어 위안소에 신체의 자유 없이 감금되었다. 그리고 노예처럼 일본군의 노리개로 살다가 대부분 고국에 돌아오지 못하고 전쟁터에서 사망했다. 이런 점에서 가라유키상보다 모집 과정이나 위안소 생활의 인권 침해의 정도가 훨씬 심각하다고 할 것이다.

일본의 군부나 정부가 전쟁 이전에 오랜 역사를 가지고 존재했던 노예무역 제도와 가라유키상 제도를 모방하여 위안부 제도를 창설한 것으로 보인다. 그러므로 일본의 노예무역의 실상을 살펴보고, 일본의 윤락 제도 속에서 파생된 가라유키상 제도를 알아보기로 한다.

포르투갈, 일본, 중국의 삼각무역

남만무역南蠻貿易은 16세기 중반에서 17세기 초경에 남만인, 일본 상인, 명나라의 중국 상인이 동남아시아와 동아시아 해역에서 행하던 무역이다. 남만인은 포르투갈인과 스페인인을 말한다.

중세의 유럽에서 국부를 찾아 대양으로 처음 진출한 나라는 포르투갈이었다. 1498년 5월 20일 바스쿠 다가마Vasco da Gama 함대가 희망봉을 돌아 인도 캘리컷에 도착한 뒤 포르투갈 상인들은 인도양을 횡단해 아시아 무역에 진출했다.

아프리카를 돌아 인도양으로의 항해를 이룬 포르투갈은 16세기 전반에 인도양의 항구도시를 점령해 무역 거점을 건설했다. 아프리카 동안부터 아시아에 걸친 포르투갈 무역은 인도의 고아에 있는 포르투갈령 인도의 정부가 관리했다. 포르투갈의 식민지 확장 과정에서 1511년 포르투갈의 인도 총독 아폰수 드 알부케르크Afonso de Albuquerque는 말레이반도에 있는 동남아시아 무역의 중심인 믈라카 왕국을 점령하고 힌두인, 중국인, 버마인은 살려주었지만, 아랍인들은 모두 살해하거나 노예로 팔았다.[27] 이에 믈라카에 있던 무슬림 상인들은 포르투갈인을 피해 동남아시아 각지로 이주했다. 그러나 이러한 정책은 아시아 각국의 공포심과 반발심을 키웠다.

포르투갈 상인은 명나라와의 무역을 원했지만 처음 상륙한 조르지 알바레스는 민간 상인이었기 때문에 조공 무역은 허가되지 않았고, 토메 피레스가 사신으로 국교를 요구했을 때는 포르투갈의 믈라카 정복이 악평이 나서 실패했다. 그리고 인도양과 마찬가지로 군사력으로 중국에 무역 거점을 찾으려는 포르투갈인들이 있었으나 명나라 군대에 패배했다. 중국과 공식적인 무역의 길이 막힌 포르투갈 상인은 밀무역을 시작했다. 포르투갈 상인 중에는 중국 배에 동승하는 사람도 있었는데, 명나라와 조선 왕조에서는 불랑기仏郎機라고 부르며 왜구와 동일시했다. 이 때문에 명나라 군대의 왜구 대책에 의해서 포르투갈인도 공격당했다.[28]

포르투갈 상인들은 중국 닝보寧波 연안에서 무역을 했고, 디오고 페레이라가 포르투갈 상인 집단을 이끌었다. 페레이라는 인도인의 혼혈로 나중에 예수회 선교사 프란시스코 자비에르Francisco de Xavier[29]의 일본 도항에도 협력했다. 포르투갈 상인들에 의하여 주요 무역 상품으로 다루어진 인도 플라카산 후추는 고아에서 리스본으로 운반되었고, 그리고 플라카에 모아진 후추는 중국으로 보내졌다. 중국의 후추 소비량은 유럽 소비량에 가까울 정도였다.

포르투갈은 아시아의 산물을 유럽으로 운반하는 것 외에 동남아시아와 동아시아권 내 중계무역도 실시했다. 최초 남만무역은 명나라 마카오를 거점으로 한 포르투갈인 중심으로 이루어졌으며 중요한 물품으로는 일본 은과 중국 생사가 있었다.

일본에서는 16세기 전반 한반도에서 회취법이 전래되자 은의 산출량이 급속히 증가했다. 회취법은 연은분리법이라고도 하며, 1503년 연산군 때 조선의 김감불과 장례원, 김검동이 개발한 은광석에서 은을 추출하는 세계 최초의 획기적 기술이었다. 그러나 조선에서는 은광 개발을 억제하여 활용되지 못했고 일본에 건너와 일본의 경제 발전에 크게 기여했다. 대항해 시대가 열리면서 무역이 활발해지자 대부분의 국가에서 은을 화폐화하여 은의 수요가 많았다. 일본은 적극적인 은광 개발로 산출량이 많았다. 그러자 왜은倭銀으로도 불리며 포르투갈에서 이를 대량 구입했다. 명나라는 세금 제도에 의해서 은이 필요하게 되어 있었지만, 해금海禁 정책으로 일본과의 무역은 금지되고 있었다. 이에 포르투갈 상인은 일본에서 은을 구입하여 그 은으로 명나라의 생사를 구입했다. 그리고 명나라의 생사를 일본에 판매하고 일본의 은을 구입했다. 이렇게 포르투갈은 중·일 중계무역을 했다. 중계무역의 거점이 된 곳은 마카오와 일본의 나가사키, 포르투갈이 점령한 말레이반도의 플라카, 스페인이 점령한 필리핀의 마닐라였다.[30] 또 포르투갈의 아시아 침략이 확대되면서, 포르투갈 상인의 노예 거래는 양적 측면에서나 지역적 확대 측면에서 대규모로 전개되었다. 특히 총과 화약, 비단을 일본인 남녀 노예와 교환하는 무역이 점차 성행했다.[31]

이처럼 남만무역이 유럽과 인도, 중국, 일본을 중심으로 활발해지자 포르투갈인을 시작으로 서양 제국과 중국의 상인들이 일본에 왕래하게 되었다. 그러자 일본은 소녀 노예무역과 가라유키상이라는 새로운 유녀 제도를 만들었다.

포르투갈 신부와 남만무역

포르투갈과 일본의 무역은 1543년 8월 25일 일본 규슈 가고시마 남쪽에 있는 다네가시마種子島라는 작은 섬에서부터 시작되었다. 명나라 상선이 표류하여 기착하면서 배를 타고 온 포르투갈인 프란시스코 지모로와 크리스토 페로타가 함께 배를 타고 온 중국 유학자 왕직王直과 필담으로 대화하면서 다네가시마의 도주島主 다네가시마 도키타카種子島時堯에게 철포(화승총) 발사 시범을 보여주었다. 이에 관심을 가진 도키타카가 철포를 구입하면서 포르투갈과의 무역이 시작되었다. 포르투갈 배는 그 전년도인 1542년에 류큐 왕국에 도착했지만 류큐인은 포르투갈이 플라카를 공격해 점거한 사실을 알고 무역을 거부했다. 류큐 왕국은 현재 오키나와를 말하며 당시에는 독립국가였다.

포르투갈과의 무역이 본격화한 것은 그리스도교 전파와 함께 이루어졌다. 1534년 프랑스 파리 몽마르트르 생드니 수도원에서 가톨릭 사제 7명이 예수회Societas Jesus를 창설했다. '제수이트회'라고도 불리는 이 조직은 청빈과 정결, 순명順命, 그리고 복음 전파라는 행동을 제4의 서원誓願으로 내걸었다. 그 후 예수회 창설 멤버 중 한 명인 프란시스코 자비에르는 인도 고아에서 선교 활동을 했다.

한편, 포르투갈선 선장 조르지 알바레스는 일본을 방문하던 중 사람을 죽이고 참회하는 가고시마현 출신 야지로를 만나 그를 태우고 마카오로 갔다. 야지로는 믈라카에서 프란시스코 자비에르 신부를 만나 세례를 받고 일본 최초의 그리스도교인이 되었다. 자비에르 신부는 야지로로부터 일본 이야기를 듣고 일본 선교를 결심했다. 1549년 야지로와 함께 일본 사쓰마국의 보즈에 도착하여 나가사키 히라도平戸島에서 첫 포교를 하고 사쓰마와 야마구치, 분고국豊後国을 돌아다니면서 1552년 중국에서 열병으로 죽을 때까지 주로 일본에서 선교 활동을 했다.[32] 자비에르 신부는 일본 선교 활동 중 일본 스오국 다이묘 등에게 화승총을 선물하기도 하고, 일본어로 가톨릭 교리 해설서를 쓰기도 했다. 이를 읽고 감명받은 베르나르도라는 일본 무사를 일본 교회의 지도자로 만들기 위해 예수회에 가입시키고, 로마에 보내 신학 공부도 하게 했다. 자비에르의 선교 활동은 포르투갈 상인들과 연계되어 포르투갈과의 남만무역으로 이어졌다.

남만무역의 항구는 히라도와 분고로부터 시작되어, 규슈의 모든 다이묘들이 포르투갈과의 무역을 받아들였다. 히젠국의 마쓰우라 다카노부는 히라도에서 포르투갈인을 환영했고 사쓰마국의 시마즈는 일본 상인을 후원하여 포르투갈과의 무역을 적극 지원했다. 이로 인해 포르투갈 상선들이 자주 방문하게 되었다. 두아르테 다가마 등 포르투갈 상인들은 예수회와 협력해 일본과의 무역을 조직화했고, 포르투갈 왕실 함대도 밀무역과 해적 진압에 나섰다.

한편, 포르투갈 해군 사령관 리오넬 드 소사는 명나라로부터 마카오 상륙을 허가받아 동아시아 무역 거점으로 삼았다. 이윽고 포르투갈인이 마카오에 거주하기 시작했고, 토지세를 조건으로 광저우의 해도 부사로부터 마카오 거주권을 얻었다. 이렇게 포르투갈령 마카오를 거점으로 일본, 중국, 포르투갈 등 3국의 상품이 거래되기 시작했다. 마카오에는 포르투갈인이나 중국인 외에 인도나 동남아시아에서 온 사람들이 거주하면서 인구가 점차 증가했다.

그리스도교는 상품 무역과 함께 들어왔으며 포르투갈 상인과 예수회 선교사는 동아시아에 진출한 초기부터 협력 관계에 있었다. 일본에서 활동하는 신부들은 마카오를 기반으로 활동하고 있었다. 자비에르 신부는 사쓰마국 상륙 이후 중국 취안저우泉州와 일본 사카이堺에 포르투갈 상관을 건립하고, 예수회가 상관의 관세를 예수회의 재원으로 하는 것을 믈라카의 장관에게 제안했다. 자비에르는 일본에서 수요가 있는 상품의 리스트도 만들었다.[33] 자비에르의 요청에 따라, 마카오 당국과 예수회는 매년 거래되는 생사의 일정 비율을 예수회 몫으로 하는 계약을 체결했다. 예수회의 제안으로 마카오의 행정 집행부가 발족하고, 포르투갈령 인도 정부는 마카오를 취락에서 시로 승격시켜 행정 단위로 인정했다. 이렇게 해서 예수회는 마카오의 지역사회 정비에 중요한 역할을 했다.

일본 나가사키에서도 교회 내 카자에 무역품을 저장하고 거래했기 때문에 교회가 포르투갈 상관처럼 기능했다. 예수회는 마카오 상인과 포르투갈 해군 사이를 연결하는 역할을 했고 간이 법원과 같은 기능도 했다. 예수회가 창설한 성 바오로 학원에는 금고가 설치되어 일본과의 무역이나 관세로 벌어들인 화폐를 보관했다. 성 바오로 학원은 일본 포교를 위해 일본인 사제의 양성을 목적으로 하고 있었다.[34]

무역항 나가사키의 발달

포르투갈은 마카오와 일본 간 정기항로를 개설하여 포르투갈 해군 사령관 카피탄몰의 상선들이 왕래했다. 카피탄몰의 부하인 페르난도 메네제스가 규슈의 시마바라를 처음 내항한 이후 카피탄몰의 관리 무역에 의한 정기선과 사무역私貿易의 개인 상선이 병존하면서 일본과 마카오를 왕복했다. 사쓰마국에는 1570년까지 18척의 포르투갈 선박이 내항했으며 왜구의 정크선을 포함하면 그 이상의 수를 기록했다.

정기항로에 의해 히라도의 내항이 늘어나자 히라도 인근 영주인 오무라 스미타다大村純忠는 1563년 세례를 받고 일본 최초의 가톨릭 다이묘가 되었고, 요코세우라를 개항하여 무역으로 번영했다. 후에 요코세우라가 전화戰火로 소실되면서 후쿠다우라를 거쳐 나가사키로 무역항이 옮겨졌다.[35]

1569년 전국 시대 권력자 오다 노부나가는 교토를 방문한 예수회 루이스 프로이스 일행에게 선교의 자유를 허용했다. 이에 따라 외국 상인들의 출입항인 나가사키는 '작은 로마'라고 불릴 정도로 예수회 선교사들이 몰려들었다.[36] 센고쿠 시대戰国時代에 일본에 전파된 가톨릭 및 그 신도들을 기리시탄이라고 했다. 센고쿠 시대 또는 전국 시대는 일본 무로마치 시대 말기인 15세기 후반부터 16세기 후반까지 사회적, 정치적 변동이 계속된 내란의 시기다. 기리시탄이 된 오무라 스미타다 다이묘는 1571년 나가사키를 포르투갈 선박들의 주요 기항지로 제공하고, 1579년에는 외국 무역 상들의 공동체에 대한 통제를 예수회에 위임했다. 오무라는 나가사키를 교회령으로 하여 예수회에 기부했고, 포르투갈과 무역을 하려는 일본 상인이 나가사키에 모여들었다. 오무라는 나가사키를 직할로 하려고 했지만, 나가사키는 교회령의 자치도시로 발전했다.

나가사키의 노예시장

일본은 1543년 포르투갈 상인들이 처음 일본에 들어온 이래 많은 새로운 서양 문물을 접하게 된다. 그때 일본에 처음 전파된 두 개의 혁명적인 서양 문물은 총기류와 그리스도교였다. 그리고 세 번째 전파된 서양의 좋지 않은 문화는 노예무역이었다. 1543년 포르투갈인들이 일본에 왕래한 이후 대규모의 노예무역이 발달했다. 포르투갈인들은 일본에서 일본인들을 노예로 구입하여 포르투갈을 비롯하여 아르헨티나 등 세계 각지로 팔아넘겼다. 이러한 노예무역은 1595년 공식적으로 불법이라고 선언될 때까지 지속되었다.

일부 노예들은 일본의 오래된 내전의 포로들로, 그들을 체포한 일본인들이 포르투갈 상인들에게 팔았다. 그리고 일부는 봉건 영주들이 화약과 대포를 구입할 자금을 마련하고자 주민들을 팔아넘겼다. 일부 노예들은 부모가 그들의 자녀들을 극심한 가난에서 탈출하고자 노예상들에게 팔아넘기기도 했다.

전국 시대 당시 일본에서는 백 년째 내전이 지속되는 상황 속에 영주들은 자신의 영토와 신민들을 지키기 위하여 화약과 조총(화승총)이 필요했다. 하지만 포르투갈 상인들로부터 이를 사려면 내다 팔 상품이 있어야 했다. 막대한 생산량을 자랑하던 은광은 일부 대영주들의 차지였고, 포르투갈 상인들이 좋아하는 도자기 산업의 경우에는 임진왜란 이후 납치하여 온 조선인 도공들이 발전시키기 전까지는 일천했다. 그리하여 영주들 상당수는 팔 만한 물건이 없었다. 이 때문에 상대 번과 전쟁을 벌여 얻은 포로나 천민, 옆 동네 주민, 또는 왜구들이 납치한 주변 국가 사람을 서양 상인에게 노예로 내다 팔고 그 대가로 화약과 화승총을 사오게 되었다. 이들 일본인 노예들의 몸값은 서아프리카 흑인의 절반 이하였고, 수많은 일본인 남녀들이 유럽을 비롯하여 세계 각지로 팔려 나갔다. 이 노예무역을 주도하던 사람들은 포르투갈 상인과 일본의 왜구 및 지방 다이묘였는데, 이들의 노예무역은 장기간의 전쟁 때문에 손실이 극심한 일본의 인구 유출을 가속화시켰다. 그리고 지방 번국들의 무장을 강화하고 전쟁을 격화시켰다.[37]

이러한 노예무역의 결과로, 1578년경 리스본의 대규모 노예 밀집 지역에서는 대부분 흑인들이었지만 중국인과 일본인 노예들도 상당수 있었다. 포르투갈인들은 중국인이나 일본인과 같은 아시아인 노예들을 아프리카 사하라 이남 지역 출신 노예들보다 높게 평가했다. 포르투갈인들은 아프리카 노예보다 우수한 중국인과 일본인 노예들의 지능이나 성실함을 좋아했다.[38]

전 세계로 팔려 간 일본인 여성 노예들

이러한 일본인 노예들은 유럽에 정착한 최초의 일본인들이었다. 그 노예들의 상당수는 일본 소녀들이었다. 포르투갈 상인들은 일본의 어린 소녀들을 구입해서는 배 안에서 성노예로 활용하거나, 마카오나 고아, 아프리카 등 포르투갈 식민지에 갖다 팔았다. 또 이들 포르투갈 상인들은 많은 수의 일본인 노예 소녀들을 성적 목적으로 포르투갈로 데리고 갔다. 일본 노예 여성들은 일본과 교역하는 포르투갈 선박의 유럽인 선원들뿐만 아니라, 동인도인 선원들과 아프리카 선원들에게도 첩으로 팔려 나갔다. 심지어 포르투갈 선박의 주방일을 하는 하급선원들도 일본인 노예나 여성들을 구입했다. 일본의 궁핍한 부모나 남편, 다이묘, 윤락업주가 이 여성들을 팔아넘겼다. 이러한 사실은 1598년 9월 포르투갈 예수회 소속 루이스 세르쿠에라Luis Cerqueira의 보고서에서도 언급되어 있다.[39] 일본인 노예들은 포르투갈 상인들에 의하여 마카오로 끌려가 포르투갈인의 노예가 되기도 하고, 심지어는 포르투갈인이 소유한 말레이와 아프리카 노예들의 노예가 되기도 했다.[40] 1607년 남미 페루의 리마에서 행해진 인구조사에 의하면, 당시의 인구 25,454명 가운데 일본인 노예가 남자 9명과 함께 여자 11명이 있었다고 한다.[41] 포르투갈 상인들은 일본인 노예들을 남미에까지 거래했던 것이다. 그리고 이름에 비추어 그리스도 교인으로 판단되는 우루수라Ursula라는 여성이 당시 베트남 북부의 통킹에서 거주했다는 기록이 나온다. 베트남어와 네덜란드어에 능숙하여 베트남 정부와 네덜란드인 등 간의 외교·무역을 중개하는 활동을 했다고 하는데, 조선인 노예 출신인지 일본인 노예 출신인지 불분명하다고 한다.[42]

포르투갈 정부는 이러한 노예 거래에 대하여 종교적으로 마음이 편치 않았다. 그래서 포르투갈과 그리스도교의 명예를 훼손하는 노예 거래를 중단시키고자 하는 정부의 노력이 있었다. 1555년 가톨릭교회에서는 포르투갈 상인들이 일본인 노예 소녀들을 포르투갈로 데리고 와서 살고 있는 것에 대해 우려를 표시했다. 1571년경 노예무역이 대규모로 이루어지자 포르투갈 세바스찬 국왕은 가톨릭 전파에 부정적인 영향을 가져올 것을 우려하여 노예무역을 금지하는 명령을 발하기도 했다. 이것은 규슈에서 가톨릭 선교 활동을 방해하지 않도록 하기 위함이었다.

그러나 포르투갈 상인들은 이에 항의했다. 그들은 "우리는 수년 동안 많은 돈을 투자하여 노예들을 구입했다. 우리는 국왕이 이러한 권리를 취소하여 우리가 이미 구입한 노예들을 빼앗아 가는 것을 받아들일 수 없다"고 하며 정부에 대항했다. 그리고 결국 국왕이 손을 들고 말았다. 당시 일본의 정치적 불안정과 원거리에 있는 인도의 식민지 정부에서 포르투갈 국왕의 의사를 실현한다는 게 그리 쉬운 일은 아니었다. 또 노예 매매의 용이함과 그 이익도 금지 명령이 실효성을 갖지 못하게 하는 데 한몫을 했다.[43]

덴쇼 소년 사절단의 유럽 순방, 수많은 일본인 노예를 보다

1582년 2월 오무라 등 가톨릭 다이묘들은 로마 교황 접견을 목적으로 신학교에 다니던 4명의 13~14세 소년들을 유럽에 파견했다. 이는 예수회 동인도 관구 순찰사로 임명되어 동아시아 각지를 돌아보던 이탈리아 출신의 예수회 선교사 알레산드로 발리냐노Alessandro Valignano의 제안으로 이루어졌다. 이는 로마 교황과 유럽의 군주들에게 일본 선교의 필요성을 알리고 지원을 요청하고자 한 것이었다. 이들은 포르투갈·스페인·이탈리아 등 유럽 각지에서 환대를 받고 8년이 지난 1590년에 귀국했다.

일왕 오기마치 때의 연호인 '덴쇼天正' 연간에 파견이 이루어져 '덴쇼 소년 사절단天正少年使節團'이라고 부르며, 이들은 출발한 지 2년 뒤 마카오, 믈라카, 고아를 거쳐 1584년 8월 포르투갈 리스본에 도착했다. 스페인 마드리드에서 국왕 펠리페 2세를 만났고 피렌체, 로마, 베네치아, 베로나를 거치며 교황 그레고리오 13세로부터 세례를 받았다. 소년들은 유럽 전역에서 환영을 받았으며, 1585년 한 해에 유럽 전역에서 이들에 관한 서적 48권이 출판될 정도로 인기였다.

이들 덴쇼 소년 사절단 일행은 유럽 등 세계 각지에서 많은 일본인이 노예의 신분에 놓여 있는 사실을 목격하고 경악했다. 그들이 모잠비크에서 일본인 남녀가 노예로 팔리는 것을 보고 분노했다는 기록이 있다. 덴쇼 소년 사절단이 제출한 보고서를 보면 일본 소녀들을 노예로 팔아넘긴 그리스도교 다이묘의 악행이 세계에 미치고 있다고 증명하고 있다. 보고서의 내용은 다음과 같다.

가는 곳마다 일본 여성이 많이 눈에 띈다. 유럽 각지에서 50만이라고 한다. 피부가 희고 잘생긴 일본 처녀들이 비소秘所가 드러나 농락당하고 노예들의 나라에까지 팔려가는 것을 똑바로 바라볼 수 없다. 같은 나라 국민을 이 먼 땅에 팔아먹는 패도에 대한 분노도 그렇지만, 백인 문명이면서 왜 같은 인간을 노예로 만드는가. 포르투갈의 교회나 신부들이 초석(화약의 원료)과 교환해 인도와 아프리카까지 팔고 있다.

일본의 일부 학자들은 일본의 가톨릭교도들(개신교 포함)이 그리스도 순교자의 비극을 논하면서도, 소년 사절단이 쓴 50만 명의 비극을, 화약 한 통에 50명의 딸이 팔려 간 비극을, 말하려 들지 않는 것은 잘못이라고 한다.[44]

50만 명의 일본 처녀들이 팔려 나갔다는 소년 사절단의 보고서 내용에 대하여 과장되었다는 주장이 많으나, 이에 대하여 반박하는 논리도 있다.[45]

현대인이 메이지 다이쇼[46]의 가난한 시대를 모르는 것은 메이지 이후의 일본 역사를 자세히 가르치지 않기 때문이며, TV나 영화 등에서 그려지는 메이지 다이쇼의 가난한 농가의 모습을 아는 것은 어렵다. 고바야시 다키지의 《게코부네》 등의 소설이나 프롤레타리아 문학 등의 작품을 읽으면 당시의 궁핍한 농가의 모습은 알 수 있지만, 여자는 여랑으로 팔리고 남자는 인부로 팔렸다. 가라유키상으로 불린 해외에 팔려 간 일본의 젊은 여성은 20만 명에서 30만 명이라고 하지만, 대부분이 20세가 채 되지 않아 병 등으로 사망했다. 부모들은 무슨 사정으로 자식을 팔아 치웠는지 모르지만, 당시의 가난을 모르면 부모를 탓할 수도 없다. 그러나 이 많은 여성들이 해외로 팔려 나갔는데도 많은 사람들이 이를 알지 못한다. 그러니까 전국 시대라고 불리던 100여 년 동안 50만 명에 달하는 일본의 젊은 여성이 기리시탄이나 다이묘에 의해 팔려 갔다는 것도 과장된 이야기는 아닐 것이다.

예수회 선교사 가스퍼 코엘류의 1587년 서한에 따르면, 한 척의 배로 매년 평균적으로 1,000명 이상의 노예가 마카오로 운반되었다고 한다.[47] 오니즈카 히데아키鬼塚英昭는 《천황의 묵주天皇のロザリオ》에서, 와카나 미도리若菜みどり의 《쿠아트로 라가치(네 명의 소년이라는 뜻), 덴쇼 소년 사절과 세계 제국》에서도 일본인들의 노예 매매가 증명되고 있다고 주장한다.[48] 와카나는 도쿠토미 소호우의 《근세 일본 국민사》를 인용하여 다음과 같이 말하고 있다.[49] 다만, 긴요肝腎의 '화약 한 통에 일본 처녀 50명'의 기술을

생략하고 있다.[50]

식민지 주민의 노예화와 매매라는 비즈니스는 백인에 의한 유색인종 차별과 자본력, 무력의 격차라는 세계의 격차 속에서 진행되고 있는 매우 비인간적인 거악이었다. 영웅적인 라스 카사스는 아니더라도 선교사는 그 점을 간과할 수 없었고 왕권에 호소해 이를 저지하려 했지만, 그 악은 이익을 수반하는 한, 그리고 차별을 토대로 하는 한 불가피했다.

그는 그리스도교 선교사들이 노예 매매를 저지하고자 했지만 어쩔 수 없었다는 논조로 해설하고 있는데, 노예 매매에 대해 언급하고 있음을 알 수 있다. 바르톨로메 데 라스 카사스Bartolomé de las Casas는 15세기 스페인 출신의 가톨릭 사제이며, 멕시코 치아파스 주교구의 주교다. 그는 당시 스페인이 거국적으로 식민·정복 사업을 진행시키고 있던 중남미에서의 수많은 부정행위와 선주민(인디오)에 대한 잔학 행위를 고발하고, 스페인 지배의 부당성을 계속 호소했던 선교사다.

8년간의 일정을 마친 소년 사절단은 구텐베르크식 활판 인쇄기와 유럽 지도와 그림을 가지고 1590년 7월 21일에 나가사키에 도착했다. 그리고 1591년 3월 3일 교토에서 도요토미 히데요시를 만나 사절단 활동의 결과를 보고했다. 그때는 이미 1587년에 도요토미 히데요시가 천주교 선교를 금지시킨 이후의 일이었다. 하지만 이 소년 사절단에 의해 당시 황금의 나라 지팡구 등으로 서양 세계에 환상적으로만 알려져 있던 일본의 존재가 확실히 알려지게 되었다. 그리고 이들이 가져온 구텐베르크 인쇄기에 의해 일본은 동아시아 최초로 서양 활판 기술을 도입하여 서적을 출판하면서 학문 발전의 획기적인 계기가 되었다. 이 소년들 중 3명은 신부가 되었으나 후에 선교 활동 중 일찍 서거하거나 순교했다. 이와 같이 일본은 가톨릭 신부들의 적극적인 선교 활동과 다이묘들의 호응으로 조선이나 중국과는 달리 일찍부터 서양 세계를 접했고 서양 문물을 받아들이기 시작했다.

조선은 수천 년 전의 주자학에만 몰두하며 오직 중화의 세계만 보고 더 넓은 세계가 있다는 사실에 눈을 닫았을 때, 일본은 이처럼 서양과 교역하면서 서양의 중화기로 무장하게 되었다. 그리고 조선을 상대로 정복 전쟁을 일으킬 수 있을 만큼 자본력도 갖추었다. 하지만 그 대가는 은과 남녀 국민들이었다.

히데요시의 인신매매 금지령

○

도요토미 히데요시와 코엘류 신부의 대립

도요토미 히데요시는 원래 오다 노부나가의 정책을 계승해서 기독교 포
교를 용인하고 있었다. 히데요시는 포르투갈 선교사 가스퍼 코엘류Gaspar
Coelho를 수차례 만났다. 가톨릭 선교사들 중 예수회 일본 준관구장인 코
엘류가 가장 행동적이었다. 당시의 일본은 준관구였기 때문에 코엘류는
예수회의 일본 활동 최고 책임자였다.

1584년 선교사 가스퍼 코엘류, 루이스 플로이스 등 30여 명의 일행이
낙성한 지 얼마 안 된 오사카성에서 당시 그리스도교에게 호의적이었던
히데요시를 접견했다. 1585년 코엘류는 다시 히데요시를 만나 규슈 평정
을 권유했다. 그러면서 오토모 소린, 아리마 하루노부 등 기리시탄 다이묘
를 전원 결속시켜 히데요시 편을 들도록 하겠다고 약속했다.

1586년 3월 16일에 히데요시는 오사카성에서 코엘류를 다시 접견하
고, 같은 해 5월 4일 예수회에 대해 포교 허가증을 발급했다. 당시 히데요

시는 코엘류에게 한국과 중국을 침략하는 데 필요한 포르투갈 선박 2척을 확보해줄 수 있는지 물었다. 당시 일본에는 외국 항해용 대선박을 만드는 기술이 없었다. 코엘류는 히데요시의 요청을 수락했다. 나아가 예수회는 포르투갈로부터 더 많은 군대를 확보할 수 있으며, 사쓰마의 시마즈 다이묘에게 반대하는 그리스도교 다이묘들을 결집시키겠다고 제안했다. 히데요시는 그 말을 듣고 코엘류가 외국의 종교 세력과 연계하여 그리스도인의 지배 세력을 만들 가능성이 있다고 생각했다. 히데요시는 포르투갈과 예수회가 멕시코나 필리핀을 정복한 것처럼 일본을 침략할 야망을 갖고 있는 것은 아닌지 의심하기 시작했다.

히데요시는 규슈를 정벌하면서 순회하는 동안, 기리시탄 다이묘에 의해 무수히 많은 신사나 절이 불타고 있는 것을 보고 격노했다. 히데요시는 그리스도교가 제멋대로인 정토종과 일향종—向宗과 같은 존재가 될 위험성이 있다고 생각했다. 히데요시는 1587년 7월 성공적으로 규슈 정벌을 마치고 하카타를 방문했다. 하코자키궁에 머물던 히데요시는 나가사키가 예수회령이 되었고, 그리스도교 신자 이외의 자들이 노예로 끌려가고 있음을 보고받았다. 신하로부터 포르투갈 상인들이 수백 명의 남자와 여자를 노예로 구입하여 손과 발을 쇠사슬로 묶어서 배 밑바닥으로 끌고 간다는 보고를 들은 히데요시는 이것을 그대로 지나칠 수 없다고 생각했다.[51] 히데요시는 이러한 노예 거래를 포르투갈인과 예수회 교단의 책임으로 돌렸다.

히데요시는 예수회 일본지부 준관구장을 맡고 있는 코엘류를 질책했다. 예수회 일본 연보에는 히데요시와 코엘류가 일본인 노예의 매매를 둘러싸고 말다툼을 벌였다고 적혀 있다.[52] 또 일본인이 팔리는 모습이 히데요

시의 문서 작성 담당 비서인 우필右筆, 오오무라 유키大村由己의《규슈어동
좌기九州御動座記》에 생생하게 기록되어 있다. 당시 히데요시는 준관구장 코
엘류에게 다음과 같이 명했다.

　포르투갈인들이 수많은 일본인들을 노예로 구입해 그들의 나라로 끌고 갔는데
이는 용서할 수 없는 행위다. 따라서 신부들은 인도, 기타 원격지로 팔려 간 일본
인을 일본으로 데리고 돌아오라. 정 안 되면 포르투갈 배에 팔려 일본에 감금된 일
본인만이라도 풀어라. 그렇게 돈이 필요하면 대금은 나중에 주겠다. 왜 바테렌(신
부)들은 지방을 돌며 사람들을 열심히 선동하고 강제하며 종도로 만드는가? 앞으
로 그런 포교를 하면 전원을 중국으로 귀환시켜 교토, 오사카, 사카이의 수도원과
교회를 접수하고 모든 가재를 몰수하겠다.

　이에 코엘류는 "일본인 매매 금지는 오래전부터 예수회 방침이다. 문제
는 외국 선박을 맞이하는 항구의 영주(기리시탄 다이묘)로, 엄격하게 일본인
의 매매를 금지하지 않는 일본 측에 책임이 있다"라고 답했다.[53]
　두 사람 사이에는 또 다른 불화의 원인이 있었다. 코엘류는 후스타선을
건조한 군함에 대포를 싣고, 이 군함을 타고 대제독 차림을 한 채 히라도
에서 출항해 하카타에 머물고 있는 히데요시를 영접했다. 이를 바라보던
히데요시의 군대는 깜짝 놀랐다. 그리스도교 영주인 다카야마 우콘高山右
近과 고니시 유키나가小西行長가 히데요시의 분노를 우려해 코엘류에게 그
배를 히데요시에게 진상하라고 권유했지만, 그는 이에 응하지 않았다. 히
데요시는 참모들과 협의한 다음 한밤중에 코엘류를 깨워서 선교의 의도
에 대하여 많은 질문을 했다. 코엘류는 최선을 다해 답변했으나 다음 날

아침 히데요시는 군사력을 과시하는 코엘류에게 그리스도교의 야망을 가진 것이 사실임을 확신하고, 모든 예수회 선교사들은 20일 이내에 일본을 떠나라는 칙령을 내렸다.

이것이 '천정의 금령'으로 알려진 제1회 그리스도교 금지령이다. 이후 도쿠가와 시대에 걸쳐 차례로 금지령이 이어지게 된다. 히데요시는 계속되는 조치를 취해 나가사키의 공관, 교회당을 접수했다.

한편, 당시 대표적인 그리스도교 다이묘는 고니시 유키나가, 다카야마 우콘, 구로다 요시타카, 가모 우지사토 등이 있었다. 이들은 규슈 정벌에서 선진을 담당하여 공을 세웠다. 당시 규슈에서는 시마즈 가문이 그리스도교도들을 탄압하고 있었기 때문에 이들은 히데요시의 규슈 정벌을 일종의 성전聖戰으로 여기고 참가했다. 그러나 히데요시는 규슈 정벌이 끝난 직후 '바테렌 추방령'를 반포, 그리스도교를 탄압하는 쪽으로 정책을 선회했다. 이로 인해 그리스도교 다이묘들은 히데요시 정권으로부터 홀대받았고, 1587년에는 다카야마 우콘이 영지를 몰수당하는 사건이 벌어지기도 했다. 그러나 유키나가는 포교를 위해 자신의 영지에 머무르던 선교사들을 퇴거시키는 등 적절한 처세로 히데요시의 탄압을 교묘히 비켜나갈 수 있었다.[54]

선교사들에게 추방령이 내려진 후, 대함선이 올 때까지 조금의 시간이 주어졌다. 그러나 히데요시는 그리스도교 상징의 사용을 금지하고, 일본인 그리스도교인들에게 이를 위반하면 사형에 처한다며 신앙을 버릴 것을 명령했다. 코엘류는 고아, 마카오, 마닐라 등지에서 무기를 확보하여 히데요시에 대항하려 했으나 성공하지 못했다. 그러나 히데요시는 포르투갈과의 무역 관계가 방해받을 것을 우려하여 칙령을 집행하지는 않았다.[55]

이처럼 지역 다이묘들이 예수회 선교사들과 결합하여 서양의 기술로 군사력을 강화하자, 가톨릭 세력의 급성장에 놀란 도요토미 히데요시는 1587년 7월 24일 무역과 신앙은 허용하되 선교사를 추방하고 선교를 금지하는 포고령을 내렸던 것이다. 그 포고령 중에 포르투갈 상인에 의한 일본인 노예의 매매를 엄격히 금지한 규정이 있는 점에 비추어, 일본에서의 쇄국 체제 확립의 첫걸음은 노예무역 문제와 직접 연결되어 있음을 알 수 있다.

또 250년간의 내란을 평정하고 일본을 통일한 히데요시는 가톨릭 세력이 강해지면 자신의 정치적 위협이 될 것을 우려했다. 1549년 일본에 예수회의 자비에르 신부가 가톨릭을 전파하고 30년이 지난 그 당시 일본의 신자 수는 15만 명에 이를 정도로 그리스도교의 성장은 매우 가팔랐다.[56] 그리하여 히데요시는 선교사들을 추방하고 그리스도교의 선교를 금지했던 것이다.

히데요시의 인신매매 금지 칙령과 바테렌 추방령

바테렌 추방령伴天連追放令은 1587년 7월 24일 도요토미 히데요시가 발령한 기독교 선교와 남만무역에 관한 금지 문서다. 바테렌은 포르투갈어로 신부라는 뜻의 padre에서 유래했다.

먼저, 히데요시는 1587년 7월 23일 그리스도교 선교 강요를 금지하고 인신매매를 금지하는 칙령을 내렸다. 이것이 '덴쇼 15년 6월 18일 부각'[57]이다. 이 공문에는 '1. 스스로가 그리스도교도인 것은 그 사람이 생각하기 나름이어야 한다. 2. 다이묘에게 국가의 영지를 부지로 다스리게 하고 있는데, 그 영지 내의 절과 백성들에게 뜻이 없는데도 다이묘가 그리스도교인이 되기를 강요하는 것은 도리가 없고 괘씸한 일이다. (중략) 10. 중국, 남만, 조선에 일본인을 파는 것은 괘씸한 일이다. 그래서 일본에서는 사람의 매매를 금지한다'라고 되어 있다.

그리스도교의 강제 개종은 금지하되, 민중 개인이 자신의 의사로 그리스도교를 신앙하는 것은 자유로이 허용하고, 다이묘가 신도가 되는 것은 히데요시의 허가가 있으면 가능하게 했다. 신앙의 자유를 완전히 제한하는 것은 아니었다. 주목해야 할 부분은 제10조에서 해외의 인신매매를 금지하는 칙령이다. 중국과 포르투갈, 그리고 스페인의 상인들은 일본 여성들을 노예로 구매했다는 자료들이 다수 있으므로 그 사실을 확인할 수 있다. 그러나 조선의 상인들이 16세기 후반에 일본에 가서 무역했고 일본 여성까지 노예로 구매했다는 역사적 사실은 이를 뒷받침할 만한 아무런 자료가 없다. 다만, 조선에는 당시 왜관이 설치되어 있었고, 왜관에 일본 상인들과 일본인들이 많이 거주하고 있었으므로 이들 왜관의 일본 상인들이 일본 여성들을 구매하여 조선 왜관으로 끌고 온 것이라고 추정이 될 뿐이다. 당시 조선 정부는 조선 여성들의 왜관 출입을 엄하게 금했다.

이튿날인 7월 24일(덴쇼 15년 6월 19일) 포르투갈 측 통상 책임자인 카피탄몰 도밍고스 몬테이로와 코엘류 신부가 나가사키에서 히데요시를 알현했을 때, 히데요시는 선교사의 퇴거와 무역의 자유를 명령하는 문서 '길리지단반천연 추방령'[58]을 건네고 기독교 선교의 제한을 표명했다.

이 문서에서 '(전략) 3. 기독교 선교사는 그 지혜에 따라 사람들의 자유의지에 맡겨 신자로 삼고 있다고 생각했는데 앞에서 말한 대로 일본의 불법 佛法을 어기고 있다. 일본에 기독교 선교사를 둘 수 없으니 오늘부터 20일 동안 준비해서 그리스도교 나라로 돌아가라. 4. 무역선은 장사를 하러 왔으니 이와는 별개이니 앞으로도 장사를 계속하라. 5. 이제부터는 불법을 방해하는 것이 아니라면 상인이 아니더라도 언제든지 기독교인 나라에서 왕래하는 것은 문제가 없으므로 그것을 허락한다'라고 명령했다. 이 직후, 히데요시는 나가사키를 예수회로부터 탈환하여 막부령으로 했다.

남만무역이 가져오는 실리를 중시한 히데요시는 교토에 있던 교회(남만사)를 파각하고 나가사키의 공관과 교회당을 접수하기는 했지만, 그리스도교 자체에 대한 그 이상의 강경한 금교는 실시하지 않았다. 히데요시가 그리스도교에 대해서 태도를 경화시킨 것은 산펠리페호 사건 이후의 일이다. 이 때문에 선교사들은 다시 각지에 흩어지거나 잠적했고 이 추방령은 공문화되었다.[59]

히데요시가 선교사 추방령을 내린 이유

이와 같은 선교사 추방령을 내린 이유에 대하여 일본 학자들 사이에서도 논란이 많다. 원래 노부나가와 마찬가지로 히데요시도 기리시탄에 대해서 처음에는 호의적이었다. 그러나 노부나가 시절이 지나고 히데요시가 통치할 무렵이 되자 선교사들의 식민지화 활동이 눈에 띄기 시작했다. 이에 히데요시는 선교사들 사이에 일본 점령 계획이 존재함을 의심하고 위험시하게 되었다. 그 구체적 조치로 '바테렌 추방령'을 발한 것이다. 직접적으로는 신사불각의 파괴나 일본인을 노예로 매도하는 일이 히데요시의 분노와 맞닿아 탄압하게 되었다고 생각할 수 있지만, 본질적으로는 그가 서구 식민주의의 냄새를 예리하게 맡았다고 보는 게 타당하다. 그리고 이런 주장이 일본 내에 많은 것도 사실이다. 이들은 선교사가 '식민지 정책의 첨병'으로서 포교 활동을 했다는 관점을 가지고 있다.

이러한 주장들은 일본 〈북국신문北國新聞〉 2002년 7월 9일 자 '바테렌 추방령 하카타 하코자키진에서 히데요시 표변, 노예 매매와 사원 파괴를 분노하다'[60]를 상당 부분 인용하고 있다.

이들 주장에 따르면, 최초로 일본에 온 자비에르 신부는 포르투갈계의 개종 유대인이었고, 자비에르의 도래 3년 후 일본에 온 루이스 데 알메이다도 역시 개종 유대인이었다. 이들이 선교사가 되어 적정 시찰의 첨병으로 보내졌고, 신자와 정보를 모으면 그때 군대를 보내 정복한 다음 마침내 식민지화한다는 정책을 실행하고자 했다는 것이다. 그리고 히데요시는 오래전에 그것을 눈치채고 주군 노부나가에게 주의를 촉구하기도 했다는 것이다.

또 선교사 추방령의 명분을 약탈 비즈니스라는 관점에서 찾는 주장도 있다. 이들은 서구 열강 제국이 일확천금을 얻기 위하여 세계 각지에서 식민지 비즈니스를 시작했고, 선교사들은 포교뿐만 아니라 식민지 사업을 안내하는 첨병이기도 했다고 주장한다. 그 근거로 자비에르 신부가 고아의 안토니오 고메스 신부에게 보낸 편지를 들고 있다.[61]

신부가 일본으로 건너갈 때는 인도 총독과 일본 국왕의 친선과 함께, 일본 국왕에게 헌정할 만큼의 상당한 액수의 금화와 선물을 갖고 오십시오. 만약 일본 국왕이 우리의 신앙에 귀의하게 되면 포르투갈 국왕에게도 큰 물질적 이익을 가져다줄 것이라고 하나님을 걸고 믿고 있기 때문입니다. 사카이는 매우 큰 항구로, 많은 상인과 부자가 있는 마을입니다. 일본의 다른 지방보다 은화와 금이 더 많으니 이 사카이에 상관을 세웠으면 합니다. (서한집 제93)

그래서 신부님을 싣고 오는 배는 후추를 너무 많이 싣지 말고 많아야 80배럴 정도까지만 실으십시오. 왜냐하면 전에 기술했듯이 사카이 항구에 도착했을 때 가져온 것이 적으면 일본에서 아주 잘 팔려 돈을 많이 벌 수 있기 때문입니다. (서한집 제9)

더 나아가 선교사들이 전국 다이묘를 회유하고 노예 매매로 막벌이를 하고 있다는 관점에서 그리스도교의 금지령이 내려진 것이라고 보는 견해도 있다. 루이스 데 알메이다는 예수회 신부로 일본에 왔는데 선교사들의 생활을 돕고, 육아원을 짓고, 기리시탄 다이묘인 오토모 무네슌에게 의약품을 보내고, 오이타에 병원을 짓기도 하는 한편, 노예 매매를 주선했다는 것이다.

오니즈카 히데아키鬼塚英昭의 《천황의 묵주天皇のロザリオ》에서 다음과 같이 서술하고 있다.[62]

도쿠토미 소호우德富蘇峰의 《근세 일본 국민사》 초판에 히데요시 조선 출병 종군기자의 견문록이 실려 있다. '기리시탄 다이묘大名, 쇼우묘小名, 호족이 화약이 필요해서 여자들을 남만선에 운반하여 짐승처럼 묶어 배 안에 들이밀기 때문에 여자들이 울고불고 아우성치는 모양이 지옥과 같다.' 자비에르는 일본을 유럽의 제국주의에 팔아넘기는 역할을 했고, 유대인이고 말라노(개종 유대인)인 알메이다는 일본에 화약을 팔아넘기고, 그 대가로 일본 여성을 노예선으로 데려가 해외에 판 보스 중의 보스였다.

《천황의 묵주》의 기재 내용에 따르면, 그리스도교 다이묘들이 일본 또는 조선 여자들을 팔아 화약을 구입했다는 것이다. 당시 일본은 임진왜란을 준비 중이거나 전쟁 중이어서 많은 화약을 필요로 했고, 조선 출병 종 군기자가 작성한 견문록에 나온다는 점에서 시대 상황에 부합하고 있다.

그리스도교 다이묘인 오토모大友, 오오무라大村, 아리마有馬의 조카들이 덴쇼 소년 사절단으로서 교황에게 다녀온 후 작성한 보고서에도 유럽에서 목격한 일본인 여성 노예들의 실태를 서술한 내용이 나온다. 이러한 주장은 히데요시가 내린 신부 추방령의 근거가 합당한 것이고 후진적이거나 야만적인 것이 아니라는 점이 핵심이다. 하지만 위의 자료들에서 16세기 말경 일본에 여성들을 매매하는 노예시장이 현존하고 있었으며, 수많은 여성들이 세계 각지로 팔려 나갔다는 사실을 알 수 있다.

이처럼 도요토미 히데요시 시대에도 일본 여성들이 노예시장을 통하여 세계 각지로 팔려 나간 역사적 사실을 증명하는 자료들은 많이 있다. 그러나 일본의 역사 교과서에는 이러한 사실을 전혀 언급하지 않는다. 드라마에서 다카야마 우콘 등의 그리스도교 다이묘가 나오지만, 이들이 화약 한 통에 소녀 50명을 판 일은 나오지 않는다.[63]

히데요시는 준관구장 코엘류에게 노예 매매 등에 대하여 힐문했지만, 코엘류의 반응은 지극히 오만하고 교활했다. 다카야마 우콘을 비롯한 많은 그리스도교 다이묘들은 코엘류에 진언했으나, 그는 이들의 제지를 받아들이지 않은 채 곧바로 오토모 소린大友宗麟과 아리마 하루노부有馬晴信에게 달려가 그리스도교 다이묘들을 규합하여 히데요시에게 대적하라고 압박했다. 돈과 무기 탄약을 제공하겠다는 약속을 하며 나가사키와 모테기의 요새를 강화하고, 무기 탄약을 증강했으며, 필리핀의 스페인 총독에게 원군을 요청했다. 이삼백 명의 스페인 병력이 파병되면 요새를 쌓고 히데요시의 무력으로부터 교계를 지킬 수 있다고 했다. 코엘류는 실제로 필리편에 원군을 요청했으나 거부당했다. 그러자 1589년 마카오에 사신을 보내 덴쇼 소년 사절을 동반하고 다시 일본 방문을 계획하던 알레산드로 발리나노Alessandro Valignano 신부에게 대규모 군사 원조를 요청했다.[64] 발리나노 신부는 초기에는 무기를 준비했으나, 사태의 심각성을 인식하고는 준비한 무기를 몰래 처분하고 이에 응하지 않았다.

발리나노 신부는 코엘류가 믿고 의지하던 다카야마 우콘이 실각하고 나가사키가 히데요시에게 접수되는 정세 변화를 보고 히데요시에게 대항할 능력이 없다고 판단해 전투 준비를 급히 해제했던 것이다. 이러한 코엘류의 시도는 평소 그를 싫어하는 아리마 하루노부 등 그리스도교 다이묘들도 응하지 않아 실현되지 못했다. 코엘류가 모은 무기와 탄약은 비밀리에 매각되어 이러한 계획은 히데요시에게 알려지지 않았다.

히데요시가 규슈 정벌 후 하카타에서 발령한 '바테렌 추방령'은 그 효력이 그리 강하지는 않았다. 그 이유는 그리스도교가 예상보다 많이 보급되어 있었고, 무역을 중시하여 남만 교역을 계속 추진하기로 했기 때문이다. 이에 따라 포르투갈 상인들을 중심으로 한 노예무역은 그대로 계속된 것으로 보인다. 특히 히데요시가 말년에 일으킨 임진왜란과 정유재란의 기간인 1592년부터 7년 동안 약 10만 명의 조선인 남녀를 끌고 간 이유도 노예로 팔기 위한 의도가 상당 부분 있었다.

일본의 그리스도교 영주들이 중심이 되어 약 40년에 걸쳐 50만 명에 가까운 일본인을 화약을 사기 위해 포르투갈 상인들에게 노예로 팔았다. 히데요시가 가톨릭 신부와 그리스도교 영주들의 세력화를 견제하고자 1587년 일본인 노예의 대외 판매를 금지한 이후부터는, 1592년부터 1598년까지 임진왜란과 정유재란을 통하여 확보한 수많은 조선인 남녀들을 일본인 대신 노예로 팔았다. 이들 노예의 상당수는 여성이었다. 16세기에서 17세기 초에 이르기까지 포르투갈 상인들은 일본에서 젊은 여자들을 구입해 배 안에서 성노예로 활용하거나, 일본인 노예 집단이 있고 일본 상인들이 주로 들르는 마카오나 고아 등 포르투갈 식민지에 갖다 팔았다. 네덜란드나 영국 상인들도 일본인 노예를 매매해 그 수요가 많았다. 그러한 점에서 임진왜란은 일본의 지방 다이묘들이 인신매매의 대상으로서 노예를 확보하기 위한 전쟁이라고 볼 수 있다. 그리고 그 연장선상에서 19세기 후반부터 20세기 초에 걸친 일본의 해외 진출 매춘부인 가라유키상이 나오게 되었다. 즉, 17세기까지는 인신매매의 주체가 포르투갈 상인들이었으나 그 후에는 일본인들이 주체가 되어 일본 여성들을 매매했다. 제2차 세계대전 기간 중 일본군이 아시아 전역에 진주하면서 한반도에서 수많은 여성을 끌고 가 일본 군인들의 성적 쾌락을 위한 성노예로 활용한 것은 모두 이러한 노예 매매에서 제도적 근원을 찾을 수 있다.

임진왜란 중 노예로 끌려간 조선인들

◇

임진왜란은 노예 전쟁

임진왜란은 1592년 음력 4월 13일 일본의 부산진 침략을 시작으로 1598년 11월 울산에서 철군할 때까지의 7년 전쟁을 말한다. 일본 학자들은 임진왜란을 히데요시의 영토 확장 전쟁으로 본다. 덴쇼 18년(1590년)에 오다와라 정벌에 의해 호조씨北条氏가 멸망하자, 일본 국내에서의 대전쟁이 종결되어 평화로운 시대를 맞이했다. 히데요시의 지배욕은 해외로 향했고, 그것이 현실화되어 이루어진 것이 중국과 조선의 침공이었다. 히데요시는 그곳으로 천황을 옮겨 다이묘들에게 영토를 나누어주려는 구상을 갖고 있었던 것이다.[65]

그러나 임진왜란은 노예 전쟁이라고 보는 학자들이 많다. 임진왜란의 역사적 의미를 규정짓는 데는 한·일 간의 입장이나 학자들의 관점에 따라 다양하게 나타날 수 있지만, 전 세계가 인정한 가장 잔혹하고도 유래가 드문 전쟁이었다는 점에는 모두가 공감하고 있다. 그 단적인 예로 조선인들을 죽이고 코나 귀를 베어 전공戰功을 확인케 한 것과, 수많은 조선인을 강제로 끌고 가서 노예로 매매한 것을 들 수 있다. 이런 관점에서 임진왜란을 '노예 전쟁'이라 부르기도 한다. 즉, 임진왜란을 영토 확장의 성격보다는 인적자원 수탈에 더 많은 무게를 둔 전쟁으로 해석한 것이다. 특히 1597년 명나라와의 화의 결렬로 조선을 재침한 정유재란은 수많은 조선의 남녀를 납치해 가기 위한 노예 전쟁이었다. 일본인들의 이러한 역사적 경험이 제2차 세계대전 중 조선의 젊은 남녀들을 끌고 가 강제징용 노동자나 일본군 위안부로 삼게 한 것이라고 볼 수 있다.

일본이 한반도를 침략한 임진왜란 당시 일본의 전국 다이묘들은 빠짐없이 참가했다. 그리고 소위 난취, 그러니까 노예사냥을 했다. 일본군은 임진왜란 때 일본 내 전란에서 배운 관례에 따라 많은 여자와 어린이를 연행해 갔다. 그 모습은 나라 고후쿠지奈良興福寺의 다문원주가 쓴《다문원일기多聞院日記》에 그려져 있다. 사쓰마의 시마즈군 등은 조선에서 사쓰마로 돌아갈 때 노예를 연행할 수 있는 깃발을 뱃머리에 달아주었다. 훗날, 일본과 조선이 평화를 이루었을 때 일본의 노예 연행이 큰 장애가 되었을 정도다. 난취로 얻은 것은 잡병들의 전리품이 되어 그들의 주머니를 채웠다. 전쟁 출진의 목적이 난취라고 볼 수 있을 정도였다.

일본 학자들은 임진왜란 발발 시에 히데요시는 난취와 방화를 금하는 지시(모리가 문서)를 내렸지만, 한반도에 출전한 잡군들이 그러한 지시를 따르지 않고 난취 행위를 한 것이라고 주장하고 있다.[66]

하지만 임진왜란 당시 그들의 군사 편제와 전략을 살펴보면 본질이 노예 전쟁이라는 사실은 더욱 분명해진다. 일본은 조선 침공 전에 이미 군사 편제를 전투부대와 특수부대로 이원화하여 효과적으로 전쟁을 수행할 수 있는 전략을 세워놓고 있었다. 3개의 편대로 나누어진 전투부대는 속 전속결로 북진하여 점령지를 확대했고, 특수부대는 후방에서 별도의 임무를 수행했다. 즉, 도서부, 금속부, 공예부, 포로부, 보물부, 축부로 이루어진 6개의 특수부대는 조선의 인적·물적 자원을 약탈하여 일본으로 수송하는 것이 그 주된 임무였다. 도서부는 조선의 서적을, 공예부는 자기류를 비롯한 각종의 공예품을, 포로부는 조선의 학자·관리 및 목공·직공·토공 등 장인과 노동력을 가진 젊은 남녀의 납치를, 금속부는 조선의 병기·금속활자를, 보물부는 금은보화와 진기한 물품을, 축부는 조선의 가축을 포획하는 일을 수행했다.[67] 히데요시는 일본 전국을 통일한 후 조선 침략 전쟁을 일으켰는데, 이 전쟁을 통해 각 지역 영주들에게 긴장감을 주고 이반하지 못하도록 하고자 했던 것 같다. 그리고 동시에 조선의 포로, 가축, 공예품, 서적 등을 노획해서 포상하고자 했던 것으로 보인다. 하지만 조선이 매우 가난한 나라여서 일본의 지역 영주들은 금은보화 대신에 조선인 도예 기술자를 데리고 갔다. 그러고는 도자기를 만들어 유럽에 팔아먹었다. 그것도 아니면 조선의 젊은 남녀를 끌고 가 유럽인들에게 노예로 팔아 부를 축적했다.

임진왜란 원년인 1592년 일본군이 한반도에 상륙하자, 종군 중이던 사타케의 가신 히라쓰카 다키토시가 히젠 나고야성에서 집을 지키고 있는 오노다 비젠마모루에게 편지를 보냈다. 이 서한의 내용에는 다음과 같은 구절이 나온다.[68]

조선에서 두세 성을 함락시키고 남녀를 생포하며 나날을 보냈다. (조선인의) 목을 실은 배가 있는 것 같은데 나는 본 적이 없다. 남녀를 실은 배는 보았다.

일본군은 조선의 성을 함락시키자 전리품으로 조선인 남녀를 생포해 배에 실어 일본으로 보냈던 것이다. 참수한 조선인의 목도 운반되고 있었다. 그러나 목은 매우 무게가 있기 때문에 나중에는 목이 아니라 귀나 코를 가지고 갔다. 도요토미 히데요시가 "사람의 귀는 둘이지만 코는 하나니, 마땅히 조선 사람의 코를 베어 머리를 대신하는 것이 좋겠다" 하여 살육의 참화가 심했다고 한다.[69] 태어난 지 얼마 안 된 아기도 남김없이 코를 깎아 매일 소금에 절였다는 기록도 있다. 소금에 절인 것은 부패를 피하기 위해서일 것이다. 전투원, 비전투원을 막론하고 코를 얼마나 따냈는지 겨루기도 했으며, 그 수는 한꺼번에 이삼만 명에 이르기도 했다.

오사카부립대 교수인 가타쿠라 미노루片倉穰도 도요토미 히데요시의 조선 침략을 '인간 사냥' 전쟁으로 평가한다. 침략군의 주력 부대가 노예무역이 성행한 일본 서쪽 지방의 군인이었던 것도 영향을 주어 '노예사냥'이 전개되었고, 14~15세기 이후의 동아시아 해상 인신매매 무역은 도요토미 히데요시의 조선 침략에 이르러 그 정점에 다다랐으며, 이 때문에 조선의 인구가 격감했다는 말까지 나온다고 주장한다.[70] 조선의 인구는 조선왕조실록 통계상 임진왜란 50년 전인 1543년(중종 38년) 약 416만 명에서 임진왜란 40년 후인 1639년(인종 17년) 152만 명으로 감소했다. 당시의 통계가 정확하다고 보기는 어렵지만, 조선 역사상 인구가 가장 많이 줄어든 시기인 건 확실하다. 약 100년 사이에 인구의 약 65%가 급감할 정도로 많은 사람이 사라졌던 것이다.

정유재란 때 왜군과 일본 노예 상인에 의해서 일본에 붙잡혀간 포로(피로인)는 거의 다 하삼도(경상도, 충청도, 전라도) 사람들로서 왜란 초기인 임진왜란 때의 10배가 되었다. 이들은 일본 농민 대신에 농사를 짓거나 동남아시아에 노예로 팔려 갔다. 이때 조선 노예들은 포르투갈 상인이나 네덜란드 동인도회사에서 대부분 사 갔다. 포르투갈 상인들은 일본에 서양제 화승총을 전해준 대가로 노예를 독점하다시피 했다. 이 노예들은 대부분 유럽 전역의 수도원 농장으로 팔려 갔다.[71]

여기에는 단순히 일본군에 의한 포로뿐만 아니라 인신매매 집단에 의해 무차별로 납치된 노인·부녀·어린이 등 비전투원도 많이 포함되었다. 그들이 끌려간 곳은 고쿠, 시코쿠, 규슈 지방 등 일본군의 중심이 된 서쪽 지방 영주 제번이 대부분이었다. 기타 지역에는 에도, 와카야마, 오사카, 교토, 나고야, 슨푸 등 당시의 정치·교통의 요충지와 도쿠가와 가문의 영지가 많았다. 그들이 연행된 이유에 대하여, 나이토 슌스케 오카야마대 교수는 ① 내지의 노동력 보충, ② 다도의 유행에 따른 도공, ③ 미모의 여자와 동자, ④ 전쟁 중의 일본군 협력자, ⑤ 조선 전장에서 얻은 처 때문이라는 5가지를 들고 있다. 그중 대부분은 조선 출병에 대량의 군사를 동원하여 부족한 내륙의 노동력 부족을 보충하기 위한 것이며, 그들은 농업이나 성곽 정비, 하천·항만 정비 등 각종 작업장에서 '노예'로 사역하거나 동남아시아, 유럽 등으로 매매가 되었다고 주장했다.[72] 하지만 나이토 교수는 일본인 다이묘들이 조선인들을 납치해 간 이유 중 중요한 것 한 가지를 들지 않았다. 이들은 처음부터 노예 상인들과 함께 돈벌이를 위하여 노예 매매를 목적으로 젊은 조선의 남성과 여성을 납치한 경우가 많았다.

임진왜란 초기에 조선에서 약탈을 금지했던 히데요시 자신도 태도를 바꾸어서 인신매매와 생포에 대해 용인했다고 볼 수 있는 명령을 내린다.

급한 명령을 전한다. 사로잡은 조선 사람 가운데 세공 잘하는 자, 봉관縫官(바느

질하는 사람), 손재주 좋은 여인이 있으면 진상할 것.

히데요시도 각 다이묘들이 조선에서 사람들을 끌고 간 사실은 당연히 알고 있었으므로 우수한 조선인 노예들, 특히 조선 여성들을 확보하려고 한 것이다.

동양사가 나이토 준보內藤寯輔가 소개한 《월봉해상록月峯海上錄》에는 조선인 노예의 모습이 상세하게 기술되어 있다. 나이토의 연구에 따르면, 임진왜란과 정유재란 중에서는 후자의 노예사냥이 압도적으로 많았다. 게다가 한반도 남부에 피해가 집중되었다. 임진왜란 때에는 한반도 오지까지 침공했으나 정유재란 때에는 오지까지 침공하지 못한 것이 요인일 것이다. 정유재란은 장기화되었지만 승전 가능성이 부족했기 때문에 노예사냥에 주력했던 것으로 보인다.

조선인 포로들이 기여한 일본 경제

전쟁이 장기화되자 일본군은 주둔지인 경상·전라도 일대의 학자와 공예가를 납치해서 일본으로 데리고 갔다. 전쟁에 참여한 일본 영주들은 자신들의 경제적 발전에 이바지할 수 있는 도공들을 납치해 갈 계획을 세우고 한반도에 들어온 것으로 보인다.

고려대 정광 교수는 일본군 중에는 전투보다는 도공 등 조선의 기술자 납치에만 관심을 갖는 부대가 있었다고 지적한다. 임진왜란에 참여한 영주들의 의도가 여실히 드러나는 대목이다.

경상 지역 도공들은 임진왜란 때 히로시마 출신의 다이묘인 모리 데루모토毛利輝元가 이끄는 왜군에 끌려갔다. 모리는 침략군 최대 병력인 3만 명의 제7군 수장이다. 이들 왜군은 선봉군보다 열흘 정도 늦은 임진년 4월 하순에 김해의 죽도에 상륙해 경상도를 점거해 나갔다. 전투보다 약탈에 치중한 듯 보인다. 경상도 도자기로 유명한 성주星州에 5월 18일에 들어가 '9일간 머물면서 이곳의 도공 등을 납치해' 히로시마로 보냈다.[73]

당시 다도를 숭상했던 일본은 다기茶器의 대부분을 중국과 조선으로부터 수입했기 때문에 이를 보완하기 위해 포로로 잡은 도공들로 하여금 자기를 제작하도록 했던 것이다. 임진왜란 때 조슈번 번주 모리 데루모토는 성주에서 도공 이작광과 그의 동생 이경을 납치해 일본 다기 명가인 하기야키를 만들었다. 일본군 제2군에 병력 1만 2천 명을 이끌고 참여한 사가번 번주 나베시마 나오시게는 충청도 금강에서 조선인 도공 이삼평을 끌고 갔다. 이삼평은 일본에서 처음으로 이즈미야마泉山에서 백토를 찾아내 아리타야끼有田燒라 불리는 백자를 제조하여 유럽에 대량으로 수출했다.[74] 일본군 제4군에 병력 1만 명과 함께 전쟁에 참여한 사쓰마번 번주 시마즈 요시히로는 전라도 남원성 외곽에서 조선인 도공 박평의, 심당길 등 남녀 80여 명을 잡아가서는 세계적으로 유명한 사쓰마야끼薩摩燒를 만들었다. 임진왜란을 도자기 전쟁이라고 부르는 이유다.

하지만 조선 측에서 보면, 임진왜란은 일본이 조선의 우수한 인적자원을 수탈하고자 한 노예 전쟁의 성격을 갖는다. 일본 학자들은 조선 도공의 일본 연행을 계기로 근대 일본의 도자기 산업이 크게 발달했으며, 도자기와 인쇄 기술이 일본에 들어가 결과적으로 그것이 '국민적 자신감'으로 이어졌다고 지적하면서 역사적 의미를 부여한다.[75] 일본은 1867년 파리 만국박람회에 사가번과 사쓰마번이 참가하여 자기를 출품했으며, 사가번의 아리타 자기가 박람회 대상을 탔다. 이를 계기로 일본은 국가에 대한 자부심이 생기기 시작하여 오늘날 일본 경제 발전의 밑거름이 되었다.

고려대 정광 교수는 임진왜란이 일본 근대화의 기틀을 잡는 계기가 되었다고 주장한다. 인쇄술, 철기 가공, 목공 분야 등 조선의 선진 기술자들을 일본으로 강제로 데려가 비약적으로 발전했으며, 이후 메이지 유신의 기초가 되었다고 한다. 정 교수는 임진왜란 이전까지만 해도 일본은 봉건 영주들이 난립한 힘없는 나라였다며, 전쟁 때 조선 기술자를 4만~5만 명 데려간 것으로 추정된다고 한다. 인구비로 계산하면 지금의 40만~50만 명을 데려가 낙후된 일본을 발전시키기 위해 이용했다는 것이다.[76] 일리가 있는 주장이다.

노예로 일본에 끌려간 조선인은 주로 규슈 각지에 살았는데 사쓰마의 시마즈 번주의 영내에는 그 수가 3만 7천 명이나 되었다고 한다. 이들은 나에시로가와(가고시마현 히오키시)에 모여 도공 박평의 등을 중심으로 도자기를 제조했다. 나에시로가와 가마는 백유와 흑유를 사용하여 일상적으로 사용하는 도자기를 제조했다.

이 무렵 히라도와 나가사키는 한반도에서 연행한 조선인들을 매매하는 등 세계 유수의 노예시장으로 알려져 있었다. 일본의 노예 매매 상인 중 일부는 스스로 한반도에 건너가서 노예를 사들이고, 또 일부는 일본 국내에서 포르투갈 상인에게 전매하여 엄청난 부를 얻기도 했다. 그들은 포르투갈 상인들이 갖고 있던 총포와 흰 실(비단)을 대가로 받았다. 대부분의 조선인 노예들은 박리다매로 헐값에 팔렸다. 일본을 창구로 삼아 수많은 노예가 세계로 건너간 것이다. 여기에는 조선인뿐만 아니라 많은 일본인이 포함되어 있었던 것도 사실이다.[77]

일본으로 끌려간 조선인 포로들의 수

임진왜란 당시 일본군에 의해 일본으로 끌려간 조선인들은 대부분 민간인이었으므로 피로인被虜人이라고 부르는 것이 타당하기는 하지만, 낯선 용어이므로 관행적으로 부르던 바와 같이 포로라고 부르기로 한다.

현재 당시의 조선인 포로의 숫자는 정확히 알 수 없다. 다만, 무수히 많은 숫자임은 틀림없어 보인다. 1598년 9월 왜군에 붙잡혀 일본으로 납치된 유학자 강항이《간양록》에 묘사한 장면에는 이런 표현이 있다.[78]

"적은 신이 사족士族임을 알고서, 신과 형·아우를 일제히 선루船樓에 결박하고, 배를 돌려 무안현의 한 바다 모퉁이로 끌고 갔습니다. 그곳에는 적선 6~7백 척이 두어 리里에 걸쳐 가득 차 있었고, 우리나라 남녀가 왜놈과 더불어 거의 반반씩 되었는데, 이 배 저 배에서 부르짖어 우는 소리가 바다와 산을 진동했습니다."

"이곳(대진현)에 당도해보니 우리나라 남자와 여자로, 전후에 사로잡혀 온 사람이 무려 천여 명인데, 새로 붙잡혀 온 사람은 밤낮으로 마을 거리에서 떼 지어 울고 있으며…"

강항의 표현처럼 어림짐작이나마 할 수 있는 자료는 또 있다. 정희득은《월봉해상록》에서 도쿠시마성 주변에 구류되었을 때의 상황을 전하며 '다리 위에서 만나는 10명 가운데 8~9명은 우리나라 사람'이라고 기록했다.[79]

당시 포로로 잡혀간 조선인들은 대부분 경상·전라도 사람들이었다. 전쟁이 장기화되면서 일본군은 주둔지인 경상·전라도 일대의 학자와 공예가를 다투어 납치해서 일본으로 데려갔던 것이다. 특히 임진년 초기보다 정유재란 이후에 잡혀간 사람이 훨씬 더 많았는데, 그 때문에 전라도 지방의 피랍인이 다른 곳에 비해 많은 편이었다. 당시 조선 포로의 수에 대해서는 한·일 간에 이견이 있다. 일본 학자는 2만 명에서 3만 명, 한국 학자는 10만 명에서 40만 명까지 추정하고 있다.[80]

스테픈 턴불Stephen Turnbull은 전쟁 기간 동안 5만 명에서 6만 명의 포로들이 일본으로 붙잡혀 갔다고 한다. 또 그는 일본으로 끌려간 포로들은 학자, 공예가, 한의사, 세금사 등을 포함하고 있고 일본에 많은 문화적 기술적 이익을 가져다주었다고 주장한다.[81]

이탈리아 역사학자 마크 카트라이트Mark Cartwright는 임진왜란 당시 일본에 포로로 끌려간 조선인들이 6만 명에서 7만 명이라고 추정했다. 그리고 전쟁으로 인하여 한양의 인구가 10만 명에서 4만 명으로 급격히 감소했고, 불국사 등 많은 문화재가 소실되거나 일본으로 유출되었다. 반면에 일본은 조선에서 끌고 간 도공들 덕분에 도자기 제작 기술이 획기적으로 발전하여 17세기부터 일본 전역에 도자기 붐을 일으켰다. 또 강황 같은 유학자들을 납치해 주자학 등 유학의 발전을 이루기도 했다.[82]

소에타 히토시 이베라키대 교수는 임진왜란·정유재란을 통해 2만 명에서 3만 명의 조선인 포로가 일본에 납치 연행되었다고 주장한다. 특히 정유재란의 포로 수는 임진왜란의 10배였다고 한다. 그러나 사쓰마의 시마즈 번주의 영내에만 3만 7천 명의 조선인들이 끌려와 거주했다고 하니, 히토시 교수의 견해는 맞지 않는 것 같다.

이러한 학자들의 견해를 종합해볼 때, 일본에 포로로 끌려간 조선인 수는 일본의 학자들이 주장하는 2만 명에서 3만 명보다는 훨씬 많은 것으로 보인다. 한국의 다수 학자들은 약 10만 명 정도로 보고 있다.

조선인 포로들의 운명

일본에 끌려간 남녀 포로는 규슈 지방을 중심으로 일본 전역에 분산되었는데, 조선 침략에 참가했던 다이묘들의 출신 지역과 규슈 지역이 제일 많았다. 이들 포로들을 끌고 간 지역 다이묘들은 학자나 공예가는 관작과 녹봉, 토지를 주어 대우했다. 공예 중에서도 일본에 큰 영향을 준 것은 도자기 제작 기술이라 할 수 있다. 당시 일본은 다기茶器의 대부분을 중국과 조선으로부터 수입했기 때문에 이를 보완하기 위해 포로로 잡은 도공들에게 자기를 제작하도록 했던 것이다. 또 이들은 유럽 상인들이 도자기를 선호한다는 사실을 알고, 도공들을 끌고 가서 각 지역마다 도요를 만들어 도자기를 생산했다.

일본으로 잡혀간 조선 포로들은 크게 세 가지 형태의 삶을 살았다.

첫째, 일본에 남아 영구히 거주한 경우다. 이는 일본의 방해로 조선으로 송환되지 못하고 노예로 평생을 살았던 경우로서 대부분의 포로들이 이에 해당했다. 이들 중 운이 좋은 사람들은 결혼하여 자식을 낳고 살기도 했다. 하지만 이들 조선인 포로는 대부분 노예가 되어 마소처럼 각종 막노동에 종사했다. 남녀의 구별도 없었다. 노부오카번延岡藩의 시의侍医를 지낸 시라세 나가토시白瀬永年가 19세기에 작성한《연릉세감延陵世鑑》이라는 서적이 있다. 거기에 조선인 포로의 삶에 대한 기술이 있다.[83]

다카하시세高橋勢가 왕래할 때마다 조선에서 남녀노소 할 것 없이 생포된 노예가 들어오게 되었다. 그 수가 몇백 명 있었는지 모르겠다. 그런 중에도 운이 좋은 여인은 처첩이 되고, 남자는 주인에게서 허락을 받아 처자를 얻어 생활하는 자가 있었다. 장수하는 사람은 게이안(1648~1652년), 쇼오(1652~1655년)까지 살아남았고 그 후손은 지금도 많다.

　일본 노예 상인들이 조선인 포로를 일본으로 끌고 가서 매매한 경우도 있지만, 조선에 출병한 장수들 중에는 기념품이나 선물로 조선인 노예를 일본의 가족에게 보낸 경우도 많았다. 역사가 후지키 히사시는 그런 사례 중 하나로 사쓰마의 무장 오시마 다다히로大島忠泰를 꼽고 있다.[84] 오시마는 사쓰마의 시마즈군을 종군하여 조선에 출병했다.

　그때의 모습은《고려어공선중일기高麗御供船中日記》등의 사료에 기록되어 있는데, 그중에는 오시마가 고향의 아내에게 보낸 서한이 있다. 임진왜란에 출진한 시마즈군은 약 30만 명의 조선군을 상대로 상당한 고전을 면치 못한 것으로 보인다. 그래도 시마즈군은 3만여 명의 조선인을 살해했다. 이들은 목은 운반이 불편했으므로, 대신에 코를 잘라 전공의 증거로 삼았다. 문제는 거기에 그치지 않았다. 오시마는 가쿠에몬이라는 가신과 함께 조선의 전쟁터에 있었다. 때마침 그가 일본으로 돌아가므로 그와 함께 고향에 조선인 노예들을 선물로 보냈다고 서장(편지)에 적고 있다. 노예는 여러 명이 있었는데, 그중 한 명을 딸에게 주라는 내용도 있다.[85] 이처럼 전쟁터에서 조선인들은 가축이나 다름없었다. 오시마의 편지에 나오는 선물이라는 단어도 '토산품お土産'이라는 표현을 쓰고 있다. 당시 일본 군인들 사이에서 조선인 사냥이 이국땅에서 선물 구입하듯 보편적인 것이었음을 알 수 있는 대목이다.

　일본으로 끌려간 조선인 포로들은 일본인들의 하인이 되어 대대로 일본인 주인을 위하여 봉사했다. 일본 〈사학잡지史学雑誌〉에 오카야마현의 한 마을에 있는 나카지마 가보요의 소장 문서가 소개되고 있다. 그 문서는 나카지마의 하인이라고 하는 야사부로우, 야요시, 이스케, 시게베에가 연서하여 나카지마 야요이자에몬, 사부로자에몬 앞으로 보낸 서한이었다. 그 내용은 자신들의 5대 조상은 조선국 송촌 출신으로 임진왜란 당시 나카지마 손자에몬의 진중에 인질로 잡혀 24세에 일본에 끌려왔고, 4대에 걸쳐 나카지마 가문의 보호 아래 살아왔는데 그 은혜를 잊지 않겠다는 것이다.[86] 결국 이 조선인들은 4대째 하인이 되어 일본인 주인을 위하여 봉사했다는 뜻이다.

가토 기요마사加藤淸正가 번주였던 구마모토현에는 지금도 울산에서 살던 사람들이 끌려와 형성한 집성촌인 울산마치蔚山町라는 마을이 있다. 가토 기요마사는 1598년 정유재란 당시 울산성 전투를 이끈 일본군 장군으로 당시 퇴각하면서 울산 주민들을 많이 끌고 간 것이다. 이들은 대부분 일본에서 농노로 정착했는데, 고국으로 돌아가면 더 비참한 신세인 노비가 되니 일본에 남아 어려운 생활에 적응했다.

제2차 세계대전 패전 당시의 외무상 도고 시게노리東鄕茂德도 임진왜란 때 사쓰마로 끌려간 도공 박평의의 후손이었다. 한국 이름은 박무덕朴茂德이다. 그는 도쿄대 독문과를 나와 외교관 시험에 합격하여 독일, 소련의 대사를 거쳐 외무대신을 했다. 1945년 8월 6일 히로시마에 원자폭탄이 떨어진 후 홀로 군부에 맞서 천황제 유지만을 조건으로 무조건 항복을 주장했다. 전후 A급 전범으로 20년 금고형을 선고받고 복역 중 1950년 사망했다. 일본인이 된 한국인이다. 비록 우리나라가 지킬 힘이 없어서 많은 동족들이 이국땅에 끌려가게 했지만, 이제부터라도 이들의 뿌리를 찾아줄 수 있는 방안을 강구해야 한다. 팔레스타인을 떠나 세계 각지에 흩어져 살면서 유대교의 규범과 생활 관습을 유지하는 유대인을 '디아스포라'라고 칭하는데, 이들은 수천 년간 자신들의 정체성을 유지했다. 이제 우리도 일본에 끌려가서 살고 있는 우리 동포들의 정체성을 지킬 수 있도록 도움을 주어야 한다. 그것이 인적 영토의 확장이다. 그렇지 않으면 그들은 수백 년 후 일본 사람이 되어서 우리나라를 이해하지 못하고 오히려 대적할 수도 있다.

둘째, 포로 송환의 임무를 맡은 관리였던 포로 쇄환사刷還使들을 통하거나 탈출을 감행하여 조선으로 귀환하게 된 경우다. 임진왜란이 끝난 후, 조선으로 돌아온 조선인 포로들은 그 수가 많지 않았다. 1604년 6월에 승병장인 사명대사가 '탐적사'로 파견되었다. 사명대사 일행은 2대 쇼군인 도쿠가와 히데타다를 만나고, 3,000여 명의 백성들을 데리고 돌아왔다. 1607년에는 '회답겸쇄환사'가 파견돼 전후 문제 등을 논의하고 1,240여 명의 조선 백성들을 데리고 돌아왔으며, 1624년에도 포로들을 귀환시켰다. 대마도 도주는 종전 전에 강화를 요구하면서 조선 포로들을 500명 가까이 돌려보냈다. 광해군 때에도 우호 관계를 회복하자면서 잡혀갔던 조선 백성들을 잇달아 쇄환시켰다.[87] 그 결과 일본으로 잡혀간 포로들 중 조선으로 송환된 사람은 약 7,500명 정도다. 이와 같이 송환된 조선인들의 숫자에 대하여도, 일부 학자들은 동일한 조선인들로 보이는 자를 상당히 중복 계산하는 우려가 있다고 지적한다. 조·일 쌍방의 기록을 검토하면 대략 6,100명 정도로 보아야 한다는 견해도 있다.[88] 그리고 강항이나 정희득과 같이 일본을 스스로 탈출하여 조선에 온 포로들도 있으나, 그 수는 극히 적었다. 쇄환 인원이 적은 이유는 일본 측의 비협조적인 태도, 귀국을 원치 않는 경우, 조선 정부의 포로 정책 부재, 포로에 대한 차별과 멸시, 소외 등이었다. 조선 사회에서는 유교적 가치관에 의해 일본으로 끌려갔다가 돌아왔다는 자체가 차별과 멸시의 대상이 되었다. 특히 여성 포로들은 돌아올 수 없었다. 또 양반 중심의 신분제 사회에 쇄환된 평민이나 천민이 설 자리는 없었다.

셋째, 유럽이나 동남아시아 등지로 팔려 간 포로들의 경우다. 포로들 중 7,500명은 전쟁 종결 후 조선으로 돌아왔지만, 나머지 상당수는 유럽 상인들(주로 마카오에 있는 포르투갈 상인들)에게 팔려서 동남아시아 전역과 유럽 등지로 다시 팔려 나갔다.[89]

조선인 남녀 노예의 포획 및 매매의 참상

일본군 장수와 상인이 결탁하여 조선인을 포로로 잡아 노예로 팔아버린 경우가 많았다. 일본 상인들은 조선인 포로들을 포르투갈 노예 상인들에게 팔아넘겼다. 이들은 처음부터 노예사냥을 목적으로 조선에 출정하여 남성과 여성, 어린아이를 사로잡아 나가사키로 끌고 간 뒤 포르투갈 상인과 총, 비단 등으로 교환했다. 당시 조선인 납치·매매 실상이 어떠했는지는, 일본과 마카오 관할 천주교 교구의 주재 신부였던 루이스 세르쿠에이라Luis Cerqueira가 1598년 9월 4일에 쓴 글을 통해 살펴볼 수 있다.[90]

배가 들어오는 항구인 나가사키에 인접한 곳의 많은 일본인들은 포로를 사려는 포르투갈 사람들의 의도에 따라, 그들에게 팔기 위한 조선 사람들을 사려고 일본의 여러 지역으로 돌아다녔습니다. 이뿐만 아니라 조선인이 이미 잡혀 있는 지역에서 그들을 구매하는 한편, 조선인들을 포획하기 위하여 조선으로 갔습니다. 그리고 일본인들은 포획 과정에서 많은 사람들을 잔인하게 죽였고, 중국 배에서 이들을 포르투갈 상인들에게 팔았습니다.

루이스 신부는 1598년 2월 전임 일본 주교 페드로 마틴Pedro Martins이 사망함에 따라 일본 주교로 임명되어 그해 8월 5일 일본에 도착했다. 그리고 1614년 사망 시까지 일본 나가사키에 거주했다. 임진왜란이 1598년 11월에 끝났으니, 루이스 신부가 부임한 1598년 8월 이전에도 오랫동안 유사한 상황이 계속되었다는 것은 능히 추측이 가능하다. 그야말로 지옥과 같은 7년간의 노예 거래였다.

조선인 포로들의 납치 및 연행 과정에서 당시 조선인들이 당해야 했던 비참함이 어떠했는지는 일본 규슈 안요지安養寺 주지로 일본군 종군 승려였던 교넨慶念이 쓴 종군 일기《조선일일기朝鮮日日記》에 생생히 기록되어 있다. 종군승 교넨은 당시 일본 사람들에게 적국赤國이라 불리던 전라도에 속한 전주, 진주와 하동, 그리고 경상도 울산, 부산포 등 지역을 주로 다녔다. 교넨은 자신이 부산에서 목격하게 된 현장을 1597년 11월 19일 자 일기에 다음과 같이 적고 있다.

> 일본으로부터 수많은 상인이 왔는데, 그중에는 인신매매 상인들도 같이 왔다. 이들은 일본군의 뒤를 따라다니며, 남녀노소를 사서 새끼줄로 목을 동여매고, 앞으로 내몰고, 걸음이 느리면 뒤에서 지팡이로 몰아세우고, 치고 달리게 했다. 그 모습은 마치 아방나찰의 죄인을 책망하는 것을 떠올리게 했다… 이렇게 사서 모아서는 마치 원숭이를 묶고 다니듯했고, 우마를 끌게 하고 짐을 들게 하는 광경은 차마 눈 뜨고 볼 수 없었다.[91]

인신매매상은 항상 군대 뒤를 따라다니며 일본군 잡병으로부터 생포한 조선인을 헐값으로 사들였다. 매수한 조선인은 도망가지 못하도록 목에 밧줄을 매고 뒤에서 내몰아서 이들을 유도했다. 이후 조선인 노예들은 항구에서 배를 타고 일본으로 운반되었으며, 일부는 일본에서 전매되고 또 일부는 포르투갈 상인들에게 전매된 것으로 보인다. 그것은 단순한 상품에 지나지 않았다. 교낸이 말하듯이 지옥 그림도였다.[92]

규슈 나고야조名護屋城로 가는 길목에 있는 부산포는 노예사냥꾼과 조선인 노예들이 득실거리는 노예시장이 연일 벌어졌다. 일본인 승려 교낸은 최소한 종교적 양심을 가진 자로서 조선의 참상을 애석하게 바라봤던 것 같다.

지옥의 아방阿防이 사자死者 죄인을 다루는 것 같구나! 낮에 길에서 돌아다니는 젊은 조선 남자는 무사들에게 붙잡혀서 개처럼 목에 줄을 매어 노예 상인에게 팔려 갔다. 이 노예들은 다시 원숭이처럼 목에 줄을 연이어 매인 채 줄 끝을 말이나 소달구지 뒤에 연결하고 뒤따라가게 했다. 이때 노예는 무거운 짐을 지거나 이고, 소달구지에는 봉래산蓬萊山과 같이 짐을 가득 실었다.

건장한 젊은 장정들과 아리따운 여인네들은 노예시장에서 몸값이 더 올랐는데 일본뿐만 아니라 멀리는 유럽까지 팔려 나갔다. 특히 일본 규슈에서 온 왜장과 상인들이 이 노예장사 돈벌이에 열중했다. 진중의 왜장은 40냥을 받고 포로로 잡은 조선 남녀를 일본 상인에게 매매했고 미녀는 30냥을 더 받았다고 한다.[93]

이처럼 일본인들은 임진왜란을 일으키면서 전쟁의 목적 중의 하나를 노예로 매매하기 위한 조선인들의 납치에 두고 있었던 것으로 보인다. 특히 1587년 히데요시의 일본인 노예 매매 금지 이후 일본인들을 노예로 매매하기가 어려워지자, 일본인 다이묘들(특히 일본 서부의 그리스도교 다이묘들)은 조선인들을 납치해 가서 나가사키에 있는 포르투갈 상인들에게 노예로 매매했던 것이다.

일본군이나 일본 상인에 의해 약탈당한 조선인 포로는 일본으로 연행되었고, 그중 일부는 동북 지방에서 류큐국(오키나와)까지 일본 전역과 주변 지역에 노예로 전매되었다.[94] 그러고는 그 상당수가 나가사키, 오무라, 히라도로 옮겨져서 당시 최고의 해상 유통망으로 전성기를 맞았던 포르투갈 상인들에 의해 포르투갈 노예선에 실려 해외로 팔려 나갔다. 그들은 총·흰 실(비단) 등의 대가로 팔려 마카오, 고아, 마닐라, 유럽의 리스본, 로마까지 끌려갔다. 포르투갈 상인들의 노예무역 참여에 따라 동아시아 및 동남아시아의 노예무역은 세계 노예무역과도 결합하게 되었다. 그것은 세계적 규모로 확대되기에 이르렀는데 도요토미 히데요시의 조선 침략은 이러한 세계적 추세를 한층 더하는 역할을 했다.[95]

일본 학자들은 해외로 팔려 간 조선인 노예의 수를 수만 명으로 보기도 한다. 당시 일본에 체류하던 선교사들은 이런 비인도적 행동을 혐오하며 노예 상인들에게 파문하겠다고 경고했지만 실효는 미미했다. 이 당시 조선인들은 아프리카인들보다 훨씬 헐값에 판매되었는데, 당시 기준으로 쌀 2가마 4말에 해당하는 2.4스쿠디scudi였다. 이에 비해 아프리카 노예 가격은 170여 스쿠디에 이르렀다.[96] 스쿠디(단수형 scudo)는 1866년 이전까지 사용되던 이탈리아 화폐. 그야말로 헐값이었다.

오사카부립대 교수인 가타쿠라 미노루片倉穰는 조선인 포로 남녀가 얼마나 많이 해외에 팔려 갔는가는 조선인의 매매가격이 극히 쌌다는 점에서도 충분히 추측이 가능하다고 주장한다. 이탈리아의 상인 칼레티는 아프리카에서 흑인 노예 1명을 100스쿠디(당시 1스쿠도는 영국 돈으로 4실링)에 사들여 콜롬비아의 카르타헤나에서는 180스쿠디에 팔고, 리마까지 데려간 4명은 몇백 스쿠디에 팔았다. 그리고 그는 일본에 와서 조선인 5명을 12스쿠디 남짓에 샀다.[97] 포르투갈 상인들이 사들이는 조선인 포로의 경우, 한 명당 대강 14스쿠디였다고 한다.[98] 이러한 사실에 비추어 보면, 조선인 포로 노예 수가 아주 많았기 때문에 매우 싼 가격으로 거래되었다는 것을 알 수 있다.[99] 일본인 노예들의 몸값은 서아프리카 흑인의 절반 이하였다.

유럽으로 팔려 간 조선인 노예, 안토니오 코레아

이처럼 일본 나가사키에서는 물품의 교역만 이루어졌던 것이 아니었고, 해적들에게 붙잡혀 온 각국의 포로들을 사고파는 노예시장도 섰다. 나가사키에 노예시장이 존재했다는 사실은 여러 가지 자료들로 확인된다. 유럽으로 팔려 간 조선인 노예를 통하여도 노예시장이 증명된다.

그중에는 임진왜란 중에 일본에 포로로 끌려간 후 이탈리아로 팔려 간 한 조선 소년의 살아 있는 사례가 있다. 이탈리아 피렌체의 무역상인 프란체스코 칼레티Francesco Carletti는 부친 안토니오 칼레티와 함께 1594년 아메리카에서 노예를 매매하고자 여행을 떠나, 대서양을 건너 서아프리카 카보베르데Cabo Verde, 남미의 리마Lima, 멕시코를 거쳐 마닐라 갈레온을 타고 태평양을 가로질러 1596년에 필리핀에 도착했다. 여기에서 1년 가까이 머문 후 1597년 일본 나가사키에 왔다.

당시 나가사키 노예시장에서는 많은 조선인 포로들이 노예로 헐값에 팔리고 있었다. 칼레티는 12스쿠디를 주고 조선인 포로 다섯 명을 산 후 세례를 베풀었다. 17세기 중반 이탈리아의 일용직 근로자의 월급은 약 6스쿠디 정도인 것으로 알려져 있다. 일본에 머문 지 9개월 후인 1598년 일본을 떠나 마카오와 믈라카를 거쳐 인도의 고아에 도착했다. 여행 도중 마카오에서 아버지는 사망했다. 칼레티는 고아에서 조선인 노예 네 명을 자유롭게 놓아주고 한 명만을 데리고 아프리카 남단을 돌아 네덜란드와 프랑스를 거쳐 1606년 고향 피렌체에 도착했다. 그는 이 조선인 소년을 로마에 정주하여 교회 일을 도우며 살게 했다. 세례명이 안토니오였던 소년은 코레아를 성으로 삼아 안토니오 코레아Antonio Corea라는 이름을 얻었다.

칼레티는 1615년 무렵 12년에 걸친 여행기를 저술하여 안토니오의 에피소드를 전했다. 칼레티는 세계 최초의 세계 일주 무역상이었다. 칼레티의 기행문은 1701년에 '라조나멘티Ragionamenti'라는 제목으로 간행되었다. 영어 번역본 제목은 '나의 세계 여행My Voyage Around the World'이다.[100] 우리는 이 책으로 조선인이 유럽에 노예로 팔린 경로를 알게 되었다. 루벤스의 작품《한복 입은 남자》에 나오는 인물이 안토니오라는 논란도 있으나 확실치는 않다.[101]

그 후 안토니오는 이탈리아 여인과 결혼하여 조선의 지형과 기후가 비슷한 이탈리아 남부에 있는 알비에 정착한 것으로 전해지고 있다. 지금도 이탈리아 코레아씨의 집성촌으로 코레아 마을로도 불리는 알비시에는 300여 명의 코레아씨가 거주하고, 그 인근의 카탄차로 등지에도 흩어져 살고 있으며, 로마에도 20명 이상이 살고 있는 것으로 알려져 있다. 미국, 캐나다에도 이민을 가서 수십 명이 거주하고 있다.[102] 1992년에는 안토니오의 후손 중의 한 명이 한국 정부 초청으로 임진왜란 400주년 기념행사에 참여하기도 했다.

조선인 여성 포로 줄리아 오타아와 고니시 유키나가

임진왜란 때 일본에 끌려간 조선인 포로 중 지금까지도 일본에서 기억하는 여성이 있다. 줄리아 오타아ジュリアおたあ가 그녀다. 임진왜란 당시 히데야시 침략군의 선봉장인 고니시 유키나가小西行長는 기리시탄 다이묘로 부산에 최초로 상륙했다. 그러고는 북으로 진격하여 충주 탄금대에서 신립 장군을 격파하고 파죽지세로 한양을 점령했다. 그리고 의주로 피신한 선조를 뒤쫓아 평양성에 진입했다. 그는 자신이 점령한 평양 지역에서 양반 출신으로 추측되는 여자아이를 주워다 일본으로 데려가 자신의 양녀로 삼아 키웠다. 그녀, 즉 오타아는 유키나가로부터 영향을 받아 천주교를 믿으며 줄리아라는 세례명을 받았다. 오타아는 유키나가 부인의 교육을 받았고, 특히 고니시 가문의 원래 가업과 관련된 약초 지식에도 조예가 깊었다고 한다.

유키나가의 부친은 원래 약종상이었고, 유키나가도 가업을 이어받아 약종상을 했다. 그러다 히데요시에게 발탁되어 수군을 통솔하게 되었고, 나아가 다이묘가 되었다. 독실한 천주교 신자인 유키나가는 군기로 붉은 비단 장막에 하얀색 십자가가 그려진 것을 사용했고, 그의 휘하 병사 다수도 천주교 신자였다. 유키나가가 조선을 침략했을 때 그의 진중에는 포르투갈 예수회 선교사 그레고리오 데 세스페데스 신부가 사목했고, 밤마다 미사를 드렸다고 한다.

고니시 유키나가는 명나라 군대가 참전하는 바람에 평양성 전투에서 조·명 연합군에게 평양성을 빼앗겼다. 그 분풀이로 한양으로 퇴각한 후 여성을 제외한 한양에 있던 백성들을 모조리 죽이고, 공공기관의 건물이나 개인의 가옥도 거의 불태워버렸다. 그런 이유로 한국에서는 그 악명이 높다.[103] 1598년 히데요시가 사망한 후 도쿠가와 이에야스가 벌인 내전에서 유키나가는 히데요시의 아들 히데요리를 지지하며 세키가하라 전투에서 서군으로 참전했다. 잘 싸웠으나 히데요시의 중신이던 고바야카와 히데아키의 배신으로 도쿠가와 이에야스의 부하들한테 붙잡혔다. 1600년 교토의 로쿠조 강변에서 처형되었다.

고니시 유키나가가 참수당하자 도쿠가와 이에야스는 오타아를 슨푸성駿府城의 후궁 거소인 오오쿠大奧에 데려다 키웠다. 그녀는 그곳에서 이에야스의 후궁 시녀로 일하면서, 낮에는 일하고 밤에는 기도하며 기독교 교리서를 읽었다. 그리고 다른 시녀들을 그리스도교 신앙으로 이끌었다. 그녀는 굉장한 미인으로 성장했으며, 도쿠가와 이에야스가 무척이나 아끼고 좋아했다고 한다.

하지만 당시 천주교를 탄압하고 있던 도쿠가와 이에야스는 줄리아 오타아에게 천주교를 포기하도록 권유했지만, 줄리아 오타아는 이를 거부하고 끝까지 천주교에 대한 신앙을 지켰다. 오타아는 천주교 포기 요구를 거부한 후, 이에야스의 후궁 발탁에도 난색을 표했다. 이 때문에 1612년 금교령에 의해 슨푸성에서 추방되고 이즈제도의 이즈오지마섬으로 보내졌다. 그리고 또다시 두 번에 걸쳐 이에야스의 후궁 요청을 거절하자 30일 만에 신지마섬으로 보내졌고, 다시 15일 후에 고즈시마섬으로 유배되었다.

오타아는 유배지에서도 열심히 신앙생활을 했다. 버려진 약자나 병자의 보호, 유민의 감화 등 섬사람의 일상생활에 헌신적으로 봉사를 다 하며 평생을 독신으로 살았다고 한다. 1622년 2월 15일 자〈일본발신日本発信〉의 프란시스코 파체코 신부의 서한에 의하면, 오타아는 고즈시마를 나와 오사카로 이주해 신부의 원조를 받았던 것으로 되어 있고, 그 후에 나가사키

로 옮겨진 것으로 기록되어 있다.[104]

오타아는 임진왜란 동안 일본으로 끌려간 수많은 조선 여성 중 한 명이지만, 당시 어린아이여서 해외에 노예로 팔리지 않았던 것으로 보인다. 이에야스의 수청을 거부하며 유배지에서 평생을 독신으로 보낸 조선의 소녀 오타아의 슬픈 사례에서 당시 일본에 끌려간 조선 여인들의 노예로서의 삶을 느낄 수 있다. 오타아 외에도 많은 조선 여성들이 임진왜란 중 일본으로 끌려가 노예 생활을 하다가 이름도 남기지 못하고 죽었을 것이다. 우리는 일본 역사의 기록 속에서 이들의 흔적을 찾아야 한다. 그리고 다시는 우리 역사에서 재발하지 않도록 기억해야 한다.

SLAVES OF JAPAN

02

제**2**부

가라유키상

_ 해외로 나간 일본의 성노예

포르투갈의 퇴장과 네덜란드의 등장

아카풀코 항로, 스페인의 등장

스페인은 포르투갈에 비해 늦게 아메리카 대륙을 경유해 아시아에 도착하는 태평양 항로를 개척하고자 했다. 당시 동쪽 항로에 대한 권한은 포르투갈이 독점했기 때문에 스페인은 서쪽으로 항해하여 인도까지 갈 수 있는 방법을 찾아야만 했다. 포르투갈인 페르디난드 마젤란Ferdinand Magellan은 스페인 국왕의 후원을 받아 1519년 9월 20일 5척의 배와 270여 명의 선원을 이끌고 스페인을 출발하여 대서양을 횡단하고 남아메리카의 남단을 돌아서 태평양을 가로질러 갔다. 그들은 1521년 4월 7일 필리핀의 세부에 도착했고, 섬의 이름을 스페인의 펠리페 2세의 이름을 따서 필리핀이라고 지었다. 마젤란은 그곳에서 원주민의 공격을 받고 살해되었지만, 지구가 둥글다는 것을 증명하고 대항해 시대를 열었다. 그 후 스페인은 아메리카를 식민지로 만들었다. 1564년 11월 21일 미구엘 레가스티는 스페인 국왕의 명령을 받고 5척의 선박과 350명의 원정대를 이끌고 멕시코를 출발했다. 93일간의 항해 끝에 태평양을 횡단하여 필리핀에 도착한 미구엘 레가스티는 우수한 무기로 섬 전체를 정복하고 필리핀 총독이 되었다.

그리고 1565년부터 스페인은 식민지인 노비스판(현 북아메리카의 멕시코)의 아카풀코와 루손섬의 마닐라를 잇는 마닐라 갈레온의 항해를 시작했다. 마닐라 갈레온(또는 아카풀코 갈레온)은 스페인의 무역선으로 1년에 한두 차례 태평양을 건너 필리핀 마닐라와 멕시코 아카풀코를 왕복했다. 스페인 상인들은 1815년까지 필리핀과 아카풀코 사이의 무역을 담당하면서 필리핀에서는 중국 상인들로부터 비단과 도자기를 구입해서 가지고 갔고, 아카풀코에서는 은과 담배, 고구마, 포도주 등을 가지고 왔다. 이 스페인의 선박이 마닐라에서 일본을 방문하자 도쿠가와 이에야스는 스페인과의 무역을 위해 교토의 상인 다나카 가쓰스케田中勝介를 노비스판으로 파견했다. 이때부터 스페인의 상인들도 일본을 왕래했다.

또 일본 막부는 포르투갈 상인들이 생사의 독점적 이익을 얻고 있었기 때문에 이를 저지할 목적으로 사할부중간絲割符仲間을 결성시켰다. 이 사할부중간은 교토, 사카이, 나가사키 상인들로 이루어진 조직으로 독점적 수입권과 도매권을 가지고 있었다. 이처럼 포르투갈을 견제하고자 스페인 상인들과의 무역도 점차 늘어나게 되었다.

주인선으로 체계적 무역관리

일본은 명나라와의 공식적인 무역이 금지되었지만, 중국인이 동남아시아에 진출하면서 16세기 말부터 일본인과 중국인이 동남아시아에서 거래를 늘리게 되었다. 해외무역이 늘게 되자 일본 막부는 주인장朱印狀을 발행하여 해외 도항선을 관리했다. 주인장은 일본을 거점으로 하면 국적에 관계없이 발행되었다. 주인장은 일본 통치자의 해외 도항 허가증으로 이를 가지고 해외 교역을 한 배를 주인선이라고 불렀다. 주인장을 휴대한 일본 선은 당시 일본과 외교 관계가 있던 포르투갈, 네덜란드 선박이나 동남아시아 제국의 지배자의 보호를 받을 수 있었다.

16세기 후반에 이르러 포르투갈 선박이 일본에 내항하면서 해외에 대한 관심이 높아졌고, 동남아시아 방면으로 진출하는 일본인들도 늘기 시작했다. 일본에 통일 정권이 생겨나자 교역 통제의 필요성이 발생했고, 근세 최초로 통일 정권을 수립한 도요토미 히데요시는 일본인의 해외 교역을 통제하고 이를 해치는 왜구를 제압할 필요 때문에 1592년 처음으로 주인장을 발부했다. 주인선들이 마닐라, 아유타야, 파타니 등에 왕래하면서 무역에 종사했지만, 이때에는 주인장 제도가 잘 지켜지지 않았다.

1598년 8월 18일 도요토미 히데요시는 도쿠가와 이에야스와 6세 아들 히데요리의 보호역 마에다 도시이에에게 뒷일을 맡기고 후시미성에서 향년 62세로 죽었다. 히데요시가 사망한 이후 일본의 주도권을 두고 동군과 서군으로 갈려 분쟁이 일어났다. 1600년 10월 세키가하라 전투에서 승리하여 일본을 통일한 도쿠가와 이에야스는 분고 해안에 표착한 네덜란드 선의 항해사 윌리엄 아담스와 얀 요스텐 등을 외교 고문으로 채용하여 서양식 갤리온선을 건조시키는 등 해외 교역에 열심이었다. 1601년 이후 안남, 스페인령 마닐라, 캄보디아, 샴, 파타니 등 동남아시아 국가에 사신을 파견하여 외교 관계를 수립했고, 1604년 주인선 제도를 강화했다. 이후 1635년까지 350척이 넘는 일본 배가 주인장을 받고 해외로 도항했다.

1597년 히데요시가 천주교인을 학살한 나가사키의 26성인 순교 사건

이후 많은 천주교인들이 해외로 이주했다. 이에 따라 일본인 무역상들의 해외 진출도 더욱 활발해져 17세기 당시 자바섬의 바타비아, 방콕, 믈라카, 마닐라, 프놈펜, 인도네시아 암본, 마카사르, 테르나테, 다낭, 타이완 등에 일본인들의 거주 지역이 있었다. 주인선은 이러한 동남아시아 도시들을 항해하면서 교역을 했다.

주인선은 반드시 나가사키에서 출항했고, 귀항하는 곳도 나가사키였다. 또 명나라는 일본 선박의 내항을 금지했으므로 포르투갈 거류지 마카오를 제외하면 주인선 도항지가 되지 않았고, 조선과의 교역도 대마도번에 일임하고 있었으므로 주인장은 발행되지 않았다.

주인장은 대부분 일본 상인, 다이묘, 무사 등에게 발행되었으나, 일본에 거주하는 명나라 상인 11명과, 윌리엄 아담스, 얀 요스텐 등 일본에 거주하는 네덜란드인, 잉글랜드인, 포르투갈인 12명에게도 발행되었다. 주인장은 일본 정부가 주는 무역 허가장으로 일종의 사업권이어서 많은 상인들이 발급받기를 희망했다. 주인선에는 선장, 항해사, 행상, 일반 선원 등이 승선했는데, 특히 항해사는 중국인, 포르투갈인, 스페인인, 네덜란드인, 영국인이 임명되는 경우가 많았고 일반 선원도 외국인이 많았다.

동남아시아 항구로 가는 주인선 중 상당수의 목적은 중국산 생사나 비단을 수입하기 위함이었다. 일본에서도 비단은 고대부터 산출되었지만 중국산에 비해 품질이 나빴다. 태평성대가 도래하면서 고급 의류인 중국 비단에 대한 수요가 증가했던 것이다. 한편 과거 왜구에 시달리던 명나라는 일본 선박의 중국 입항을 금지했고 임진왜란으로 적대국이 된 이후 더욱 그러했다.

명나라는 중국 상선의 일본 도항을 금지했으나, 이것은 철저히 지켜지지 않았고 몰래 오는 중국선도 있었다. 하지만 일본 측의 왕성한 수요를 충족시키기에 충분한 양은 아니었다. 이 때문에 명나라 관헌의 감시가 미치지 않아 중국 상선이 합법적으로 내항할 수 있는 동남아시아 여러 항구에서 일본선과의 만남 교역이 이루어졌다. 중국 제품 외에도 군용 무기 장비에 사용되는 상어 껍질과 사슴 껍질, 설탕 등 동남아시아산 제품의 수입도 이루어졌다. 그 대가로 일본에서는 은, 구리, 동전, 유황, 칼 등 공예품이 수출되었다. 당시 중국에서는 은이 부족했기 때문에 주인선의 주요 교역 상대인 중국 상인들은 은을 원했다. 게다가 당시 일본에서는 이와미 은산 등에서 은이 많이 생산되어 결제 수단으로 가장 적합했다.

주인선으로 사용된 배는 초기에는 목조 범선인 중국식 정크선이 다수였지만, 나중에는 정크선에 스페인식 대형 범선인 갈레온선의 기술과 디자인을 융합시킨 독자적인 범선이 각지에서 제조되어 운용되었다. 이들 배의 크기는 대개 500~750톤이며, 승조원은 대략 200명이었다. 또 동남아시아 무역이 활발할 때에는 목재의 품질도 좋고 조선 기술도 뛰어났던 샴(태국)의 아유타야에서 대량의 선박이 주문 구매되었다.

산펠리페 사건과 스페인선의 입항 금지

1587년 도요토미 히데요시가 발한 바테렌 추방령은 그리스도교 포교의 금지뿐이었으며, 남만무역의 실리를 중시한 히데요시의 정책상 어디까지나 한정적일 수밖에 없었다. 이에 따라 비록 '묵인'의 형태로나마 선교사들은 일본에서 활동을 계속할 수 있었다. 또 이때 금지된 것은 포교 활동이었고 그리스도교 신앙은 금지되지 않았기 때문에, 각지의 그리스도교도 공개적으로 박해되거나 그 신앙을 제한받지는 않았다.

1596년 7월 필리핀 마닐라를 출발한 스페인의 갈레온선 산펠리페San Felipe호가 멕시코를 향해 태평양 횡단 길에 올랐다. 이 배의 선장은 마티아스 데 란데초이며 선원 외에 당시 항해의 통례로 7명의 사제가 타고 있었다. 산펠리페호는 동중국해에서 복수의 태풍에 강타되어 막대한 피해를 입었다. 선원들은 메인 마스트를 베고 400개의 짐을 바다에 포기함으로써 난국을 극복하고자 했지만, 배의 손상이 워낙 심했고 선원들도 만신창이였기 때문에 일본으로 흘러 들어가는 것만이 유일한 희망이었다.

그해 8월 28일, 배는 결국 시코쿠 토사 앞바다에 표착했다. 소식을 들은 토사국의 다이묘 나가무네가베 모토치카의 지시로 배는 우라토만 내로 강제로 예인되어 만 내의 사주에 좌초하고 말았다. 대량의 뱃짐이 유출되었고 선원들은 나가하마의 마을에 머물게 되었다.

선원 일동의 협의를 거쳐 히데요시에게 배의 수선 허가와 신병의 보전을 요청하기로 했다. 사신에게 선물을 주어 히데요시에게 보내고, 선장 란데초는 나가하마에 대기했다. 그러나 사신은 히데요시를 만나지 못했고, 대신 봉행 중 한 명인 마스다 나가모리增田長盛가 우라토에 파견되었다. 봉행은 보좌역 등으로 당시 고위직 관직이다. 앞서 히데요시에게 간 사신 중 한 명인 판 포브레가 선원들에게 돌아와 화물이 몰수될 것이고, 자신들은 구금된 후 처형될 수 있음을 전했다. 히데요시는 이 사건 전에 스페인 총독에게 "일본에서는 조난자를 구조한다"고 통고한 바 있었기 때문에 예상치 못한 반대의 대응에 선원 일동은 경악했다.

마스다 등은 백인 선원과 동승한 흑인 노예를 구분하지 않고 명단을 작성하게 하고, 적하 목록을 만들어 모두 태합 도장을 찍게 했다. 태합은 섭정으로 총리급 관직이다. 그러고는 선원들을 마을 내에 머물게 한 뒤 소지품을 모두 제출하도록 했다. 이어 '스페인 사람들은 해적들이며 페루, 멕시코, 필리핀을 무력 제압했듯이 일본에서도 이를 위한 측량을 하기 위해 온 것이 틀림없다. 이는 수도에 있는 3명의 포르투갈인 외 몇 명에게 들었다'는 히데요시의 서신을 알렸다. 이에 수로안내인(항해장)이었던 데 올란디아는 발끈해서 장황하게 세계지도를 제시했고, 스페인은 광대한 영토를 가진 나라이며 일본이 얼마나 작은 나라인지를 말했다.

이에 마스다는 "왜 스페인이 이렇게 광대한 영토를 가지게 되었느냐"고 물었고, 데 올란디아는 상대방에게 공포심을 갖게 하려고 "스페인 국왕은 선교사를 전 세계에 파견해 포교와 함께 정복 사업을 하고 있다. 그것은 우선 그곳의 백성을 교화시키고, 후에 그 신도를 내응하게 하며, 병력으로 이를 병탄하게 함에 있다"라고 발언했다.

마스다는 수도로 돌아와 이 사실을 히데요시에게 보고했다. 이 말을 듣고 히데요시는 그리스도교에 대한 대규모 탄압을 감행한 것으로 알려졌다. 같은 해 12월 8일 금교령이 다시 내려져 교토와 오사카에 있던 프란치스코회의 페트로 바우치스타 등 선교사 3명과 수도사 3명 및 일본인 신도 20명을 체포했다. 이들은 멀리 나가사키까지 도보로 끌려가 게이초 원년 12월 19일(1597년 2월 5일) 십자가에 묶인 채 창으로 처형되었다. 이들이 가톨릭의 일본 26성인으로, 일본인 20명을 포함하여 스페인인 4명, 멕시코인 1명, 포르투갈인 1명으로 모두 남성이었다. 이것이 '나가사키의 26성인 순교 사건'이다.

한편, 란데초 선장은 수리 선박 공사를 조기에 시작하도록 히데요시를 직접 만나 항의하기로 마음먹었다. 다이묘 나가무네가베 모토치카는 12월에 란데초 등이 수도에 올라가는 것을 허가했다. 그러나 협상의 중개를 부탁하려던 프란치스코회는 붙잡힌 뒤라 선원들 스스로 항의했고, 히데요시의 허가로 산펠리페호의 수리는 시작되었다. 선원들은 1597년 4월 우라토를 출항하여 5월 마닐라에 도착했다.

마닐라에서는 스페인 정부에 의해 본 사건의 상세한 조사가 이루어졌으며 선장 란데초 등은 증인으로 소환되었다. 그 후 1597년 9월 스페인 사절로 마닐라에서 돈 루이스 나바레테 등이 히데요시에게 보내져 산펠리페호의 적하물 반환과 26성인 순교 시 순교한 선교사들의 시신 인도를 요구했지만 인도는 이루어지지 않았다.

그러나 이 사건은 그때까지 함께 보았던 남만이 스페인인과 포르투갈인으로 나뉘며 그리스도교 종파도 서로 다르다는 의식을 일깨워 주었다. 훗날 도쿠가와 막부의 쇄국 프로세스에서 스페인선이 먼저 1624년 도항 금지되었고, 포르투갈선은 그 후 1639년에 도항 금지되었다.[1]

아유타야 사건과 봉서선의 등장, 그리고 쇄국령

이에야스 시절에도 그리스도교는 금지되었지만 무역은 권장되었다. 그러나 이후, 에도막부는 철저한 금교禁教 정책과 국제 분쟁의 악영향을 막는다는 관점에서 해외와의 무역관리 및 통제를 점차 강화했다.

유럽인과의 교역은 히라도와 나가사키로 한정되었고, 스페인선의 내항이 금지되었다. 당시 아유타야에서 다카기 사쿠에몬의 주인선과 스페인 함대 사이에 분쟁이 일어나, 주인선이 불태워지는 아유타야 사건이 일어났다. 주인선은 막부의 무역 허가증인 주인장을 가진 선박을 말한다. 아유타야 왕국은 현재의 태국을 가리킨다.

일본에서 전국 통일 과정의 내전에서 패한 일본 무인들과 그리스도교에 대한 탄압이 이어지자 많은 그리스도교인들이 마카오 등 해외로 거주지를 이전했다. 그중의 한 곳이 야유타야 왕국이었다. 야유타야 왕국의 수도인 야유타야시는 현재 방콕시에서 북쪽으로 약 80킬로미터 떨어진 곳으로, 1620년경 당시 그곳에는 일본인 약 1,000여 명이 반이펀Ban Yipun이라는 일본인 공동체를 이루며 살고 있었다. 그들 중 야마다 나가마사山田長政는 반이펀의 우두머리로서 쓰다마타 좌우에몬津田又左右衛門이 이끄는 일본인 용병대에 참가하여 스페인 함대의 두 번에 걸친 아유타야 침공을 모두 물리쳤다. 그 공적으로 아유타야 왕조의 국왕 손텀의 신임을 얻고, 공주와 결혼하기도 했다. 이처럼 일본은 아유타야 왕국과 교역이 있었는데, 1628년 5월 다카기 사쿠에몬의 주인선이 아유타야의 샴만에서 필리핀 총독 돈 데 알 칼라소가 이끄는 스페인 함대에 의해 불태워지고 주인장을 빼앗긴 채 선원 57명이 마닐라로 연행되는 사건(메남하 사건)이 발생했다. 이와 같이 주인장 제도의 허점이 드러나자 막부는 쇼군이 교부한 주인장이 박탈되는 것을 막기 위해 해외로 도항하는 사람은 막부의 고위 관료인 노중이 발행한 봉서를 나가사키까지 휴대하고, 그 대신으로 나가사키 주재 막부의 관료인 나가사키 봉행이 통항 허가서를 발부한다는 봉서선 제도로 대체했다.[2] 봉서선은 쇼군이 발급한 주인장에 추가하여 행정 최고 책임자인 노중이 쓴 봉서라는 허가증을 가진 배를 말한다.

이처럼 1620년대에 이르러서는 주인선이 동남아시아 지역의 분쟁에 휘말리는 사건이 빈번했다. 또 막부의 금교령을 배경으로 가톨릭 선교사들이 포교의 거점을 동남아시아의 일본 마을로 옮기게 되자, 주인선을 이용하여 일본인 그리스도교인이나 사제들을 일본 밖으로 내보내는 전략을 취하게 되었다. 이러한 관점에서 에도막부는 동남아시아 지역 분쟁의 악

영향 회피와 그리스도교 유입 방지의 관점에서 무역관리와 통제를 강화할 수밖에 없게 되었다.

이에야스의 아들인 도쿠가와 히데타다德川秀忠가 죽고 그의 아들인 3대 쇼군 도쿠가와 이에미쓰德川家光의 친정이 시작되자 막부는 중국해·동남 아시아 방면과의 중간무역 관리와 통제의 거점인 나가사키 무역의 정비를 추진하게 되었다. 1633년 나가사키 봉행은 쇼군의 직속 무사단인 하타모토 중에서 임명되었고, 막부는 봉행이 나가사키에 부임할 때 봉행의 직무를 정한 통달, 이른바 쇄국령을 내렸다.

1633년 통달(1차 쇄국령)에서는 봉서선 이외의 도항이나 동남아시아에 5년 이상 영주한 일본인의 귀국을 금지했다. 1635년의 통달(3차 쇄국령)에서는 중국·네덜란드 등 외국 선박의 입항을 나가사키만으로 한정하고, 모든 일본인의 동남아시아 방면으로의 해외 도항과 귀국이 전면 금지되었다. 그 결과 주인선 무역은 종말을 맞았다. 이 조치로 동남아시아에서 주인선과 경합하는 일이 많았던 네덜란드 동인도회사가 막대한 이익을 얻게 돼 결국 유럽 국가로는 유일하게 일본 무역을 독점하게 되었다.[3] 1636년 통달(제4차 쇄국령)에서 무역에 관계없는 포르투갈인과 그 처자(일본인과의 혼혈아 포함) 287명을 마카오로 추방하고 나머지 포르투갈인을 나가사키의 인공섬 데지마로 옮겼다. 1639년 통달(제5차 쇄국령)에서는 포르투갈 선박의 입항을 금지했다. 그에 앞서 막부는 포르투갈을 대신해 네덜란드에서 필수품을 제공할 수 있는지를 확인했다.[4]

도쿠가와 이에야스와 윌리엄 애덤스, 네덜란드로 무역 상대방을 바꾸다

1600년경에는 국가의 권력이 도쿠가와 이에야스에게 넘어갔고, 그가 세운 도쿠가와 막부는 1868년 천황제가 복귀될 때까지 일본을 통치했다.

도쿠가와 이에야스는 1600년 네덜란드선 리프데Liefde호로 항해하다가 일본에 표류한 네덜란드 동인도주식회사 직원인 영국인 윌리엄 애덤스를 총애하여 그로부터 서양의 문물을 습득했다. 표류 후 오사카에서 이에야스를 만난 애덤스는 가톨릭과 개신교의 차이, 지구를 도는 여러 항로와 선박, 영국과 천국에 대해 이야기했다. 예수회 소속 포르투갈 선교사들은 윌리엄 애덤스 일행이 해적이니 처형하라고 부추겼으나, 애덤스 일행을 접견한 이에야스는 장로교와 영국 성공회를 믿는 네덜란드·영국과 로마 가톨릭 국가인 에스파냐·포르투갈 간 종교 대립을 조리 있게 설명하는 이들의 말을 신뢰하게 되었다.

1603년 이에야스는 애덤스에게 유럽식 선박 건조를 명했고, 애덤스는 일본 최초의 조선용 독dock을 설치하고 80톤급 배를 건조했다. 이어 120톤급 선박도 건조해 성공리에 진수시켜 당시 일본 조선업 및 해운업의 발전에 크게 기여했다. 이에야스는 애덤스를 통상과 외교 고문으로 삼았다. 애덤스는 귀국을 희망했으나, 받아들여지지 않았다. 이에야스는 쌀과 봉급을 주어 그를 달래고 외국사절과의 만남이나 외교교섭 등에 통역 및 상담으로 활용했다. 그는 기하학, 수학, 항해술 등의 서양 지식을 막부 관료들에게 가르쳤다고 한다. 귀국을 망설이는 애덤스에게 이에야스는 후지산이 보이는 저택과 농노 80~90명이 딸린 영지를 선물하고 호위 무사인 하타모토 작위를 내렸다. 그는 영국에 부인과 자녀들이 있었으나 귀국을 포기하고, 미우라 안진三浦按針으로 이름을 바꾸었다. 그러고는 상급 사무라이 신분과 토지와 돈을 받고 에도막부 외교 및 통상 고문으로 일했다. 결국 일본 상인의 딸과 결혼하여 자녀를 낳고 일본에서 살다가 죽었다.[5]

윌리엄 애덤스와 함께 리프데호에 승선해 일본에 표류한 네덜란드인 얀 요스텐 반 로덴스타인Jan Joosten van Lodensteyn도 도쿠가와 이에야스의 신임을 받았다. 그도 일본 여성과 결혼하여 에도성의 우치호리에 있는 저택에서 생활했다. 로덴스타인은 주인선 허가를 받아 동남아시아 방면에서 주인선 무역을 한 뒤 네덜란드로 귀국하려고 바타비아(자카르타)로 건너갔으나 귀국 교섭이 진척되지 않아 결국 포기했다. 일본으로 돌아가는 중 승선하고 있던 배가 인도차이나에서 좌초해 익사했다.[6]

도쿠가와 이에야스는 윌리엄 애덤스의 영향으로 포르투갈 상인들이 장악하고 있던 일본 무역을 점차 네덜란드와 영국으로 상대방을 바꾸는 발판을 마련했다. 그러나 영국은 인도 무역에 집중하여 일본과의 무역에 호감을 갖지 않았다.

이처럼 일본은 서양 문물의 유입에 적극적이었다. 하지만 일본의 서양 문물에 대한 개방적 태도는 복합적이었다. 지방 영주들이 서양의 무기나 군함 등에 접근하는 것을 막았는데, 이는 막부에 도전하는 지방 권력의 위험 요소를 사전에 제거하기 위함이었다. 이런 쇄국정책을 펴면서도 막부가 서양 문물의 수용을 독점하기 위하여 네덜란드와 중국 상인들에 한정해 막부 직할인 나가사키의 일부 지역에서만 출입과 무역을 허용했다. 그러한 과정에서 장기 체류하는 외국인들에게 성적 서비스를 제공하기 위하여 등장한 것이 가라유키상이었다. 포르투갈 상인들에게 일본 여성을 노예로 매매하던 방식이 도요토미 히데요시의 인신매매 금지령과 에도막부의 포르투갈 상인의 도항 금지 조치에 의하여 사라지자, 가라유키상 제도가 네덜란드와 중국 상인을 위해 새롭게 등장한 것이었다.

가라유키상 제도와 일본의 근대화

가라유키상의 등장

도쿠가와 이에야스가 권력을 잡았을 때 일본은 예수회와 프란체스코 수도회의 맹활약으로 가톨릭 신도가 급증했다. 1615년경 일본에는 약 50만 명의 가톨릭교인들이 있었다. 그러나 이에야스는 히데요시의 가톨릭 억압 정책을 이어받았고, 그의 아들 도쿠가와 히데다타는 가톨릭교인에 대한 학대를 강화하여 1638년 20만 명의 소작농을 살해했다. 이 사건은 가톨릭교인이 많은 규슈의 북부 지역에서 일어난 시마바라 반란을 말한다. 억압적인 세금 정책이 소작농들의 폭동으로 이어졌고, 가톨릭교인들의 반란으로까지 발전한 사건이었다. 막부는 반란을 진압한 후 소작농을 대량 살상했다. 그 후 일본에서의 가톨릭 선교 활동은 사실상 사라졌다. 1637년 일본은 가톨릭 세력을 추방하고 완전히 나라 문을 잠갔다. 추방된 집단은 예수회와 프란체스코 수도회, 그리고 이들을 앞세웠던 포르투갈과 스페인이었다. 다만, 개신교 국가로서 선교보다는 오로지 교역이 목적이었던 네덜란드는 예외였다. 그 후 일본은 19세기 중반까지 오직 네덜란드 상인들을 통하여 서양 문물을 지속적으로 지득했다. 서양 문물을 완전히 차단한 조선의 폐쇄 정책과는 많은 차이가 있다.

이처럼 히데다타가 외국과의 무역이나 문화 교류를 단절하고자 실시한 폐쇄 정책은 그 후 1853년 미국의 페리 제독에 의하여 개항이 될 때까지 약 200여 년간 지속되었다. 1630년대에 법을 제정하여 일본인들이 해외로 여행하는 것을 금지했고, 외국으로 떠났다가 되돌아오면 사형의 형벌을 받아야 했다. 그리스도교 사상이 일본 국내로 들어오는 것을 방지하기 위하여 포르투갈인들이 추방되었고, 네덜란드인들은 나가사키항의 작은 인공 섬인 데지마出島에만 들어오도록 했다.

중국 상인들도 나가사키에만 들어올 수 있었다. 1635년 에도막부는 중국 상선의 입항을 나가사키 1개 항으로 제한하는 조치를 취했지만, 그리스도교인이 아닌 중국인은 나가사키 시내에 잡거할 수 있었다. 그 시기에는 일본으로 건너가는 중국인 수는 적었다. 왜냐하면 명조가 일본을 왜구의 거점으로 간주하고 있어서 중국인의 일본 도항을 금지했기 때문이다. 청조도 명조에 이어 중국인의 일본 도항을 인정하지 않았고, 반청 세력인 대만 정씨 정권에 대한 대책으로 천계령遷界令을 내렸다. 이렇게 정씨 정권의 배후지인 중국 해안 지역 주민의 철거 명령을 내리자, 일본으로 도항하는 중국인은 본토보다는 대만 또는 동남아시아에서 도항하는 사람들이 주를 이루었다. 그러나 청조는 정씨 정권을 굴복시키고 천계령을 1684년 철폐했다. 또 일본이 왜구의 거점이 아님을 인정함으로써 이듬해 이후 중국 상선이 다수 내항하게 되었다. 이 때문에 밀무역이 증가하자 젠로쿠 시대(1688~1704년)에는 일본과의 무역에 관련된 중국 상인들도 나가사키에

'토준야시키唐人屋敷, 당인의 집'라고 불리는 거주 지역에만 머물게 해 거주를 제한했다.

나가사키 봉행소에서는 1688년 나가사키 교외에 있는 주젠지향十善寺郷에 막부가 소유한 어약원御薬園 땅으로 '토준야시키' 건설에 착수하여 이듬해 완공했다. 넓이는 약9,400평에 이르며 2,000명 정도의 수용 능력을 가지고 있었다. 주위는 담과 해자로 둘러싸여 있고 대문 옆에는 초소를 두어 출입을 감시했다. 하지만 데지마의 네덜란드인이 엄중하게 감시되었던 것에 비해, 중국인은 비교적 자유롭게 출입이 허락되었다. 데지마의 건설비가 나가사키의 마을 사람의 지출로 조달되었던 것에 반하여, 토준야시키의 건설비는 나가사키의 마을 사람이 막부로부터 차용하는 것으로 조달되었다. 1784년의 대화재 때 토준야시키의 대부분이 소실되었고, 그 후 중국인이 자기 부담으로 주거 등을 건축하는 것이 인정되었다. 1859년 개항으로 토준야시키는 폐옥되었고, 1870년 소실되었다.[7]

그리고 일본 정부는 네덜란드 상인들과 중국 상인들의 거주 지역에 윤락녀가 출입할 수 있도록 허용했다. 특히 중국 상인들은 일본인 여성을 하녀로 고용하는 것이 일반적이었고, 이들은 중국 상인들이 중국으로 돌아갈 때 상당수가 함께 중국으로 갔다. 그들 중 일부는 중국인들의 집안일을 하고 돈을 벌어 안전하게 일본으로 돌아왔지만, 대다수는 중국인들에게 속아서 윤락업소에 팔려 나갔다.

이와 같이 중국인들을 상대하도록 지정된 일본 윤락녀들을 '가라유키상唐行きさん'이라고 불렀다. 그리고 나가사키의 네덜란드 상인들의 무역 지구인 데지마에 머무는 네덜란드인들에게 지정된 일본 여성들은 '오란다유키상'으로 알려졌으며, 일본인들을 상대하는 윤락녀는 '니혼유키상'이라고

했다. 오란다는 홀란드, 즉 네덜란드를 말한다. 그러나 그 후 메이지 시대에 와서는 외국인을 상대하는 일본 여성들을 통칭하여 가라유키상이라고 불렀다.

에도 시대 말기에서 메이지 시대 초기, 그러니까 일본의 근대화 초기에 일본인들의 해외 진출이 빈번해짐에 따라 1850년경부터 1920년경까지 그들의 목적지와는 관계없이 윤락녀로서 해외에 나간 여성들도 모두 가라유키상으로 불렸다. 해외여행을 금지하는 법률은 막부가 약화되면서 무시되다가 1866년 공식적으로 취소되었다. 에도 시대가 끝나자, 점차 더 많은 여성들이 일본의 많은 지역에서 윤락 알선업자에게 팔려 중국과 동남아시아로 보내졌다.[8]

오란다유키상

일본의 윤락업소는 일찍부터 외국인들에게 제공되었고, 그들의 성적 접대부 역할을 했다. 15세기경부터 중국, 조선, 기타 동아시아 국가의 방문객들은 일본에 있는 윤락업소를 자주 방문했다.[9] 1505년경 중국 상인들과 성관계를 가진 일본 윤락녀들 때문에 매독이 일본에 들어왔다. 당시 오사카의 사카이항 및 후쿠오카의 하카타항에 있는 윤락업소에 중국 상인들이 자주 방문했고, 이러한 관행에 따라 1540년대경 포르투갈 선박이 일본에 들어오면서 유럽 지역의 상인들도 윤락업소를 이용하게 되었다.[10]

또 포르투갈 상인들과 그들이 고용한 남아시아와 아프리카 선원들이 일본에 입항하면서 일본 여성들을 자신들의 성노예로 활용하게 되었다. 그들은 일본의 젊은 여성들이나 소녀들을 매매하거나 납치하여 그들의 배에서 성노예로 이용했다. 또 마카오나 동남아시아, 아메리카 대륙, 인도의 포르투갈 식민지로 끌고 가 성노예 생활을 하게 했다. 17세기 초경 포르투갈의 동인도회사의 중심지인 인도 서부의 고아 식민지에는 일본 성노예 여성들과 거래상들의 공동체가 형성이 될 만큼 규모가 커졌다. 그 이후에는 네덜란드와 영국 등의 유럽의 동인도회사들도 일본을 방문하거나 머물면서 일본의 윤락업소를 이용했다.[11]

에도 시대의 일본 여성들은 나가사키현 북서부의 히라도에서 중국인과 유럽인 같은 외국 남성들을 상대로 성매매를 했다. 1609년에 네덜란드 동인도회사는 히라도의 한 지역을 체류지로 설정하여, 태풍으로 이동하지 못하는 선원들이 결혼하지 않은 소녀들과 부모들로부터 허락을 받고 수개월 또는 수주간 동거할 수 있도록 했다. 이들 중 일부 일본 여성들은 수년간 일하고 돈을 모아 혼숫감을 장만하여 결혼하기도 했고, 일부 여성들은 외국 상인들과 결혼하거나 그들의 첩이 되기도 했다.[12]

이와 같이 히라도는 나라 시대 이래로 아시아 본토와 일본 사이의 배가 오가던 항구였다. 가마쿠라 시대와 무로마치 시대에 고려, 송나라와 교역을 했고, 센고쿠 시대와 에도 시대 초기에 히라도는 명나라와 포르투갈 및 네덜란드 동인도회사와의 교역의 중심지 역할을 했다. 1550년에 포르투갈인이 도착했고 17세기 초에는 영국인과 네덜란드인이 처음 발을 내디뎠다. 1609년에 네덜란드 상관이 설치되었고 막부로부터 교역권을 얻어 일본과 네덜란드 간의 무역이 시작되었다. 교역이 한창 활발할 때 네덜란드 상관은 현재의 사키카타 공원 전역에 걸쳐 있었다. 그러나 이후 도쿠가와 막부의 쇄국정책의 강화로 1641년에 히라도의 네덜란드 상관은 나가사키만의 작은 인공 섬인 데지마로 옮겨졌다.[13]

일본 윤락 여성들인 유녀들은 일본과 중국 고객들에게는 낮은 비용으로 제공되었지만, 네덜란드 상인들에게는 그 가격이 더 높았다. 네덜란드 상인들은 데지마에서 지정된 지역에 거주가 한정되었으며 그곳에 오란다유키 매춘부가 보내졌다.[14] 에도 시대 초기부터 중국인들은 네덜란드인들이 데지마 지역에만 거주가 한정된 것보다는 제한을 적게 받았고, 나가사키 전 지역에서 거주할 수 있었다. 그리고 일본의 매춘부 가라유키상과 성매매를 하는 것 이외에도 1635년에는 일반 일본 여성들과 성관계를 가질 수 있었다. 하지만 1688년부터는 중국인들도 중국인 거주 지역인 '토준야시키'에만 거주할 수 있었고, 그곳에서 가라유키상들과만 매춘을 할 수 있었다.[15]

일본 정부는 쇼토쿠 시대(1711~1716년)에 일본 여성과 네덜란드나 중국 남성 사이에 출생한 혼혈아에 관한 법령을 제정했다. 혼혈아들은 일본에 머물러야 하고 중국이나 네덜란드로 데리고 갈 수 없도록 했던 것이다. 다만, 그들의 아버지들이 자녀 양육비를 지급할 수는 있게 했다.[16] 이러한 칙령은 일본 여성들이 외국 남성들과 성매매 또는 성적인 관계가 빈번했음을 보여준다고 할 것이다.

데지마, 일본 근대화에 기여

가톨릭 세력이 퇴조하면서 포르투갈 상인의 뒤를 이어서 네덜란드와 영국 상선이 일본을 찾았다. 영국이 먼저, 네덜란드가 나중에 히라도에 상관 개설을 허가받고 교역을 시작했다. 일본 예법을 무시했던 영국은 상관장 콕스가 불화를 일으킨 데다 인도 시장에 집중하기 위해 1623년 상관을 폐쇄했다. 1637년에는 포르투갈 상인들이 추방되었다.

데지마는 포르투갈인들이 추방되고 4년 후인 1641년부터 네덜란드 상인들이 들어와서 미국과의 화친조약인 가나가와 조약 체결 시인 1854년까지 운영된 나가사키에 위치한 네덜란드 무역 기지였다. 데지마는 나가사키만에 부채꼴 모양의 길이 120미터, 폭 75미터, 넓이 9,000평방미터의 작은 인공 섬이다. 데지마는 1634년 포르투갈 무역 상인들이 거주하고 있던 조그만 반도에 운하를 파서 그들을 일본 사회로부터 격리시키기 위하여 건설되었다. 네덜란드인들은 포르투갈인들이 추방된 다음 1641년에 히라도에서 데지마로 이주했다. 이후, 에도 시대의 대부분 기간 동안 일본과 외부 세계의 직접 무역과 교환의 유일한 장소였다. 데지마에는 통역가와 윤락녀를 제외하고는 그 어떤 일본인도 출입할 수 없었고, 어느 네덜란드인도 나올 수 없었다. 오로지 교역만 허용되는 네덜란드인의 감옥과 같은 곳이었다.[17]

1641년 에도막부가 네덜란드에 독점 무역권을 허용할 때 조건이 있었다. 나가사키 인공 섬 데지마에만 체류할 것, 그리고 정기적으로 에도로 와서 막부에 세계정세를 보고할 것 등이다. 일본을 서구 제국의 식민지 정책으로부터 지키면서 일본의 근대화를 이끈 참으로 영리한 쇄국정책이었다. 네덜란드 상인들은 데지마에 앞서 히라도에 상관을 연 1633년부터 1850년까지 166차례 에도를 방문했다.[18] 그때마다 네덜란드 상관은 도쿠가와 쇼군과 수뇌부에 〈풍설서風說書〉를 전달했다. 풍설서는 네덜란드 상인들이 전 세계에서 수집한 국제 정세 보고서였다. 1666년부터는 일본어 번역본이 올라갔다. 1840년 아편전쟁 후에는 더 세밀한 〈별단풍설서〉가 올라갔다. 아편전쟁 발발을 계기로 네덜란드 바타비야 정청은 영국계 신문을 토대로 작성한 별도의 풍설서를 매년 제출하게 됐다. 에도막부는 이를 통해 프랑스혁명과 나폴레옹의 등장을 알았고, 페리 제독이 몰고 온 미국 군함의 이름과 규모를 미리 알았다.[19] 일본은 1638년 시마바라 반란을 계기로 약 200년간 쇄국정책을 실시했으나, 조선과 달리 이처럼 데지마를 통하여 서양의 문물을 꾸준히 흡수하고 있었다.

1833년 일본 통역사들과 네덜란드 상관장 헨드릭 되프는 공동으로 네덜란드-일본어 사전을 발간했고, 1808년 지리학자 홋타 니스케堀田仁助는 지구본을 제작하기도 했다. 이와 같이 데지마를 통해 습득한 유럽 학문 난가쿠蘭學는 일본 사회를 전방위적으로 변화시켰다.

이곳에서 매년 기압계, 온도계, 비중계, 카메라, 환등기, 선글라스, 메가폰 등 여러 물건이 수입되었다. 매년 봄 에도에 네덜란드 상인이 오면 그들의 숙소인 나가사키야 겐에몬에 엄청나게 많은 사람이 모여들었다.[20] 원래 나가사키야 겐에몬長崎屋源右衛門은 에도 시대에 에도니혼바시에 존재한 약종 도매상의 이름이다. 에도막부에 납품하는 약종 도매상으로, 막부는 이 상가에게 에도에서의 약용 중국 인삼인 당삼 판매를 독점시켰다.

네덜란드 상관장(카피탄)이 정기적으로 에도에 와서 막부에 풍설서를 보고할 때 이 상가가 단골 숙소였다. 카피탄은 의사, 통역사 등과 함께 이 상가에 머물렀고, 많은 사람들이 이들과의 면회를 요청하며 내방했다. 이 상가는 '에도의 데지마'로 불리며 쇄국정책하의 일본에서 서양 문명과의 몇 안 되는 교류의 장 중 하나가 되었다. 카피탄 일행이 머무는 동안 수많은 학자나 문화인이 지식과 교류를 요구하며 방문했다. 그것에 그치지 않고 많은 서민들이 구경꾼이 되어 네덜란드인을 보기 위해 이 상가에 몰려들기도 했다.[21]

이처럼 일본 나가사키에 있었던 인공 섬 데지마는 에도 시대 세계를 향해 열린 일본의 문이었다. 네덜란드는 이 작은 섬에 무역 사무소를 만들고 일본과 교역을 했다. 조선이 1%의 가능성도 열어놓지 않고 국가를 완전히 닫은 데 반해, 에도막부는 쇄국정책 속에서도 데지마만은 네덜란드와의 교역을 위해 열어놓았다. 17세기부터 19세기 중엽까지 일본 지식사회와 권력층은 데지마를 통해 세계를 파악하고 근대 문물을 받아들였다.[22]

네덜란드인을 비롯한 서양 상인들이 데지마를 꾸준히 찾는 이유 중에는 은 생산량이 많은 일본과의 교역이 중요한 이유였지만, 그 배경에는 그들에게 제공되는 가라유키상이라는 일본 윤락녀들이 있었다. 즉, 이 윤락녀들을 통해 오랜 항해 기간의 성적 욕망을 풀 수 있었다는 점도 작용한 것으로 보인다.

데지마는 1854년 미·일 화친조약인 가나가와 조약으로 폐지되고, 1922년 일본 국가 역사 유적지로 지정되었다. 가나가와 조약은 미국의 매슈 페리Matthew Perry 제독이 1853년 7월 4척의 군함을 이끌고 일본의 우라가에 입항하여 일본의 개항을 요구하며 체결한 조약이다. 이 조약으로 일본 도쿠가와 막부는 220년간의 쇄국정책을 버리고 시모다, 하코다테를 개항했다. 일본은 가나가와 미·일 화친조약으로 서양식 근대화를 배울 상대방을 네덜란드에서 미국으로 바꾸고, 미국의 문물과 산업을 배우는 데 열중했다.[23] 그 후 일본은 유럽의 각국들과 유사한 조약을 체결하며 외교관계를 맺었다.

조선 왜관, 데지마와는 달랐다

1392년 성립한 조선은 1368년 성립된 명나라와는 달리 조공선 이외의 상선 입항을 금지하지 않았고 입항지에도 일절 제한을 두지 않았다. 이 때문에 조선에 통교하는 일본의 다이묘와 상인이 급증했는데, 이들 중에

는 교역에 지장이 있으면 왜구로 변모하는 자도 있었다. 그런 이유로 조
선 정부는 1407년(태종 7년) 국방상의 견지에서 흥리왜선(무역선)의 입항
지를 경상좌도 만호 소재지인 동래현 부산포(현재의 부산)와 경상우도 만호
소재지인 김해부 내이포(현재의 진해)에 한정했다. 1410년(세종 8년)에 일
본 사송선使送船, 공식 사자선의 입항지도 이들 두 항으로 한정되었다. 당시 조
선 무역에 큰 이권을 갖고 있던 쓰시마의 하야타 사에몬타로早田左衛門太郎
는 1426년 경상좌우도 각지에서 임의로 교역할 수 있도록 해달라고 조선
정부에 호소했으나 거절당했다. 대신 울산의 염포(현재의 울산)가 입항지로
추가되었다. 이들 항구는 당초 일본 선박의 입항 지정지에 불과했으나 얼
마 지나지 않아 다수의 일본인이 조선 정부의 허가 없이 거주하게 되었다.
이를 삼포 왜관이라고 했으며, 한반도에 거주하면서 귀화하지 않는 일본
인을 조선에서는 항거왜恒居倭라고 했다. 이들은 수령을 우두머리로 하는
자치가 행해졌다.[24]

　일본이 이처럼 '토준야시키'를 설치하여 중국 무역상들의 거주를 제한
하고, 데지마를 설치하여 네덜란드 무역상들의 거주를 제한한 것은 조선
초기의 조선 정부에서 삼포를 개항하여 일본 무역상들의 거주를 제한한
제도를 본받은 것으로 보인다. 그러나 일본의 토준야시키나 데지마는 조
선의 왜관들과 많은 차이가 있다.

　조선의 삼포 왜관은 일본인·조선인을 막론하고 여성의 출입을 금지해
왔다는 점에서 일본 윤락 여성들의 출입을 허용한 데지마 등과는 달랐다.
또 왜관 내에서 일본 남성과 조선 여성이 성관계를 맺은 경우에는 조선 측
에서는 조선 법률의 원전이라고 할 수 있는 대명률에 따라 '교간(밀통)'의
죄가 적용되어 여성은 원칙적으로 사형, 조선인 남성이 중개 등을 한 경우

에는 그 남성도 사형으로 하고 있었다. 이 경우 당사자가 미혼인지 기혼인지는 불문했다. 조선 측은 쓰시마번에 대해 동일한 처벌을 요구했으나 쓰시마번 측은 당시 일본 법령에서는 밀통을 사형에 처한 사례가 없다며 이를 거절했다. 이에 반발한 조선 측은 에도막부에 직접 이 문제를 제기할 것임을 내비쳤다. 하지만 이것이 외교 문제화될 것을 우려한 쓰시마번은 1711년에 신묘약조를 맺었고, 쓰시마번은 왜관 밖에서 강간을 저지른 일본 남성을 사형시키는 것을 인정한 대신 그 외의 교간(화간 혹은 강간 미수)을 저지른 일본 남성에 대해서는 영구적인 유배를 할 것을 약속했다. 이렇게 사형 적용을 회피하는 것으로 사태를 수습하게 되었다.[25]

조선이 조선 여성의 출입을 금지시킴에 따라, 왜관에 거주하는 일본인들은 일본에서 유녀를 데리고 와서 함께 거주했다. 1407년 부산포가 공식적으로 개항한 이후 일본 상선이 부산포에 모여들었다. 그리하여 부산포는 양국 교역의 중심지로 발전해갔다. 15세기 부산포에 거주하는 항거왜인은 그 가구 수가 세종 때 20호, 1466년 세조 때 110호, 1494년 성종 때 127호로 증가했다. 개항 초 부산포의 항거왜인 가운데는 상인뿐만 아니라 유녀遊女도 존재했다. 1418년(태종 18)에 경상도 수군도절제사가 조정에 올린 정계를 보면 '부산포에 와서 거주하는 왜인 중에는 상인들과 유녀들이 있으며 사송선이나 흥리선이 입항하면 떼 지어 호객 행위를 하기 위해 몰려듭니다. 이렇게 서로 모여 뒷바라지하면서 남녀가 섞여 즐깁니다'라고 할 정도였다.[26] 일본에서 공적으로 매춘을 하던 '유녀'들이 한반도의 왜인 거주지에까지 침투해 들어온 것을 볼 수 있다.

일본은 데지마를 통하여 서양의 선진 문물을 얻음과 동시에 세계정세를 파악하고 있었지만, 조선은 왜관을 통하여 서양의 문물이나 세계정세 등 아무것도 얻지 못했다. 그저 왜인들을 회유하고자 그들에게 쌀과 식량 등을 무료로 공급했다. 데지마가 훗날 일본을 메이지 유신으로 이끌었다면, 조선은 왜관을 통하여 일본으로부터 얻은 것이 없었다. 임진왜란과 한일병합의 발판만 제공했다. 또 조선의 외부 세계에 대한 무관심과 더불어 항거왜인들의 반란으로 왜관은 조선 정부의 골칫거리였다. 1510년 교역상의 문제로 조선에 불만을 품은 왜관의 일본인들은 쓰시마 원군을 포함해 대규모 반란을 일으켰다. 이 삼포왜란은 결국 조선 측의 무력에 의해 진압되었고 삼포 왜관은 폐쇄되었다가 나중에 일부 재개됐다.

이처럼 조선 정부는 일본과의 교역은 일본의 요구에 어쩔 수 없이 받아들이는 차원이었다. 애초부터 일본으로부터 얻고자 하는 것이 없었기 때문에 사실상 큰 의미가 없었다. 조선 정부는 내부로는 주자학과 파벌 정치에만 몰두하고, 외부로는 오직 중국만 바라보며 일본을 비롯한 다른 나라들에 대해서는 무시와 무관심으로 일관했다. 이로 인해 대항해 시대의 급변하는 세계정세에 철저하게 소외되었고, 그 결과가 임진왜란, 병자호란, 그리고 한일병합이었다. 역사적으로 안타까운 시간이 아닐 수 없다.

근대의 가라유키상, 세계로 끌려간 일본 여성들

◇

가라유키상의 해외 진출

근대에 들어 일본에 서양 상인들이 왕래하는 과정 속에서 일본 여성들은 해외에도 보내지게 되었다. 이들도 가라유키상이라고 불렸으며, 가라유키상들의 주된 목적지는 중국(주로 상하이), 홍콩, 필리핀, 보르네오, 수마트라, 태국, 인도네시아 등 아시아 전역이었다. 주로 유럽 식민지였던 아시아 국가들로서 유럽이나 미국 군대 주둔에 따라 수요가 많았던 곳에 파견되었다. 더 멀리는 만주, 하와이, 호주, 북아메리카(캘리포니아), 아프리카(탄자니아 잔지바르)까지 퍼져 나간 경우도 있었다. 그들은 서양 군인들과 중국인들의 강력한 요구가 있었던 아시아, 아프리카의 서양 식민지로 보내졌다.[27] 이러한 가라유키상의 해외 진출은 17세기경부터 포르투갈, 중국 등 외국 상인들에 의해 인신매매나 유괴 등의 형태로 이루어졌다. 지방 영주나 부모들이 나이 어린 일본 여성들을 상인들에게 매매하여 유럽과 동남아시아 전역으로 팔려 나갔다. 그중에는 수많은 조선 여성들도 있어서 임진왜란 당시 일본 군인들에게 끌려가 포르투갈 등 외국 상인들에게 팔려 나갔다. 그 후 본격적으로 일본의 윤락 알선업자들이 시골 농촌의 여성들을 가난한 부모들로부터 매수하거나 취업 사기 등 기망의 방법으로 확보하여 해외의 포주들에게 매매한 것은 19세기경 에도 시대 후기와 메이지 시대인 것으로 보인다. 1920년대 다이쇼 시대까지 이러한 해외 인신매매가 이루어졌다.

그리하여 1860년대 이후에는 러시아 극동 지역, 즉 바이칼 호수 동쪽 지역의 일본인 거주 공동체에서 일본인 매춘부가 상당수를 차지할 정도로 많았다.[28] 1884년 베트남 종주권을 둘러싼 청·프 전쟁은 가라유키상 시장을 형성하기에 이르렀다. 결국 1908년경에는 일본 윤락녀가 인도차이나반도 내 일본 교포 인구의 상당수를 차지했다. 19세기 말경에는 일본 소녀들과 여성들은 주로 나가사키와 구마모토에서 홍콩, 쿠알라룸푸르, 싱가포르에 매춘부로 팔려서 태평양, 동남아시아, 호주 서부 등지로 보내지기도 했다.[29]

필리핀이 미국 식민지로 있는 동안 일본은 미국 다음으로 큰 필리핀의 무역 상대국이었다. 그만큼 경제적 유대 관계가 깊었다. 그래서 대규모의 일본인 이민이 이루어져 민다나오의 다바오에는 1929년경 2만 명의 일본인 교포들이 거주했고, 이들 대부분은 상인, 정원사와 가라유키상이었다. 그리고 1872년부터 1940년까지 많은 수의 가라유키상들이 네덜란드 동인도제도인 현재 인도네시아의 유곽에서 일했다.

일본 여성들은 호주에도 팔려 나갔다. 호주의 서부와 동부에서 일하는 중국 금광 노동자들과 호주 북부의 사탕수수 농장, 진주 채취업소, 광산 등에서 일하는 말레이시아 노동자들은 일본인 가라유키상의 성적 서비스를 받았다. 이들은 쿠알라룸푸르와 싱가포르를 거쳐서 호주에 들어왔다. 호주 정부도 백인 여성들을 노동자들의 성범죄로부터 보호하고 이로 인한 혼혈아의 출생을 막기 위하여 일본 여성들의 입국을 허용했다.[30]

한 사례로, 1890년부터 1894년까지 일본인 여성 3,222명이 일본인 남성 무라오카 이헤이지의 밀매로 홍콩을 거쳐 싱가포르에 들어와서 일부는 싱가포르에 정착하고 상당수는 동남아시아와 호주 등지로 보내졌다. 1890년대 호주는 윤락 여성으로 일하는 일본 여성들의 이민을 받아들였으며, 1896년에 호주 북부 다윈에는 200명의 일본 윤락 여성들이 있었다. 1889년 일본 공무원인 사토가 조사한 바에 의하면, 일본인 남성 다카다 도쿠지로가 나가사키에서 홍콩을 거쳐 호주에 밀매한 일본인 여성 5명 중 1명은 말레이시아인 이발사에게 50파운드에 팔렸고, 2명은 중국인에게 각자 40파운드씩 팔렸으며, 1명은 자신이 첩으로 데리고 있었고, 1명은 윤락 여성으로 일하고 있었다고 한다.[31] 1880년대에서 20세기에 이르기까지 호주의 윤락업소에는 수백 명의 가라유키상이라고 불리는 일본 여성들로 가득 차 있었다.[32]

싱가포르에 최초로 일본 윤락 여성들이 도착한 것은 1870년 또는 1871년으로 알려져 있다. 1889년경에게는 134명의 일본 윤락 여성들이 있었다.[33] 1895년부터 1918년까지 일본 정부는 일본 여성들이 동남아시아의 윤락업소에서 일하기 위해 이민 가는 것을 사실상 묵인했다. 싱가포르 주재 일본 영사관에 따르면, 1895년 싱가포르 거주 일본인은 450명에서 600명 정도였는데 그들 대부분이 윤락 여성, 포주, 첩 등이었다고 한다. 1904년경 러·일 전쟁 당시, 싱가포르에 있는 일본인 윤락 여성의 수는 약 700명 정도로 추정될 정도로 많았고, 그들은 대부분 싱가포르 말라

이스트릿(현재 미들로드)에 모여 있었다고 한다.[34]

이들 가라유키상은 메이지 시대(1868~1912년)와 다이쇼 시대(1912~1926년)에 중국, 동남아시아, 시베리아 등지에서 직업을 구하고자 하는 가난한 집안 출신의 여성들이었다. 이러한 여성들은 대부분 강요, 기망 또는 유괴 등으로 현혹되어서 윤락 생활에 들어가게 되었다. 이들 가라유키상은 초기에는 주로 규슈 북서부 지역의 시마바라반도와 아마쿠사섬 출신이었으나 점차 전국으로 퍼졌다. 시마바라반도의 서쪽에 위치한 나가사키는 근대 이전부터 국제 교역의 중심지였다. 이 도시는 1860년대 도쿠가와 쇼군의 붕괴 이후, 하층계급 여성의 대규모 해외 이주의 출발항이었다.[35]

가라유키상, 기망에 의한 인신매매

메이지 시대(1868~1912년)에 농업의 생산성 향상은 농촌의 번영에 어느 정도 기여를 했으나, 이러한 생활 수준의 향상은 전국적으로 균등하지 않았다. 규슈 북서부 지방이나 일본 북부의 저개발 지역은 혼슈 중앙 지역의 도시 발달에 따라 희생되었다. 소작농에 대한 세금은 그들의 생산량의 60%에 달했고, 특히 기근 시에는 굶주릴 수밖에 없는 소작농들은 그들의 남은 가족을 살리기 위하여 딸들을 강제로 팔아야만 했다. 소작농 가족 중 노동력 제공이 어려운 어린 소녀들이 근처 도시에 하녀나 유모, 윤락업소 등에 팔려 나가는 것은 아주 흔한 일이었다. 이러한 인신매매는 인신매매업자나 윤락 알선업자들에 의하여 행해졌다. 이들도 농촌 출신의 하층민이면서, 같은 신분층인 하층민의 여성들을 속이고 착취한 것이었다.[36]

1967년 10월 농부 작가 시마 카주하루는 잡지 〈20세기〉에 '살아 있는 가라유키상'이라는 제목으로 1886년생인 전 가라유키상과의 대화를 게 재했다. 가라유키상의 전형적인 사례이므로 그 기사 내용을 살펴보기로 한다. 인터뷰 당시 그 할머니는 82세였는데, 그녀는 16세 때 고향 아마쿠 사를 떠나 나가사키에서 하녀로 일했다. 그녀는 새벽부터 밤늦게까지 열 심히 일했는데, 어느 날 한 남자가 다가오더니 친절한 목소리로 "고향이 어디냐, 일은 힘들지 않느냐"고 물었다. 그러더니 모직 섬유 공장 점원 자 리가 공석인데 그 봉급이 한 달에 40엔이라고 했다. 그녀는 휴일도 없이 하루 종일 일하고도 한 달에 봉급 15전(100전=1엔)을 받았으므로 그 봉급 은 말할 수 없이 매혹적이었다. 다음 날 그 남자가 다시 와서 그녀에게 화 장품 1박스와 기모노 1벌을 주었다. 이것이 미끼가 되어서 그녀는 주인집 을 바로 나와 그 남자를 따라갔고, 그 길이 해외의 윤락업소에 팔려 가는 길이 되었다. 이처럼 규슈의 많은 젊은 여성들은 집을 떠나 하녀나 상점 점원으로 일하다가 이러한 미끼에 걸려 나가사키나 모지항에서 선박으로 중국이나 동남아시아로 팔려 나갔다. 이 선박들은 일반적으로 화물선들 이어서 여성들을 박스 속에 숨기거나 작은 보트에 태워진 채로 선박에 올 려져서 숨겨놓았다. 이들의 식사는 주먹밥 2개와 피클 1개, 물 한 컵이 전 부였다. 세관의 감시가 심하면, 이 여성들은 석탄 저장고 속이나 변기 아래 에 숨어야 했다. 하지만 메이지 시대가 근대화로 발전하면서 이렇게 일본 을 떠난 가라유키상은 역설적으로 일본의 국가 확장 정책에 실질적 기여 를 했다. 그들이 일본으로 보내는 외화의 액수는 상당한 것이었다. 나가사 키 우체국은 동남아시아에서 일하는 가라유키상이 1년 동안 송금한 금액 이 20만 엔이 넘는다고 보고했다.[37]

가라유키상이었던 기타가와 사키가 남긴 기록에 따르면, 보르네오섬에서는 윤락업소의 여성이 수입의 50%를 차지하고, 자기 몫의 50% 중 빚 변제가 25%였다. 나머지 돈으로 의복, 생활용품 등을 구입해야 했으므로 하루 20명 이상의 손님을 받아야 했다. 항구에 배가 들어올 때는 업소에 손님이 넘쳐 하룻밤에 30명의 손님을 받는 경우도 있었다. 이들은 막상 현지인은 그리 선호하지 않아 접객 거부가 종종 있었다. 이들 가라유키상들이 상대하는 손님들은 대부분 부유한 서양인과 일본인이었다.[38] 이들이 돈을 모으는 것은 극히 어려웠다.

가라유키상의 규모

해외에 보내진 가라유키상의 규모는 명확하지 않으나, 1910년 가라유키상의 수는 2만 명에서 3만 명에 이르는 것으로 추정된다. 1910년부터 1935년 사이 일본 외무성에 주요 직업을 매춘이라고 보고한 해외 거주 일본 여성의 수를 살펴보면, 1910년 19,097명, 1916년 10,460명, 1926년 4,466명, 1935년 13,178명이었다.[39] 일본 통계에 의하면, 1910년 가라유키상은 모두 23,362명으로 집계된다는 자료도 있다.[40]

그러나 매춘에 대한 사회적 불명예를 피하기 위하여 많은 여성들이 자주 다른 직업으로 등록했다는 점을 고려할 때 외무성의 통계는 실제보다 적게 집계된 것으로 보아야 할 것이다. 지역적으로 시베리아, 만주, 광둥, 중국 본토, 남아시아, 북아메리카, 남아메리카, 유럽, 오세아니아, 아프리카 등에서 일본 여성들이 매춘에 종사했고, 1916년경에는 남아시아, 만주, 광둥, 시베리아 등의 순으로 매춘업을 등록한 일본 여성들의 수가 많았다. 동남아시아에서 가라유키상의 활동은 1916년에 그 절정을 이루었고, 그 후 일본 정부의 서구 식민정책의 변화와 일본인 인신매매를 없애라는 압력에 의하여 급속히 떨어졌다. 또 대만과 조선이 가라유키상들의 주요 활동 무대임에도 1910년경부터 일본의 식민지라는 이유로 통계에서 제외되었다는 점도 유의하여야 한다.[41] 청·일 전쟁과 러·일 전쟁을 거치면서 해외로 나간 가라유키상들의 수가 대략 30만 명 가량으로 추정된다고 보는 주장도 있다.[42] 여러 자료를 종합해보면, 근세에 들어 가라유키상으로 해외에 팔려 간 일본의 젊은 여성은 모두 20만 명에서 30만 명이라고 하는 견해가 타당한 것으로 보인다.[43]

아시아의 다른 지역에서의 윤락녀 수의 변동은 그 지역에서 일본의 경제적·군사적 팽창의 썰물과 밀물을 반영한다. 그러나 동일한 여성이 다른 지역으로 이동한 것은 아니었다는 점에 주목하여야 한다. 많은 젊은 여성들이 30세가 되기도 전에 병들어 죽었고 살아남은 사람들만이 그들의 고향으로 돌아갈 수 있었다. 가라유키상들이 살았던 해외 각지에는 지금도 그녀들이 묻힌 무덤과 묘비가 남아 있는데, 그나마 이런 경우는 운이 좋은 편이었다. 왜냐하면 말라리아를 비롯한 풍토병이나 성병, 폐병 등에 걸려 더 이상 매춘을 못 하게 되면, 바다나 정글에 버려졌기 때문이었다. 이렇게 버려진 채 무덤도 없이 죽어간 가라유키상들이 셀 수 없이 많았다.[44]

후쿠자와 유키치의 가라유키상 예찬론

메이지 시대의 원로 정치인으로 일본 근대화의 아버지라 불리는 후쿠자와 유키치福澤諭吉는 가라유키상들의 일본 경제에 대한 기여를 인정하면서 일본 여성들을 매춘부로, 특히 급속한 경제 발전을 이루고 있는 지역에 보내야 한다고 말하기도 했다. 그는 가라유키상들이 일본의 현대 자유 기업 경제를 형성함에 많은 기여를 했다고 강조하면서, 외국 자본을 절실하게 필요로 하고 일본의 도시산업 분야를 현대화하고자 하는 기업인들에게 가라유키상의 재정적 기여는 국가의 자산이라고 했다.[45]

후쿠자와 유키치는 여러 차례에 걸쳐 가라유키상을 일본의 자발적 애국 여성으로 예찬했다. 그는 1896년 1월 18일 발표한 〈인민의 이주와 창부의 돈벌이〉라는 글에서 여러 이유를 들며 '창부 수출'을 적극 권장했다. 우선 해외 이주·식민 사업 발전에 따라 '단신 부임'하는 남성의 '욕구'를 해결하고, 해외 주둔 병사들의 사기 진작을 위해 '창부'가 필요하다는 것이었다. 또 '창부' 자신도 돈을 벌어 고향으로 송금하고, 근사한 집도 마련할 수 있다는 주장을 했다.[46] 후쿠자와 유키치는 해외에서 일하는 일본의 가라유키상을 해외에 식민지를 건설하고자 하는 일본의 야망 실현에 있어서 과도기적이지만 필요한 단계로 보았다. 후쿠자와는 또 일본인들이 해외에 정착하고 공동체를 형성할 때까지 가라유키상들이 초기의 남성 위주의 이민자들과 동행하여 이들을 위안하는 것이 필요하다고 보았다.[47]

이에 대하여 일본 사회 운동사 연구가로 '일·한 여성과 역사를 생각하는 모임' 대표인 스즈키 유코는 저서 《일본군 위안부 문제와 젠더》에서 후쿠자와 유키치의 발언을 비판하면서, 일본 정부는 해외 매춘을 묵인하고 가라유키상에게 해외 식민, 개발, 팽창의 선도 역할을 부여했고 일본 여성들은 국가적 강간, 조직적 폭력 시스템 아래에서 강제 매춘과 성폭력, 강간을 강요당한 것이라고 했다. 스즈키는 일본 여성들을 이런 시스템에 가두었던 국가권력이 다른 민족 여성들, 특히 일본 식민지 여성의 인권을 존중할 리가 없었다고 하며, 인권 유린의 전형적인 예가 아시아·태평양 전쟁에서 그녀들을 일본군 장병의 '위문품', 곧 성노예화했던 위안부 제도라고 말했다. 그녀는 일본군 위안부 제도는 군에 의한 조직적 성폭력 시스템으로 천황제 국가가 일으킨 국가 범죄이며, 군의 조직적 성폭력 시스템과 범죄는 '억압의 이양' 원리로 증폭되고 악순환된다고 주장했다. 스즈키는 "군 내부에서는 상급자, 고참병이 하급자나 신참병을 괴롭히는 구조가 만들어졌다"며 "약자를 괴롭히는 '억압의 이양'의 원리가 밖으로 나가 점령지 주민을 죽이거나 부녀자를 강간하는 것으로 나타났다"고 말했다. "가미카제 특공대와 같이 '천황 폐하를 위해' 미련 없이 깨끗하게 죽는 것을 군인의 본분이라고 철저하게 교육받은 일본 병사에게 상대의 인권이나 고통을 생각하는 인간성이 자랐을 리 없다"는 설명이다.[48] 정확하게 위안부 제도의 핵심을 찌른 표현이다.

또 후쿠자와 유키치는 "일본은 아시아를 상대로 두 가지 무기, 첫째는 창, 둘째는 낭자군을 가지고 있다"라고 말하여 가라유키상을 미화했다.[49] 그는 "매춘부의 해외 수출은 적극 장려해야 하며, 막아서는 안 된다"라고 말하기도 했다.[50]

후쿠자와 유키치는 일본을 대표하는 지성인이다. 그는 연못의 금붕어가 새끼를 많이 낳으면 연못을 크게 늘리거나 새로운 연못을 만들어야 하는 것처럼 인간도 마찬가지라고 했다. 일본이 부국으로 성장하기 위하여는 인구의 증가가 필수적이고, 또한 인구가 늘어남에 따라 식민지 등으로 영토를 확장하고 적극적인 이민정책으로 일본인들을 해외로 내보내야 한다고 주장했다. 그는 모험과 여행을 좋아하는 프랑스인보다는 보수적이고 가정적인 영국인이 식민정책에 성공하는 점에 비추어 영국인을 닮아야 한다고 주장했다.[51]

그의 주장은 일본의 식민지정책과 아시아 정복 전쟁을 정당화하는 이론적 근거가 되었다. 유키치는 1885년 3월 16일 자신이 발행하는 〈지지신보時事新報)에 훗날 '탈아론脫亞論'으로 불리는 논설을 발표하여 유명해졌다. 그는 일본은 중국과 조선 등 이웃 국가들이 현대화되기를 기다릴 수 없으며, 서양의 문명국가들과 같이 보조를 맞추어서 서구 국가들이 하는 방식과 같은 방법으로 중국과 한국을 다루어야 한다고 주장했다. 또 그는 "우리나라는 이웃 나라의 개명開明을 기다려 함께 아시아를 흥하게 할 여유가 없다. 차라리 그 대오에서 이탈하여 서양의 문명국들과 진퇴를 같이해야 한다. 지나支那, 중국와 조선을 대하는 법도 이웃 나라라고 해서 특별한 대우를 할 것이 없다. 우리는 마음속으로 아시아 동방의 나쁜 친구를 사절해야 한다"고 주장했다. 이러한 탈아론은 사회 정의는 무시되고 오직 일본의 국가 이익만이 중요한 것으로 등장하여 일본의 아시아에 대한 태도와 정책, 즉 경멸의 태도와 침략의 정책을 형성했다. 식민지의 하류계층 여성들을 성노예로 침략 전쟁에 이용하는 이론적 기초가 되었던 것이다.[52] 나아가 한국과 중국의 남성들을 강제로 끌고 가 산업 현장에서 노동자로 활용하는 강제징용의 정당한 근거가 되었다.

후쿠자와 유키치는 일본에 서양식 학문의 기초를 제공한 개혁가였다. 그는 청년 시절 네덜란드어와 난학을 공부하여 1858년 에도에 네덜란드어학교인 난학숙蘭學塾을 열고, 서양 물리학과 의학 등을 연구했다. 그러던 중 1859년 우연히 방문한 요코하마에서 자신이 공부한 네덜란드어가 서양인에게는 한마디도 통하지 않는다는 사실을 알게 되면서 충격에 빠졌다. 당시 요코하마는 외국에 개방되면서 전국 각지의 상인과 외국인이 무역하는 활기찬 도시였다. 그러나 그곳에서 주로 쓰이는 언어는 대부분 영어였다. 이 사실을 알고, 이때부터 유키치는 네덜란드어가 아닌 영어를 공부하겠다고 마음먹게 되었다. 아울러 이 경험은 그를 미국 여행으로 이끄는 계기가 되었다. 1860년 이후 막부 견외사절遣外使節로 3회에 걸쳐 미국과 유럽을 여행하며 새로운 문물을 접했다. 여행에서 돌아와 난학숙에서 영어 교육과 서양 학문을 가르쳤는데, 학숙이 날로 번창하자 1868년에는 신센자에 새 건물을 마련했다. 그리고 학교의 이름을 정식으로 게이오기주쿠慶應義塾라고 정했는데, 이것이 현재 일본의 최고의 명문대학 중의 하나인 게이오대慶應大로 이어지고 있다. 게이오기주쿠에서 유키치는 일본을 문명 부국과 강국으로 이끌고자 하는 교육 목표를 정했으며 이 목표의 실현을 위해 서양 문명을 철저히 가르치는 '양학'의 교육을 표방했다. 그는 한학을 비판하면서, 지금 같은 개국의 시기에 낡고 부패한 한학의 이론이 후진 소년 학생의 뇌 속에 깃들어 있으면 서양의 문명이 나라에 들어갈 수 없다고 주장했다.

유키치는 조선의 개혁가 김옥균과도 깊은 친분 관계를 유지했다. 1882년 유키치는 일본을 방문한 김옥균 및 박영효와 깊은 사상적 친분 관계를 갖게 되었고, 조선 문제에 큰 관심을 갖게 되었다. 유키치는 조선에서 청나라의 영향력을 배제함으로써 일본이 조선의 근대화 개혁을 지도할 필요가 있다고 생각하여 일본 내에서 가장 강경한 대청 주전론자가 되었다. 1884년 12월 4일 유키치의 조선 문명화 주장의 영향을 받은 김옥균과 개화파는 갑신정변을 일으켰으나 사대당의 요청에 응한 청군의 출동으로 정권 장악에 실패했다. 이 사건으로 일본 내 청에 대한 주전론이 높아졌고, 그중에서도 특히 강경하게 주전론을 주장한 것이 유키치였다. 또 유키치는 갑신정변의 실패로 일본에 망명한 김옥균을 수개월 동안 미타의 저택에 숨겨주기도 했다. 후쿠자와 유키치는 일본 근대화의 전형을 제시한 인물이자 근대의 일본을 상징하는 대표적 인물 중 한 명으로 일본

1만 엔 지폐의 주인공이다.

이처럼 근세 일본의 대표적인 지성인이던 후쿠자와 유키치도 가라유키상의 해외 매춘 행위를 찬양하고 격려할 만큼, 당시 일본 사회 전체가 여성의 인신매매와 성노예에 의한 인권침해를 전혀 의식하지 않을 정도로 관행화되어 있었다. 이러한 여성 인권에 대한 차별 의식은 현재에도 위안부를 매춘부로 인식하는 상당수 일본인의 의식 내에 존재한다고 볼 수 있다.

가라유키상, 일본 경제의 소방수였다

가라유키상은 낭자군娘子軍이라 일컬어지며 메이지 일본 외화 획득의 첨병 역할을 수행했다. 일본에는 이런 여자들을 대대적으로 모집해 송출하는 기업이나 인신매매 장사꾼들인 빈푸嬪夫가 생겨나기 시작했고, 이들이 태평양 전쟁 당시 한국 등 식민지 국가의 수많은 여성들을 위안부로 내몬 일제의 첨병이 되었다. 가라유키상이 현지에서 송금하는 외화 금액이 커지자 나중에는 일본 정부가 직접 나서 가라유키상 등 해외 취업을 장려하는 경우도 있었다.[53]

일본의 산업화가 발전함에 따라 수출 제품도 농산물에서 공산품으로 바뀌었다. 1900년대 초반에는 일본의 사업가들은 중국 본토, 대만 식민지, 조선 보호령 등 아시아를 공산품을 판매하고 원자재를 획득하는 시장으로 보았다.[54] 일본의 중하류층 노동자들은 해외 식민지에서 경제적 성공과 사회적 명예를 찾기 위하여 해외로 이주했다. 일본의 경제적·군사적 확장에 따라 해외 일본인 집단 거주지에는 남성에 대한 여성의 비율이 매우 낮았기 때문에 가라유키상에 대한 수요가 매우 높았다. 이와 같이 진출한 가라유키상은 일본에 필요한 외화를 지속적으로 송금하여 일본의 경제와 지역 경제에 도움을 주었다. 이런 일본인 윤락 여성들의 해외 진출에 대해 당시 여론은 낭자군이라는 이름으로 선전했고, 메이지 말기에 절정을 이루었다. 이러한 가라유키상이 해외에서 벌어들인 돈은 송금되어 일본 경제에 많은 도움이 되기도 했다.[55]

이처럼 20세기 초경까지 가라유키상들의 역할의 긍정적 측면이 부각되어 일본에서도 가라유키상들이 해외에서 노동하며 수입을 올린다는 점에서 낭자군(로시군)이라는 용어가 상대적으로 선호되었다. 특히 일본의 영토 확장론자나 범아시아주의자들이 가라유키상들을 일본 해외 진출의 선봉장으로 표현하면서 낭자군이라는 용어를 사용했다. 가라유키상들은 해외에서 일본의 상업적 존재를 높이고 촉진함에서 있어서 중요한 역할을 했다. 그녀들의 경제적 효과에 대한 긍정적 평가는 일찍이 1890년대부터 발견된다. 아시아와 태평양 지역에서 가라유키상들의 성공적인 정착 생활을 일본의 팽창에 필요한 과도기적인 단계로 보았다. 그러한 평가를 한 논평가들은 가라유키상들의 직업에 동의한 것이 아니라, 그 여성들의 존재와 그들의 노동력의 역할이 일본이 강력한 현대 국가로 발전하기 위하여 필요한 단계로 보았던 것이다.[56]

특히 1919년 중국인들이 일본 제품을 보이콧하여 일본 경제가 어려워졌을 때 일본은 가라유키상들이 송금한 외화 수입에 많은 의존을 했다.[57] 일본 산업의 아시아 시장의 확장은 제국주의 강대국으로 일본의 등장과 연결되어 있다. 일본이 1905년 러·일 전쟁에서 승리하자 국제 사회에서 일본은 강대국이라는 새로운 영예를 얻게 되었고, 일본의 영향력이 크게 확대되었다. 러·일 전쟁을 종결시키기 위한 1905년 포츠머스 조약에서 러시아는 조선에서 일본의 군사적 경제적 이익을 인정하고 일본에게 광둥반도와 남만주철도의 조차권을 양도했다.[58] 1915년 일본 정부는 만주에 대한 일본의 권리를 확대하고자 중국에 21개 조항 요구 사항을 제시했다. 당시 일본은 원세개와 타협하여 중국에 자금을 빌려주고 그 대가로 중국 내에서 군사적 행동과 군사기지 설치 등의 승인을 받았다. 제1차 세계대전이 끝나자 독일에 대한 전승국인 일본·영국·프랑스·이탈리아·미국 등은 파리에서 평화회의를 개최하고, 독일이 중국 산둥성에 가지고 있던 권리를 일본에게 양보하라는 일본의 요구를 받아들이고 중국이 이를 인정할 것을 요구했다. 일본의 요구에 격분한 베이징의 학생들이 1919년 5월 4일 천안문 광장으로 모여들어 상인, 노동자와 함께 반대 시위를 벌였다. 시위는 일본 상품에 대한 불매운동으로 발전하여 조약 항구를 중심으로 급속히 퍼져 나갔다. 일본은 중국의 불매운동으로 국내 산업이 어려움에 처하게 되자 이러한 위기로부터 경제를 유지하기 위한 수단으로 가라유키상들이 송금한 외화에 의지했다.[59]

국가의 수치가 된 가라유키상의 퇴출

메이지 유신과 러·일 전쟁의 승리로 일본의 국력이 나날이 성장해가자, 1920경부터 가라유키상은 그 유용성이 줄어들고 가라유키상 여성들에 대한 관점도 '국가의 수치'로 바뀌었다. 해외의 경제활동 발전에 오히려 역효과를 가지고 온다는 비난 여론이 높아졌던 것이다. 이에 일본 정부는 1920년 매춘 금지령과 더불어 해외에 있는 영사 대표부에 모든 해외 윤락녀들을 일본으로 송환하라는 명령을 내렸다.[60] 그들의 철수 압박은 싱가포르에서 시작하여 동남아시아로 퍼져 나갔다. 이때 가라유키상은 상당수 일본으로 돌아왔으나 일부 가라유키상들은 만주 지역으로 이주했고, 생계가 막막하거나 본국과의 연이 없는 사람들은 그냥 현지에 남는 경우도 있었다. 1931년 만주에는 일본의 관동군이 점령하여 만주국이라는 명목상 독립국가를 만들었다. 제2차 세계대전이 끝날 무렵 만주에는 가라유키상을 포함하여 약 200만 명의 일본인이 있었으며 대략 127만 명이 일본으로 탈출했다.[61] 정확한 수는 알 수 없지만, 매춘 금지령이 내린 당시 상당한 규모로 만주에는 일본으로 귀국하지 않은 가라유키상이 많이 살고 있었다.

1920년대 일본 정부의 명령으로 일본으로 송환된 가라유키상들은 일본 항구에서 새로운 생활에 대한 아무런 보호조치 없이 버려졌으며, 과거를 숨기면서 어렵게 살아가야 했다. 이들이 일본을 위하여 수백만 엔의 외화를 벌어 왔음에도 이들 대부분은 가족과 지역 사회에서 버림받고 추방되었다. 그리고 이들은 과거를 숨긴 채 사회에서 스스로 격리되어 어렵게 살았다.

여성을 성적 도구로 바라보는 일본 제국주의는 이들을 일본 제국의 상품으로서 철저하게 이용하고 필요가 없어지자 가차 없이 버렸다. 일본의 우익이 납치 등의 인신매매 범죄로 이루어진 일본군 위안부 피해자를 자발적 매춘으로 비하하는 패륜적 주장의 밑바탕에는 이러한 일본 제국주의의 성향이 있었던 것이다.

가라유키상, 비자발적 성노예

○

마리아루즈호 사건, 비자발적 성노예임을 확인하다

메이지 시대에 일본의 개항과 이에 따른 서양 문물의 급격한 유입은 일본에 큰 변화를 가져왔다. 일본에서의 윤락 제도와 관련하여 일본 정부가 승인한 인신매매의 오래된 역사는 페루 선박인 마리아루즈호가 1872년 요코하마항으로 수리차 들어오면서 국제적인 시험을 받게 되었다.

1872년 7월 9일 페루 선적 화물선 마리아루즈호가 마카오를 출발하여 페루의 카야오로 향하는 도중 폭풍을 만나 배가 손상되자 수리를 위해 요코하마에 입항했다. 이 선박에는 페루의 플랜테이션 대농장에서 일할 중국인 계약 노동자들이 화물로 선적이 되어 있었다. 요코하마에 정박하자 그중 한 중국인 노동자가 배에서 뛰어내려 인근에 있던 영국 군함 '아이언 듀크호Iron Duke'로 헤엄쳐 갔다. 영국 해군은 그를 일본 관리에게 넘겼고, 그는 배 안에서의 학대를 호소하며 신변 보호와 231명의 다른 중국인 노동자들의 구조를 요청했다. 일본 관리는 마리아루즈호의 리카르도 헤레라

Ricardo Herrera 선장을 소환하여 탈주자와 중국인 노동자들을 잘 보호할 것을 강력하게 요청했다.

그러나 며칠 후 다른 중국인 노동자가 이어서 탈출했고, 그는 최초 탈주자가 배로 돌아온 후 페루 선장으로부터 잔인하게 보복을 당했다고 진술했다. 이를 전해 들은 영국 영사 로버트 왓슨Robert Grant Watson은 영국 해병대를 이끌고 마리아루즈호에 탑승하여 직접 조사했다. 그 결과 소문은 사실이었고 중국인 노동자들이 노예처럼 취급받고 있다는 사실을 확인했다. 왓슨은 공식적으로 일본 외상 소지마 타네오미副島種臣에게 조치할 것을 요청했다.

일본 정부는 페루와 공식 외교 관계를 맺지 않고 있어서 처음에는 조치하는 것을 망설였다. 가나가와 현령으로 이 지역을 다스리고 있던 무쓰 무네미쓰陸奥宗光는 일본과 서구 국가들 사이에 문제를 일으킬지 모르는 어떤 사태도 만들지 말자고 주장했다. 하지만 법무상 에토 신페이江藤新平는 이 문제는 인도주의적 관점에서 그냥 넘어갈 수 없다고 생각했다. 태정대신인 산조 사네토미三条実美는 개입하는 쪽으로 마음을 정하고 외상 소지마에게 사태를 처리할 권한을 주었다.

내각의 위임을 받은 소지마 외상은 마리아루즈호가 항구를 떠나지 못하도록 조치한 후, 선박의 항해일지를 점검하고 간부 승무원들을 접견하는 등 사태의 진상을 조사했다. 그 결과 중국의 장기 계약 노동자들은 문맹이었고, 속아서 계약서에 서명한 것이 밝혀졌다. 그 계약서의 내용을 읽거나 이해할 수도 없었으며, 비인간적인 조건으로 그들의 의사에 반하여 구금되어 있다는 사실도 발견했다. 더구나 그들의 대부분은 납치되었으며 최종 목적지조차 알지 못했다. 일본 법원의 오에 타쿠大江卓 판사는 예비 변론 절차에서 중국인 노동자들이 요코하마항으로 상륙할 수 있다는 명령을 내리고, 마리아루즈호의 소유 선박 회사가 불법을 저질렀다고 판결했다. 그리고 그는 배에 탄 중국인 노동자 전원을 하선시켜 현청에 수용했다.

영국을 제외한 일본에 있는 모든 외국 대표부는 그 판결에 대하여 부정적으로 반응했다. 그들은 일본이 치외법권 지역인 요코하마항에서 일어난 사건에 대하여 외국 회사와 외국인 선장에게 준수해야 할 많은 조약을 위반했다고 주장했다. 그러나 오에 판사는 중국인 노동자들은 그들의 계약에서 자유롭다고 판결했다.

오에 판사로부터 외국 영사들의 반응에 대한 보고를 받은 소지마 외상은 신경 쓰지 말고 원심을 존중하라는 명령을 내렸다. 이에 오에 판사는 중국인 노동자 전원을 본국으로 송환하라는 명령을 내렸다. 선장은 인신매매와 가혹 행위에 대한 처벌로 곤장형에 처해야 마땅하나, 특별히 사면하니 빨리 출항하라는 명령을 내렸다.

그러나 헤레라 선장은 법원의 결정에 불복해 일본어에 능통한 영국인 변호사 디킨스F. V. Dickins를 법률대리인으로 선임했다. 디킨스 변호사는 비자발적 노예 상태involuntary servitude가 일본에서도 매춘부 매매의 형태로 이루어지고 있으며, 이는 일본에서 불법도 아니라고 주장했다. 디킨스 변호사의 변론 요지는 다음과 같다.

일본 정부는 인신매매와 노예제를 인정하지 않기 때문에 마리아루즈호가 쿨리 (중국인 노동자의 별칭)들과 맺은 계약을 인정할 수 없다고 했습니다. 그렇다면 일본 내에서 행해지고 있는 창녀의 인신매매는 무엇입니까? 그녀들은 어릴 때 돈으로 팔려가 절대 벗어날 수 없는 가혹한 조건 아래 홍등가에 매여 있지 않습니까? 이

것이 노예제가 아니고 무엇입니까? 일본 창녀의 매매가 합법이라면, 페루 선장의 행위도 합법적인 것이 되어야 하지 않겠습니까?

디킨스의 주장은 당시 일본에서 합법적으로 시행되고 있는 '예·창기약정芸·娼妓約定'도 노예 계약이라는 것이었다. 디킨스는 이런 자기주장을 뒷받침하기 위해서 실제 유녀의 연한 계약 증서 사본과 요코하마 병원의 치유 보고서를 제출했다. 실제 일본 내에서 인신매매가 행해지고 있는 것은 사실이었으므로, 이러한 변론을 받자 오에 판사로서도 당장 논리가 궁해졌다. 급히 휴정에 들어간 재판정은 한참 후에야 재개되었고, 고심 끝에 내려진 최종 판결은 이런 내용이었다.

설사 창녀 매매에 의해 예증될 만한 노예제가 일본에 있음을 인정한다 하더라도 노예를 국외에 내보내는 것은 금지되어 있다. 따라서 중국인 노동자를 요코하마에서 국외로 이송하려 한 페루 선장의 행위는 위법이다.

오에 판사의 판결은 일본 내 창녀의 노예성은 인정하지만, 국제법상 해외에 노예를 매매하는 것은 인정할 수 없다는 취지로 보이지만, 그 논리는 합리성도 없고 옹색하기 그지없다. 이에 대하여, 디킨스 변호사는 나아가 중국인 노동자들은 포르투갈 영토인 마카오에서 고용되었기 때문에 일본과 포르투갈의 치외법권 조약에 따라 이 사건은 포르투갈의 재판관할에 속한다고 주장했고, 주일 포르투갈 대사도 이를 지지했다.[62]

그러나 디킨스의 주장은 오에 판사에 의하여 받아들이지 않았고, 일본 법원은 9월 26일 페루 선장과 계약자들은 국제법을 위반한 것으로 일본

법을 위반한 것은 아니라는 판결을 내렸다. 판결 이후 헤레라 선장은 다른 선박을 타고 요코하마를 탈출하여 상하이로 갔다.

이 사건의 처리로 일본은 상당한 국제적 이득을 보았다. 먼저 청나라 정부와의 사이에 상당히 우호적인 분위기가 조성되었고, 국제적으로도 좋은 인식을 확산시켜 장래 일본이 체결한 불평등조약의 폐기에도 도움이 되었다. 그런데 이 사건에서는 영국을 제외한 대부분 유럽 국가들이 무역 및 치외법권 문제 때문에 페루 정부를 지지했다. 그래서 미국 공사의 제안으로 1873년 공정한 판결을 위해 두 나라에 대한 이권과 가장 거리가 멀다고 판단되는 러시아 황제 알렉상드르 2세가 국제 심판을 맡게 되었다. 당시에는 국제사법재판소가 상설 기관으로 존재하지 않았기 때문이었다. 그리고 2년 후 알렉상드르 황제는 일본의 판결을 지지했다. 이 재판을 방청하던 외국 영사들은 일본에도 창녀들에 대한 인신매매 노예제가 있음을 알고 본국에 알리려 하자, 국제적으로 망신당하고 이미지가 떨어질 것을 우려한 일본 정부는 1872년 말경 '예·창기해방령'을 통해 인신매매로 인해 창녀가 된 여성들을 해방시켰다.[63] 오에 판사의 품의로 이루어진 이 해방령은 예기·창기의 대가 없는 해방과 고용주가 이들에게 빚을 받아내는 행위의 금지(기존 채무의 불인정)를 규정하고 있었다.

그러나 이 법률은 오직 외국 홍보용에 불과했고, 중요한 사회적 변화는 가져오지 못했다. 대부분의 윤락녀는 매춘을 계속할 수밖에 없었고, 정부도 이들에게 허가를 내주었다. 알선업자들이 부모들에게 대여금을 주고 여성들을 매수하여 윤락업소에 매매하는 관행은 계속되었다. 그리고 그러한 계약은 법률상 무효지만 윤락 여성들의 대여금에 대한 담보로서 강력한 강제력으로 작용했다.[64] 마리아루즈호 사건은 당시 일본 내 매춘부의 인신매매가 횡행했고, 이들이 비자발적 노예 상태에 있었다는 사실을 확인할 수 있는 계기가 되었다.

그리고 일본 정부는 1900년에는 창기취체규칙娼妓取締規則으로 매춘부의 근로조건을 제한했다. 그러나 그러한 제한에도 매춘부의 수는 감소되지 않았고, 그 여성들에게 자유가 더 많아진 것도 아니었다. 오히려 메이지 시대에 매춘업은 더 번성했고, 일본은 '매춘의 왕국kingdom of whoring'으로 묘사되었다.[65] 이러한 매춘 산업은 도쿠가와 시대에서부터 메이지 시대에 이르기까지 일본 정부의 수입에 많은 기여를 했다.[66]

산다칸 8번 창관, 가라유키상의 일생

태평양 전쟁 이후 가라유키상은 일본의 전쟁 이전의 국가적 수치로 생각되어 크게 알려지지 않았다. 마치 일본군 위안부 문제가 1991년 8월 14일 위안부 피해자인 김학순이 공개 기자회견을 통하여 스스로 위안부임을 밝히기 전까지는 위안부 문제가 공론화되지 않은 것과 마찬가지였다. 그러던 중 1972년 논픽션 작가 야마자키 도모코山崎朋子가 가라유키상이던 오사키의 자전적 이야기《산다칸 8번 창관サンダカン八番娼館》을 출판하면서 가라유키상에 대한 관심을 불러일으켰으며, 그 후 많은 연구와 보고를 이끌어 냈다.[67]

《산다칸 8번 창관》은 오사키라는 일본 여성이 해외 가라유키상으로 살아온 삶에 대한 실제 이야기다. 오사키는 4세 때 아버지가 죽자 어머니는 오사키와 오빠를 두고 큰아버지와 재혼하지만 가난을 벗어날 수 없었다. 오사키가 10세가 되던 해에 산다칸에서 사업을 한다는 남자를 만났는데, 그 남자는 오사키에게 보루네오령의 산다칸에 가기만 하면 큰돈을 벌 수 있다고 유혹했다. 그러면서 선금조로 3백 엔을 건네주었고, 오사키는 그 돈을 오빠에게 건네주고 그 남자를 따라 산다칸에 갔다. 오사키는 그곳에서 창관娼館으로 팔리게 되었는데, 산다칸의 창관은 외국 무역상과 전쟁으로 주둔 중인 외국 군인들을 대상으로 한 유명한 위안소였다. 거기에서 오사키는 8번 창관으로 배치되었다. 오사키는 몇 번이고 도망가려고 했지만 실패하고, 시간이 지나면서 오사키의 선금은 어느새 2천 엔으로 불어나 있었다. 오사키는 청소 일을 하다가 2년 후 업주의 강요로 매춘을 시작하게 되었다. 선불금 채무를 갚기 위하여 나이 어린 오사키는 지옥과 같은 삶을 헤쳐 나갔지만 도무지 빠져나갈 구멍이 보이지 않는 가운데, 대선배 가라유키상인 오키쿠에 의지하면서 생활했다. 그러던 중 오키쿠가 늙고 병들어 죽음에 이르렀는데, 늙은 창녀의 유언은 "나의 뼈를 내 조국 일본과 등을 지는 곳에다 묻어달라"는 것이었다. 자신의 인생을 냉정하게 버린 조국에 대한 피눈물 나는 마지막 항변이었다. 일본 정부의 해외 매춘 금지령에 따라 오사키는 그토록 그리워하던 고향의 오빠 곁으로 돌아왔으나, 자신을 대하는 오빠의 표정은 굳어 있었다. 오사키가 머무는 첫날 밤, 결혼한 오빠의 아내가 이렇게 수군거렸다. "동네 사람들이 알면 어떡하려고 동생을 받아주었어요." 아내의 말에 오빠가 어찌할 바를 몰라 하는 것을 보고, 오사키는 다음 날 아침 일찍 짐을 싸서 먼 길을 떠났다. 오사키는 다시 작부 생활을 하다가, 결국은 어느 산골의 벌레가 득실거리는 오두막에서 과거를 숨긴 채 여생을 혼자 살아가게 된다.

이러한 오사키의 인생 스토리는 위안부 모집 과정이나 위안소의 생활에 있어서 인권침해의 정도에 차이는 크지만, 일본군 위안부 여성들의 이야기와 유사한 점도 많다. 일본군 위안부 피해자들도 전쟁이 끝난 후 한국으로 돌아와 가족과 주위의 눈초리를 피하여 과거를 숨기면서 살아왔다. 그래서 한국 사회나 일본 정부로부터 아무런 위로나 보상을 받지 못하면서 외롭게 살다가 세상을 떠났다.

이러한 오사키의 스토리에 대하여, 존 마크 램지어 하버드대 로스쿨 교수는 모집업자가 오사키를 데려갈 때 속이지 않았고, 나이는 어리지만 오사키도 업무의 성격을 알고 있었다고 주장했다. 그러면서 일반적으로 모집업자들이 윤락녀를 모집할 때 그들을 속이지 않는다는 점을 강조했다.[68] 아마 램지어 교수의 의도는 오사키를 데리고 갈 때처럼 모집업자들이 일본군 위안부를 모집할 때도 위안부의 일을 속이지 않았다는 근거로 사용하기 위한 해석으로 보인다. 즉, 오사키 스토리는 전쟁 이전의 일본의 윤락 업주와 윤락 여성 간의 계약관계가 존재한다는 주장의 근거로 사용하고자 하는 것으로, 위안소에서 위안부 모집 과정에서도 같은 형식의 계약관계가 존재한다는 주장을 하고 있다. 하지만 위안부 모집 시에는 일본 정부의 관여하에 모집업자들이나 일본 정부 기관이 해외 공장이나 병원에서 일하는 것이라고 기망한 사례가 대다수며, 강압적인 방법으로 위안부들을 끌고 간 사례도 다수였다. 그러므로 오사키의 경우를 위안부의 모집에 적용하여 일반화할 수는 없다고 할 것이다. 즉, 위안부는 국가적 시스템에 의한 폭력과 기망의 산물이었다. 그리고 오사키 자신도 매춘 업무를 할 거라는 것을 몰랐고, 매춘이 무엇인지도 몰랐으며, 오사키를 끌고 간 남자를 비롯하여 아무도 일을 설명해주지 않아서 몰랐고, 자신들도 묻지 않아서 아무것도 몰랐다고 했다. 그리고 윤락 업주가 오사키에게 고객과의 성관계를 최초로 요구할 때 그녀는 업주에게 "당신들은 우리에게 이런 일을 하라고 말하지 않고 우리를 데리고 왔는데, 이제 와서 손님을 받으라고 하느냐.

거짓말쟁이!"라고 항의한 점에 비추어도 미리 업무의 내용을 설명해주었
다는 램지어 교수의 주장은 잘못된 것이라고 할 것이다.[69] 더구나 오사키
는 끌려갈 당시 10세의 소녀에 불과하여 사물을 판별하거나 의사를 결정
할 능력이 불완전한 상태인 심신장애자라고 보아야 한다. 그러므로 그녀
의 동의를 얻어 윤락에 종사하게 했다고 하더라도 위법할 뿐 아니라, 국제
법규 위반에도 해당된다고 할 것이다.

가라유키상과 위안부, 국가의 조직적 강간 시스템에 의한 희생자들

일본의 소녀와 젊은 여성의 인신매매 무역에서 시작된 가라유키상은 일
본의 식민지 및 상업적 확장 과정에서 일본 정부의 직간접 관여와 방임하
에 외국 상인들과 일본 상인들의 성노예 역할을 했다. 일본군 위안부도 일
본군의 아시아 진주 과정에서 일본 정부와 일본군이 중세의 난취와 노예
무역, 유녀의 인신매매 제도, 가라유키상 제도를 참고하여 마련한 군 위안
소라는 제도적 장치 속에서 일본 군인과 일본 제국을 위한 전쟁의 성노예
였다. 주로 한국 여성들로 이루어진 위안부들이 그 주된 피해자였는데, 그
것은 역사상 볼 수 없었던 장기간에 걸친 대규모의 합법화된 군대 강간이
라고 할 수 있다. 즉, 스즈키 유코가 주장한 바와 같이, 가라유키상 제도는
일본 정부가 해외 매춘을 묵인하고 가라유키상에게 해외 진출의 선도적
역할을 부여해 국가적 강간 시스템 아래에서 강제 매춘과 성폭력의 희생
자가 되도록 방치한 것이라고 한다면, 위안부 제도는 일본 정부가 국가권
력을 보다 적극적으로 행사하여 조선의 여성들을 일본군의 조직적 강간
시스템에 밀어 넣어 성노예화했다는 점에서 유사점과 차이점을 보인다.[70]
대부분의 한국 여성들에게 한 거짓 약속은 그들이 일본 공장에서 좋은

직업을 갖게 될 거라는 것이었다.[71] 이 여성들은 대부분 소작농 집안 출신으로 일본의 가라유키상들과 같은 사회적·경제적 하류 계층이었다. 일본 식민지 당국은 빈곤이라는 가정의 경제적 위기와 여성들에 대한 낮은 사회적 가치를 이용했다. 그리고 식민지 관헌의 강압적 방법과 기망적 방법을 병행하여 위안부를 모집했다.

한국 여성들과 달리 일본 여성들 중 위안부로 모집된 일부 여성들은 직업적 윤락 여성들이었고, 전 가라유키상들도 있었는데 그들은 차용금을 변제한 후 귀국하여 다른 직업을 찾지 못한 여성들이었다. 그리고 다른 여성들은 일본 군인들을 위하여 세탁하고 요리하는 일이라고 믿고서 징집되었다.

가라유키상들이 1920년대에 일본으로 송환되어 버려진 것처럼 전쟁에서 살아남은 한국의 위안부 여성들도 전쟁 이후 경제적 사회계층의 맨 밑바닥에 버려졌다. 이 위안부들은 일본인이 아닌 한국인이라는 이유로 종족 차별과 사회적·성적 차별을 받아야만 했다. 가라유키상이나 위안부 여성 제도는 아시아 사회의 여성들의 열등한 지위에서 발생한 결과였으며, 일본이 식민지 팽창 과정에서 소작농 계층의 여성들을 국가 소유물처럼 사용했다는 공통점이 있다.[72] 다만 차이점이 있다면, 가라유키상은 평상시에 외국 상인들과 해외 일본 상인들을 상대로 성적 서비스를 제공했고 어느 정도 경제적 대가를 받았지만, 위안부 여성들은 전시에 일본 군인들을 상대로 성적 착취를 당하는 성노예 생활을 했고 대부분 경제적 대가나 보상을 받지 못했으며, 대가를 받아 저축한 여성들도 전쟁이 끝난 후 일본의 은행 등으로부터 이를 되돌려 받지 못했다는 점이다.

전후 가라유키상, RAA 협회

○

미군을 위한 위안소 설립 계획, 일본 여성의 정조를 지켜라

2007년 10만 페이지의 미국 CIA 문서가 기밀 해제되었고, 150만 점에 달하는 연합군 최고사령부General Headquarters, GHQ 검열 기록이 공개되었다. A급 전범에 대한 IPS(국제검찰국)의 심문 기록과 미국 전략폭격조사단의 조사 보고도 공개되었다. 이러한 극비 문서를 많은 증언과 교차해서 살펴보면, 제2차 세계대전 기간과 그 이후의 숨겨진 사실들이 놀랄 만한 진실이 되어 나타난다.[73] 일본 정부가 미군을 위한 위안부, 즉 가라유키상을 준비했다는 사실도 그중 하나다.

패전 3일 후인 1945년 8월 17일 새로 조각된 히가시쿠 니노미야東久邇宮 내각의 국무대신에 취임한 고노에 후미마로近衞文麿는 입각 직후 곧바로 경시총감 사카 노부야坂信彌를 불러 미군을 상대로 하는 매춘 시설을 만들 것을 요청했다. 그리고 패전 6일 후 내각 각료들은 긴급조치를 논의하기 위하여 수상 관저에 모였다. 하지만 그때 논의한 긴급조치 사안은 미국의 원자폭탄 투하 피해나 수백만 명의 전쟁 이재민 등 국가 위기에 관한 사항이 아니었다. 이들 내각 각료들은 곧 진주할 미군들의 성적 욕망을 어떻게 만족시킬 것인가 하는 문제를 매우 심각하게 논의했다.

이들은 일본군들이 과거 해외에서 수많은 여성들을 강간했던 것과 마찬가지로, 일본을 점령하게 될 미군들도 똑같이 그러한 행동을 할 것으로 짐작하고 우려했다. 그래서 일본 정부는 은밀하게 미군을 위한 위안소를 설치하기로 하고, 일본 여성들의 애국심에 호소하여 미군들의 위안부로 봉사하여 달라고 부탁하기로 했다.[74] 이와 같이 국가 성매매 시설의 마련을 주도한 경시총감 사카 노부야는 내무성 자료에서 "히가시쿠 니노미야 수상은 난징에 입성했을 때의 일본 병사가 했던 일을 기억하고 있다. (생략) 그래서 미국에 당하면 큰일이 날 거라는 생각은 있었을 것이라고 생각한다"라고 당시의 일을 증언하고 있다.[75]

일본에게 전쟁에 패배했던 아시아의 다른 나라가 그랬던 것처럼, 일본도 제2차 세계대전 직후 패배의 고통뿐 아니라 미군의 진입에 따른 공포에 떨고 있었다. 많은 가족들은 어린 딸들을 지키고자 시골로 내려보냈고, 어느 한 마을 협회에서는 야만인들의 손에 치욕을 당하느니 자살하여 명예를 지키라는 권고와 함께 마을 여성들에게 청산가리를 나누어 주기도 했다. 이런 상황에서 정부 관리들은 미군 전용 윤락업소가 일본 혈통의 순수성을 보호하는 최선의 방법이라고 강조했다. 특히 그들은 흑인 미군 병사들에 의한 혈통 오염을 걱정했다.[76]

당시 일본 학자들은 일본 정부가 이러한 정책을 고려한 배경으로, 유럽의 전장에서 미군 장병에 의한 강간 피해자가 14,000명(독일 여성 11,040명)이나 발생한 점과 오키나와전에서 연합군의 상륙 후 강간이

다발했던 것을 들고 있다. 오키나와에서 미군에게 강간당한 여성 수를 10,000명으로 추정하는 견해도 있다.[77] 하지만 사카 노부야 경시총감의 증언처럼 일본군이 중국 난징이나 인도네시아를 비롯한 동남아시아 침략 당시에 저지른 현지 여성에 대한 수많은 강간 사건과 위안부 강제 연행 등이 많이 고려되었다.

국가 성 방파제, RAA는 국가적 강간 시스템

40만 명의 점령군 상륙을 2주일 앞두고 일본의 전쟁 지도자들이 가장 두려워한 것은 미군 병사에 의한 성범죄였다. 그래서 '성 방파제'로 자리매김한 것이 새롭게 설립된 국책 성매매 조직인 '특수 위안 시설 협회'였다. 영어 명칭인 'RAARecreation and Amusement Association'로 더 잘 알려져 있다. 직역은 '여가와 오락 협회'이며, 일본어 명칭과는 의미가 크게 다르다.

이 단체가 그 사명을 충실히 달성하기 위해 가장 먼저 한 일은 미군을 위한 위안소의 개업이었다. 진주군 장병에게 있어서 무엇보다도 우선 위안해야 할 부분은 성적 만족이었다. RAA의 위안소 개업을 위하여 외무성·내무성·대장성·운수성·도쿄도·경시청 등 주요 관청이 빠짐없이 협력했고, 그 좌장역을 맡은 것은 대장성의 주세국장 이케다 하야토였다. 이케다는 이후 1960년대에 세 차례에 걸쳐 수상이 되었고, 일본의 경제성장을 주도한 인물이다. 당시 이케다의 지시로 대장성이 선뜻 3,300만 엔을 내주었다. 현재 가격으로 환산하면 10억 엔이 넘는다. 8월 18일 내무성은 경보국장 하시모토 마사자네를 통해 '외국군 주둔지에서의 위안 시설 설치에 관한 내무성 경보국장 통첩' 및 '외국 주둔군 위안 설비에 관한 정비 요항'을 각 현에 행정 통달하고 경시청은 화류계 단체와 협의를 가졌다.

지방에서는 지방 공무원과 경찰서가 위안소 설립 임무를 수행했다. 그러나 도쿄의 경우에는 가장 많은 수의 미군이 진주할 예정이어서 다른 방식을 취했다. 경시총감 사카 노부야는 도쿄 요리 음식업 조합장인 하마지로 미야자와와 젠지로 노모토를 만나 곧 도착할 미군들을 위한 위안소를 만드는 것을 도와달라고 요청했다. 미야자와와 노모토는 그들의 인맥을 활용하여 나이트클럽, 바, 윤락업소의 대표들을 집합시켰고, 8월 21일 경찰은 이들에게 공식적으로 위안 시설을 만들어 줄 것을 요청했다. 그리고 가능하면 정부의 역할을 숨겨달라고 부탁했다.[78]

그리하여 1945년 8월 26일 특수 위안 시설 협회가 설립되었고, 그 후 RAA로 명칭을 변경했다. 자본금은 1억 엔이며, 그중 5,500만 엔은 대장성이 보증하여 일본권업은행이 융자했다. 건설에 필요한 자재나 영업에 필요한 생활 집기, 의복, 이불, 그리고 약 1,200만 개의 콘돔은 도쿄도와 경시청이 현물 제공했다. RAA는 그 설립 과정에서 전쟁 중의 애국적인 언어를 사용하면서 여성들의 자기희생을 강조했다. 그리고 8월 28일 위 협회 간부 20명은 황궁 앞에 모여서 창단식을 하면서 수천 명의 희생 위에 광란을 막는 방파제를 쌓아 국체 수호에 헌신하고자 한다는 취지의 선서식을 하고 만세 삼창을 했다. RAA의 창단식에는 정부 관료와 경찰 고위직들이 참석했는데, 당시 선서문은 다음과 같다.

우리는 수천 명의 우리 시대 오키치들의 희생으로 강간의 파도를 막아주는 방파제를 세워서 우리 종족의 순수성을 방어하고 배양한다. 전후 사회질서의 뿌리에서 눈에 보이지 않는 기둥이 되어 우리 국체國體를 지키는 데 우리 자신을 바친다.[79]

패전국인 독일이나 이탈리아, 혹은 소련에 점령당한 동유럽 국가들에도 점령군을 상대하는 매춘부가 많았다. 하지만 국가가 명령을 내리고 막대한 예산을 쏟아부으면서 관료들이 프로젝트를 짜 '국체 수호'를 위해 여성을 희생한다는 이상을 높이 내건 나라는 일본 외에 따로 없었다.[80]

국가 계획에 따라 일본 정부는 미군 주둔 예정 지역에 있는 고급 식당 주인들에게 다수의 일본 일반 여성들의 순결을 보호하기 위한 방파제 같은 역할을 해야 한다는 국가적 임무를 부여했다. 식당을 윤락업소로 개조하여 미군들을 접객하도록 했던 것이다. 일본 정부는 긴급 작전으로 2주만에 미군 주둔 예정 지역의 식당들을 모두 윤락업소로 개조하고 업소마다 수십 명의 여성을 제공했다.

이러한 윤락업소에는 미군들만 입장이 허용되었는데 요금은 8센트였고 맥주 1병이 포함되었다. 그 요금의 절반은 여성들에게, 절반은 업주에게 돌아갔다. 미군들은 이러한 사업이 일본 정부의 정책이라는 것을 알지 못했고, 또한 그것은 일본 정부의 기밀 사항이었다.

이러한 정책 시행을 담당한 RAA의 내부 문서에 따르면 55,000명의 여성들이 협회 소속으로 일했다고 한다. 그 숫자에는 사무실 근무자들도 포함되어 있었지만 대다수가 매춘부들이었다.[81]

오키치상으로 미화한 미군 위안부

RAA의 내부 문서에서는 이 정책에 동원되는 윤락 여성들을 '오키치お吉'라고 불렀다. 정부 고위관료 등이 참석한 RAA의 창단식에서 행한 선서 내용에도 오키치라는 이름이 나온다. 오키치는 1856년 미국 페리 제독의 함대에 굴복하여 일본이 미국에게 개항을 한 후 일본 주재 초대 미국 공사

타운센드 해리스Townsend Harris에게 일본 정부가 첩으로 제공한 16세의 소녀 사이토 오키치齋藤きち의 애칭이다. 역사적인 이유로 오키치는 일본에서는 희생과 슬픔의 여성이라는 뜻을 가진 용어다. 당시 오키치는 시모다에서 가장 아름답고 인기 있는 게이샤로서 쓰라마쓰라고 하는 그곳 목수와 약혼한 사이였다. 그러나 그녀는 1857년 시모다의 지방관리로부터 페리 제독의 무역 협상 이후 일본에 오는 타운센드 공사를 위하여 일하라는 명령을 받았다. 이는 미국 정부와 좀 더 좋은 조건으로 협상하려는 막부의 세심한 전략이었다. 오키치는 1861년 미국 공사가 떠난 후 미국인과 성관계를 가졌다는 일본인들의 비난을 견디지 못하고 오랫동안 절망 속에서 살다가 강물에 빠져 죽었다.[82] 이에 대하여 오키치는 타운센드 공사의 하녀였을 뿐이라는 주장과 일한 지 3일 만에 해고되었다는 주장도 있다.[83] 하지만 사건의 진위를 떠나서 일본인들에게 오키치는 국가를 위하여 자신의 모든 것을 희생한 여성이라는 상징적 인물로 알려져 있다. 이러한 사유로 미군의 위안부로 자원한 여성들을 오키치라 부르기도 했다.

RAA는 위안 시설에서 일할 여성들은 원래 매춘업에 종사하는 여성들로 하고자 했다. 그러나 실제로 충분한 매춘부를 구하기 어려웠고, 특히 도쿄는 더욱 그랬다. 일본 정부는 전쟁 말기 윤락업에 대한 단속을 실시하여 많은 여성들이 도주하거나 연합군의 폭격에 지방으로 소개되었다. 도쿄의 가장 유명한 홍등가인 요시와라는 전쟁 이전에 2,000명의 매춘부가 있었으나 전쟁 이후에는 수십 명으로 줄어들었다. 그래서 일반 여성들을 대상으로 미군 위안부를 모집하는 조치를 할 수밖에 없었고, 경찰도 이를 인정했다.[84]

RAA는 그들의 사무실 앞은 물론이고 신문에까지 세밀하게 작성된 광고를 실어서 널리 위안부를 모집했다. '신일본 여성 구함. 숙소, 의복, 식료 모두 지급' 등이라고 쓰인 광고판을 도쿄 긴자 등에 설치하고 〈마이니치신문〉, 〈도쿄신문〉 등에 광고를 내 일반 여성을 모집했다. 하루에 약 300명이 지원했다고 한다.[85] 광고문은 무료 숙식과 의복 제공 등 일반적인 근무 조건은 크게 선전하면서 구체적인 업무의 성격에 대해서는 일체 언급하지 않았다. 당시 널리 퍼진 가난과 식량 부족, 그리고 많은 수의 고아와 과부가 된 젊은 여성들로 인하여 그 구인 광고는 상당히 매력적이었다. 그러나 대부분의 여성들은 일의 내용을 듣고 자신들이 속았다는 사실을 알고 떠났지만, 그렇지 않은 여성들도 있었다.[86] 타키타라는 19세 여성은 코마치엔에서 일했는데, 사무실 직원을 뽑는다는 광고를 보고 지원했다. RAA는 그녀에게 할 수 있는 일자리는 위안부뿐이라고 말하며 그곳에서 일할 것을 설득했다. 타키타는 윤락을 시작한 지 며칠이 지나지 않아 달리는 기차에 뛰어들어 자살했다. 이처럼 많은 여성들이 '신일본 여성을 구합니다'라는 허위 광고를 보고 찾아왔다.[87] RAA는 위안부와는 별도로 많은 수의 댄서도 모집했다. 이들은 군인들과 춤을 추고 팁을 받았는데, 시간이 지나면서 댄서와 매춘부 사이의 구분이 점차 없어졌다.

이렇게 기망으로 끌려왔음에도 불구하고 많은 여성들이 가난 때문에 어쩔 수 없이 윤락녀로 위안소에서 일하는 것에 동의했다. 또 이들 중에는 기망 사실을 알고도 위안소를 떠날 수 없는 여성들도 있었다. 그들은 그들의 가족들에 의하여 가난 때문에 팔려 왔거나, 위안소에 채무를 부담하고 있었기 때문이었다.

일부 위안소는 위안부들에게 생필품을 팔고 전차금을 지급해 여성들을 채무로 묶어서 떠나지 못하게 했다. 연합군 최고사령부는 이를 노예 상태라고 보았다. 여성들을 부채의 상환으로 위안소에서 강제로 일하게 하는 계약은 결국 1946년 1월 최고사령부의 명령으로 폐지되었다. 하지만 일본의 공무원들은 이 명령이 크게 효력이 있지는 않았다고 했다.

　오키치의 불행에도 불구하고 미군 위안부 여성들이 다른 매춘부들보다 더 많은 비난을 받지는 않았다는 것은 분명하다. 오히려 그들은 일반 윤락업소의 수입보다 수배의 수입을 올려서 일반 윤락 여성들로부터 부러움을 받기도 했다. 특히 초기에 모집된 일본 여성들은 주로 현역 매춘부들이었으나, 그 후에는 전쟁미망인들이나 일반 여성들이 가족을 부양하기 위하여 자원하기도 했다. 이러한 점은 제2차 세계대전 당시 일본군 위안부들과 큰 차이점을 보인다. 대부분이 10대 한국 여성들인 일본군 위안부들은 그들의 집에서 끌려와 최전선의 위안소로 강제로 배치되었지만, 미군을 상대했던 일본 매춘부들은 가난 때문이기는 했지만 스스로 자원하는 경우가 많았다. 그들의 수입은 일반 윤락업소에서 일하는 여성보다 여러 배 높았다.[88]

미군의 위안소, 신가라유키상

　1945년 8월 27일 RAA는 점령군 상륙 지점에 가까운 도쿄 시나가와의 오모리 해안에 코마치엔이라는 위안소 제1호점을 개점했다. 포츠담 선언의 수락으로부터 불과 2주밖에 지나지 않았을 때였다. 최초의 위안소인 코마치엔은 도쿄 외곽의 거대한 목조 전통 건물에 있었는데 150명의 기모노를 입은 여성들을 매춘부로 두고 개업을 했다. 한 여성이 첫날에 47명의 미군들을 받아서 거의 2달러를 벌었다. 당시 일본 경찰관의 한 달 급여가 46센트 정도였다.[89]

RAA 위안소를 이용할 때, 미군들은 입구에서 100엔짜리 티켓을 구입하여 매춘 여성에게 주었다. 100엔은 당시 미화 8센트였으며, 2020년 현재 가치로는 미화 1.06달러에 해당한다. 여성들은 하루에 15명에서 60명 사이의 손님을 받아서 매일 아침 그 티켓을 위안소의 경리 사무소로 가지고 가서 티켓당 50엔을 받았다. 이러한 50%의 수입은 전쟁 이전의 윤락녀들이 받은 25%보다 상당히 높은 수준이었다.

RAA 시설에서 일하는 여성들은 항상 성적 폭행에 시달려야 했다. 댄서로 일하는 여성들은 특히 강간의 타깃이 되었다. 또 미군 헌병이나 병사들은 가끔 공짜 서비스와 환불을 요구했다. 하지만 일본 경찰과 연합군의 권력의 불평등으로 인하여 여성들이 불평하기가 어려웠다.

오모리 해안의 요정 '코마치엔'을 제1호로 지정한 것을 시작으로 도쿄 시내에는 종전 후 3개월 이내에 25개의 위안소가 개설되었다. 이러한 RAA 시설은 도쿄, 요코하마를 비롯해 에노시마, 아타미, 하코네 등 휴양지, 오사카, 아이치현, 히로시마현, 시즈오카현, 야마가타현, 아키타현, 이와테현 등 일본 각지에 설치되었다. 대표적 위안소는 타치카와의 '카바레 후지', 쵸후의 '쵸후엔', 홋세이의 '후쿠오 영업소', 키타타마의 '뉴캐슬', 츠키지의 '미야카와', 닌교쵸의 '꽃이', 무카이지마의 '영빈관 대장', 와카바야시의 'RAA클럽' 등이었다.

생계 능력이 없는 전쟁미망인이나 자녀가 많았던 당시의 시대적 배경도 있어 도쿄 시내에만 약 1,600명의 위안부가 일하고 있었으며, RAA 전체에서는 5만 3,000명의 여성이 일하고 있었다고 전해진다. 이에 대하여 약 7만 명의 여성들이 고용되었다는 주장도 있다. 하지만 이 숫자도 일부분에 불과하고 공식적 제도 이외에도 제도 바깥에서 미군들에게 성적 서비스를 제공하는 사창가의 윤락녀 숫자는 더 많았다.[90] 위안부는 하루에 30명에서 50명의 고객을 받았다. 위안부 한 명이 최고 하루 60명을 상대로 했다는 증언도 있다.[91] 1945년 12월 당시 재일 연합군은 43만 287명이 주둔하고 있었다.

윤락 여성들은 대부분 18세에서 25세 사이의 여성들로 RAA가 폐쇄된 후 오랜 기간 종적을 감추었다. 그들은 1950년대까지 대부분 도쿄를 떠나 자신들이 한 일을 절대로 말하지 않고 살았고, 많은 경우에 성병이나 다른 질병의 후유증으로 일찍 사망했다.

미군을 위한 윤락업소를 세운다는 일본 정부의 발상은 미국과는 달리 일본에서는 그렇게 놀랄 일이 아니었다. 1958년까지 일본은 공식적으로 인가된 홍등가에서만 매춘을 허용했다. 그리고 미군은 매춘을 법규로는 금지하고 있었지만 이를 사실상 금지하지는 않았으며, 오히려 미군 당국은 최소한 한 지역에서 일본 정부에게 윤락업소를 설치하여 달라고 요청하기도 했다.

전후 야수히로 코마쓰는 모지시에 있는 미군과 일본군의 연락장교였는데 그에 따르면, 미군이 진주한 지 한 달 후에 미군의 장군이 일본 정부에게 그의 부하들을 위한 윤락업소를 설치하여 달라고 요청했다. 그 당시에는 흔히 그랬던 것처럼, 일본 해군은 모지시에 전쟁이 끝날 때까지 해군 빌딩의 하나에 자신들의 병사들을 위한 윤락업소를 운영하고 있었다. 그래서 코마쓰는 그곳에서 일하던 윤락 여성들에게 미군들에게 매춘을 할 의사가 있는지 물었다. 그들은 미군들이 무섭기는 하지만, 지금 당장 할 일이 없으니 하겠다고 했다. 그래서 그 윤락업소는 신속하게 개업을 하여 미군들에게 도쿄보다 훨씬 싸게 서비스를 제공했다. 미군들이 줄지어서 입

장했고, 그들은 현관 앞에서 신발을 벗어두고 매회 1센트 남짓한 비용을 지불했다.[92]

숨겨진 인권침해

일본군 위안부를 강제 연행한 것처럼, 일본 정부 당국이 일본 여성들을 강제로 연행하여 윤락업소에 일하게 한 사례도 다수 있었다. 이러한 인권 침해는 일본의 패전 이후 슬픈 역사여서 드러나지는 않았으나 〈뉴욕 타임스〉의 기사에 따르면, 초기 미군을 위한 위안소를 설립하면서 강제 동원 등 많은 인권침해 행위가 있었던 것으로 보인다. 〈뉴욕 타임스〉의 한 사례에 따르면, 가와사키시의 여성 공장 근로자들이 미군 전용 윤락업소에 트럭으로 실려 갔는데, 당시 일본 정부 내무성에서 왔다는 공무원이 "너희들은 이 임무를 부여받은 것에 긍지를 가져야 한다"고 연설하면서 그 여성들에게 관광 사업 분야에서 일할 것이라고만 했다고 한다. 한 여성이 도망을 치려고 하자 그녀를 폭행하고 그녀의 오른쪽 눈을 후벼 파냈다고도 한다. 또 사이타마현의 육군 소속 여군 부대는 1945년 9월 9일 여군 부대원들을 도쿄에 있는 4개의 윤락업소에 파견하라는 명령을 받았다고 한다. 내무성으로부터 온 그 명령서에는 '여군들은 참을 수 없는 고통을 참아야 하고 모든 일본 여성들을 위한 방패가 되어야 한다'고 쓰여 있었다고 한다.[93]

RAA는 일본의 전통에 따라 미군 장교들을 위한 윤락업소를 별도로 설립해 장교들이 사병들과 여성들을 공동으로 이용하지 않도록 배려했으나, 일부 장교들은 사용을 거절했다. 또 일부 지역에서는 특수 위안 시설 협회와는 별도로 연합군의 여성 병사용 남성 '위안부'도 존재했다고 한다.[94] 일본 쇼와연구소가 편찬, 센다이대 모모세 다카시百瀬孝 교수가 감수한《전후 일본을 알고 있습니까? 점령군의 일본 지배와 교화》[95]라는 책에는 당시 한 미국 여군 위안부 스토리가 기록되어 있다. 이 책에 나오는 다케다 준이치赳田純一라는 남성 위안부는 1946년 나고야에 주재한 미국 여군을 위한 모집에 신청하여 미군 여성 하사관들을 상대로 위안부 생활을 했다고 한다. 당시 RAA는 모집에 응모한 민간 남성들에 대해 엄격한 건강 검사를 실시했고, 합격한 젊은 남성에게 1명당 방 하나를 내주었다. 남성 위안부는 하루걸러 출근하고 하루 월급은 3달러였으며, 그 밖에 쇠고기, 버터, 치즈 등 체력에 좋은 것은 얼마든지 얻을 수 있었다고 한다. 당시 일반 일본인들은 대부분 고구마만 먹을 수 있어 항상 배가 고팠다. 또 일본인 역사학자 다나카 도시유키田中利幸가 발표한 〈왜 미군은 위안부 문제를 무시하는가?〉[96]라는 글에서 일본 남성 위안부도 미군 동성애 병사와 종군 간호사 등에게 제공되었다고 적혀 있다.[97] 그러나 이러한 남성 위안부의 존재는 일본 여성의 순결을 지키고자 했다는 RAA의 설립 취지와는 아무런 관계가 없다고 할 것이다.

나가사키에서는 7명의 윤락 여성들이 공식적으로 미군 지휘관인 빅터 델로르Victor Delnore 중령에게 자신들은 이 직업이 즐거운 일이라고 생각해본 사실이 없으므로 국가에 유흥세를 지불하는 것은 부당하다는 내용의 진정서를 제출했다. 델로르 중령은 일본 재무성에 그 문제를 언급했고 재무성은 윤락업소에 대한 유흥세를 감면했다. 이에 감사한 윤락 여성들은 델로르 중령에게 윤락업소 자유 이용권을 주었으나, 그는 이를 거절했다.[98]

미군의 요청에 따른 RAA 제도의 폐지

미군 위생 당국의 경고에도 불구하고 성병 문제는 심각한 위생 문제가 되었다. 1946년 초기에 미 점령군인의 거의 4분의 1이 성병에 감염된 것으로 추정되며, 일부 부대는 거의 절반이 감염되었다. 호주군 34보병 여단은 55%가 감염되었다.[99]

모든 미군 부대들이 일본 정부가 인가한 위안소의 미군 출입을 허용한 것은 아니었다. 일부 부대 지휘관은 윤락을 군인들의 성병 전염의 문제로 보고 윤락업소의 출입을 제한했다. 1946년 초경에는 군인 사제들이 연합군 사령부의 협조를 비난하면서 미국 정부의 정책과 위배된다며 미군의 도덕적 타락을 언급했다.

이러한 비난에 따라 연합군 사령관인 맥아더 장군은 1946년 1월 21일 민주주의의 이상에 위배된다는 이유로 위안소의 인가를 종료하는 명령 (SCAPIN 642)을 내렸다. 다음 날 연합군 사령부의 의무장교는 맥아더에게 편지를 써서 성병 확산에 따라 윤락에 대한 연합군 사령부의 협조는 미국 본토에 성병을 확산시킬 수 있는 문제가 있다는 우려를 전달했다.

연합군 사령부가 위안소 인가를 종료하는 명령을 내리자 RAA는 더 이상 운영하기 어려워 폐쇄했다. 그러나 개인들의 자발적인 윤락은 계속되었다. 일반 윤락업소들은 자발적 위안부들에게 방을 빌려주고 윤락을 계속할 수 있게 했다. 당시 미군 당국은 명목상으로 매춘을 금지했지만, 실제로는 매춘 금지 조치는 취하지 않았다. 그러다가 연합군 사령부는 1946년 3월 25일 모든 윤락업소에 대한 연합군인들의 출입을 금지하는 명령을 내렸다. 1946년 포츠담 명령에 의한 공창제도 폐지 방침과 전 미국 대통령 프랭클린 루스벨트 부인 엘리노어 루스벨트의 반대 등도 연합군 사령부의 방침에 영향을 미쳤다. 이처럼 RAA는 폐쇄되었고, 위안부 알선인으로서의 일본 정부의 역할은 7개월 만에 종료되었다. 하지만 미군의 윤락업소 출입 금지 명령에도 불구하고 사설 윤락업소는 더욱 번창했다. 이와 같이 미군들을 위하여 일본 여성들을 모집하여 윤락업소를 운영하도록 한 일본 정부의 조치는 아직까지도 잘 알려지지 않고 있다.

당시 점령군 병사와 일본 여성과의 사이에 혼혈아도 많이 태어났다. 이 아이들을 GI 베이비라고 하며, 1953년의 일본 후생성 조사에 의하면 일본 국내에서 4,972명이 확인되었다고 한다. 펄벅재단의 조사에 따르면 최소 2~3만 명에 이른다고 하며, 이 밖에도 사와다 미키沢田美喜의 주장처럼 20만 명이라는 설도 있다.[100]

일본군 위안부와는 성격이 많이 다르다

제2차 세계대전 이후 일본 정부가 미군 주둔 지역에 위안소를 설치하고 일본 여성들을 모집하여 미군들에게 성적 서비스를 제공한 것은, 전쟁 중 일본군이 자신들의 부대에 위안소를 설치하고 한국, 대만 등지에서 위안부를 모집하여 일본 군인들에게 성적 서비스를 제공한 것을 그대로 모방하여 제도화한 것이었다.[101] 이는 전체주의의 관점에서 애국과 국체 수호라는 명분으로 수많은 여성들의 인권침해와 희생을 강요한 것이었다.

RAA와 관련한 제도들은 일본의 전쟁 경험에서 비롯된 것이어서 그 구조나 용어들은 전쟁 중 존재했던 위안부 제도에 기초를 두고 있다. RAA의 윤락업소는 위안소나 위안 시설이라는 미사여구를 사용하고, 윤락녀는 위안부로 불렀다. 이러한 점 때문에 많은 RAA 제도를 연구하는 영어권 및 일본 학자들은 그들의 연구에서 이러한 용어들을 그대로 사용해왔다.

어느 정도까지 두 제도를 실제로 비교할 수 있는지에 대하여는 역사학자들 사이에도 의견이 분분하다. 마이클 몰라스키와 유리 타나카는 두 제도 사이에 놀랄 만큼 유사성이 있다고 하며 RAA 제도를 '조직적인 인권 착취 행위systematic exploitation'라고 주장했다.[102] 이에 대하여, 정희 사라 소는 RAA에서 일한 여성들은 전쟁 중 위안부에 비교할 때 훨씬 나은 생활 조건이 제공되었다고 주장한다.[103] 사라 코브나는 두 제도 사이의 차이점은 RAA의 구성원들은 일본군 위안부와 달리 연합국 점령군들에게 강제로 매춘하지 않았다는 점이라고 했다.[104] 그러나 밥 와카바야시는 RAA의 강제적 모집 행위는 전쟁 중 위안부 제도와 유사한 방법을 사용했다고 주장한다.[105] 이쿠히코 하타는 두 제도는 모집인의 유무의 차이는 있으나, 모집과 운영의 방법에 있어서 비교할 만하다고 말한다.[106]

RAA는 일본군 위안부 경험을 제도화한 것이어서 많은 유사성을 갖는 것은 사실이다. 다만 RAA의 여성들은 강제와 기망으로 끌려간 조선 여성들과 달리 대부분이 자원한 일본 여성들로, 일본군 위안부와 같은 노예 상태에서 강제 매춘을 한 것이라고는 할 수 없다. 그리고 그들의 윤락업소 생활은 동남아시아나 남태평양의 최전선에 강제 배치된 일본군 위안부 여성들처럼 비참하지 않았다. 더구나 많은 일본군 위안부 여성들이 전쟁 중 사망하거나 살해되었는데, 이런 인권침해의 면에서 매우 큰 차이를 갖는다.

SLAVES OF JAPAN

03

SLAVES OF JAPAN

제 3 부

일본군 위안부 제도

_ 국가적 폭력의 산물

일본군 위안부의 성격은 성노예

일본군 위안부란?

'일본군 위안부'는 일본이 1931년 9월 18일 만주 사변을 일으킨 이후부터 태평양 전쟁에서 패전한 1945년 8월 15일까지 중·일 전쟁과 태평양 전쟁 당시 일본군 위안소에 소집되어 일본 군인들에게 성적인 봉사를 강요당한 여성들을 말한다.

그러나 이러한 위안부의 정의에 대하여도 한국과 일본의 학자들 사이에 논란이 되고 있다. 한국 여성가족부는 일본군 위안부 피해자 e역사관에서 일본군 위안부에 대한 정의로 '일본이 만주 사변을 일으킨 이후부터 태평양 전쟁에서 패전한 1945년까지 전쟁을 효율적으로 수행하기 위해서라는 명목으로 설치한 위안소에 강제 동원되어 일본군의 성노예 생활을 강요당한 여성을 지칭하는 것이다'라고 하여 위안부가 성노예임을 적극적으로 명시했다.[1] 일본군 위안부의 발생 시점을 1932년 제1차 상하이 사변으로 보는 견해도 많으나,[2] 중·일 전쟁의 시발점을 1931년 만주 사변으로 본다면 한국 여성가족부의 견해와 실질적으로 큰 차이는 없다.

일본의 대표적인 위안부 관련 단체인 아시아여성기금이 설치한 디지털 기념관 '위안부 문제와 아시아여성기금' 제1실의 서두에 3개 국어로 위안부의 정의를 싣고 있다.[3]

이른바 종군 위안부란 태평양 전쟁 시절에 일정 기간 일본군의 위안소 등에 모집되어 장병에게 성적인 봉사를 강요당했던 여성들을 말합니다.

이러한 아시아여성기금의 정의는 성노예라는 점을 인정하는 것에 대하여는 소극적이지만, 1993년 고노 관방장관의 담화에 기초하여 성적인 봉사의 강제성을 인정하고 있다. 또 '종군 위안부'라는 표현을 사용하여 모집 과정의 강제성을 인정하는 데 소극적이다. 여기서 '종군'은 '군을 따라가다'라는 의미가 있어서 모집의 강제성과 거리가 멀어 적절하지 않다고 할 것이다.

일본의 일부 학자들은 여전히 위안부를 자발적으로 성을 매매한 공창으로 보는 경향이 있다. 대표적으로 〈아사히신문〉의 위안부 기사를 비판한 도쿄기독교대 니시오카 쓰토무 교수가 있다. 그는 자신의 책《아사히신문, 일본인에 대한 큰 죄》에서 위안부의 성격을 가난 때문에 성매매한 여성으로 보고 있다.

한마디로 말하자면 '위안부는 존재했지만 무언가 해결해야만 하는 과제가 남아 있다는 의미의 위안부 문제는 존재하지 않았다'는 것이다. 위안부는 전쟁 시대에 존재했던 역사적 사실이다. 그녀들이 여성으로서 존엄과 명예가 훼손된 것은 틀림없는 사실이다. ⋯ 하지만 한·일 양국 사이의 외교 과제로 그 문제가 존재하는 일은 없었다. 왜냐하면 그녀들이 위안부가 된 것은 권력에 의한 강제가 아니라 당시 일본과 조선에 엄연히 존재했던 절대적 빈곤의 결과였기 때문이다. 가난 때문에 여성들이 요시와라吉原와 같은 공창가에서 일하거나 위안소에서 일하는 비극이 없어진 것은 일본과 한국에서 전후의 고도 경제성장에 의해 절대적 빈곤이 어느 정도 해결된 후의 일이다.[4]

이와 같은 견해는 위안부의 실상을 제대로 알지 못하거나, 고의적으로 위안부의 강제성과 기망성을 부인하여 일본의 국제적 위상을 높이고 책임을 회피하려는 고도의 정치적 의도에서 나온 것이라고 보아야 한다. 더구나 도쿄 소재 요시와라 유곽의 유녀들과 전쟁터의 위안부를 비교할 수는 없으며, 요시와라의 유녀들도 성노예로 보는 학자들이 대부분이다.

초기의 위안소 도입 시에는 위안소나 위안부라는 용어를 사용하지 않았던 것으로 보인다. 1932년 4월 1일 상하이 파견군의 군 오락장 단속 규칙에는, 위안소는 '군 오락장', 성적 접객을 하는 여종업원도 단순히 '접객부'로 표기되어 있다.[5] 1937년경에는 본격적으로 위안부 제도를 도입하면서 '군 오락장'이라는 용어 대신 '위안 시설' 또는 '위안소'를 혼용하고,[6] '접객부' 대신 '위안부녀'라고 불렀다.[7] 1940년에 들어서면서 '위안소'를 일본군의 공식적인 부속 시설로 인정하여 제도화하면서 '위안소'가 공식적인 용어가 되었다.[8] '위안부'라는 용어가 사용된 것은 1939년 1월 17일 제11군 군의부장회의지시軍医部長会議指示에서 '특수 위안부', 1939년 11월 14일 재중지 모리카와 부대 특수 위안 업무에 관한 규정[9]에서 '위안부'라는 용어가 사용되면서다. 속어로는 현지의 군인은 위안부를 흔히 '피(prostitute

의 머리글자)', 위안소를 '피야는__屋'라고 부르기도 했다고 한다. 전후, 위안
부 문제가 표면화할 때부터 '위안부'라는 호칭이 널리 유포되었다.[10]

위안부와 정신대

일본군 위안부는 여러 가지 용어로 사용되어 왔다. 한때 '정신대挺身隊'라
는 용어와 혼용되어 사용되기도 했다. 하지만 정신대는 '일본 국가(천황)'
를 위해 솔선해서 몸을 바치는 부대라는 뜻으로 일제가 노동력 동원을 위
해 만든 것으로서 정신대(노무 동원)와 위안부(성 동원)는 본질적으로 용어
상 성격이 다르다. '정신대'는 '여자 근로정신대'로, 주로 공장 등에서 노동
에 종사하는 여성을 가리킨다. 1944년 8월, 남자들이 군인으로 징집되어
노동력이 부족해지는 가운데 일본 국내에서 일본인 여성을 공장 등으로
강제 동원하는 '여자정신근로령'이 발표되어 12세부터 40세까지의 미혼
여성을 대상으로 삼았다. 동시에 '학도근로령'도 내려져 중등학교 2년 이
상의 학도도 군수공장 등에서 근로했다.[11]

일부에서 한반도에서는 '여자정신근로령'이 발령되지 않았다고 주장하
지만, 조선총독부의 관 알선의 여자정신대가 일본 국내 공장에 간 사례가
많이 있었기 때문에 사실상 정신대로 강제징용되었다. 그 과정에서 정신
대와 위안부가 혼동되어 '정신대'에 동원되는 것은 '위안부가 되는 것'이라
는 소문이 있었다. 실제로 관 알선의 정신대 징용은 이를 거절하기가 어려
워서 패닉 상태에 빠진 조선의 미혼 여성과 부모들은 학교를 중퇴시키거
나 결혼을 통해 징용을 피하려고 했다. 전후, 위안부 문제 활동을 벌이는
한국 정신대 문제 대책 협의회 초대 대표 윤정옥도 1943년 4월에 입학한
여학교를 아버지의 충고에 따라 그해 9월에 자퇴했다. 일본 내지에 동원

된 여자정신대의 총수는 4,000명에서 10,000명으로 추계하는 견해들이 있으나 자세한 인원은 알려져 있지 않다.[12] 전쟁 말기에는 당시 조선에서 전쟁 노동력으로 동원된 여자에 한해서 '정신대'라는 용어를 사용했다. 그런데 면장, 면서기, 이장과 순사와 군속 등이 소녀들에게 정신대로 나가 공장에서 일하면 돈을 벌 수 있다고 속여 성노예 삼은 일이 대부분이었기에 한국 사람들에게는 '정신대'가 '위안부'로 인식되어 있는 것이다. 또 근로정신대로 나간 소녀들 중 위안부로 강제로 끌려간 경우도 종종 있었다. 이러한 점은 1991년 4월 1일 일본 참의원 예산위원회에서 모토오카 쇼지本岡昭次 일본사회당 의원이 "정부가 관여하고 군이 관계해서, 여자정신대라는 이름으로 조선의 여성을 종군 위안부로 강제로 남방 쪽으로 연행했다고 하는 것은, 저는 틀림없는 사실이라고 생각합니다"라고 발언한 점에 비추어도 위안부가 정신대의 이름으로 동원되기도 했음을 알 수 있다.[13]

위안부는 성노예다

여러 가지 상황을 종합해보면, 엄격히 말해 이 문제를 정확하게 드러내는 개념은 일본군 성노예다. '위안부' 제도를 통해 많은 여성들이 일본군에 의해 조직적·강제적으로 성적 노예 생활을 강요당했다는 차원에서 일본군 성노예Japanese Military Sexual Slavery라고 할 수 있는 것이다. 이러한 관점에서 위안부라는 용어 대신에 '일본군 성노예'라는 표현이 적합하다는 견해가 대부분이다. 아베 신조 전 총리는 2015년 3월 〈워싱턴 포스트〉와의 인터뷰에서 위안부 문제를 "인신매매human trafficking의 희생"이라고 했다. 이는 민간인의 모집 책임만을 부각시켜 위안부 피해자가 근본적으로 일본군 성노예의 성격을 가지는 것을 감추고 국가의 책임을 회피하고자 하

는 계산된 의도가 있는 것으로 보인다.[14]

일본의 민주당과 사회 민주당은 위안부 문제 해결을 위하여 '전시 성적 강제 피해자 문제 해결 촉진에 관한 법률안'을 제출했다. 이 법률안에서 일본인 위안부를 제외하고 한국인 위안부를 포함한 식민지와 점령지의 위안부를 '전시 성적 강제 피해자'라고 부르며 법안 이름으로 사용하고 있다.[15] 의도적으로 성노예보다는 완화된 표현을 사용하고 있지만, 실질적으로는 성노예라고 할 것이다.

위안부 문제를 인권 문제나 전쟁 책임 문제로 보는 〈저팬 타임스〉와 〈뉴욕 타임스〉는 위안부를 '성노예sex slave'로 호칭하지만, 〈뉴욕 타임스〉는 전쟁 이후 미군 상대 여성들에 대해서는 일본군 위안부와 다르다며 '매춘부prostitute'라고 호칭하고 있다.[16] 2000년 민중 법정(모의 법정)인 여성 국제 전범 법정에서는 '일본군 성노예'로 표현했다.

교토대 교수인 나가이 카즈永井和 교수는 위안소란 장병들의 성욕을 처리하기 위해 군이 설치한 병참 부속 시설이었다고 보면서 전시 총동원 체제의 최저 하층에 놓여 있던 것이 위안소에서 성적 노동에 종사한 여성, 특히 식민지 및 점령지 출신의 여성이었음에 틀림없다고 보았다. 또 이들 위안부는 '군수품'이라고 하는 편이 낫고, 군·국가에게 '봉사'를 요구받는 순간 그 자체가 이미 상징적인 의미에서 강간이라고 할 수 있을 것이며, 위안소 현실이 그곳에서 일하는 많은 여성, 그중에서도 식민지·점령지 여성들에게 성노예 제도나 다름없었다고 하고 있다.[17]

국제사회에서 '위안부'라는 단어를 직역하여 'comfort women'이라는 용어를 사용하기도 한다. 하지만 UN 등 국제기구에서는 '성노예sex slavery'와 '군 성노예military sexual slavery'라는 용어를 주로 사용한다. 유엔 인권위원회나 유엔 인권소위원회 특별 보고관들의 보고서에는 '일본군 성노예'라는 용어를 보편적으로 사용하고 있다.

일본군 위안부의 성격을 가장 정확하게 표현한 것은 1996년 4월 유엔 인권위원회에서 채택한 라디카 쿠마라스와미 특별 보고관의 보고서라고 할 것이다.

결론적으로, 용어를 사용하는 목적에 관해 특별 보고관은 NGO 대표 및 일부 학자뿐만 아니라 현대형 노예제 실무 그룹 위원들이 주장하고 있는 견해, 즉 '위안부'라는 용어는 피해자들이 전시에 강제 매춘과 성적 예속 및 학대를 겪으면서 견뎌야 했던 고통, 다시 말해 연일 거듭되는 강간과 심각한 육체적 학대와 같은 고통의 내용을 전혀 반영하지 못한다는 의견에 전적으로 공감한다. 따라서 특별 보고관은 '군 성노예'라는 용어가 훨씬 정확하고 적절한 용어라고 확신한다.[18]

위안부, 노예 매매에서 진화한 해외 연행 인신매매

위안부의 법률적·사회적 지위와 성격에 대해서는 많은 논란이 있으나 위안부의 모집 과정과 위안소에서의 생활, 이 두 가지 경우로 나누어 볼 수 있다. 먼저, 위안부의 모집 과정의 법률적 성격에 대해서는 국가, 즉 일본군과 일본 정부가 계획하고 주도하여 납치·기망의 수법을 사용한 해외 연행 인신매매의 일종이라고 할 것이다. 이는 해외의 전쟁터에 위안부 여성들을 강제 연행해 갔다는 점에서, 일본의 오래된 관행인 전국 시대의 포르투갈 무역상을 통한 해외 노예 매매나 가라유키상에서 볼 수 있는 해외 동행 인신매매로부터 역사적으로 진화한 형태라고 할 수 있다. 가라유키상의 경우 해외 윤락업소까지 여성의 동의하에 알선업자들이 동행하

여 이동했지만, 위안부 여성들의 경우는 이들을 기망하거나 이들의 동의
도 없이 일본군이 강제로 군 수송선 등으로 현지 위안소까지 강제 연행했
다는 점에서 차이가 있다. 즉, 신체의 자유를 억압한 것이다. 이는 전국 시
대의 해외 노예 매매의 경우와 실질상 유사하다. 그리고 전국 시대의 해외
노예 매매나 가라유키상의 해외 동행 인신매매에서는 인신매매의 주체가
지방 영주들이나 민간업자들이었다면, 위안부 피해자들의 경우에는 인신
매매의 사실상 주체가 국가였다. 즉, 국가의 시스템 속에서 국가기관의 체
계적 지원 아래 일본군 현지 사령관의 지시를 받은 민간업자나 경찰, 군인
등이 인신매매 행위를 자행한 것이라고 할 것이다. 그리고 전국 시대의 해
외 노예 매매는 인취와 난취의 관행 속에서 폭력, 납치, 인신매매의 형태로
여성을 취득했고, 가라유키상의 모집 과정에서는 주로 납치, 기망, 인신매
매의 형태를 띠고 있었다. 하지만 위안부 여성들의 모집 과정에서는 양자
의 형태를 모두 포함한 폭력, 납치, 강요, 기망, 인신매매의 혼합 형태가 주
를 이루었다.

　다음으로, 전쟁터의 군부대 현지 위안소로 끌려간 이후 위안부들의 법
률적 지위는 아무런 신체적 자유나 이동의 자유가 없이 성적 자기 결정권
을 박탈당한 채 매일 수십 명의 군인들로부터 강간을 당하여야 하는 성노
예 그 자체라고 할 것이다. 전국 시대 여성 노예들이 유럽이나 동남아시아
등지로 팔려가서 첩이나 하녀, 매춘부로 일한 것이 신체적 자유나 성적 자
기 결정권이 없다는 점에서 위안부와 유사하다. 그러나 위안부 여성들이
생명을 위협받는 전쟁터에서 하루에 수십 명의 남자들의 성노예가 되었
다는 점에서 전국 시대의 여성 노예보다 인권침해가 훨씬 더 크다고 할 것
이다. 가라유키상의 경우도 마찬가지로 신체적 자유나 성적 자기 결정권

을 상실했고 매일 수십 명의 남자들의 성노예가 되었다는 점에서 위안부 여성과 마찬가지지만, 이들은 전시가 아닌 평시에 위안소에서 생활했고 대부분 선불금을 매개로 하고 있어서 위안부 여성들보다 나은 환경과 결정권을 가지고 있었다고 할 수 있다. 더구나 위안부 여성들은 전쟁터에서 거친 군인들만 상대로 하고 있어서 항상 생명의 위협을 받고 있었다. 실제로 많은 위안부들이 사망하거나 살해된 점에 비추어서 전국 시대의 여성 노예나 에도 시대 이후의 가라유키상보다 인간의 기본권인 생존권을 훨씬 더 침해받았다고 할 수 있다. 결국, 위안부들의 위안소 생활은 전국 시대의 여성 노예들이나 근세의 가라유키상보다도 훨씬 더 열악한 환경과 조건 속에서 생존권의 위협을 받으며 신체적 자유를 모두 박탈당한 성적 노예 그 자체라고 할 것이다.

비자발적 노예로서의 위안부

성노예로서의 위안부는 구체적으로는 비자발적 노예라고 할 수 있다. 노예제의 형태는 노예 재산제chattel slavery와 강제 노동forced labour, unfree labour으로 분류된다. 일본군 위안부는 비자발적 노예 상태하의 강제 노동으로 보는 것이 옳다. 비자발적 노예 상태 또는 비자발적 노예제involuntary servitude or involuntary slavery는 미국 수정헌법 제13조에서 언급한 헌법 용어로서, 경제적 곤궁한 상태의 이용 등을 포함한 일정한 형태의 강요로 자신의 의사에 반하여 다른 사람의 이익을 위해 노동을 하게 하는 것을 말하는 것이다. 노예제의 일종이다. 노예제의 요건으로 다른 사람을 위하여 일한다는 것을 필요로 하지만, 비자발적 노예 상태는 노예 재산제chattel slavery에서 요건으로 하는 자유의 완전한 박탈을 필요로 하지는 않아서 강제 노동의 한 형태로 언급되기도 한다. 비자발적 노예 상태는 금전적 보상이나 그 액수는 그 요건으로 하지 않는다.[19]

미국 수정헌법 제13조는 범죄에 대한 처벌의 경우를 제외하고, 정부에 의하여 또는 개인의 영역에서 모두 미국의 관할 아래에서의 비자발적 노예제는 불법임을 선언했다.

> (제1항) 노예제도 또는 비자발적 노예제도는 당사자가 정당하게 유죄 판결을 받은 범죄에 대한 처벌이 아니면 미국 또는 그 관할하에 속하는 어느 장소에서도 존재할 수 없다.
>
> (제2항) 의회는 적절한 입법을 통하여 이 조항을 집행할 권한을 가진다.[20]

이러한 미국 수정헌법 제13조는 링컨 대통령이 1863년 1월 1일 노예해방령을 선언한 후, 1865년 1월 31일 미 의회에서 통과되었다.

일본군 위안부보다는 규모도 훨씬 작고 전투도 치열하지는 않았지만, 역사상 군대에 따라다니는 여성들이 있었다. 로마 제국에는 멀리 떨어져 존재하는 군인들이 있어서 일본군 위안부와 유사한 위안 제도가 있었다. 로마 사회는 노예제도를 가지고 있었고, 이는 상류 계층에는 훨씬 편안하고 쾌적한 생활을 제공했다. 로마는 노예제도를 통하여 점령국의 여성 포로들을 로마군 수비대와 전투부대에 부속된 군 윤락업소에 공급했다. 이러한 로마의 위안 여성들은 간호, 세탁, 요리와 같은 전통적 여성 업무를 할 뿐 아니라 밤낮으로 성적 서비스를 제공해야 했다. 위안 여성이 자신의 신분을 향상시킬 수 있는 유일한 방법은 그녀를 노예의 무리에서 빼내 줄 만한 권력이나 재력을 가진 사람의 눈에 들어 그들의 첩이 되는 것이었다.

다른 역사적 사례로는, 16세기 스페인 귀족 알바공의 군대가 무적함대와 함께 네덜란드를 공격할 때 400명의 기마 여성과 800명의 보병 여성을 데리고 갔다는 기록이 있다.[21]

위와 같은 역사적 사례에서 보는 위안부 여성들도 일본군 위안부의 경우와 마찬가지로 로마군이나 스페인군의 비자발적 성노예라고 보는 것이 지극히 타당하다. 이와 같은 위안부의 비인간적 지위를 반영하듯이, 위안부의 운송에 관한 일본 육군과 해군 기록에는 여성이나 위안부라는 용어 대신 '전쟁 물자'라는 용어를 사용했다.[22]

이 책에서는 일본군 위안부의 성격에 대하여 쿠마라스와미 특별 보고관의 '군 성노예'라는 표현에 전적으로 동의하지만, 한국 여성가족부의 공식 의견에 따라서 '일본군 위안부'라는 용어를 사용하기로 한다. 1993년 한국 정부가 위안부 피해자를 돕기 위해 제정한 '일제하 일본군 위안부 피해자에 대한 보호·지원 및 기념사업 등에 관한 법률'에서도 '일본군 위안부 피해자'라는 용어를 사용하면서 이 용어는 한국에서 공식적인 것으로 자리 잡았다. 이 법률에서도 위안부의 정의로 '일본군 위안부 피해자란 일제에 의하여 강제로 동원되어 성적 학대를 받으며 위안부로서의 생활을 강요당한 피해자를 말한다'라고 규정하고 있다(제2조).

일본군 위안소 설치 및 위안부의 등장

제1차 상하이 사변과 최초의 위안소 설치

1905년 러·일 전쟁의 승리로 남만주철도의 운영권과 요동반도의 조차지를 획득했던 일본은 대륙 침략을 본격화하기 시작했다. 이에 따라 1931년 9월 18일 일본 관동군을 중심으로 만주 침략 계획을 모의하고 봉천 외곽 류타오후에서 일본군 관할이던 만주철도를 스스로 파괴했다. 그리고 이를 중국 측 소행이라고 트집을 잡아 철도 보호를 구실로 중국군 수비대를 공격하는 소위 '만주 사변'을 일으키며 만주 전역과 내몽골 일부를 점령했다.

만주 사변이 일어나자 중국 대륙에 항일운동이 확대되었으며, 특히 상하이의 정세는 급속도로 악화되었다. 이듬해 1932년 반일 감정이 고조됐던 상하이에서 일본인 승려들이 중국인들에게 폭행을 당한 사건을 계기로 상하이에 거주하는 일본인들과 중국인들이 각각 항의 시위를 벌이며 대치하게 되었다. 이로 인해 일본인 보호를 구실로 1932년 1월 28일 일본 해군 육전대 및 항공 부대가 상하이만에 상륙하여 중국군 19로군 3만여 명과 한 달간 전투를 벌이는 '제1차 상하이 사변(1·28사변)'이 발발했다. 일본군은 항공모함을 투입해 군함의 포격과 전투기의 공중전으로 공세를 지속했고, 결국 3월 1일 19로군이 퇴각하며 중국군은 무장해제되었다.

이러한 제1차 상하이 사변이 일어난 가운데, 1932년 상하이 파견군 참모부장 오카무라 야스지는 자신이 일본군 위안소를 처음 개설했다고 말하고 있다. 그는 "예전의 전쟁 시대에 위안부 등은 없었다. 이렇게 말하는 나는 부끄럽지만 위안부단의 창설자다. 소화 7년(1932년) 상하이 사변 때 2~3건의 강간죄가 발생했기에 파견군 참모부장이었던 나는 같은 지역 해군을 본떠, 나가사키현 지사에게 요청하여 위안부단을 데려왔다"고 말했다.[23]

일본군이 위안소를 처음으로 개설한 경위는 동경대 교수를 지냈고, 아시아여성기금의 발기인 및 운영위원을 지낸 와다 하루키의 저서에도 잘 나타나 있다.[24]

위안소의 개설이 일본군 요청에 의해 처음으로 이루어진 것은 중국에서의 전쟁 과정에서입니다. (중략) 상하이에 위안소를 만든 것은 파견군 참모부장 오카무라岡村寧次라고 알려져 있지만, 그 동기는 점령지에서 빈발하던 중국인 여성에 대한 일본군의 강간 사건에 의해 중국인의 반일 감정이 더욱 거세지는 것을 우려하여 방지책을 세우지 않으면 안 되었던 점에 있었습니다. 또 장병이 성병에 걸려 병력이 저하되는 것을 방지하고자 생각하였습니다. 중국 여성과의 접촉으로 군의 기밀이 새는 것도 우려하였습니다.

오카무라의 부하였던 오카베岡部直三郎 상하이 파견군 고급 참모도 위안소 조직에 관여했다고 알려져 있는데 그 오카베가 북중국 방면 군 참모장으로서 1938년 6월에 제출한 문서에 다음과 같이 서술하고 있습니다.

"여러 정보에 의하는 바… 극심한 반일 감정을 일으키게 했던 원인은… 일본 군인의 강간 사건이 일반에게 전파되어… 심각한 반일 감정을 조성함에 있다고 한다." "군인 개인의 행위를 엄중하게 감독함과 동시에… 가능한 한 조속히 성적 위안 설비를 갖추어, 설비가 없기 때문에 본의 아니게 이를 어기는 자가 없도록 함이 시급하다."

상하이 파견군 고급 참모인 오카베 나오사부로岡部直三郎 대장은 1932년 3월 14일의 일기에 위안소 설치 경위를 다음과 같이 썼다.[25]

요즈음 병사들이 여자를 찾아 여기저기 돌아다니고 수상한 소문도 자주 들린다. 이것은 군이 평시 상태가 되기 전에는 피할 수 없는 일인지라, 오히려 적극적으로 설치하는 것을 허가하고 병사들의 성 문제 해결책에 관해 여러 가지로 배려하여 그 실현에 착수했다. 주로 나가미 중령이 이 일을 맡기로 했다. (《岡部直三郎大將の日記》, 芙蓉書房, 1982)

오카무라와 오카베의 회고록과 일기에서 보는 바와 같이, 일본군 위안소는 목전의 일본군의 강간 범죄를 막기 위하여 설치한 것이지만, 또 다른 여성들에 대한 대규모 인권침해를 잉태하고 있었다. 그리고 일본군 참모 부장과 고급 참모가 위안소의 설치와 모집을 직접 기획하고 지시했으며, 나가사키현 지사에게 직접 요청하고 지사의 협조를 받아 위안부 여성들을 중국 상하이로 데리고 왔다는 사실을 확인할 수 있다.

그리고 일본 육군의 위안소 설치 이전에 일본 해군이 먼저 위안소를 설치한 것이다. 상하이 주재 일본 영사관 경찰서의 연혁지에는 다음과 같이 해군 위안소의 설치 경위를 쓰고 있다.

> 1932년 상하이 사변 발발과 함께 이 지역의 아군 주둔군이 증원됨으로써, 이 지역 병사들의 위안 기관의 하나로 해군 위안소를 설치해 현재에 이르다. (吉見義明
> 編集·解說, 《從軍慰安婦資料集》 34, 大月書店, 1992)

제1차 상하이 사변에 즈음해서 상하이에 '해군 위안소'가 설치되었다. 여기서 '현재에 이르다'라는 것은 문서가 작성된 1938년 현재도 존속하고 있다는 뜻이다. 1936년의 상하이 영사관 문서에는 다음과 같이 되어 있다.

> 7개소는 해군 하사관 전용으로 지방 손님은 절대로 받지 못하게 되어 있으며, 또한 작부의 건강 진단도 육전대원 및 이 영사관 경찰관리의 입회 아래 주 2회 전문의가 실시하며, 이외에도 위안소에 대해서는 해군 측과도 협조 단속을 엄격하게 하며 또 신규 개업은 허가하지 않고 있다. (위 《從軍慰安婦資料集》)

위 문서의 '지방 손님'은 민간인을 지칭하며 또 '건강 진단'은 종군 위안부에 대한 검진, 즉 성병 검사를 가리킨다.[26]

일본 육군도 일본 해군을 본떠서 종군 위안소를 설치했다는 것이다. 유엔 인권위원회의 라디카 쿠마라스와미 특별 보고관의 보고서에서도, 일본

군인들에게 현지에서 매춘을 제공하는 소위 '위안소'의 설립은 상하이에서 중국과 일본 간의 적대감이 심화되어 감에 따라 1932년경부터 시작되었다고 하고 있다.

위안소는 위와 같이 1932년경 당시의 일본군이 자신들의 필요에 의해 단위부대의 자체적인 판단으로 최초 설치되었다. 위안부를 최초 설치할 당시에는 일본군이 업자를 선정하여 그들에게 위안부 모집을 의뢰했고, 그들이 일본 본국에서 여성들을 끌어모았던 것으로 보인다. 일본군 상하이 파견군 참모부장 오카무라 야스지 중장은 업자에게 시켜 일본 나가사키현에서 여성을 끌어모았다고 하고 있어 당연히 일본 여성들을 데리고 온 것처럼 보인다. 그러나 유엔 인권위원회의 라디카 쿠마라스와미 특별보고관의 보고서에서는 최초의 군 성노예들은 일본 북규슈 지역에서 온 조선인들이었으며, 이들은 육군의 한 지휘관의 요청에 따라 나가사키현 지사가 보냈다고 하고 있다.[27] 북규슈 지역 또는 호쿠부큐슈北部九州는 규슈 지방에서 북쪽에 위치해 있는 후쿠오카현, 사가현, 나가사키현, 구마모토현, 오이타현, 야마구치현 등을 말한다. 임진왜란 당시 많은 조선인들이 끌려간 지역이다.

위안소 설립의 목적, 군인들의 합법적인 강간 센터

이로부터 약 10년이 채 못 되어 소위 '위안부'의 활용은 광범위하게 확산되었으며 일상적인 현상이 되어버렸다. 그리고 이러한 현상은 제2차 세계대전 말까지 일본이 점령한 동아시아의 모든 지역에서 동일했다고 한다. 위안소란 제도 설립의 공식적인 명분은 매춘 행위를 제도화하고, 그것을 통해 매춘 행위를 통제함으로써 육군의 점령 지역에서 보고되는 강간

보고의 수치를 줄일 수 있을 거라는 것이었다. 그러나 위안소는 점령 지역 여성들에 대한 강간을 줄이기보다는 오히려 일본 군인들의 지역 여성들에 대한 강간 센터의 역할을 공식화한 것이었다. 그러한 사례는 인도네시아의 지역 여성들과 네덜란드 여성들을 강제로 연행하여 위안소에 감금하고는 일본 군인들의 위안부로 강요했던 사실에서 충분히 입증되고 있다. 그리고 파푸아 뉴기니에서도 유사한 사례가 발견되고 있다.

또 일본은 성병으로 인한 군부대의 전투력 상실을 크게 우려했다고 전해진다. 1918년 일본은 러시아 혁명에 반대하여 서양 제국이 백러시아 군대와 체코슬로바키아 군대를 지원했던 시베리아 개입Siberian Intervention에 참여했다. 당시부터 1922년까지 일본군 7개 사단 중 1개 사단이 성병으로 무력화되었다. 이러한 경험 사례는 일본군 위안부 설치를 합리화하기 위한 자료로 자주 인용되고 있다.[28]

그런데 일부 학자는 일본군은 당시 윤락업소가 충분히 있었고, 부족하지 않았다고 하면서 1930년대와 1940년대에는 일본군이 있는 곳에는 어디에나 윤락 여성들이 따라다녔다고 주장한다. 다만, 주둔 지역의 윤락 여성들은 성병이 만연되어 있어서, 일본 군부는 일본 군인들이 건강하고 위생적인 윤락 여성들을 상대하도록 위안소 제도를 만들었다는 취지로 주장하고 있다.[29] 그러나 많은 자료들이 일본군의 점령지에서 중국인 여성에 대한 일본군의 강간 사건이 빈발하는 문제로 중국인의 반일 감정이 더욱 거세지는 것을 우려하여 방지책을 세우고자 위안소를 설립했다고 증명하고 있다. 따라서 일본 군인들에게는 따라다니는 윤락업소가 충분히 있었다는 위와 같은 주장은 모순된다. 일본 군인들의 성병을 예방하고자 하는 목적은 부수적인 것이었다.

제2차 상하이 사변과 위안부의 제도화

일본은 1932년 3월 만주국을 세우고 청나라의 마지막 황제인 푸이에게 통치권을 부여해 일본의 조종을 받는 괴뢰국가로 만들었다. 1932년 4월 29일 상하이 훙커우공원에서 일왕의 생일인 천장절 축하 행사에서 조선의 윤봉길 의사가 폭탄을 투척해 일본의 상하이 파견군 총사령관인 시라카와 요시노리白川義則 등이 사망하자, 일본의 중국 대륙 침략은 일시적으로 중단되었다. 이후 1932년 5월 상하이 조계에 통치권을 가진 영국, 프랑스, 미국, 이탈리아 등 서구 열강에 의해 중·일 정전 협정이 체결되었다.

일본은 중국 침략에 다소 소강 사태를 보이다가 1937년 7월 루거우차오盧溝橋 사건을 발단으로 중·일 전쟁을 시작했다. 1937년 7월 7일 베이징 서남 교외의 루거우차오 근처에서 몇 발의 총성이 울렸다. 일본은 이 총격을 일본에 대한 중국의 도발 행위로 간주하고 즉각 중국 정부에게 사죄 및 발포 책임자 처벌을 요구했다. 장제스의 국민당 정부가 이 조건을 거절하자, 일본은 대규모 군대를 파견하여 중국에 대한 침략을 본격화했다.

일본군은 7월 29일 베이징과 톈진을 점령한 뒤, 1937년 8월 9일 상하이에서 중국군과 전투를 개시함으로써 '제2차 상하이 사변'이 발발했다. 1937년 8월 15일 일본의 고노에 내각은 난징 정부에 전면전을 선포하여 중·일 전쟁이 본격적으로 시작되었다. 장제스가 이끄는 70만 중국군이 상하이에서 일본 해군 육전대를 포위하며 항전하자, 상하이를 점령하지 못한 채 고전하던 일본군은 지원 병력으로 대규모 육군을 파견했다.[30]

중·일 전쟁 진행 과정에서 일본군은 군인들의 사기 진작을 위하여

1932년 도입되었던 위안소 계획을 다시 진행했다. 일본군의 지시로 위안소가 설치되었다는 공식적인 자료로 일본 육군에서 발행한 1937년 9월 15일 자 〈야전 주보 규정 개정 설명서〉[31]가 있다. 이 공문서는 야전 주보에 군 위안소를 설치할 수 있도록 한 육군성의 〈야전 주보 개정안〉을 해설하고 있다. 여기서 야전 주보는 군대의 주둔지(병영), 시설, 함선 내 등에 설치되어 주로 군인, 군속을 대상으로 일용품, 기호품을 싼값에 제공하던 매점을 말한다. 이곳에 위안소를 설치하도록 규정을 개정했다는 것이다. 지금까지 드러난 공문에 의하면, 이때부터 중국의 일선 부대에서 자체적으로 시행하던 위안소가 육군 사령부의 기획으로 일본군 전체로 제도화된 것으로 보인다. 그리고 1937년 9월 29일의 육달 제48호 〈야전주보규정개정野戰酒保規程改正〉에는 '필요한 위안 시설을 설치해도 된다'는 기록이 있는데 위안소는 군의 후방 시설로 병참부가 관할할 것을 규정하고 있다.[32] 이 문서는 전투 지역 같은 위험한 지역에서도 위안 시설을 만들 수 있도록 일본 육군에서 공식적으로 허용한 사실을 보여주는 자료다. 이 개정안에 입각해서 1937년 12월 중순 이후 일본이 중국 내 난징 침략과 더불어 다수의 위안소가 신축되고 일본 내지(본토)와 조선 등으로부터 위안부 동원이 시작되었다.[33]

한편, 일본군은 3개월간의 전투 끝에 1937년 11월 상하이 점령에 성공하고, 이어서 장제스가 수반이었던 국민당 정부의 수도인 난징 공격에 나섰다. 국민당 정부는 곧바로 난징을 포기하고 우한을 거쳐 충칭으로 피신했으나, 군사령관 탕성즈唐生智 장군은 항전을 주장하며 일본군의 투항 요구를 거절했다. 일본군은 그해 12월 10일 난징 공격을 시작했는데, 3일 만인 12월 13일에 난징을 점령했다. 난징을 점령한 일본군은 수많은 중국

군 포로와 일반 양민들을 학살하고 강간과 윤간을 저지르며 약탈을 서슴지 않았다.[34]

이처럼 일본군이 난징을 점령하여 만행을 저지르자, 일본 당국은 군대의 규율과 사기 상태를 고려하여 위안소 설치를 독려했다. 상하이 특수부대는 1937년 말까지 장사하는 사람들과 접촉하여 군부대의 성 접대를 목적으로 가능한 한 많은 여성들을 손에 넣었다. 이 여성들과 소녀들은 육군에 의해 직접 운영된 상하이와 난징 사이에 위치한 위안소에 고용되었다. 이 위안소는 훗날의 위안소들의 전형이 되었고, 이 위안소의 사진들과 이용자들을 위한 규정들도 아직까지 남아 있다. 군이 직접 운영하는 이러한 위안소의 운영 방식은 많은 일본군 부대에 확산되면서 뒤따르는 보다 안정된 환경에서는 위안소의 기본적인 형태가 되지 않았다. 위안소를 운영하고 내부 관리를 도와주고자 하는 민간인들은 충분히 있었다. 일본군은 이들에게 군인에 준하는 신분과 계급을 부여했다. 군은 수송과 위안소의 전반적인 감독에 대한 책임을 계속 가졌으며, 위생과 전반적인 관리는 군의 책임이었다.[35]

난징의 위안소 설치와 관련해서 일본 주오대 요시미 요시아키吉見義明 교수는 다음과 같이 지적하고 있다.[36]

1937년 12월, 중국 중부방면군(사령관은 마쓰이 이와네 대장, 참모장은 쓰카타 오사무 소장)은 종군 위안소를 설치할 것을 지시했고, 이 지시를 받은 상하이 파견군에서는 참모 제2과(후방 담당)가 안을 만들어 참모장 이사무 중령에게 난징의 종군 위안소 설치를 담당토록 하고 있다. 마쓰이 이와네 군사령관은 같은 해 12월에 발생한 난징 대학살 사건의 책임을 물어 전후에 도쿄에서 열린 극동국제군사재판에서 사형 판결을 받았다. 이 법적 논리에 따른다면, 종군 위안부 문제에서도 군사령관 마쓰이 대장의 책임 또한 막대할 것이다. (吉見義明, '軍慰安婦制度の指揮命令系統', 吉見 義明. 林博史 編著,《共同硏究: 日本軍慰安婦》, 大月書店, 1995)

이러한 일본 육군의 문서에 비추어 볼 때, 1937년경부터 일본 육군에 서 위안부의 모집과 위안소의 설치는 일본군의 공식적인 업무가 되었고, 일본군은 1937년 말부터 대량의 군 위안소를 설치하기 시작했다. 이이누 마 마모루飯沼守 상하이 파견군 참모장의 1937년 12월 11일의 일기에는 '중지나방면군부로부터 위안소 설치에 대한 지시 서류를 받아서 그 실시 를 의논'했고, 1937년 12월 19일의 일기에는 '신속히 위안소를 설치하는 건에 관하여 장 중령에게 의뢰했다'는 기재가 있다. 그리고 우에무라 도시 미치上村利通 상하이 파견군 참모부장의 1937년 12월 28일의 일기에서 군 부의 불법 행위가 지나쳐 '난징 위안소 개설에 대한 제2과 안을 심의한다' 고 기록했다. 야마자키 마사오山崎正男 제10군 참모는 1937년 12월 18일 의 일기에서 '테라다寺田 중령은 헌병을 지도하여 호주湖州에 오락 기관을 설치한다'라고 기재했다.[37] 여기서 오락 기관은 위안소를 의미한다. 또 오 가와 세키지로小川関治郎의 1937년 12월 21일 자 진중일기에는, '호주에는 병사들을 위한 위안 설비가 개설되었는데 매우 번창하고 있다. 중국 여자 열몇 명이 있는데 점차 늘리려고 헌병이 바쁘게 준비 중'이라는 기술이 있 다.[38] 현지 군 최고사령부였던 중지나방면군부의 지시에 따라, 난징 공략 후의 주류지의 각 군에서 위안부를 모집하고 위안소를 개설했던 것이다. 상하이 주재 총영사관 경찰 보고서에는 1937년 12월 말 직업 통계에 '육 군 위안소' 항목이 추가되었다. 상주常州 주둔 독립공성중포병 제2대대장 상황보고(1938년 1월 20일 자)에 의하면, '위안 시설은 병참이 경영하는 것과 군직부대가 경영하는 것, 두 곳 있음'이라고 보고하고 있다. 전 육군 군의관 아소 데쓰오麻生徹男의 수기에 따르면, 1938년 2월에는 상하이 교외의 양가택楊家宅에 병참사령부가 관할하는 군 경영 육군 위안소가 개설되어 있었으며, 1938년 1월 군의 명령을 받아 오지奧地로 진출하는 여성(조선인 80명, 일본인 20여 명)의 매독 검사를 상하이에서 실시했다고 한다.[39]

이와 같은 자료들을 종합하면, 1937년경에는 화중華中의 일본 육군을 통괄하는 중지나방면군 사령부 차원에서 육군 위안소의 설치가 결정되어, 그 휘하의 각 군(상하이 파견군과 제10군)으로 위안소 개설 지시가 내려졌다고 보인다. 또 위안소는 1937년경부터는 일본 육군성의 지시로 일본군 부대의 부속 시설로서 제도화되었다고 할 것이다.

태평양 전쟁과 위안소 확대

유럽에서는 1933년 집권한 히틀러가 은밀히 독일을 재무장하기 시작했다. 히틀러는 1936년 베르사유 조약을 위반하고 라인란트를 점령했고, 에티오피아를 침략한 이탈리아의 독재자 무솔리니와 손을 잡고 로마와 베를린을 잇는 '추축'을 선언했다. 1938년 히틀러의 독일군은 오스트리아를 점령하고 독일에 병합했다. 그리고 히틀러는 폴란드를 차지하기 위해서 소련과 비밀 협상을 벌여 독·소 불가침 조약을 맺은 후, 1939년 9월 1일 폴란드를 침공하여 무력으로 점령했다. 이에 영국과 프랑스가 그해 9월 3일 독일에 선전포고를 함으로써 제2차 세계대전이 시작되었다.

제2차 세계대전 초반에는 독일이 효율적인 기갑사단 운용과 뛰어난 공군력을 이용하여 승전을 이어갔다. 1940년 5월에 독일군은 프랑스를 침공하기 위해 네덜란드, 벨기에, 룩셈부르크를 침공했다. 당시 룩셈부르크는 즉시 항복했고, 네덜란드는 중립국이었으나 침공을 당하자 네덜란드 정부와 왕족은 영국으로 망명했다. 그리고 벨기에는 국경 지대에 견고한 요새를 쌓고 저항했으나 제공권 상실로 그해 5월 28일 항복했다. 이어서 독일군은 거의 무방비 상태인 파리에 무혈입성했으며, 그 결과 알자스와 로렌은 독일에 합병되어 북쪽은 독일이 직접 점령하고, 남프랑스와 북아프리카, 그 외 식민지에는 괴뢰정권인 비시 프랑스를 세웠다. 그리고 이탈리아는 니스 부근과 코르시카를 점령했다.

이와 같이 유럽의 제2차 세계대전 초기의 전황은 독일의 계속된 승전으로 이어졌다. 그리고 네덜란드와 프랑스가 독일에게 패배하자 동아시아에서는 힘의 공백 상태가 형성되었다. 특히 프랑스령 인도차이나인 현재의 베트남, 라오스, 캄보디아, 그리고 현재의 인도네시아인 네덜란드령 동인도는 거의 무방비 상태가 되어서 석유 등 남방 자원이 절실했던 일본군에게는 절호의 기회였다. 이에 일본은 1940년 7월 고노에 내각이 성립했고, 독일에게 동맹을 제안하여 1940년 9월 27일 베를린에서 독일, 이탈리아, 일본 간의 3국 동맹이 체결되었다. 그 주요 내용은, '① 일본은 독일과 이탈리아가 유럽에서 신질서를 건설하는 데 지도적인 지위가 있음을 인정한다. ② 독일과 이탈리아는 일본이 대동아大東亞에서 신질서를 건설하는 데 지도적인 지위가 있음을 인정한다' 등이다.

일본은 외상 마쓰오카가 도쿄 주재 프랑스 대사 앙리C. A. Henry와 교섭하여 1940년 8월 30일 마쓰오카·앙리 협정을 체결했다. 일본은 인도차이나에 있어서 프랑스의 영토 보전과 주권을 인정한다는 전제로 일본군의 인도차이나 통과와 인도차이나에 있는 비행장을 사용할 수 있는 권리를 획득했다. 그리고 그해 9월 22일에는 양국이 군사협정을 체결해 북부

인도차이나에 일본군이 진주하게 되었다. 당시 프랑스는 독일의 통치하에 있어서 일본의 요구를 뿌리치기 어려웠다. 이러한 일본군의 남진이 미국과 영국을 자극했으나 영국은 유럽에서 전쟁 중이어서 일본을 저지할 여력이 없었고, 미국은 단지 일본에 대한 경제 제재를 강화하고 미국 군함을 태평양으로 이동시키기만 했다. 한편, 일본은 1941년 4월 13일 소련과 중립 조약을 체결했는데, 그 내용은 두 나라는 서로 평화·우호의 관계를 유지하고 각자의 영토 보전과 불가침을 존중한다는 취지였다. 일본은 더 적극적인 남진 정책을 추진해서, 1941년 7월 29일 프랑스 비시 정권과 프랑스령 인도차이나 공동 방위에 관한 공동 방위 의정서를 체결하고 8월 4일에 일본군의 남부 인도차이나 진주를 완료했다.

미국은 그해 7월 25일 일본군의 남부 인도차이나 진주에 대한 보복으로, 미국에 있는 일본 자산 동결령을 발표하고 8월 2일 일본에 대한 석유 수출을 금지시켰다. 고노에 수상은 미국과 협상하기 위하여 루스벨트 대통령에게 정상회담을 제안했으나, 미국은 이를 거절하고 국무장관인 헐 C. Hull 각서를 일본에 전달했다. 헐 각서는 모든 국가의 영토 보전 및 주권의 존중 등을 교섭의 원칙으로 정하고, 일본군의 중국 주둔이 불법적임을 일본이 인정할 것을 요구했다. 이 점에 관해 일본 육군은 대단히 흥분했고 강경파인 도조 히데키東條英機 육상은 중국 주둔 문제는 결코 양보할 수 없다고 주장했다. 일본은 미국과의 교섭을 두고 수상, 외상 및 육상이 격렬한 논쟁을 벌였다. 이 결과로 10월 16일 고노에 수상이 사표를 제출하고, 도조 내각이 새로이 출범했다. 도조 내각은 노무라 미국 주재 대사를 통해 계속하여 미국과 협상을 시도했으나, 미국의 헐 국무장관은 11월 26일 노무라 대사에게 '헐 노트'라고 부르는 3통의 문서를 수교했다. 그 주요 내용은 다음과 같다.

① 미국, 일본, 영국, 네덜란드, 태국, 소련 사이에 불가침 조약을 체결한다. ②
미국, 일본, 영국, 중국, 네덜란드, 태국은 프랑스령 인도차이나의 주권을 존중한
다. ③ 중국과 프랑스령 인도차이나의 일본군은 완전히 철수한다. ④ 왕자오밍汪
兆銘 정권은 부정된다. ⑤ 중국의 치외법권은 철폐한다. ⑥ 호혜적인 미·일 통상
조약을 체결한다. ⑦ 자산 동결은 해제한다. ⑧ 달러·엔의 환율을 안정시킨다. ⑨
3국 동맹 조약을 부정한다.

일본 정부는 이 헐 노트를 수교한 후, 미국이 일본과 협상할 의사가 없
다고 판단하고 어전회의에서 미국·영국에 대한 개전을 결정했다. 그리
고 1941년 12월 7일을 기하여 하와이 진주만을 기습 공격했다. 헐 노트
에 나오는 왕자오밍 정권은 왕징웨이 친일 정권을 말한다. 일본이 1937년
12월 13일 난징을 점령한 이후, 일본군 북지나방면군은 그다음 날인
12월 14일 베이징에 왕커민王克敏의 중화민국 임시정부를 수립했고, 일본
군 중지나방면군은 1938년 3월 28일 난징에 량훙즈梁鴻志의 중화민국 유
신 정부를 수립하여 중국을 통치하고자 했다. 그 후 1940년 3월 30일에
중화민국 임시정부가 중화민국 유신 정부에 병합되어 왕징웨이汪精衛 정
권으로 병합되었다. 1945년 일본의 패망과 함께 왕징웨이의 정권은 곧 장
제스의 국민정부에게 흡수되었다. 왕징웨이의 별명이 왕자오밍汪兆銘이다.
한편, 일본은 진주만 공습에 이어서 미국과 영국에 선전 포고를 하고 태
평양 전쟁을 일으켰다. 일본군은 남진을 계속하여 영국과 미국이 독일과
의 전쟁에 집중하는 사이 홍콩, 인도네시아, 필리핀, 싱가포르, 말레이시아

를 비롯한 동남아시아의 대부분과 남태평양의 뉴기니섬 일대, 북태평양의
알류산 열도까지 점령했다.

이처럼 전쟁이 확대되고 동아시아 여러 지역에 주둔한 일본군의 숫자가
증가함에 따라 일본군 위안부에 대한 수요도 증대되었다. 일본군은 전선
과 함께 위안소도 동남아시아 및 남태평양 전선으로 확대 설치했고, 거의
모든 전선에 한국 여성들이 보내졌다. 동남아시아 현지 여성을 비롯하여
중국과 대만의 여성들도 위 전선들에 위안부로 보내졌으나, 한국 여성들
이 대부분이었다. 위와 같은 위안소의 지리적 위치는 전쟁이 진행되면서
일본군의 이동 경로를 따랐다. 위안소들은 일본군이 주둔하는 곳이면 어
디에나 있었다.

1941년 간행(추정) 시미즈 이치로淸水一郎 육군주계소좌 편저《초급작전
급양백제初級作戰給養百題》[40] 제1장 총설에, 사단 규모의 부대가 작전할 때
경리장교가 담당하는15항목의 '작전급양업무'가 해설되어 있는데, '기타'
항목 해설에 아래와 같은 임무가 열거되어 있다.[41]

1. 주보酒保 개설. 2. 위안소 설치, 위문단 초대, 연예회 개최. 3. 휼병품恤兵品의
보급 및 분배. 4. 상인의 감시.

1941년경에는 일본군의 사단 규모 이상의 부대가 작전할 때에 주보 개
설과 더불어 위안소의 설치가 경리장교의 임무로서 의무화되었다는 것을
알 수 있다.

1942년 9월 3일 자 육군성 과장회보課長会報에서 쿠라모토 케이지로倉
本敬次郎 은상과장恩賞課長은 '장교 이하의 위안 시설을 다음과 같이 만들 것'

이라는 계획을 보고했다. 그 내용에 의하면 설치된 군 위안소는 화북華北 100, 화중華中 140, 화남華南 40, 남방南方 100, 남해南海 10, 화태樺太, 사할린 10 등 총 400개소였다.[42] 위 서류에 비추어서 일본 육군성은 일본군 전선의 위안소를 총괄적으로 관할·관리하고 있었다고 판단되며, 전선이 중국에서 아시아와 남태평양 전역으로 확대되면서 위안소의 설치도 함께 확대되고 있었음을 보여준다.[43]

1991년 8월 김학순 할머니의 기자회견이 계기가 되어, 1992년경 일본군 위안부에 대한 신고 접수를 받고자 일본 도쿄, 교토, 오사카와 한국에 전화 핫라인을 설치했다. 한국에는 155건의 전화 신고가 접수되었다. 위 한국의 전화 신고 내용을 분석한 결과, 이 위안부들 중 31%는 만주로, 14%는 대만으로 가서 성노예 생활을 했다. 그리고 사이판, 오사카, 싱가포르, 타이카친(중국)에 각각 7%, 규슈, 나고야, 난징, 홋카이도, 톈진에 각각 4%, 그리고 남태평양 열도에 나머지 2%가 가서 성노예 생활을 했다. 도쿄에 전화한 위안부들은 중국, 만주, 동남아시아, 서태평양, 일본 등지에서 생활을 했고, 교토에 전화한 위안부들은 중국, 한국, 뉴기니(라바울), 인도네시아, 필리핀, 버마, 말레이시아, 인도차이나, 일본, 대만 등에서 위안부 생활을 했다.[44] 이처럼 위안부들은 아시아 전역과 남태평양의 섬에까지 일본군의 점령지에는 항상 같이 배치되었다. 특히 한국의 위안부들은 태평양 전쟁의 최전선인 사이판, 남태평양 열도에까지 끌려간 사실을 확인할 수 있다.

일본군과 일본 정부의 유기적 협조로 위안부 강제 모집

○

상하이 총영사관 공문에 나타난
일본군 헌병, 영사관, 경찰의 업무 분담

1937년 중·일 전쟁 발발 후 위안소를 재차 확대 설치하면서 일본 내지(본토) 및 조선에서 여성들을 데리고 온 기록도 있다. 이 공문에는 위안부 모집에 있어서 일본군과 일본 정부의 유기적 협조 체계가 잘 나타나 있다.

육군 위안소의 설치에 관한 새로운 사료로서 발견된 와카야마현 지사발 내무성 경보국장 앞 '시국 이용 부녀자 유괴 피의 사건에 관한 건'(1938년 2월 7일 자)[45]이라는 문서에는, 나가사키현 외사 경찰 과장이 와카야마현 형사과장 앞으로 보낸 1938년 1월 20일 답변 문서의 사본이 참고 자료로 첨부되어 있다. 또 이 나가사키현 경찰서의 답변 문서 중에는, 재상하이 일본 총영사관 경찰서장 다지마 슈헤이田島周平가 나가사키현 수상 경찰서장 가도카와 시게루角川茂 앞으로 보낸 의뢰 공문의 사본이 수록되어 있다.

이 의뢰 공문은 1937년 12월 21일 자 '황군 장병 위안부녀 도래에 따른 편의 공여 의뢰의 건'[46]으로 일본 정부 기관과 군, 즉 상하이 주재 육군무관실, 총영사관, 헌병대, 현지 경찰이 협의하여 업무를 분장했고, 위안소 설치와 그 운영, 위안부 모집 등을 유기적으로 결정했음을 직접적으로 보여주는 공문서로서 중요한 의의가 있다. 이 공문의 내용은 다음과 같다.

본건에 관해 전선 각지에 있어서 황군의 진전에 따른 장병의 위안과 관련 여러 기관에서 연구 중인 가운데 당관 육군무관실, 헌병대 합의 결과 시설의 일부로서 전선 각지에 군 위안소(사실상의 대여실)를 아래 방법에 따라 설치하게 되었다.

영사관

(가) 영업 신청자에 대한 허가 여부 결정

(나) 부녀의 신원 및 이 사업에 대한 일반 계약 절차

(다) 도항상에 관한 편의 제공

(라) 상해 도착과 동시에 이곳(중국)에 체재하는 것을 원칙으로 허락 여부 결정 후 곧바로 헌병대로 인계하는 것으로 함

헌병대

(가) 영사관으로부터 인계를 받은 영업주 또는 부녀의 취업지 수송 수속

(나) 영업자 및 가업위안부녀에 대한 보호

무관실

(가) 취업 장소 및 가옥 등의 준비

(나) 일반 보건 및 검진에 관한 건

　이 공문 후미에는 '가업부녀(작부) 모집을 위하여 내지 및 조선 방면으로 여행 중인 자가 있음'이라고 기록되어 있어서 일본과 조선에서 위안부를 데리고 와서 전선에서의 위안소를 설치한 사실이 확인되었다.

　위 공문에 따르면, 영사관은 위안소 영업허가, 위안부 도항 편의 제공, 위안부 도착 즉시 체재 여부를 결정해 헌병대에 이첩하는 일을 맡고, 일본 헌병대는 위안부의 운송과 위안부 영업자 및 위안부 보호를 담당하도록 되어 있다. 또 육군무관실은 위안소 등을 준비하고 위안부의 검진을 맡도록 하고 있다.[47] 상하이 인근 주둔 일본군이 위안부 모집을 위하여 모집업자를 일본 나가사키에 보내면서 상하이 영사관을 통하여 나가사키 경찰서에 협조 공문을 보낸 것이다. 조선에도 모집업자를 보낸 것이 확인되므로 같은 내용의 공문이 조선총독부 또는 경찰서 등지에 보냈을 것으로 추측되지만 그러한 공문은 발견되지 않았다. 위 공문은 영사관에서 일본의 경찰서에 육군 위안소 설치는 확실히 군과 총영사관의 협의와 결정에 근거한 것으로 결코 한몫 벌려는 민간업자의 자의적 사업이 아님을 통지하고, 업자들의 모집 활동에 적절한 편의를 도모해달라는 요청이 이루어졌던 것으로, 위안소 설치가 국가 제도화되었다는 증거다.

　또 일본군 위안부들이 일본으로부터 이송되었다는 사실은 군뿐만 아니라 내무성도 이 문제에 연루되었음을 보여주는데, 내무성은 현의 지사들과 여성들을 강제로 징집하는 데 주요한 역할을 하게 되는 경찰을 관장했기 때문이다. 와다 하루키의 저서에도 위안부 모집 시 경찰이 관여한 경위가 나타나 있다.

1937년 12월 21일 상하이 총영사관 경찰서장이 나가사키 경찰서장에게 보낸 의뢰에 의하면, '장병의 위안소 건을 여러 관계 기관에서 고려 중에 있다', 이번에 '영사관 육군무관실 헌병대 합의 결과 시설의 일단으로 전선 각지에 군 위안소를 설치하기로 했다'라고 되어 있습니다. 업자가 의뢰를 받고 일본으로 여성을 모집하러 가면 경찰서장은 관계 당국에게 편의 제공을 요청하고 있습니다. 1938년 초 일본 각지로 향한 업자는 '상하이 황군 위안소'를 위해 3,000명의 여성을 모집한다고 선언하고 모집을 했으나 각지 경찰은 무지한 부녀자를 유괴하는 것은 아닌가, 황군의 명예를 더럽히는 것은 아닌가 하고 반발했습니다.[48]

위의 자료들을 종합해볼 때, 위안소 설치 초기 단계부터 일선의 일본군 지휘관들이 위안소 설치와 위안부 모집을 기획·지시했고, 헌병대 및 상하이 영사관, 영사관 주재 무관, 일본 및 조선의 경찰들이 일본과 조선에서 위안부를 모집하는 것을 협조한 것으로 추정할 수 있다.

그런데 의뢰 공문에 적힌 임무 분담 내용은 육군 위안소에 대한 경찰권이 영사관 경찰이 아니라 군사경찰 헌병대에 속했음을 보여준다. 위 공문이 정한 바에 따르면, 영사관 경찰은 중국으로 건너온 위안소 영업주와 여성의 단순한 수용 창구일 뿐 절차가 끝나면 그 신병은 군에 넘겨지고 그 단속권도 영사관 경찰에서 헌병대로 넘어간다. 이관과 함께 이들은 영사관 경찰의 윤락 경찰권 권외에 두게 되며 관할 경찰권 소재에서 육군 위안소는 통상 일반 공창 시설과는 성격이 다르게 취급되었다는 것을 보여준다. 이는 위안소가 군의 병참 부속 시설임을 의미하는 것인데, 육군 위안소를 일반 공창 시설과 동일시하는 일본 자유주의 사관파의 논의는 이 점을 무시 내지는 경시하고 있다고 하지 않을 수 없다. 즉, 위안소는 주보 등과 마찬가지로 전선 가까이에 있는 군 병참 부속 시설로서 개인의 자유가 억압된 군인·군속 전용의 성욕 처리 시설이며 공창과는 그 성격이 다르다.[49] 다시 말해, 위안소를 민간인 시설로 본다면 경찰이 관할해야 할 것이지만, 헌병대에서 관할하도록 하고 있어서 군 시설로 보고 있다는 점이다.

여기서 언급된 육군무관실은 정식으로는 중화민국 대사관부 육군무관과 그 인력을 의미하는 것으로 그 지휘관은 대사관부 육군무관인 하라다 구마키치原田熊吉 소장이며, 1938년 2월에는 중지특무부로 개칭되었다. 참모본부 파견 정보장교지만 군사 섭외 사항과 특수 정치 공작을 담당하는 육군의 파견 기관이었다. 상하이 사변이 시작되고부터는 상하이 파견군, 중지나방면군 사령부 예하 육군 특무 기관으로서 외국의 파견 기관·군부와 협상, 중국의 친일파에 대한 정치 공작, 그리고 상하이에서 활동하는 일본 정부 기관이나 민간 단체와의 조정 창구 역할을 하고 있었다. 당시의 상하이 총영사는 오카모토 도시마사岡本季正였다.

일본 육군성 지시 공문에 나타난 위안소 설치 지시

군 위안소 설치가 군의 지시·명령에 따른 것이었음은 지금은 학자들 사이에 널리 받아들여지고 있는 사실이라고 할 것이다. 앞서 본 상하이 총영사관의 의뢰 공문은 이미 정설로 된 이 사실을 재확인한 것에 불과하지만, 군이 정한 위안소 규칙 등을 별도로 할 때 일본 정부 기관과 군(주상하이 육군무관실, 총영사관, 헌병대)에 의해 위안소 설치가 결정됐음을 직접적인 형태로 보여주는 공문은 이 공문 이외에는 현재로서는 거의 찾아볼 수 없다. 적어도 중·일 전쟁의 초기 단계에서는 그렇다. 그런 의미에서는, 이 의뢰 공문이 가지는 자료적 가치는 지극히 크다.

육군 위안소 개설 결정 자체는 육군무관실이나 헌병대, 영사관의 권한만으로 할 수 있는 일이라고는 생각되지 않는다. 군 조직의 기본적 운영체제를 고려하여 살펴보면, 육군무관실과 헌병대 쌍방에 대해서 지휘권을 가지는 보다 상급의 조직, 이 경우는 적어도 중지나방면군 이상의 일본 군부에서 결정이 되었을 것이다. 그에 따라 이 3자 간에 위안소 제도의 창설과 향후 운용을 위한 세목 협정이 체결되었다고 해석해야 할 것이다.[50]

이러한 해석을 사실로 확인할 수 있는 공문이 있다. 일본 군부가 적극적으로 일선 부대에 위안부 모집과 위안소 설치를 직접 독려한 공문이다. 1940년 9월 19일 일본 육군성은 '지나 사변(중·일 전쟁)의 경험에서 본 군기 진작 대책'[51]을 각 부대에 배포했다. 이 공문에서 병사의 위안 시설이 필요하다고 했다. 특히 성적 위안소는 병사들의 사기 진흥, 군기 유지, 범죄 및 성병 예방에 긍정적 영향을 미친다며 일본 군부에 위안소 설치를 권고하고 있다. 이 공문 또한 일본 군부가 위안소를 일본군의 공식적인 부속 시설로 인정하여 제도화한 자료라고 할 것이다. 그 내용은 다음과 같다.

"사변 발생 이후의 실정을 말하자면, 모범적 무훈이 있는 반면에 약탈, 강간, 방화, 포로 참살 등 황군의 본질에 어긋나는 수많은 범행이 발생하여, 성전聖戰에 대한 혐오 반감을 내외에 초래하여 성전 목적을 달성하는 데 곤란한 상황이 되어 유감이다."

"범죄 비행이 발생한 상황을 관찰하면 전투 행동 직후에 다발하는 상황이 인정된다."

"사변지에서는 특별히 환경을 정리하여 위안 시설에 대한 세심한 고려가 필요하며 살벌한 감정 및 열정을 완화, 억제하기 위하여 유의해야 한다."

"특히 성적 위안소에서 병사들이 받는 정신적 영향은 가장 솔직하고 심각하며, 지도 및 감독의 적부가 사기 진흥, 군기 유지, 범죄 및 성병 예방 등에 큰 영향을 미칠 것으로 생각된다."

요시미 요시아키 주오대 교수는 이 자료에서 일본 군부가 위안소 설치 역할을 적극적으로 추진한 점이 인정된다고 말한다.[52] 더불어 위안소의 위안부 모집 과정에서 현지 일본군의 헌병, 일본 영사관, 조선과 일본의 경찰과 행정기관이 유기적으로 협조했음을 알 수 있다. 즉, 위안소의 운영이 단순하게 민간인 단독으로 윤락업소를 경영한 것이라고 주장할 수 없다.

해군성 잠수함본부 근무를 거쳐 말레이시아 페낭섬의 잠수함기지사령부에 근무했던 이우라 쇼지로井浦祥二郎에 따르면, 군 중앙이 페낭섬에 장병들의 오락을 위해 위안소를 설치할 것을 공공연히 지시했고, 각 지역 사령부가 위안소 관리를 도왔다고 한다. 이우라는 "일부러 여성을 전쟁터까지 데려온 것이 가엾다"는 생각에 "그 정도면 현지 여성을 위안부로 모집하는 것이 좋았다"라는 사실을 그의 책에서 말했다.[53]

대만군이 남방군의 요구에 응하여 '위안부' 50명을 선정하고 그 도항 허가를 육군대신에 요구한 공문서 '대전 제602호'가 있다.[54] 일본군은 대만에서도 대만군에게 지시하여 위안부를 모집했던 것이다.

2014년 4월 중국 장춘 기록보관소에 보관 중이던 일본 관동군 헌병대의 서류 90여 점이 공개되었는데, 그중 25개의 비밀문서는 성노예에 관련된 보고서와 전화 기록, 서류 등이다. 이 문서는 일본군이 직접적으로 위안소 설치에 관여하고, 강제로 징집까지 한 사실을 보여주고 있다. 1944년 만주국의 국립은행으로부터 온 전화 기록은 일본 제국 군대가 소위 위안소 설치를 하는 데 532,000엔을 지출했다고 기록되어 있다. 다른 기록들은 일본 군대가 한반도로부터 여성들을 납치하여 중국으로 데리고 와 중국 북동부의 20~30개의 지방 도시의 위안소에 배치했던 내용을 보여주고 있다. 서류들은 또한 일본 군대는 한국의 위안부 여성들을 강제로 징집하기 위하여 국가 총동원령을 이용했다는 사실을 보여주고 있고, 한국의 위안부들은 기본적으로 고급장교들에게 배속되었다고 하고 있다. 공개된 서류 중 하나는 1938년 2월 1일부터 10일간 중국의 일부 역에서 일본군의 성적 만족을 위하여 보내진 여성들의 숫자를 기록하고 있다. 난징에는 2,500명의 일본군에 141명의 위안부 피해자들이 있었다고 기록되어 있다.[55]

일본 정부와 식민지 총독부의 적극적 위안부 모집 활동

일본군이 알선업자를 이용하지 않고, 일본 행정부에 위안부 모집을 요청하여 일본의 행정기관이 조직적으로 모집한 경우도 있다. 위안부의 모집에 일본 군부와 일본 행정부가 긴밀히 협조한 사실을 보여주는 서류로서, 1938년 11월 4일 일본 내무성 경보국 경무과장이 작성한 '지나 도항 부녀의 취급에 관한 건사[56]가 있다. 이 공문은 1938년 11월 8일 자 내무성 경보국장발 오사카·교토·효고·후쿠오카·야마구치 각 부현 지사 앞 '남지 방면 도항 부녀자의 취급에 관한 건[57]으로 시행되었다. 이 문서는 다음과 같이 기재되어 있다.

오늘 중국 남부파견군 후루쇼古莊 부대 참모 육군 항공병 소령 사쿠마 아리후미 및 육군성 징집과장으로부터 요청이 왔다. 그 내용은 중국 남부파견군의 위안소 설치 필요성에 관한 것으로서, 매춘업을 목적으로 하는 여성 약 400명을 중국으로 보내주도록 배려해주기 바란다는 요청이다. 이에 대해서는 금년 2월 23일 내무성발 제5호 통첩의 취지에 의거하여 다루도록 했으며, 아래 사항을 각 지방청에 통첩하여 비밀리에 적당한 인솔자(포주)를 선정, 그를 통해서 여성을 모집하여 현지에 보내도록 조치했다. 그리고 이미 대만 총독부를 통해서 동 지역으로부터 약 300명을 모집하여 보낸다는 연락이 있었다. (하략)[58]

제21군 남부파견군 후루쇼 모토오古荘幹郞 부대 참모와 육군성 징집과장이 내무성 앞으로 위안부 요원 약 400명과 위안소를 경영할 수 있는 인솔자(포주)를 보내줄 것을 요구하는 공문을 보냈는데, 이 요구에 응하여 내무성 경보국(현재의 경찰청에 해당)이 오사카, 교토, 효고, 후쿠오카, 야마구치 각 지사 앞으로 총 400명을 할당하여 기밀로 중국 화베이로 도항할 수 있도록 명했다는 것이다.[59] 그리고 대만총독부에서도 300명을 보냈다는 것이다. 이처럼 중국 남부파견군 후루쇼 부대 참모는 육군성에 위안부 여성의 파견 및 도항을 요청하여 육군성 징집과장이 이를 내무성에 의뢰했고, 내무성 경보국은 이 요청을 받아들여서 각 부와 현에 할당된 숫자의 여성을 모집할 것을 지시했다는 점에서, 일본 군대의 요청에 따라 일본 정부가 긴밀하게 위안부 모집을 주도하여 중국에 보냈다는 것을 알 수 있다.

그리고 대만에서도 위안부의 징발 및 수송을 대만총독부가 관할하고 있다고 명시되어 있는 점으로 보아 한국에서도 조선총독부가 관할하고 있었던 것으로 보인다. 다만, 조선총독부의 위안부 관련 서류는 남아 있지 않아 총독부의 한국 여성들의 강제 모집에 관한 자료들을 찾을 수 없어서 아쉽다. 오직 미군 포로 심문 보고서나 중국의 전범 재판 자료, 위안부 여성들의 증언으로 파악하는 수밖에 없다.

이 자료는 위안부의 징모 및 수송에 군과 경찰이 깊이 관여한 것을 입증하는 소중한 자료다. 이 자료는 전 내무성 이사관 다네무라 가즈오種村 一男의 기증에 의한 것으로 일본 경찰대에 보존되어 있었다. 1991년과 1992년 두 차례에 걸친 일본 정부 조사 시에는 포함되지 않은 자료다. 1996년 12월 19일 참의원 의원 요시카와 하루코(공산당)의 요구에 따라 경찰청이 이 자료를 제출하면서 그 존재가 드러났다. 1992년 이후 종군위안부 문제를 국회에서 추궁해온 요시카와 의원은 1996년 11월에 패전 직후의 미군 전용 위안소 문제를 국회에서 거론하여, 그 설치를 지시한 내무부 통보 문서의 제출을 정부에 요구했다. 이에 경찰청 총무과장의 요구 문서는 찾지 못했지만, 대신에 경찰대학교에서 이것이 우연히 발견되었다고 하여 제출한 것이 이 내무부 문서였다.[60]

일본 군대와 일본 정부가 얼마나 조직적으로 한국 여성들을 위안부로 끌어모아 각지 전선으로 데리고 갔는지에 대하여는 와다 하루키의 저서에도 언급되어 있다.[61]

미군의 포로 심문 보고에는 1942년 5월 한국에 도착한 업자의 움직임으로 일의 내용을 속인 채 800명의 여성을 징집하여 미얀마나 그 외 동남아시아 방면으로 보낸 사실이 명백히 드러나 있습니다. 여성들은 중국, 대만에서도 보내졌습니다. 구 일본군은 그녀들에게 특별히 군속에 준한 취급을 하여 도항 신청에 허가를 내주고 일본 정부는 신분증명서 발급을 했습니다.

그와 동시에 필리핀, 인도네시아 등 점령지 여성이나 네덜란드인 여성이 위안소에 보내졌습니다. 이 경우 군에 의한 직접 강제력이 행사된 점이 인정됩니다.

일본군은 업자가 위안부들을 선박 등으로 현지에 보낼 때는 그녀들을 특별히 군속에 준한 취급을 하고, 도항 신청에 허가를 해주었다. 그리고 일본 정부는 신분증명서 발급을 해주기도 했다. 군 선박이나 차량에 의해 전쟁터로 후송된 경우도 적지 않았다고 한다.[62]

이처럼 전선의 일본 군부대는 육군성의 지시에 따라 위안소를 설립하면서 위안부를 모집하기 위하여 현지에 모집인을 보내기도 했지만, 일본·한국·대만의 육군성 본부, 현지 군부대, 내무성, 경찰 등에게 위안부의 모집을 정식 공문으로 의뢰하여 전선으로 위안부들을 데리고 오는 등 적극적으로 위안부 모집 활동을 한 것이다.

일본군과 일본 정부의 체계적 위안부 강제 연행

이와 같이 일본군이 위안부 동원을 결정하자 일본과 한국 등지에 모집 업자를 파견하여 위안부를 모집하는 과정에서 현지 외무성 총영사관이나 영사관이 협조했고, 일본 국내에서는 경찰들이 업자들에게 편의를 제공하며 영사관과 군이 준비한 군함으로 여성들을 데리고 가서 중국 등 해외 일본군 주둔 지역에 보냈던 것이다. 항구에는 군 헌병대가 기다리고 있어 여성들이 뒤늦게 실상을 파악하고 혹시 마음을 바꿔도 도주를 못 하게 했고, 그들을 전선의 위안소로 즉시 보내는 시스템이 만들어져 있었다. 여성들은 군함을 탄 순간부터 되돌아가거나 계약을 취소하기가 불가능했다. 이것이 바로 일본 정부와 일본 군부가 활용한 위안부 강제 연행 수법의 하나였다.[63] 이는 일본 본토에서의 상황이지만 일본에서도 부녀자를 유괴하여 위안부를 강제로 데리고 갔다면, 식민지인 한국에서의 위안부 모집 방법은 강제성과 기망성이 더하면 더했지 덜하지는 않았을 것이라는 게 당연한 결론이다. 위안부 여성들의 증언에 따르면, 조선 여성의 경우에는 기차로 중국에 있는 일본 군부대로 연행하거나 부산항에서 일본의 시모노세키 등으로 데리고 간 후 일본 군함을 이용하여 동남아시아 등지로 강제 연행했다. 다만, 조선총독부의 서류들은 전후 모두 폐기되거나 일본으로 이관되어 한국에서는 발견되지 않고 있을 뿐이다.

이러한 위안부 여성들의 강제 연행 과정은 마리아루즈호 사건에서 있었던 중국인 노동자들의 강제 운송과 매우 유사하다. 1872년 7월 9일 페루 선적 화물선인 마리아루즈호가 플랜테이션 대농장에서 일할 중국인 노동자들을 싣고 마카오를 출발하여 페루로 가는 도중 폭풍을 만나 요코하마에 입항했다. 당시 일본 오에 타쿠 판사는 중국인 노동자들이 속아서 계약서에 서명했고, 비인간적인 상황 아래 구금되어 있었으며, 그들의 대부분은 납치되었고 최종 목적지조차 알지 못한다는 사실을 발견했다. 오에 판사는 중국인 노동자들이 인신매매로 노예 상태에 있다고 결론을 내리고 이들을 모두 석방했다. 당시 이와 같은 일본의 인도주의적 결정으로 일본의 국제적 위상도 높아졌다. 그러나 약 반세기가 지난 후 일본은 자신들이 가해자가 되어 위안부들을 납치하고 기망하여 이들을 성노예로 활용했고, 현대에 들어서 그 노예성마저 부인한다는 사실은 매우 역설적이다.

일본군 지시를 받은 위안부 모집 활동

일본의 내무성 등에 남아 있는 많은 공문에 현지 일본군의 지시에 따라 일본 본토에서 위안부 알선업자들이 위안부 모집 활동을 하면서 강압 등 위법행위를 했음이 나와 있다. 일본 군마, 이바라키, 야마가타현에서 일본군의 지시를 받은 고베시 윤락업자 오우치大內가 모집 활동을 전개하다가 경찰의 단속을 받았다. 1938년 1월 19일 자 군마현 지사발 내무대신 및 육군대신 앞 '상하이 파견군 내륙군 위안소의 작부 모집에 관한 건'[64]과, 같은 해 1월 25일 자 야마가타현 지사발 내무대신 및 육군대신 앞으로 송부된 '북지파견군 위안 작부 모집에 관한 건'[65], 2월 14일 자 이바라키현 지사발 내무대신 및 육군대신 앞 '상하이 파견군 내륙군 위안소의 작부 모집에 관한 건'[66]에서 위안부 모집업자 오우치가 위안부를 모집한 상황이 나온다. 오우치는 1938년 1월 초순경 마에바시 시내의 알선업자 소리마치反町, 모가미군 신조마치의 알선업자 도즈카戸塚, 이바라키현 알선업자 오카와大川에게 각각 위안부 모집을 의뢰했다. 오우치는 이 알선업자들에게 "상하이에서의 전투도 일단락되어 주둔 체제가 되었기 때문에 장병이 현지에서의 중국인 매춘부와 놀면서 성병이 만연하고 있기 때문에 위안부를 모집하고 있다. 재상하이 특무 기관이 현재 상하이에서 윤락업을 영위하는 고베시의 나카노中野를 통해 우리 알선업자에게 약 3천 명의 작부를 모집하여 보내줄 것을 의뢰했다. 현재 이삼백 명은 영업 중이고, 효고현 및 간사이 방면에서는 현 당국도 양해하여 지원하고 있다"라고 말했다. 여기서 알선 총책임자인 고베시의 나카노는 와카야마현의 부녀자 유괴 혐의 사건이나 내무성 메모에 나오는 알선업자라고 한다. 이 공문서들에서는 이들이 공공연하게 군의 지시를 받았다고 하면서 미풍양속에 반하는 방법으로 일본 내지에서 미성년자 등을 상대로 위안부를 모집하고 있는 사실을 밝히며 경찰이 이를 '황군의 위신을 크게 떨어뜨리는 일'이라고 했다는 사실이 나온다. 즉, 상하이의 일본군이 위안소를 설치하고자 그곳에서 윤락업을 하는 고베 출신의 나카노에게 위안부 3천 명을 모집할 것을 지시했고, 나카노는 고베시의 윤락업자 오우치에게 의뢰를 했으며, 오우치

는 다시 인근 시·현의 소리마치, 도즈카, 오카와에게 의뢰를 하여 위안부를 모집했다는 것이다.[67]

1938년 1월 25일 자 고치현 지사발 내무대신 앞 '지나 도항 부녀 모집과 단속에 관한 건'[68] 및 2월 15일 자 미야기현 지사발 내무대신 앞 '상하이 파견군 내륙군 위안소의 작부 모집에 관한 건'[69]도 상하이 파견군 위안부 모집에 관한 서류들로 모집업자는 오우치가 아니지만, 당시 일본군의 지시를 받은 다른 위안부 모집업자들이 공개적으로 여성들을 모집하여 간 것을 보여준다고 할 것이다. 이들의 모집 방법이 지나치게 강압적이고 기망적인 수법을 사용하고 있어서 경찰은 상하이 파견군의 의뢰를 받은 알선업자들의 위안부 모집이지만 황군의 위신을 해치는 활동을 하고 있다고 판단해 이를 내무대신에게 보고를 했던 것이다.

1938년 2월 7일 자 와카야마현 지사발 내무성 경보국장 앞 '시국 이용 부녀 유괴 피의 사건에 관한 건'에는 모집의 강제성과 더불어 일본군의 지시 내용이 공문서로 첨부되어 있어서 모집 책임의 정점에 일본군이 있음을 강렬하게 드러낸다. 일본군의 지시를 받은 모집인 나카노의 부탁을 받고, 청년 알선업자들 3명이 부녀자들을 위안부로 끌고 가려다가 유괴 용의자로 체포되면서 군의 명령으로 위안부를 모집하고 있다고 주장한 사건이다. 그리고 앞서 본 바와 같이 위 공문에는 나가사키현 외사 경찰 과장이 보낸 문서가 첨부되어 있고, 나가사키현 경찰서의 문서에는 재상하이 일본 총영사관 경찰서장이 발송한 위안부 모집에 대한 협조 의뢰 공문의 사본이 수록되어 있다.

이러한 일본 지방 경찰서의 공문들은 일본군의 위안소 설립 초기의 사건들임에도 일본 본토에서의 모집이 알선업자들의 독자적인 행위가 아니라 일본군의 지시에 따른 것으로, 그 모집 방법도 위법적이고 강압적임을 보여주고 있다. 하지만 전쟁이 확대되면서 일본 군인들의 자매가 끌려오는 사건이 발생하여 일본 군인들의 사기가 저하되고 일본 내 노동력도 부족해지자, 위안부의 모집은 일본 내에서는 거의 이루어지지 않았다. 대신 주로 한국에서 총독부의 관여 아래 더욱더 강압적이고 기망적인 방법으로 행해졌다.

위와 같이 일본 내지에서의 위안부 모집은 대부분 일본군에서 모집업자를 파견하여 현지 윤락업자들을 고용하여 모집을 했는데, 유흥업소 종업원뿐만 아니라 나이가 어린 일반 여성들을 상대로 인신매매 또는 유괴 등의 행위로 강제 모집을 했다는 사실을 증명하는 일본 정부의 공문서 등의 서류들이 다수 발견되고 있다. 그러나 한반도에서의 위안부 모집은 일본과 달리 강제 모집업자들에 대한 식민지 경찰 등의 단속이 거의 이루어지지 않았고, 일본이 패망하면서 관련 자료들을 남겨두지 않아 한국 내에서는 관련 자료를 찾을 수가 없다. 그렇기 때문에 오직 위안부 피해자들의 진술에 의하여 판단할 수밖에 없는 애로점이 있다. 다만, 일본 내지에서의 상황보다는 일본군의 지시를 받은 알선업자들의 식민지 한반도에서의 위안부 강제 모집과 강제 연행의 상황은 훨씬 심각했을 것이라는 점은, 일본군과 일본 경찰이 이용한 조선총독부의 강압적인 식민지 통치 상황에 비추어 당연한 사실이라고 할 것이다.

위안부 모집의 강제성과 기망성

◇

속임수, 감언, 강제력을 사용한 모집의 위법성

위안부 모집에서는 강제력을 행사하거나 기망하는 방법을 사용했고, 위안부 본인의 자율적인 의사에 따라 이루어진 경우는 거의 없었다. 1937년 난징 사건 이후 군 위안소 설치 계획이 다시 등장했다. 그 당시 일본 규슈 북쪽 지방에 위안부 모집 중개인들이 파견되었는데, 유곽에서 자발적인 지원이 불충분하자 그들은 그곳 소녀들에게 군인들을 위해 밥하고 빨래하는 돈 잘 버는 직업을 소개한다는 속임수를 동원했다. 그러나 그녀들은 그러한 일 대신에 상해와 난징 사이에 위치한 위안소에서 군 성노예로서 일하게 되었으며, 이곳이 장래의 위안소의 원형이 되었다.

그 이후 위안부의 모집 유형은 취업 사기, 협박 및 폭력에 의한 동원, 인신매매 및 유괴 등의 세 가지 방법이었고, 일본군이 가장 많이 사용한 방법은 취업 사기였다.

서울대 정진성 교수가 1993년 보건복지부에 신고된 위안부 피해자

175명의 신고 내용을 분석한 바에 따르면, 일본 군인·헌병·경찰의 협박과 폭력에 의해 강제로 연행된 사람이 이 중 62명이다. 공장에 취업시켜 준다는 민간업자의 사기에 넘어가 위안부가 된 사기 피해자 역시 82명이나 된다.[70]

일본군은 위안소를 경영할 업자를 선정하고, 일본 정부와 경찰은 동원 과정에 협조했다. 업자들은 모집인을 이용하거나 자신들이 직접 나서서 여성들에게 접근해 동원했다. 이 과정에서 취직이나 돈벌이를 미끼로 여성들을 끌어모으며 협박과 폭력을 사용하기도 하고, 심지어는 납치까지 했다. 1941년 12월 일본의 진주만 공격이 일어나기 전에는 도항증명서를 받아 국외 위안소로 이동했으나, 이후에는 군 증명서를 발급받아 일본군이 직접 수송에도 관여했다. 군 증명서는 모집인이나 인솔자가 소지했으며, 일본군은 이동에 필요한 각종 편의를 제공했다.[71] 하지만 이러한 사실은 일본 본토에서 일어난 일들에 관한 자료들에 기초한 것이다. 식민지인 조선에서는 모집 방법이 더욱 위력적이고 강압적이었다.

조선에서는 상당수 위안부의 징발에 있어서 기망과 폭력이 빈번하게 사용되었다. 스스로 위안부였음을 밝힌 다수의 한국 출신 위안부의 증언은 강제와 기망이 빈번하게 사용되었다는 사실을 분명하게 해주고 있다. 상당한 숫자의 피해 여성들(대부분 한국 출신)은 증언을 통해 자신들의 징집에 책임 있는 여러 업자와 현지 협력자가 일삼은 속임수와 감언에 대하여 말하고 있다.[72]

위안부 모집에 있어서 강제성과 기망성을 보여주는 객관적 문서로서 2002년 미국 국립문서기록관리청NARA에서 발견된 문서 '쿤밍의 한국인과 일본인 전쟁포로들'이 있다.[73] 이 문서는 1945년 5월 6일 자 미국 전략사무국U.S. Office of Strategic Services의 보고서로서 1945년 4월 28일 미군이 중국 쿤밍 지역에서 직접 포로 심문을 하고 작성한 것이다. 장태한 미국 리버사이드 캘리포니아대 교수가 찾아냈다. 이 문서에 따르면, '생포된 한국인 여성 23명이 모두 위안부였는데, 이들은 모두 명백하게 강요compulsion와 기망misrepresentation에 의해 위안부가 되었다'고 기록하고 있다.[74] 이들 한국인 위안부 피해자 23명은 1944년 9월 위험을 무릅쓰고 일본 군부대를 몰래 탈출하여 전선을 가로질러 중국군 관할 지역에 도착했다.

처음부터 위안부 모집에 일본 군부와 경찰이 관여했지만, 모집하는 위안부의 수가 급속히 증가하면서 더욱더 깊이 관여하지 않을 수 없게 되었다. 이는 한반도의 여성을 모집할 때도 마찬가지로 일본 군부와 경찰은 서로 협력해 업무를 수행했던 것으로 보인다. 일본 군부와 경찰은 직접 나서기도 했지만, 일본 군대의 명예에 대한 여론이 나빠질 것을 우려해 은밀하게 연계하여 업무를 수행했고, 때로는 다른 관계 당국이나 업자들을 이용하거나 그들을 도와주는 방법을 사용했다.

일본군 위안부로 동원된 한국 여성들 거의 대부분은 가난한 집안의 평범한 처녀들로 일본 경찰이나 군인에게 강제로 끌려가거나, 공장이나 간호사로 일한다는 말에 속아 일본군을 상대로 성적 봉사를 한다는 사실을 전혀 모른 채 업자들을 따라간 여성들이었다. 그들은 16~17세의 소녀가 대부분이어서 성 경험이 거의 없고, 그만큼 성병에 감염되어 있지도 않았으며, 또 한국인이기 때문에 중국인과의 연락도 불가능하여 도주하거나 일본 군부의 기밀이 새어 나갈 염려도 없어 일본 군부가 선호했다고 생각된다. 한반도의 식민지 경찰은 일본 군대의 부탁으로 일본 군대의 의뢰를 받은 업자가 위안부를 강제 또는 위계로 끌어가는 데 적극적으로 도와주었다.

일본군에 의한 부녀자 강제 납치

중국에서의 전선이 확대되고 일본이 동남아시아 여러 지역을 점령하면서 이곳에 주둔한 일본군의 숫자가 증가함에 따라 일본군 위안부에 관한 수요도 증대되자, 위안부 징집을 위한 새로운 방법이 고안되었다. 일본군은 동남아시아 등 점령 지역의 여성들을 강제로 연행하여 위안부로 삼았다.[75]

2007년 네덜란드 국가기록보관소에서 찾아낸 네덜란드 정보부대 문서 '일본 해군 점령 기간 동안 네덜란드령 동인도 서보르네오에서 발생한 강제 성매매에 대한 보고서[76]에서도 제2차 세계대전 중 서보르네오에서 벌어진 일본 군인에 의한 위안부 강제 연행 사실을 매우 정확하게 기록하고 있다. '일본 해군 특경대特警隊가 위안부 조달 책임을 맡고 거리에서 마구잡이로 여성을 체포했으며, 강제적으로 신체검사를 받게 한 후 위안소에 넣었다. 여성이 위안소에서 탈출할 경우 가족을 체포해 학대했으며, 심지어 살해한 경우도 있다'는 내용이다. 이 문서는 정진성 서울대 교수와 재미 언론인 한우성이 발굴했다.[77] 일본군들은 심지어는 인도네시아의 네덜란드 여성들까지 위안소로 끌고 가서 성노예로 삼았다.[78]

네덜란드 국가기록보관소 서류 조사의 최종 결론은 다음과 같다.

조사 결과에 따르면, 일본 점령 기간 동안 네덜란드 동인도제도의 모든 큰 섬에 군용 매춘 업소가 설립된 것으로 나타났다. 또 유럽 여성들도 자바, 수마트라,

셀 레브스, 암본, 플로레스, 동티모르에서 이 매춘 업소에 고용된 것으로 나타났다. 그들의 수는 이용 가능한 자료에 기초하여 정확하게 결정될 수는 없지만 아마도 200에서 300 사이일 것이다. (중략) 일본군 매춘 업소에서 일해온 이 그룹 내에서 약 65명의 여성이 강제 매춘을 했다는 것은 의심의 여지가 없다.[79]

일부 유럽 여성들은 수용 생활에서의 굶주림과 어린 여성 보호를 위하여 위안소에 어쩔 수 없이 반강제로 자원했다. 물론 이 경우도 자원이라고 볼 수 없지만, 상당수의 여성들은 자신의 의사에 반하여 끌려간 것이었다.

2007년 일본 학자들이 찾아내 공개한 도쿄 극동국제군사재판 기록도 있다. 이 재판에는 연합군이 중국과 인도네시아·베트남 등에서 조사한 일본군 위안부 강제 연행 사건 자료가 제출되었다. 그중 네덜란드 정보부대가 1946년 일본군 중위 오하라 세이다이를 심문해 작성한 '진술서statement by Lt. Ohara Seidai'에는 "나는 1944년 9월 인도네시아 모아섬에 군인들을 위해 위안소를 만들었다. … 5명의 여성을 강제 동원했다. 그들의 아버지가 폭동을 일으킨 데 대한 처벌이었다"는 내용이 있다.[80]

일본 군인들이 조선인과 중국인 여성들을 강제로 납치하여 위안부로 삼은 기록도 있다. 2014년경 1956년 중국에서 열린 일본인 전범 재판에서 유죄 판결을 받은 45명의 진술서(자필 진술서) 일부가 공표되었는데, 이들의 진술서에도 위안소 설치 및 위안부 납치에 대하여 상세히 기술되어 있다. 진술서를 연구한 일본 전쟁책임자료센터 간사 및 연구원인 니시노 루미코에 의하면, 진술서가 공표된 45명은 태원전범관리소와 무순전범관리소에 구금되어 있던 일본 군인이며, 8년에서 20년이라는 유기형을 받은 사람들이다. 1950년 7월에 969명의 전범 용의자가 소련에서 중국으로 인도되었고, 이미 중국에서 체포되었던 140명과 함께 무순과 태원의 전범관리소에 수용된 이들은 '인죄학습認罪学習'을 계속해 진술서를 작성했다. 이들 대부분은 기소유예되었고 45명만 기소되었다. 이때 공표된 것은 기소된 군인들의 진술서 일부이며, 그중에는 육군 제117사단장이었던 스즈키 히로히사鈴木啓久 중장의 진술서도 있다.

스즈키의 진술서는 중국 인민에 대해 행한 잔인한 살해나 약탈이 상세하게 기재되어 있는데 1944년 11월에 임현과 준현 동방 지구의 팔로군을 공격하기 위해, 제87여단의 보병 3개 대대와 제12군에 배속된 방역급수반 1개 반과 기병 1개 연대를 지휘해 임현 남부 지구를 공격했고, 철군할 때에 방역급수반이 3~4개 부락에 콜레라균을 살포한 일도 기술되어 있다. 스즈키는 자신이 일본 군부대의 지휘관으로서 행한 일들을 상세하게 쓰고 있는데 그중 '위안부'에 관한 기술을 살펴본다. 1941년 스즈키는 소장이 되어 화북의 27사단 보병단장이 되었다. 중국 소현에서 준남 철도 일부 경비를 맡던 시절 스즈키는 양쯔강 북쪽 해안 준남선 연선에 있는 소현에 부관을 시켜서 위안소를 설치하고 중국인과 조선인 여성 20명을 납치해 '위안부'로 삼았다고 진술했다. 1942년 스즈키는 제1연대로부터 일본군이 통과하는 촌락에서 팔로군이 반격하려고 한다는 보고를 받고 연대장에게 철저히 소탕할 것을 명령했다. 거기에는 무시무시한 숙정이나 약탈이 기록되는데 이때도 스즈키는 도요준豊潤이나 사가와砂河 등에 위안소를 설치하라고 명령했다. 이때는 중국인 여성 약 60명을 납치하여 위안부로 일하게 했다고 한다. 이어 1945년 4월 보병 중대가 맹현猛県에서 팔로군을 공격하던 무렵, 스즈키는 위안소 설치를 다시 명령하고 중국인과 조선인 여성 약 60명을 납치해 위안부로 삼았다고 기재하고 있다.[81]

식민지인 한국이나 대만의 경우, 행정력에 의한 주민들의 통제가 가능하므로 취업 사기나 기망에 의한 위안부 모집이 대부분이었지만, 중국이나 동남아시아 등의 일본군 점령지에서는 관헌에 의한 납치적인 연행이 특징적이었다. 전투 지역인 점령지에서 '위안부' 연행의 특징은 ① 일본군이 납치한 경우, ② 일본군이 브로커 등을 통해서 여성을 모은 경우, ③ 현지 마을 간부 등에 위안부 조달을 강요한 경우로 정리된다. 납치 수준의 연행은 중국 이외에도 필리핀, 말레이시아, 인도네시아에서도 확인되고 있다.[82] 그러나 조선총독부 통계연보의 약취·유인 검거 통계를 보면 조선인 부녀에 대한 납치도 빈번했음을 알 수 있다.

히로시마대의 역사학자인 유키 다나카의 저서《일본의 위안부Japan's Comfort Women》는 한국, 중국, 대만, 필리핀, 인도네시아, 네덜란드 일본군 위안부들의 증언집으로 위안부 모집의 강제성을 입증하는 중요한 자료 중 하나로 평가받는다. 위 책에서 언급된 400여 명의 증언 중에서 약 200명의 여성들이 일본군, 헌병, 일본군의 대리인에 의하여 강제로 납치되었다고 증언하고 있다.[83] 또《일본의 위안부》에 의하면, 일선 일본 군인들은 점령지인 필리핀과 중국의 여성들을 납치하여 그들을 수주간 또는 수개월간 감금하면서 반복적으로 강간했다고 보고되고 있고, 네덜란드 정부가 수집한 피해자 증언에서도 많은 수의 네덜란드 여성들이 일본군이 1942년 동인도제도를 침략하자마자 수일 후 자신들을 강간했다고 주장히고 있다. 네덜란드 국가기록보관소의 서류(AS5200)와 '일본군 점령 기간 중 네덜란드령 동인도에서 네덜란드 여성들의 강제 매춘에 관한 서류의 연구에 대한 네덜란드 정부의 1994년 보고서'에 의하면 네덜란드 정부의 전쟁범죄재판소에서 강제 모집이 인정되었다. 위 서류들에 따르면, 일본군은 강제로 일본군의 감시하에 있는 수용소에서 네덜란드 여성을 강제로 끌고 가서 위안부 여성으로 일하도록 강요했다. 위 서류들은 일본군이 유라시안(유럽인과 아시아인의 혼혈)과 인도네시아 여성들도 강제로 모집하여 갔다는 점도 보여준다.[84]

일본군과 모집업자의 강제 모집

일본 전쟁책임자료센터 간사 및 연구원인 니시노 루미코에 분석에 따르면, 일반적으로 '위안부' 징집 형태는 몇 가지 패턴을 가지고 있다. 식민지였던 조선이나 대만 등에서는 취업 사기나 감언에 의한 연행이 많았다. 취업 사기에서 가장 많이 사용하는 수법은 일본 공장에서 일한다거나, 병원에 있는 부상병을 위해 간호사로 일한다는 취업 약속을 하고 여성들을 데리고 가는 것이었다. 그리고 포주, 군속, 군인과 경찰이 폭력과 협박을 사용하여 여성을 강제 연행해 가는 사례도 있었고, 종종 인신매매나 유괴로 여성들을 데리고 가는 사례도 있었다. 가난 때문에 수양딸로 보내졌다가 팔린 경우, 일하던 식당이나 가게 주인이 판 경우, 심지어 친아버지가 판 경우 등도 있었다.[85] 그러나 위안부 모집업자들에 의한 조선인 부녀에 대한 납치나 취업 사기 등 기망 행위로 모집했다고 해도 인권침해에 대한 일본 정부의 책임이 줄어드는 것은 아니다.

일본군의 지시를 받은 위안부 모집업자들은 한반도에서 인신매매 또는 약취, 유인의 방법으로 위안부를 모집하여 중국과 동남아시아 등지로 보낸 것으로 보인다. 1932년부터 1939년까지 조선 남부에서는 매춘 알선업자들이 10대 소녀들에게 길거리에서 공갈과 거짓으로 권유하거나 유괴하는 사건이 빈번하게 발생했고, 이들은 만주, 중국 등에 팔려 갔는데 이들 중 상당수는 위안부로 일본군에 넘겨졌다. 조선총독부 통계연보에 따르면 약취·유인 검거 피의자 수는 1935년 조선인 2,482명, 일본인 24명, 1938년 조선인 1,699명, 일본인 10명, 1940년 조선인 1,464명, 일본인 16명이라고 되어 있다.[86]

일본 군부는 위안부 모집업자를 통하여 위안부를 강제 모집하면서 현지 일본 영사관, 무관실, 헌병대와 경찰 등이 유기적으로 협조하여 여성들을 해외 일본군 부대로 강제 연행하여 갔다. 이러한 사실을 적나라하게 보여주는 사건이 앞서 언급한 일본 정부 공문서인 1938년 2월 7일 자 와카야마和歌山현 지사발 내무성 경보국장 앞 '시국 이용 부녀 유괴 피의 사건에 관한 건'[87]에 나타나는 내용이다.

이 사건은 1938년 1월 6일 와카야마현 타나베에서 중국에 건너가 위안부로 취직하지 않겠느냐고 부녀자에게 권유한 거동불심擧動不審의 일본인 청년 3명이 유괴 용의자로 체포된 사건이다. 여기에 등장하는 타나베 지역은 강제징용에 의해 많은 조선인 여성들이 살던 곳이다.[88] 그 피해 여성들이 조선인 여성들일 가능성이 높다. '1938년 1월 6일 오후 4시 와카야마현 후미사토의 음식 상가에서 거동이 좋지 못한 남성 3명을 발견했다'는 내용으로 시작한다. 후미사토 수상파출소 순사가 주의를 기울이자, 남성 2명은 "의심할 것 없다. 군부로부터 명령을 받아 황군 위안소에 보낼 작부를 모집하고 있다. 3,000명을 요구받았고, 지금까지 70명을 육군 군함에 실어 나가사키항에서 헌병들 보호 아래 상하이로 보냈다"고 진술한 것으로 나와 있다. 또 문서에는 이후 정보계 순사가 이들을 수사하고, "아무것도 모르는 여성들에게 '돈을 많이 주고, 군을 위문하기만 하면 음식 등을 군에서 지급한다'는 방식으로 '유괴'한 혐의가 있다"면서 이들 3명을 피의자라고 지칭하며 신분과 이름을 기록해놓았다. 3명 중 2명은 오사카시의 대석업자貸席業者였고, 다른 1명은 중국 현지 카이난海南의 소개업자였다. 대석업자는 윤락녀 등에게 방을 빌려주는 것을 업으로 하는 사람으로 실제로 윤락업자다. 이 문서가 내무성으로 보내진 열흘 뒤인 1938년 1월 20일 나가사키 경찰서 외사 경찰 과장은 와카야마 경찰서로 답신을 보냈다. 답신에는 '부녀자 유괴 사건은 황군 장병 위안부 모집에 관한 것'이라며 '상하이에 있는 영사관에서 앞서 나가사키 수상경찰서에 이런 내용을 통보하기도 했다'고 적혀 있다. 또 '본국에서뿐만 아니라 조선에서도 비슷한 방식으로 (위안부를) 모집하고 있으니 증명서를 가지고 있는 사람에 대해서는 편의를 봐주라'는 내용도 담겨 있다.[89] 즉, 알선업자들의 위안부 모집 과정에서 위법행위가 있더라도 경찰은 이를 단속하지 말라는 취지다.

존 마크 램지어 하버드대 로스쿨 교수는 이 내무성 공문을 근거로 일본 여성들이 상하이에 있는 일본군 위안소로 가기로 하고 600~700엔의 선불금을 지급받았다고 하면서, 위안부 고용계약을 체결한 것이라는 취지로 주장한다.[90] 그러나 와카야마현 지사가 공문서에 언급한 바와 같이, "아무 것도 모르는 여성들에게 '돈을 많이 주고, 군을 위문하기만 하면 음식 등을 군에서 지급한다'는 방식으로 '유괴'한 혐의가 있다"고 하고 있어서, 그 일본 여성들이 위안부로 일한다는 사실을 알았다고 보기 어려워 기망이나 강압에 의한 모집으로 정상적인 고용계약 관계라고 보기 어렵다고 할 것이다.[91]

일본 내지에서의 상황이 유괴에 가까운 방식으로 위안부를 모집했다면, 한국에서의 상황은 훨씬 더 인권침해적인 방식으로 위안부를 모집했을 것이라는 점은 넉넉히 추정된다. 민병갑 뉴욕시립대 퀸스칼리지 교수의 사례 연구도 한국인 위안부의 대부분이 유괴, 연행, 강요, 매매 등 강제 모집에 의하여 위안부로 동원된 사실을 보여준다. 그에 따르면, 한국인 위안부 피해자 106명(중복 동원 3명 포함)의 동원 사례를 분석한 결과, 자발적으로 위안소에 간 경우는 단 4명(4%)밖에 없으며, 취업 사기 37%, 집 밖에서 유괴 또는 연행 17%, 취업 사기와 강요가 결합된 경우 15%, 부모나 친척에 의해 팔려 간 경우 15%, 집 또는 가게에서 강제로 동원된 경우 12% 등이었다.

민병갑 교수의 사례 연구 중에서 전북 전주에서 16세의 나이로 끌려갔던 김영자 할머니는 어느 날 일본 순경이 집으로 자신을 데리러 왔다가 막으려던 부친을 고문하고 폭행했다며 "집집마다 다니면서 처녀들을 일본 군인들과 순경들이 데려간 것"이라고 말했다. 부산에 살던 윤두리 할머니도 15세 때 부산 남부경찰서 앞을 지나다 일본 순사에 검거되어 부산 영도 제1 위안소에 끌려갔다고 한다. 이 소식을 들은 모친과 언니가 위안소로 찾아왔으나 일본군이 막아 말 한마디 나누지 못했다고 윤 할머니는 증언했다. 서울 출신의 최명순 할머니는 일본에 가면 좋은 직장을 구할 수 있다는 한국인 브로커에 속아 모친의 반대를 무릅쓰고 떠났다가 강제로 일본군 장교의 첩이 된 후, 이 장교의 아들이 자신을 위안소로 팔아넘기는 바람에 위안부 피해자로 전락하는 기구한 운명을 겪었다고 민 교수는 전했다. 더구나 그는 위안소로 가는 도중에 감금, 폭행, 성폭력을 당했기 때문에 동원 방식에 관계없이 전부 다 강제 동원이 되는 것이라고 보았다.[92]

황금주 할머니의 경우는 강요와 취업 사기가 결합되어 위안부로 강제 모집된 경우다. 1922년 충남 부여에서 태어난 황 할머니는 13세 때 함흥에 수양딸로 입양되었다. 이후 주인집 큰딸이 일본 군수공장에 끌려갈 처지가 되자 주인집 딸을 대신해 일본군에게 노역으로 끌려갔다. 그러나 황 할머니는 군수공장이 아닌 중국 지린의 군부대에 위안부로 끌려가 지린 과 만주 등지에서 위안부 생활을 강요당했다. 황 할머니는 1945년 해방 이전까지 고통스러운 일본군 성노예 생활을 했다. 해방 후 전쟁터에 버려 졌던 황 할머니는 옷과 신발을 주워 신고 만주에서 춘천까지 걸어온 뒤 석 탄 차를 얻어타고 겨우 서울로 돌아왔다.[93]

이러한 위안부 피해자들의 증언에 대하여 그 증언의 신빙성을 일본 정 부와 우익이 부인하고 있으나, 피해자의 증언이 형사재판에서 가장 중요 한 증거자료라는 것이 형사소송의 원칙이며, 그 신빙성은 당시의 정황에 비추어서 판단해야 할 것이다. 취업 사기에 의한 모집의 경우도 그 후 강 제 연행 과정이나 위안소에서의 신체적 자유와 성적 자기 결정권이 제한 되는 상태로 이어진다는 점에서 강제 모집이라고 해야 한다.

모집업자들의 강제 모집에 대한 일본 정부의 책임 논란

위에서 본 바와 같이, 1938년 2월 7일 자 와카야마和歌山 현 지사가 내무 성 경보국장 앞으로 '시국 이용 부녀 유괴 피의 사건에 관한 건'이라는 공 문을 보내서 위안부 모집업자들의 부녀자 유괴 등 불법 행위를 지적하자, 다음 날 일본 내무성 경무국은 각 부현의 지사에게 지시 공문을 보냈다. 즉, 1938년 2월 18일에 기안하여 2월 23일에 일본 내무성 경보국장이 각 지방 장관 앞으로 통달한 '지나 도항 부녀 취급에 관한 건'[94](내무성발경 제 5호)에서는 내지(일본 국내)에서 중국에 도항하는 위안부는 당분간 묵인하 되, 만 21세 이상 현역 창기와 추업을 영위하는 여성으로 한정하라고 하고 있다. 또 신분증명서의 발행 때는 부녀 매매 또는 유괴 등이 없는지 주의

하고 모집에 있어서 군의 이름을 사칭하거나 허위, 과대 광고 선전을 하는 자를 엄중 단속하라고 명령하고 있다.[95] 이 공문에 따르면, 알선업자들이 나이가 어린 일반 여성들을 상대로 인신매매 또는 유괴 등의 행위가 빈번하여 이를 단속하고자 했던 것으로 보인다. 일본은 당시 '매춘업을 목적으로 하는 여성의 매매 단속에 관한 국제조약'에 가입하여 21세 미만의 미성년자들을 매춘에 종사하게 할 수 없었다. 하지만 조선 식민지에는 위 조약의 적용을 유보하여 의도적으로 적용을 회피했다.

주오대의 요시미 요시아키 교수는 이 문서에서 '군의 양해와 연락이 있다고 하며 공공연히 모집하는 모집업자는 단속한다'라는 취지로 기재된 점에서, 군의 요구가 있으니까 도항은 인정하지만 "군이 위안부를 모집하고 있는 일은 은폐"하라고 명령한 것이며, "주역인 군의 모습을 보이지 않게 했다"라고 주장한다. 또 이 통첩은 조선과 대만에서는 시행하지 않았고, 일본 내지에 한정되었다고 말한다. 교토 다치바나대의 나가이 카즈永井和 교수는 이 내무성 경보국 통첩은 그동안 경찰의 방침을 버리고 위안부의 모집과 출국을 허용하고 합법화하는 조치를 경찰이 취했음을 보여준다고 한다. 또 1월 25일의 고치현 경찰과 같은 단속 조치를 취소하고 군의 위안소 정책에 전면적인 협력을 각 부현에 명하는 조치였다고 한다.[96]

위와 같이 일본군의 지시를 받은 알선업자들의 위안부 강제 모집이 사회 문제가 되어 '지나 도항 부녀 취급에 관한 건'이 발령됨에 따라, 1938년 3월 4일 육군성 병무국 병무과는 육군성 부관발 북지나방면군 및 중지 파견군 참모장 앞 통첩 육지밀 제745호 '군 위안소 종업부 등 모집에 관한 건'[97]을 발령했다. 이 문서에 의하면, 육군차관 우메즈 요시지로梅津美治浪가 작성한 지시 사항으로 원정군은 위안부의 모집 일을 하는 민간인들을 신중하고 적절하게 선발하여야 하고, 임무 수행에 대하여 관련 지역에서 헌병과 경찰과 밀접한 접촉이 유지되어야 하며, 군대의 존엄성을 유지하고 사회적 문제를 피하기 위해 최고의 주의가 주어져야 한다고 해서, 일선 부대로 하여금 여성들을 위안부로 동원하되 사회적 문제가 되지 않도록 조심하여 진행할 것을 지시했다.[98] 그러면서 그 사유로 '모집 방법이 유괴와 유사하여 경찰 당국에 검거되어 조사를 받는 자가 있는 등 주의를 요하는 자가 적지 않았기 때문이다'라고 기재하고 있다.[99]

이 통지는 베이징 근교에 위안소를 설치하기 위해 국내(식민지 이외의 일본 국내)에서 위안부를 모집한 사람이 군의 명의를 이용하거나 유괴와 같은 방법으로 모집하여 경찰에 검거 단속을 받았기 때문에, 앞으로는 파견군이 모집하는 사람의 인선을 적절하게 하여 군의 위신을 지켜 사회 문제를 일으키지 않도록 의뢰한 것이다. 이 공문의 해석과 관련하여 일본 학계에서 일본군과 일본 정부의 책임에 대한 논쟁이 있다.

이 공문은 요시미 요시아키吉見義明 교수가 발견했는데, 군이 여성의 모집을 포함하여 위안소의 통제·감독을 담당했음을 보여주는 움직일 수 없는 증거로서 1992년에 〈아사히신문〉 지상에 크게 보도되었다. 요시미는 이 사료에서 "육군성은 파견군이 선정한 업자가 유괴와 똑같은 방법으로 일본 국내에서 군 위안부의 징집을 행하고 있음을 알고 있었다"고 주장하고 있다. 그런 일이 계속되면 군에 대한 국민의 신뢰가 무너질 우려가 있으므로, "이런 불상사를 막기 위해서 각 파견군이 징집 업무를 통제하고 업자 선정을 좀 더 제대로 하라고 지시한 것이다"라고 해석하고 위안부 모집 업무가 군의 지시와 통제하에 행해진 점이 실증된다고 했다. 위 공문의 문구상 너무나 당연한 해석이다.

그러나 이에 대하여 고바야시 요시노리는 이 통첩으로 "내지에서 유괴나 다름없는 모집하는 업자가 있으니까 주의하라는 (좋은) 관여를 보여주는 것이다. 이것은 위법한 모집을 중지시키는 것이다. 내지에서 군 이름을 사칭해 비상식적으로 무리하게 모집하는 자가 있으니 단속하라"는 뜻으로 써 있는 것이라고 하는 이른바 '좋은 관여론'을 주장했다. 그리고 비슷한 주장이 후지오카 노부카쓰藤岡信勝에 의해서도 제시되었다.[100]

하지만 위 공문서의 내용에는 군 이름을 사칭한다는 내용은 없으며, 베이징 근교에 위안소를 설치하기 위해 일본 국내에서 위안부를 모집한 사람이 군의 명의를 이용하거나 유괴와 같은 방법으로 모집하여 경찰에 검거 단속을 받았기 때문에, 앞으로는 파견군이 모집하는 사람의 인선을 적절하게 해서 군의 위신을 지켜 사회 문제를 일으키지 않도록 의뢰한 것이다. 이 점에 비추어 일본군의 지시를 받은 모집업자들이 유괴와 같은 방법으로 모집했던 것을 전제로 하는 것으로 일본군의 직접적인 관여는 명백하다.

우에스기 사토시上杉聰도 고바야시 요시노리를 비판하면서 이 문서는 '강제 연행'의 사실이 있었음을 보여주는 사료라며, 그러한 악질적인 "업자의 배후에 군부가 있음을 '더 말하지 말라'고 공문이 기술하고 있으며, 강제 연행뿐만 아니라 그 책임자도 여기에 분명히 적혀 있다"라고 반박했다. 하지만 요시미 교수와 우에스기, 고바야시와 후지오카 측 모두 일본 내에서 모집업자에 의한 납치 행위가 현실로 발생하고 있고, 더욱이 그런 업자에 의한 '강제 연행'이나 '강제징집'이 이뤄질 수 있었다는 점을 보여주는 문서라고 해석하는 데는 공통점이 있다.

양측의 주장은 일본군이나 정부의 책임 유무에 대하여 차이를 보인다.

요시미 및 우에스기 쪽은 군의 모집 업체 선정과 모집·징집 활동의 통제가 이루어졌음을 중시하고, 그래서 이를 '군의 관여'를 나타내는 결정적 증거로 파악하고 있다. 그리고 거기서 군은 당연한 의무로서 위안부에 대해서 적절한 보호를 제공하고 학대 및 불법 행위를 방지하는 감독 책임이 발생하는 것이며, 그것이 지켜지지 않은 경우에는 그 책임을 질 수 있다고 주장한다.

그것에 대해서, 이른바 일본의 자유주의 사관들은 위안소에 대한 군의 관여를 인정하면서도 그 관여는 업체에 의한 '강제 연행', '강제징집' 등 불법 행위의 단속이며, 이 통첩은 군이 그러한 단속을 실제로 하고 있었음을 보여주는 증거로서, 이 문건이 있는 이상 설사 수많은 불법 행위나 학대, 성폭력 사건이 일어났다 하더라도 그것은 그러한 행위를 한 개별 업체나 군의 하부기관, 일반 장병이 나쁜 것이지 군 및 정부의 책임을 물을 수는 없다고 주장한다.[101]

결국 이 공문에서 일본군이 위안부 모집업자를 직접 인선했고 모집업자들이 강제 모집을 했음을 알고 있음을 표현하고 있어, 일본 정부와 일본군이 그 법률적 책임을 져야 하는 것은 논란의 대상이 된다고 보기 어렵다고 할 것이다. 이 공문은 알선업자를 통한 위안부 모집 과정에 일본군의 관여를 인정하게 된 계기를 만든 자료 중의 하나다.

교토 다치바나대 나가이 카즈永井和 교수는 위안소란 장병들의 성욕을 처리하기 위해 군이 설치한 병참 부속 시설이었다고 보고 요시미 교수와 같이 일본군 및 정부의 관여와 책임을 인정한다. 그러면서 일본 자유주의 사관파들이 민간업자가 경영하는 일반 공창 시설과 같다고 하여 오로지 '강제 연행'의 유무를 가지고 위안소 문제에 대한 군 및 정부의 책임을 부정하는 것은, 그 외의 형태라면 군과 정부의 관여는 아무런 문제가 되지 않으며 문제 삼지 말아야 한다는 주장을 암묵적으로 내포하고 있는 것으로, 이는 위안소와 군 및 정부의 관계를 은폐하고 위안소의 존재를 정당화하는 것으로 받아들일 수 없다고 하고 있다.[102]

그리고 이 문서는 우메즈 요시지로 육군차관이 날인, 결재하고 있으며 육군대신의 난에는 '위윷'라는 도장이 찍혀 있으므로 스기야마 하지메杉山元 육군대신의 '의명통첩依命通牒' 문서라고 할 것이다. 따라서 일본군 위안소는 육군대신과 차관의 제도적 공인 아래 이들을 정점으로 해서 조직적으로 설치되었다고 볼 수 있다.[103]

위 문서를 작성한 육군차관 우메즈 요시지로는 일본군의 핵심 인물로 1944년 7월 18일 도조 히데키의 후임으로 참모총장에 취임하여 패전 때까지 역임했고, 1945년 9월 2일 대본영의 전권을 가지고 미주리함에서 열린 항복 문서 조인식에 참가했으며, 도쿄 재판에서 A급 전쟁 범죄자로 기소되어 복역 중 병사했다. 더구나 일본 육군차관이 일본 본토에서의 위안부 여성들의 모집 방법이 유괴와 유사하다고 하고 있는 점에 비추어서 식민지인 한국에서의 모집 방법은 더 심했을 것이라고 하는 것은 능히 짐작이 가능하다고 할 것이다.

김문길 한일문화연구소 소장은 1997년 일본의 재단법인인 '여성을 위한 아시아 평화 국민기금'이 발간한 자료집 〈종군 위안부 관계 자료 집성〉에서 일본군이 위안소 관리자를 시켜서 한국 등지에서 위안부를 연행해 왔다는 내용의 자료를 찾아냈다. 위 자료집 152쪽에서 '증명서'라는 제목의 문서는 1940년(소화 15년) 중국을 침략했던 일본군 엔다鹽田 병단의 하야시 요시히데 부대장이 산하 '위안소'의 관리자에게 발급한 것이다. 이 문서에는 '이 사람은 위안소 관리자로 위안부를 연행해 파병단으로 (중국으로) 돌아(귀나歸那)온다. 위안부는 부대에 꼭 필요하니 위안소 관리자가 도항(바다를 건넘)에 있어서 편리를 도모하고 어려운 일이 없도록 하라'는 내용이 적혀 있다.[104] 이 문서는 일본군이 위안부 모집에 직접 관여했고, 위안소 관리자가 모집한 위안부들을 자발적 동행이 아닌 강제로 '연행'했다는 점을 보여준다고 할 것이다.

이에 대하여, 일본 정부와 일본군이 일본군 위안부 제도를 설립하고 체계적으로 개입한 것은 사실이지만, 여성들이 돈을 벌기 위해 자원했거나 사설 중개업자들이 개입하여 사기와 강제를 행했을 뿐이며, 이 사기적·강제적 동원에 일본 정부와 군이 관여한 것은 아니라는 일부 주장도 있다. 그러나 이는 역사적 사실과 매우 다르고 일본의 자유주의 사관파도 일본군의 관여는 인정하고 있다.

위안부 모집의 관행적 수법, 기망성

일본군들은 위안부의 모집에 강제적 방법과 기망적 방법을 모두 사용했다. 그중에서도 다수의 증거 자료들은 일본군과, 일본군과 계약한 위안부 알선업자들의 일반적인 위안부 모집 관행으로서 기망의 수법을 보여준다. 1944년 10월 1일 자 미국 전쟁정보국U.S. Office of War Information의 보고서 (일본인 전쟁 포로 심문 리포트 No. 49)는 연합군이 일본군이 점령하던 버마 북부의 미치나Myitkyina를 함락한 이후 1944년 8월 미치나에서 발견한 20명의 한국 위안부 여성들과 일본인 부부 2명을 인터뷰한 내용으로, 미국 국립문서기록관리청NARA이 보관 중이다. 위 보고서에 의하면, 버마 미치나에 있던 한국 여성들은 미군 조사관에게 그들과 버마에 있는 많은 다른 한국 여성들은 일본군 위안부 모집 알선인으로부터 일본군 부상자들을 치료하는 싱가포르의 병원에서 일하게 될 것이라는 말을 듣고 속아서 왔다고 했다.[105] 이들 한국 위안부 여성들은 알선업자들이 그들에게 병원에서 일하는 것이 그들 가정의 채무를 변제하는 방법이라고 했다고 증언했다.

또 중국 쿤밍의 한국인 위안부 피해자 23명의 인터뷰에 관한 1945년 5월 6일 자 미국 전략사무국의 보고서에 따르면, 중국 쿤밍에 있는 한국 여성들의 상당수는 그들을 포함하여 약 30여 명의 한국 위안부 여성들이 한국 신문에 싱가포르의 일본 공장에서 일할 한국 여성들을 채용한다는 광고를 보고 지원했다고 진술했다.[106]

미국 전쟁정보국은 1941년 12월 7일 일본군의 진주만 습격 시까지 한국에서 선교사 활동을 한 호라스 호턴 언더우드Horace H. Underwood의 보고서를 발표했다. 미국 선교사 호라스 호턴 언더우드는 한국에 체류하다가 태평양 전쟁 발발 후 1942년 8월 일본 정부에 의하여 미국으로 송환된 후 미국 정부에 제출한 보고서에서 한국의 위안부 여성의 모집에 관한 언급을 했다. 그는 미국 국립문서기록관리청에서 보관하고 있는 보고서에서, 일본인들이 다양한 수법을 사용하여 많은 한국 여성들을 모집해 만주와 중국의 위안소로 끌고 간 사실을 기술했다. 그리고 이러한 사실들이 한국인들 사이에 일본을 혐오하는 결과를 낳았다고 설명했다. 그는 위안부 알선업자들이 주로 일본인 금융기관에 많은 채무를 지고 있으며 어린 여성이 있는 가정을 상대로 유인과 협박을 사용하여 여성들을 끌고 갔다고 했다.[107] 그는 제중원과 연희전문학교(현 연세대)를 설립한 호라스 그랜트 언더우드Horace Grant Underwood의 장남으로 1934년 연희전문학교 교장(현 연세대 총장)을 지냈다.

일본군 위안부 알선업자들은 어린 여성들에게 부모의 채무 변제를 위하여 싱가포르나 중국의 일본군 병원에서 일하도록 권유하기도 했다. 유키 다나카의 저서《일본의 위안부》에서 인용되는 많은 위안부 여성들도 강제 아니면 기망에 의하여 모집되었다고 주장하고 있다.

기망의 방법에 의하여 끌려간 위안부 여성들도 강제력에 의하여 납치되어 끌려간 여성들과 마찬가지로, 나중에 기망당했음을 알게 되었어도 자신의 의사대로 위안소를 빠져나갈 수 없었고, 강제로 성적 서비스를 제공해야만 했다. 미치나의 한국 여성들의 증언과 다른 여성들의 증언들에 따르면, 일단 여성들이 위안소에 도착하면 그들은 극히 드물지만 일본군이 그들을 풀어주고 집으로 돌아가도록 허가할 때까지 성노예 생활을 할 수밖에 없었다. 버마 미치나의 한국 여성들은 1943년 일본군이 극히 일부의 한국 여성들을 석방해준 사실이 있다고 증언했으나, 그들 대부분은 제2차 세계대전 기간 동안 위안소에 강제로 갇혀 있었다고 증언하고 있다. 중국 쿤밍의 한국 위안부 여성들의 증언도 일본군이 그들을 자신들의 의사에 따라 한국으로 돌아가는 것을 일체 허가하지 않았기 때문에, 그 여성들은 일본군과 중국군의 최전선을 가로질러 탈출하는 위험한 과정을 선택할 수밖에 없었다고 말하고 있다.

2007년 시작된 일본 정부의 위안부 모집에 강제성이 있었는지에 대한 논쟁은 위안부 여성들이 자발적으로 또는 비자발적으로 위안부 제도에 들어가게 되었는지에 관한 기본적 문제점을 희석시키는 것이다. 기망적 모집에 의하여 위안부 제도에 들어가게 된 것을 비자발적인 모집으로 정의한다면, 대부분의 위안부들이 비자발적으로 위안부 제도에 들어갔다는 사실은 많은 증거에 의하여 의심할 바가 없다. 이러한 많은 자료에 따르면,

위안부 제도에 자발적으로 들어간 경우는 거의 없는 것으로 보인다.[108]

정신대 지원 강요를 통한 강제 모집

국가총동원법은 1938년 4월 공포하여 그해 5월부터 시행된 일본의 전시통제법으로, 중·일 전쟁을 일으킨 일본이 전쟁에 전력을 집중하기 위해 인적·물적 자원을 강제로 동원하고 통제할 목적으로 만든 법이다. 이 법에 의해 전시에는 노동력, 물자, 자금, 시설, 사업, 물가, 출판 등을 완전 통제하고, 평상시에는 직업 능력 조사, 기능자 양성, 물자 비축 등을 명령했다. 이 법은 일본 본토는 물론 일본이 강점한 조선과 대만, 만주국에도 적용되어 강제징용, 징병(징병은 1943년에 시행), 식량 공출 등 전시 통제 체제가 시행되었다.

전쟁 말기가 되자 일본 정부의 국가총동원령이 강화되어 시행됨에 따라 여성과 남성 모두 전쟁 수행에 복무하도록 동원되었다. 이와 관련하여 겉으론 공장에서 일하거나 기타 전쟁 관련 업무를 수행함으로써 일본군을 보조할 여성들을 손에 넣기 위한 제도로서 여자정신대가 설립되었다. 1944년 8월 22일 일본 후생성은 이른바 '여자정신근로령'을 칙령 제519호로 공포, 12세에서 40세까지의 미혼여성을 강제징집했다. 일본 정부는 적격자로 인정한 여성에게 정신근로명령서를 교부했다. 이는 남성의 징용명령서와 동일하며 출동하지 않은 자가 있으면 취업 명령이 발동되고 위반했을 경우 국가총동원법에 따라 1년 이하의 징역 또는 1,000엔 이하의 벌금이 처해지는 최초의 벌칙 규정이 적용되었다.[109] 여자정신근로령이 조선 여성들에게도 시행되었는지 여부에 관하여 다른 주장이 있다. 1944년 8월 26, 27일 〈마이니치신보〉에서는 여자정신근로령이 조선에

서도 시행된다고 보도했다.[110]

이에 대하여 조선에서는 1944년 9월에 국민징용령이 여자를 제외하고 시행되었으나, 1944년 10월에 조선총독부가 '국민징용 해설'에서 여자정신근로령을 발동하지 않는다고 답변하여 조선에서 여자정신근로령이 발령되지 않았다는 주장도 있다.[111] 그러면서 1944년경부터 강제성이 없는 관의 지도 알선으로 여자정신대가 구성되어 일본 내지의 공장으로 향했다고 주장한다. 1944년 6월경부터 일본의 도야마 후지코시 공장에 1,090명, 나고야의 미쓰비시 항공기 도덕 공장에 약 300명, 도쿄 아사토 방적 누마즈 공장에 약 100명의 조선의 여학생들이 학교 교사의 인솔로 파견되었다고 기술하고 있다. 그 외에 와카야마현, 후쿠오카현 야와타, 미쓰비시 중공업 나가사키 조선소, 사가미 해군 제철소 등에 파견되었다고 한다.[112]

이러한 주장에 따르면, 조선 여성들이 관의 지도 알선에 따라 자발적으로 정신대가 되었다는 것이다. 하지만 한국 정신대 문제 대책 협의회 초대 대표인 윤정옥(1925년생)도 정신대로 끌려가는 것을 방지하기 위하여 1943년 4월에 이화여전에 입학한 이후 학교 측의 강요로 정신대 지원서를 썼다. 그리고 그 직후 아버지의 권유로 그해 9월에 자퇴를 하고 가족과 함께 금강산으로 피신했다가, 해방 후에 재입학하여 졸업했다. 이런 사례에 비추어 보더라도 정신대 모집은 적어도 1944년 이전부터 실시하고 있었으며, 관의 지도 알선이 아닌 사실상 강제징용이었던 것이다. 당시 조선에서는 미혼 여자의 징용을 '처녀 공출'이라고 하며, 이를 피하기 위해 딸을 숨기는 일이 많았다.

증언과 사료에 따르면 여자정신근로대에 동원된 이들은 주로 국민학교

(초등학교) 6학년이나 갓 졸업한 소녀들도 대상이었다고 한다. 당시 학교 교사나 동네 반장, 헌병은 '정신대에 가면 상급 학교에 진학할 수 있고, 돈도 벌 수 있다'는 거짓말로 소녀들을 속였다. 또 가족들에겐 소녀들이 정신대 지원을 하지 않으면 큰일이 날 것처럼 협박을 가하기도 했다. 실제로 관 알선에 의한 여자정신대 동원은 국민학교나 여학교의 교사가 지명 권유하는 사례가 많았다.[113] 정신대에 동원된 소녀들은 후지코시나 미쓰비시중공업과 같은 군수회사에 배치되어, 폭행과 욕설이 난무하는 환경 속에서 가혹한 노동 착취에 시달렸다. 화장실조차 제때 가기 어려웠고 가족에게 보내는 편지는 검열을 당했으며, 사고가 발생해도 치료를 받을 수 없었다. 그리고 임금을 거의 받지 못한 이들이 많았다고 한다.[114]

조선 여성들을 일본의 군수공장이나 일본군 위안부로 넘기는 행위는 사실상 이미 그 이전부터 시작되었고, 1938년 초 전쟁 확대와 함께 병사들의 사기 진작을 위해 조선 여성의 위안부 모집이 본격화되었다. 조선 여성들의 징발이 여자정신근로대라는 이름으로 합법적 정책으로서 수행되기 시작한 것이다. 많은 여성들이 간호사나 공장에서 일한다고 기만당해 군의 성노예가 되었고, 정신대가 매춘과 연루되어 있다는 사실은 곧바로 널리 알려지게 되었다.[115] 조선 여성들은 학교, 공장, 농촌에서 무자비하게 끌려가, 인도·타이·버마·인도네시아 등 태평양 일대의 섬과 중국으로 보내졌다. 그리고 낮에는 탄약 운반, 취사 요원, 세탁부, 간호부로, 밤에는 위안부로 혹사당했다.[116]

일본은 전쟁 말기에 이르자 위안부 공급을 늘리기 위하여 미사여구로 정신대 지원을 강요하고, 이들 중 상당수를 일본군 전선으로 보내서 위안부로 일하도록 강요한 것이다.

강제 연행이 아니라는 주장, 사실과 다르다

⬡

위안부의 강제 연행의 의미

일본 정부는 위안부 여성들에 대한 강제 연행이 있었는지에 대하여 매우 민감하다. 일본 정부는 처음엔 위안부 여성들의 강제 연행은 없었다고 주장했다. 그러다가 1993년 고노 관방장관이 담화에서 "위안소는 당시의 군 당국의 요청에 따라 마련된 것이며 위안소의 설치, 관리 및 위안부의 이송에 관해서는 구일본군이 직접 또는 간접적으로 이에 관여했다. 위안부의 모집에 대해서는 군의 요청을 받은 업자가 주로 맡았으나 그 경우에도 감언, 강압에 의하는 등 본인들의 의사에 반해 모집된 사례가 많이 있으며 더욱이 관헌 등이 직접 이에 가담한 적도 있었다는 것이 밝혀졌다. 또 위안소에서의 생활은 강제적인 상태하에서 참혹한 것이었다. 또한 전지戰地에 이송된 위안부의 출신지는 일본을 별도로 하면 조선이 큰 비중을 차지하고 있었으나 당시의 조선은 우리나라의 통치 아래에 있어 그 모집, 이송, 관리도 감언, 강압에 의하는 등 대체로 본인들의 의사에 반해 행하여 졌다"라고 말했다. 고노 장관은 위안소의 설치, 관리 및 위안부 이송에 대해서는 구일본군이 관여했다고 인정하면서, 위안부 모집에 대해서는 '군의 요청을 받은 업자가 주로 담당했다'고 밝혀 민간업자에게 책임을 떠넘겼다. 그리고 이들이 감언과 강압으로 위안부를 모집했다고 하고 있어서 일본군이나 일본 정부가 직접적으로 감언과 강압으로 위안부를 모집한 것은 아니라는 주장이다.

그 후 고노 장관을 비롯한 일본 정부 관계자들은 강제 연행의 '강제성'을 좁은 의미의 강제성과 넓은 의미의 강제성으로 분류했다. 그러고는 '정부가 법률적인 절차를 거쳐 폭력적으로 여성을 끌고 갔다'는 좁은 의미의 강제성을 입증하는 문서는 없다고 주장했고, '위안부 여성 본인의 의사에 반하여 모집되었다'는 넓은 의미의 강제성은 위안부 모집, 이송, 관리 등에서 그 사례가 다수 있었다는 것이 명확하다는 점에서 인정했다.[117] 1996년 3월 일본 정부는 쿠마라스와미 유엔 특별 보고관이 제출한 보고서를 비판하는 정부 보고서를 작성하고 유엔 인권위원회에 제출했다.[118] 일본 정부는 위 보고서에서 위안부의 모집은 군의 요청을 받은 업자가 주로 담당했는데 감언, 강압에 의하는 등 본인들의 의사에 반하여 모집된 사례가 다수 존재하고, 관헌 등이 직접 여기에 가담한 사례도 있다고 해서 위안부의 모집 과정에 넓은 의미의 강제성이 존재했다는 고노 담화의 입장을 유지했다. 역시 좁은 의미의 강제성은 부인하고 있는 것이다.

그러나 폭력적·강압적 연행은 말할 것도 없고 감언이나 기만적 연행도 유괴에 해당하는 것이다. 끌고 가는 차 안에서나 배 안에서 감시를 했던 것이 일반적이어서 모두 강제 연행이라고 보아야 한다. 즉, 넓은 의미의 강제성도 강제 연행의 한 행위로서 명백히 범죄행위다.

당시 일본 최고재판소도 1937년 3월 5일 "여성들을 속여 국외의 위안소로 보낸 것은 국외 이송 목적 유괴죄에 해당한다"고 유죄판결을 내렸다. 이것은 상하이에서 위안소 같은 가게를 운영하고 있던 일본인이 1932년에 해군 위안소의 확장을 계획하고 몇 명과 모의한 끝에 '일본으로부터 여자들을 데려와 고용하기로 했으며, 그때 위안소라는 사실을 숨기고 단순히 여급 또는 식모로 고용하는 것처럼 속여서 상하이로 이송했다'는 사건이다.[119]

일부 학자들도 "헌병과 경찰이 길거리의 처녀를 납치하거나 빨래터의 아낙네를 연행하여 위안소로 끌고 갔다는 통념은 단 한 건의 사례도 확인되지 않은 새빨간 거짓말"이라고 하면서 좁은 의미의 강제성이 일체 없었다고 주장하고 있다.[120]

그러나 쿠마라스와미 유엔 특별 보고관은 위안부의 징집과 관련하여 "세 가지 유형의 징집 방법이 확인된다. 이미 매춘부였으며 자발적으로 일하고자 하는 여성들과 소녀들을 모집한 경우, 식당이나 군인을 위해 요리하고 빨래하는 보수 좋은 일자리를 제공한다는 속임수로 여성들을 모집한 경우, 그리고 마지막으로 대규모의 강제적이고 폭력적인 여성 납치의 경우가 그것인데, 이것은 일본 지배하의 국가들에서 행해진 노예사냥과 같은 것이었다"라고 결론을 내리고 있다.[121] 두 번째의 기만적 방법이나 세 번째의 폭력적 방법의 경우에는 여성의 신체의 자유를 본인의 의사에 반하여 억압했다는 점에서 당연히 강제 연행의 범주로 보아야 할 것이지만, 첫 번째의 경우와 같이 자발적으로 위안부에 징집된 경우에도 국가가 부녀자를 추업에 사용할 목적으로 징집에 직접 또는 간접으로 관여한 것이며, 거의 대부분 이송 시에나 위안소 관리 시 위안부들의 신체의 자유와 성적 자유를 억압하는 것을 예상한 것으로서 강제성을 인정하여야 할 것이다.

강제 연행이라 하면 밧줄로 노예들의 목을 묶어 끌고 가는 형태의 '노예사냥'만을 연상하면서 그러한 위안부 징집은 없었다고 주장할 수 있겠지만, 아프리카에서 미 대륙으로 끌고 간 노예 연행과 노예무역도 실제로는 많은 노예들이 다양한 형태로 끌려갔고 거래되었다.[122] 즉, 백인들이 아프리카 오지까지 들어가서 노예사냥을 했다고 할지라도 이와 같은 경우는 아주 드문 사례였고, 일반적으로는 아프리카 사회가 보유·축적해 놓고 있던 노예의 일부가 유럽의 노예 상인들에 의해 팔려가는 식이었다.[123]

아프리카에는 오래전부터 토착적인 노예제도가 있었다. 아프리카인들은 범죄에 대한 형벌, 가족의 채무에 대한 지급, 그리고 전쟁의 포로 등으로 노예가 되었다. 그러다가 유럽인과 미국인의 노예선들이 와서 노예 거래에 대한 교환으로 상품을 제공하면서 아프리카인들은 납치의 방식을 빈번하게 사용하여 서로 상호 간에 노예화시키는 또 하나의 동기를 갖게 되었다. 유럽인들이 초기에는 아프리카에서 이송되어 오는 수많은 노예들을 체포하기 위하여 감히 대륙 내부로 들어갈 수는 없었다는 것은 의심할 여지가 없다.

아프리카 측에서 보면 노예무역은 일반적으로 아프리카 대륙의 이익보다는 개인의 이익에 관심이 많은 통치자나 부자, 힘 있는 상인들의 사업이었다. 부유하고 권력을 가진 아프리카인들은 아프리카 사회의 대량 파괴 없이 전쟁이나 다른 수단을 통하여 획득한 포로들에 대한 교환으로 다양한 형태의 소비 제품과 금조차도 요구할 수 있었다.

또 많은 아프리카 종족들은 유럽의 총기들과 교환하기 위한 포로들을 획득하고자 다른 종족들을 공격했다. 그들은 이러한 방법으로 그들 자신을 보호하기 위한 총기를 얻지 못하면, 그들이 그러한 무기를 소지한 그들의 라이벌 종족이나 적으로부터 공격당하고 체포당할 것이라고 생각했다. 이러한 아프리카의 인신매매는 일본의 전국 시대의 포르투갈 상인에 대한 인신매매와 유사점을 지닌다. 그러다가 17세기 중반경부터 아프리카 포로들에 대한 수요, 특히 미국의 사탕수수 농장의 수요가 커지자 유럽인들은 습격과 전투를 통하여 포로들을 획득하기 시작했다.[124]

하지만 유럽인들이 직접 습격과 전투를 통하여 노예를 획득한 경우뿐만 아니라, 아프리카의 왕이나 상인들에게 물품을 주고 노예를 획득한 경우도 노예들의 신체의 자유가 억압된 상태이므로 강제성이 있는 연행이라고 보아야 할 것이다. 따라서 강제 연행을 이른바 노예사냥과 같은 경우에만 축소하여 비교하는 것은 부당하다고 할 수 있고, 위안부 여성들의 폭력적 연행이나 기만적 연행 또한 강제 연행에 속한다고 할 수 있다.

모집 과정에 관한 일본 내 일부의 주장

일본판 위키피디아 '일본의 위안부日本の慰安婦'에서는 1944년 7월 26일 자 조선의 〈경성일보〉와 1944년 10월 27일 자 조선총독부 기관지 〈매일신보〉에 위안부 모집 광고가 실린 점을 들어서 상당수의 한국 위안부들이 자발적으로 광고를 보고 참여했으며, 기만 행위나 일본 군부나 정부의 관여가 없는 경우도 많았다는 취지로 말하고 있다.[125] 하지만 위 광고들은 전쟁 말기의 두 건에 불과하고 급히 모집하는 극히 예외적인 경우로서 위안부 모집 과정에서 강제나 기만 행위, 그리고 일본 군부나 정부의 관여가 없었다고 일반화할 수는 없다. 그리고 실제로 위 광고로 모집한 위안부가

있는지도 불확실하다. 오히려 수많은 자료들은 거의 대부분의 위안부들이 기망과 강압으로 모집되어 일본군의 전선으로 보내졌다는 것을 보여준다.

심지어 일본 위키피디아 '일본의 위안부 문제日本の慰安婦問題'에 따르면, 강제 연행이 있다는 객관적 자료는 하나도 발견되지 않았고, 일본군 위안부는 대부분이 어려운 형편 때문에 스스로 성매매를 원했던 사람이라고 주장하는 일본과 한국의 학자들도 있다.[126]

한국에서는 일본군의 지시를 받은 위안부 알선업자들의 강제 및 기망에 의한 위안부 모집은 일본 내지와 달리 별다른 통제를 받지 않아 강압적인 모집이 대부분이었다. 일본군은 한국에서 위안부 모집을 위하여 많은 한국인들을 알선업자로 이용하기도 했으며, 이들은 일본군의 지시를 받아 강제와 기망의 방법으로 한국의 소녀와 부녀자들을 일본군 위안소로 데리고 갔다. 범죄적 알선업자들이 일본군의 지시를 받거나 일본군의 수요에 맞추기 위한 유괴, 인신매매 등 범죄행위도 빈번했다.

일본군은 많은 경우에 한국 사정에 밝은 한국인 알선업자를 이용하여 한국의 부녀자들을 위안부로 모집했는데, 이러한 한국인 위안부 알선업자들의 범법 행위가 개입되었다는 사실만으로 이를 지시한 일본군의 법률적 책임이 결코 줄어든다고 할 수 없다.

일본군이 위안부를 직접 강제로 모집한 자료가 없어서 일본군이 모집의 주체가 아니고, 위안소도 민간인 업자가 운영한 것으로 일본군의 법적 책임이 없다는 일본 정부 내 일부 주장이 있다. 이에 대하여 일본군 위안부 문제 연구의 선구자인 요시미 요시아키吉見義明 일본 주오대 명예교수는 위안소가 1932년 상하이 사변 이후 설치되기 시작했으며, 육군의 경우 최초에는 현지 군이 중앙의 승인을 받아 설치했으나 1942년부터는 육군성이 스스로 설치에 나섰다며 위안소는 군이 설치·유지의 주체였다는 점은 명백하다고 했다. 그러면서 "업자가 한 것이므로 위안부 문제는 군이나 국가의 책임이 아니다"라는 견해에 대해 "군이 위안소 제도를 만들었다. 관리·통제도 군이 했다. 이용한 것도 군인·군속(군무원)뿐이다. 여성들도 군이 선정한 업자가 군의 요청을 받고 모집했다"고 반론했다. 그는 군 위안부 피해자들이 위안소에 들어가기 전에 병참부나 헌병에 의해 오게 된 경위를 조사받았으며, 이 과정에서 군은 인신매매, 유괴, 약취 등의 범죄행위를 파악했음에도 불구하고 이를 따지지 않고 여성들을 위안소에 구속했다며 일본의 책임이 명확하다고 규정했다. 또 그는 일본군 위안부 피해자들에게 외출의 자유, 주거지 선택의 자유, 폐업의 자유, 병사의 성적 요구를 거부할 자유 등 4가지 자유가 없었다며 "노예 상태라고 말하지 않을 수 없다"고 주장했다.[127]

그리고 충남대 국가전략연구소 전임연구원 윤명숙 박사의 주장과 같이, 일본 정부와 군이 노예사냥 같은 위안부 강제 연행에 직접 개입했는지에 초점을 맞추는 것은 일본 우익의 프레임에 빠지는 것이고, 일본군과 일본 정부가 배후에 숨어 알선업자들을 통제·감독하여 기망에 의한 취업 사기, 인신매매, 강제 납치 등의 방식으로 징집한 것 자체가 폭력이며, 일본 정부가 그 책임으로부터 조금도 자유로울 수 없다.

윤명숙 박사는 역사적 관점에서 위안부의 근본적 원인을 일본의 조선 식민 지배를 들고 있다. 그는 수탈·착취와 차별에 토대를 둔 일제의 조선 식민 지배 자체가 당시 조선 인구의 80%를 차지했던 농촌의 절대 빈곤화를 가속시켜 농민 70%가 끼니조차 잇기 어려운 빈농으로 전락했고, 그런 상황 속에서 수많은 10대 소녀들이 식모, 보모, 접객부, 기생, 여공이 될 수밖에 없었으며, 그들 가운데 상당수가 공장에 취직시켜 주겠다는 등의 거짓말에 쉽게 속아 위안부로 전락할 수밖에 없었다고 주장한다. 위안부 제도는 일본이 식민지 조선의 절대적 빈곤을 최대한 이용한 제도로서 일본의 수탈적 범죄적 식민 지배가 그 근본적 원인이라고 한다. 거시적으로 볼 때 이치가 합당한 주장이다.[128] 더 나아가 임진왜란 이후, 특히 1876년 조선이 개항한 이후 조선의 위정자들이 국가의 근대화와 부국강병을 소홀히 한 결과라고도 볼 수 있다. 그렇다고 하여 위안부의 인권유린에 대한 일본 정부의 책임이 경감된다고 볼 수는 없다.

2007년 7월 30일에 통과된 미국 국회 121 결의안에서도 "일본 정부는 1930년대부터 제2차 세계대전 동안 아시아와 태평양제도의 식민지와 전시 점령지에서 세상에 '위안부'로 알려지게 된, 일본 제국 군대에 대한 성적 노예를 유일한 목적으로 어린 여성들을 취득하는 것을 공식적으로 알선의뢰 했다"라고 선언해, 일본 정부가 공식적으로 알선업자에게 의뢰하여 미성년 여성들을 성적 노예로 일하게 했다고 확인하고 있다. 그러면서 "일본 정부에 의한 강제 군대 매춘 제도인 '위안부' 제도는 그 잔인성과 규모에 있어 역사적으로 유례가 없는 것으로 인정되고, 20세기 최대 규모의 인신매매 사례 중의 하나로서 신체적 불구와 죽음 그리고 궁극적 자살을 일으키는 집단 강간과 강제 유산, 모욕과 성적 폭력을 포함한다"라고 위안부 제도의 성격을 규정하고 있다.[129]

위안부가 매춘부라는 주장, 역사를 왜곡하고 있다

이에 대하여 조선인 위안부와 일본인 위안부가 모두 공인된 매춘부이고, 일본에 의해 납치되어 매춘을 강요받은 성노예가 아니라는 주장이 일부 학자들 사이에서 꾸준히 제기되고 있다.[130] 그중의 한 명인 존 마크 램지어 하버드대 로스쿨 교수는 일본군 위안부가 당시 정부 규제하에서 인정된 국내 매춘의 연장선상에서 존재한다고 주장한다.

그는 위안소 제도는 윤락업자와 여성 사이에 여성의 업무에 대한 적절한 보상을 합의한 계약 구조로 이루어져 있다고 주장했다. 그에 따르면, 윤락업자는 여성들이 힘들고 위험한 일을 회피하는 것을 예방하고자 했고, 여성들은 윤락업소에서 일하는 것이 명예에 피해가 된다는 것을 의식하고 있었으며 윤락업자들에게 사기를 당할 수 있다는 점에 유의했다는 것이다. 그 결과 여성들이 신뢰할 수 있는 방법을 만들었는데 그것이 윤락업소에서 짧은 기간 동안 일하는 대가로 많은 선불금을 주는 것이었다고 주장한다. 그리고 여성들은 선불금을 갚고 일찍 윤락 생활을 마치기 위하여 열심히 일하는 인센티브 구조가 있었다고 한다. 즉, 그는 위안소 운영업자와 위안부 사이에는 계약관계가 있었고, 위안부들은 선불금을 갚으면 자유롭게 위안소를 떠날 수 있었다고 주장한다. 그리고 위안부들의 보수는 전쟁터임을 고려하여 도쿄나 서울의 윤락 여성들보다 높게 정해졌다는 것이다.[131] 일본 내지의 윤락 여성들의 일부가 일본군 위안부로 모집되면서 자신들이 일할 업무의 성격을 이해하고 많은 선불금을 받은 사례가 있을 가능성도 있으나, 그러한 사례는 중·일 전쟁 초기 일본 내지에서 매춘부를 상대로 위안부를 모집한 경우 이외에는 극히 드물고, 더구나 이를 위안부 전체로 일반화할 수는 없다고 할 것이다. 특히 한국에서는 위안부로 끌려간 여성들은 거의 대부분 윤락 여성들이 아닌 나이 어린 소녀들이었으며, 선불금을 받은 여성도 찾아보기 어려웠다. 즉, 대부분 기망과 강요의 수법으로 위안부가 되었다. 앞서 본 민병갑 교수의 사례 연구에서도, 한국인 위안부 피해자 106명 중 자발적으로 위안소에 간 경우는 4명밖에 없으며, 나머지 102명은 유괴, 연행, 강요, 매매 등 강제 모집에 의하여 위안부로 동원된 사실을 보여준다.[132] 램지어 교수의 주장에 대하여 많은 학자들은 그가 위안부 고용계약서와 같은 아무런 근거 없이 위안부들이 계약관계로 일했다는 허위 주장을 하고 있으며, 그가 근거로 들고 있는 자료에 나오는 일부 여성들이 계약관계에 있다고 하나 그들도 모두 일할 업무의 성격에 대하여 기망을 당한 것이라고 주장한다. 그리고 그들이 선불금을 갚더라도 자유롭게 떠날 수도 없었다고 반박한다.[133]

그리고 램지어 교수는 "당시 일본 내무성이 매춘부로 일하고 있는 여성만 위안부로 고용할 것을 모집업자에게 요구했다"고 하며, 또 "여성이 자신의 의사로 응모한 것을 여성 본인에게 직접 확인하고 계약 만료 후 즉시 귀국하게끔 여성에게 전하도록 관할 경찰에 지시했다"고 주장했다. 그러면서 그는 위안부의 피해에 대한 책임을 모집업자에게 돌리고 있다. 즉, 램지어 교수는 "일본 정부나 조선총독부가 여성에게 매춘을 강제한 것은 아니며 일본군이 부정한 모집업자에게 협력한 것도 아니"라는 주장을 하면서 "수십 년에 걸쳐 여성이 매춘 시설에서 일하도록 속인 조선 내 모집업자에게 문제가 있었다"고 한다. 그는 위안부의 경우 계약 기간이 2년으로 짧은 것이 일반적이었고 더 짧은 경우도 있었다고 기술했다. 이는 멀리 떨어진 전쟁터에서 일하는 위험이 큰 점을 반영했으며, 또 위안부가 높은 보수를 받았다고 주장했다. 그러나 앞서 본 바와 같이 위안부 모집에 있어서 일본과 조선에서는 그 방법에 있어서 많은 차이가 있으며, 조선에 있어서는 강제성과 기망성, 그리고 일본군과 조선총독부, 경찰, 지방 행정 조직의 관여가 뚜렷하다. 위안부의 노예적 성질은 모집 과정뿐만 아니라 일선 군

부대 현지에서의 강압성 등도 고려하여 인정한 것이다.

램지어 교수는 일본의 가라유키상과 같이 한국의 젊은 여성들도 1932년 상하이에 최초 위안소가 설립되기 훨씬 이전인 1920년대부터 해외에서 매춘업에 종사했다고 하면서 위안부가 이러한 해외 매춘의 일종인 것처럼 주장하고 있다.[134] 하지만 민병갑 교수의 지적처럼, 위안부로 끌려간 여성들은 윤락 여성들이 아닌 나이 어린 소녀들이 대부분이었다는 점에 비추어 봤을 때 램지어 교수의 주장은 사실을 왜곡하고 있는 것이다. 한국인 위안부들 중에는 나이가 많은 여성은 거의 없었다.

더구나 램지어 교수는 하버드대의 석지영 교수의 질문에 대하여 "나는 조선인 계약서는 갖고 있지 않다. (조선인 위안부에 대한) 계약서를 구할 수 있었으면 좋았을 것이다. 하지만 찾을 수 없었다. 당신도 찾을 수 없을 것"이라고 말했다. 그리고 하버드대 동아시아언어문화학과 카터 에커트 교수와 역사학과 앤드루 고든 교수는 램지어가 쓴 논문의 인용을 추적해보니 "그가 조선인 위안부나 가족 또는 모집업자의 실제 계약을 단 한 건도 찾아보지 않았다고 판단할 수 있었다"고 비판하기도 했다.[135] 일본의 요시미 요시아키 주오대 명예교수도 램지어 교수의 논문에 대하여 "무엇보다 '위안부'가 성노예제의 피해자였다는 중대한 인권침해를 무시하고 있다는 것이 치명적"이라고 밝혔다.[136]

위안부의 대부분은 강제 연행되었다

일본인들은 전쟁이 확대됨에 따라 증가하는 군대의 수요에 맞추기 위하여 보다 많은 여성들을 조달하고자 폭력과 노골적인 강제력을 사용했다. 많은 수의 여성 희생자들은 딸의 납치를 막으려고 했던 가족들에게 행하여진 폭력에 대해 증언한다. 어떤 경우에는 군인들이 강제로 연행하기 전에 그녀들의 부모 앞에서 강간을 자행하기도 했다. 한 사례 연구에 따르면, 여복실이라는 희생자는 다른 많은 소녀들처럼 집에서 붙잡혔는데, 그녀의 아버지가 그녀를 끌고 가는 것을 저항했다는 이유로 구타당했다고 언급한다.[137]

박정희 군사정부의 중앙정보부장으로 한·일 협상의 당사자이며 김대중 정부의 국무총리를 지낸 김종필은 자신의 회고록에서 일본 군속들이 위안부를 속여서 모집한 경위를 생생하게 증언하고 있다.

위안부 문제를 거론하니까 잊을 수 없는 일이 하나 있다. 2001년은 연초부터 한·일 양국이 과거사 문제를 두고 갈등이 격화되었다. 일본에서 한일병합併合을 정당화하고 위안부 내용을 삭제하는 등 왜곡된 과거사를 담은 중학교 역사 교과서가 정식 교과서로 채택될 상황이었다. 여기에 우리 여야 의원들이 일본의 역사 교과서 왜곡 중단을 촉구하는 결의안을 채택하고, 시민 단체는 일본의 사죄와 반성을 촉구하는 시위와 집회를 잇따라 열었다. 그러나 일본 정부와 언론은 줄곧 무성의한 태도와 엉뚱한 반응을 보였다. 〈요미우리신문〉은 3월 2일 자 사설에서 '일본은 사상의 다양성을 허용하는 나라다'는 제목 아래 '정신대는 전쟁 시 근로를 위해 동원된 것'이라며 중국과 한국이 역사 교과서 왜곡에 대해 항의하는 것을 '간섭'이라고 비판했다. 위안부가 강제 동원되었다는 사실史實을 '뎃치아게루でっち上げる, 꾸며낸 일'라고 표현하기도 했다.

당시 자민련 명예총재로 일선에서 물러나 있던 나도 가만히 있을 수 없었다. 마침 일본에 체류 중이던 3월 7일 한·일의원연맹 회장 자격으로 류흥수(연맹 간사장·한나라당)·장재식(부회장·자민련)·이윤수(운영위원장·새천년민주당) 의원과 함께 〈요미

우리신문〉 본사로 쳐들어갔다. 사장실 문을 열고 들어간 나는 와타나베 쓰네오渡邊恒雄(2005년부터 회장) 사장 겸 주필에게 다짜고짜 쏘아붙였다. "어이, 쓰네오상. 이럴 수가 있어? 당신 나이가 나하고 같으니까 주의를 기울였으면 이런 글이 나오지 않았을 거다. 이 글 누가 썼어? 이거 쓴 논설위원들 다 불러와라."

와타나베는 나와 동갑내기로 오랜 일본 친구다. 1961년 내가 35세 때 이케다 총리를 만나기 위해 한·일 회담 밀사로 일본을 찾았을 때 그는 정치부 기자로 오노 반보쿠大野伴睦 자민당 부총재실을 출입하고 있었다.

(중략)

잠시 뒤 글을 쓴 당사자를 포함해 편집국장과 논설위원들이 모였다. 그들이 오자마자 나는 일본어로 막 야단쳤다. "당신들, 지나 사변(중·일 전쟁, 1937~1945년)이 일어났을 때 몇 살이냐. 그 당시에 일본 군대 일을 도와주는 사람들의 복장을 아느냐. 헌팅 모자 쓰고 쓰메에리(깃이 목을 둘러 바싹 여미게 지은 양복) 하얀 것 입고, 그 위에 윗도리 걸치고, 아래는 단코바지(아래는 좁고 허벅지 부분은 넓은 승마복 같은 바지) 입고, 게토루(각반) 찬 놈도 있고, 지카다비(일할 때 신는 일본 신) 신고, 뒷주머니에 허연 수건 꽂고…. 이런 놈들이 돌아다니면서 '전부 군대 나가는 바람에 생산수단이 없어 사람들이 모자란다. 그래서 여자들이 생산기관에 가서 일하면 돈 벌고 그 돈을 어머니 아버지에게 보낼 수 있고, 좋지 않으냐' 이렇게 속였다. 이 장면들을 내 두 눈으로 똑똑히 보았다. 이렇게 모집한 여성들을 일부는 생산기관에 배치했겠지만, 대부분은 즉각 강제로 중국으로 보내 가지고 위안부 노릇을 시켰는데, 뭣이 어쩌고 어째. 꾸며낸 일(뎃치아게루)이라고?"

이건 내 머릿속에 사진처럼 남아 있는 나의 중·고교 시절, 고향에서 일어났던 상황을 생생하게 묘사한 것이다. 일제 시대 위안부로 끌려간 조선의 누이들을 두 눈으로 직접 본 나의 호통에 와타나베 회장은 물론 논설위원 중 누구도 대답을 못했다. 그들은 위안부를 '가난해서 몸을 파는 여자들'이라는 정도로 인식하고 있었다. 내친김에 일본 언론사들을 한 바퀴 돌았다. 이튿날은 〈아사히신문〉을 찾아 일본 역사 교과서의 왜곡 상태를 자세히 알렸고, 그다음 날은 〈산케이〉를 찾아 보도 태도에 항의했다.

그간 일본의 전중戰中 세대, 양심적인 지식인들은 위안부 강제 동원을 인정해왔다. 일본 〈아사히신문〉 종군기자 이토 마사노리伊藤正德가 대표적인 경우다. 그는 태평양 전쟁 종전 후 쓴 《제국육군의 최후》(1960·문예춘추사)라는 책에서 위안부의 존재를 비교적 자세히 기록했다.

이 책에 따르면, 손재주가 좀 있어 보이는 여자는 공장으로 데려갔지만 그렇지 않은 여자는 중국 대륙으로 끌고 가 군대 위안부로 만들었다. 일본 군대가 만주로 가면 위안부도 만주로, 월남으로 가면 월남으로 데려갔다. 태평양 전쟁이 일어나자 일본군은 각 섬으로 흩어졌다. 용산에 진주하던 일본군 20사단은 수송선을 타고 뉴기니로 향했는데, 미국 잠수함이 쏜 어뢰에 맞아 배 절반이 바닷속으로 침몰했다. 그때 배에 함께 탔던 종군 위안부들도 같은 운명을 맞았다. 이토의 책은 얼마 지나지 않아 일본에서 찾아보기가 어려워졌다. 아마도 누군가가 위안부의 증거를 없애기 위해 그런 짓을 했을 것이다.[138]

일본군 위안부의 실체

훼손된 자료들, 실체 파악이 어렵다

위안부의 전체적인 규모는 학자들 사이에서도 논란이 많은 부분 중 하나다. 얼마나 많은 여성들이 일본 군대의 위안부로 끌려가서 일했는지 오늘날까지도 정확한 인원 파악이 어렵다. 그 이유는 여러 가지가 있을 수 있으나 첫째, 일본 정부가 얼마나 많은 위안부 자료를 가지고 있는지 알 수 없을 뿐만 아니라, 일본 정부에서 위안부 관련 자료를 제대로 공개하지 않고 있다는 점이 가장 크다고 할 것이다. 일본 정부가 그 당시 일본 군대에서 가지고 있던 자료를 그대로 소지하고 있다면 가장 정확한 규모의 위안부 인원과 배치 장소 등을 알 수 있으나, 일본 정부가 과연 그러한 자료를 가지고 있는지 여부조차도 알 수 없다. 왜냐하면 일본 군대가 동남아시아 각지의 전선에 흩어져 있다가 전쟁에 패망하면서 각 부대가 소지하던 자료를 훼손했을 가능성도 있고, 일본 정부에서 보관하던 자료도 일본 정부가 그대로 공개하지 않았을 가능성이 있으며, 현재까지의 태도에 비추어 일본 정부에서 그러한 자료가 있다고 하더라도 앞으로 이를 적극적으로 공개하는 것을 기대하기 어렵기 때문이다. 설사 일본 정부가 모든 공문서를 공개한다고 하더라도 위안부들의 전체 숫자는 알기 어려울 수 있다. 왜냐하면 위안부 여성들을 수송할 때 육군 화물로 분류하여 전선으로 보냈다는 증언이 있는데, 화물 분류표에 여성이라고 기재되지 않아서 화물 분류표만 보아서는 위안부 여성들의 수송 여부나 규모를 알 수가 없기 때문이다. 실제로 나가사키에서 상하이로 최초 운송된 위안부 여성들은 선박 화물 분류표에 '전쟁 물품'이라고 기재되었는데, 이는 위안부 수송을 숨기기 위한 의도였다.[139]

둘째, 위안부로 일했던 여성들 중 상당수가 전쟁 중에 사망했기 때문이다. 그들 중에는 질병이나 구타 등으로 사망한 여성들도 있고, 일본 군인들이 전선에서 마지막까지 끌고 다니다가 패전으로 퇴각하면서 집단 학살한 경우도 있으며, 전쟁터에서 공습으로 사망하거나 일본군 수송선 등으로 귀국하던 중 연합군의 공습으로 선박이 침몰하여 집단으로 사망한 경우도 있다.

셋째, 전쟁 후 생존한 여성들도 수치심으로 자신의 과거를 숨긴 경우가 대부분이고, 역시 수치심으로 자신의 본국이나 고향으로 돌아가지 않고 다른 나라나 도시에 정착한 이들도 많아서 파악하기가 매우 어렵기 때문이다. 더구나 위안부로 일했던 생존 여성들의 거의 대부분이 고령으로 사망해 위안부의 규모는 그 실체를 파악하기가 거의 불가능하다. 1991년 김학순 할머니의 공개 증언 이후 신고 센터가 개설되어 위안부 피해자들의 신고를 받았으나, 2014년까지 238명에 불과하다.[140] 전체 한국인 위안부 추정 인원이 20여만 명에 이르는 것에 비추어 0.1%에 불과한 극소수 인원이다. 확인된 위안부의 수가 이처럼 적은 것은 당사자들의 신고에만 의존하고 적극적인 조사 활동을 하지 않은 탓도 크다.

일부 학자는 일본군은 군인들의 성병을 예방하기 위하여 일본과 한국의 표준 공창제도를 도입했기 때문에 위안소와 위안부들이 모두 등록이 되었다고 주장하고 있다.[141] 그러나 일본 정부가 그렇게 등록된 자료가 있다면 공개해야 마땅할 것인데, 오히려 일본 군부는 위안부들을 숨기려고 화물로 분류하여 일본군 현지로 수송했다는 점에 비추어 볼 때 터무니없는 주장임에 틀림없다. 또 일본 군인들이나 그들의 지시를 받은 민간인들의 강제 납치와 연행 행위가 빈번했던 점 등을 보아서도 이것은 도저히 받아들일 수 없는 주장이다.

전체 위안부의 수, 29대1

일본은 위안부의 수에 대하여 매우 민감하다. 특히 한국 여성 위안부의 수에 대하여 가급적 적게 추정하고자 하는 학자들이 다수 있다. 또 학자들이 주장하는 위안부의 수는 모두 추정치일 뿐이고 정확한 수는 알 수가 없다. 하지만 수많은 여성들이 위안부로 끌려가서 일했다는 점을 입증하는 자료들은 많이 남아 있다. 와다 하루키의 저서에도 위안부의 규모를 추정하고 있다.

1939년 광둥 주변에 주둔하고 있던 제23군 사령부의 보고에는 경비 대장과 헌병대 감독하에 만들어진 위안소에 있는 '위안부의 수는 대략 1,000명 안팎으로, 군이 통제하는 사람이 약 850명, 각 부대 향토에서 불러온 사람이 약 150명으로 추정된다'고 되어 있습니다. 제23군에서만 1,000명이라고 하니까 일본군 전체로는

엄청난 수의 여성이 위안소에 징집되어 이 제도의 희생자가 된 것은 틀림없습니다.[142]

일본은 패전과 함께 전시 관련 자료를 대부분 소각했다. 이후 예상되는 전후 처리 과정에서 자신들의 범죄를 은폐하려는 목적에서다. 위안부 제도 실시 당시에도 '군의 위신 유지'를 위해 '주도 면밀함'과 '긴밀함'을 강조(1938년 3월 일본 육군성 통첩)했던 일본은, 전세가 기울어지자 위안부 관련 자료들도 소각했던 것으로 보인다. 전후 소각 처리되지 않고 남아 있는 자료들도 일본 정부는 자국 의회에서조차 공개를 하지 않는 상황이다. 그래서 일본군이 동원했던 위안부 숫자는 어디까지나 추정치일 수밖에 없다. 위안부의 추정치는 최소 2만 명에서 최고 41만 명에 이를 정도로 학자마다 다르고 그 편차도 크다.[143] 위안부의 전체 숫자를 당시 일본 군인의 숫자, 일본 공창 여성의 숫자 등에 기초하여 추산하고 있는 학자들은 일본군 29명 당 위안부 1인이라는 추론에 의거하여 일반적으로 '위안부'로 동원된 여성이 17만 명에서 20만 명이라고 추정하고 있다.[144]

해외의 일본군·군속의 총수는 만주(40만 명에서 66만 명)를 제외하고 태평양에서 버마(현 미얀마)까지 전투를 전개한 시기에 140만 명에서 150만 명, '대륙타통작전大陸打通作戰' 말기에는 280만 명 정도라고 한다.[145] 만주군을 포함하면 약 200만 명에서 350만 명에 이른다. 대륙타통작전은 1944년 4월 17일부터 12월 10일에 걸쳐 일본 육군이 중국 대륙에서 실시한 작전이다. 이를 일본군 29명 당 위안부 1인이라는 추론에 따라 위안부 수를 계산하면 상시 일본군 부대에서 유지하여야 할 위안부 수는 69,000명에서 120,000명 정도가 된다. 위안부 제도의 본격적인 활용 시기인 1937년부터 1945년까지 약 8년여간은 상당히 장기간이어서, 동일한 위안부 여성들이 처음부터 전쟁 종료 시까지 위안소에서 성노예 생활을 견뎌 냈다고 보기는 어렵다고 할 것이다.

윤정옥 교수가 생존 피해자들과 당시의 일본 군인 증언을 종합해본 결과에 따르면, 위안소 억류 기간은 2년에서 4년이 가장 많고 5년에서 8년도 상당한 비중을 차지한다고 한다. 1932년 상하이 사변 당시부터 13년간 억류된 피해자도 있으나 예외적이었다.[146]

이러한 조사 결과를 참작할 때 평균적인 억류 기간은 4년 이하로 추정된다. 따라서 8년여 기간 동안 위안부의 사망이나 도주, 유기, 귀국 등의 사유로 보충하거나 교체되는 비율을 1.5보다는 높은 2로 볼 수 있으며, 위안부 희생자들의 수는 138,000명에서 240,000명으로 추산할 수 있다. 그리고 일본군이 위안소 제도를 처음 도입한 것이 1932년경이므로 이때부터 중국의 일본군 주둔군의 상당수는 위안소를 두고 있었던 것으로 보인다. 그러므로 위 수치에 1932년부터 1936년까지의 위안소 내 위안부의 수치를 더하여야 할 것이다. 정진성 교수가 1993년 기준 보건복지부에 신고된 175명을 대상으로 분석한 논문을 보면, 1932년부터 1936년까지 5년간 연행된 수는 전체의 9%(16명)에 이른다.[147] 이를 기초로 해서 볼 때, 이 기간 동안 연행된 위안부는 전체 위안부 수의 9~10%라고 할 수 있다. 그리고 1937년 이후 1945년까지는 위안부 총수의 대략 10%로 계산할 수 있으므로 13,800명에서 24,000명이라고 할 수 있다. 그렇다면 1932년부터 1945년까지의 위안부 수는 위 수치를 더하여 15만 명에서 26만 명으로 추산할 수 있을 것이다. 하지만 이는 어디까지나 추측일 뿐이고 사실과 부합하는지는 알 수 없다.

이러한 위안부 추산의 근거가 되는 일본군의 총수에 대하여도 여러 가지 견해가 있다. 어느 정도 공신력이 있는 통계로서는 〈동경신문〉의 2010년 8월 8일 자 '대도해시리즈, 종전일을 생각한다'에서 추산한 1945년 8월 15일 일본 패전일의 아시아 전역의 일본군의 총수는 육군 296만 3,300명, 해군 38만 1800명, 도합 334만 5,100명이다. 이는 후생노동성 원호국 조사를 기초로 한 것이라고 한다.[148] 이 수치는 앞서 본 대륙타통작전 시의 일본군 총수 350만 명과 비슷하지만, 군속이나 일본 본토의 일본군은 포함되지 않았다. 일본 군속도 위안소를 이용했고, 본토의 일본군 주둔지에도 위안소가 있었다. 그리고 1963년에 일본 후생성 원호국이 발행한《속속속·인양 원호의 기록》에서는 패전 시 '총병력은 약 569만 명'이라고 언급하고 있다. 또《전사총서·해군군전비(2)》(1975년 발행)에 따르면, 1945년 8월 15일 현재 해군의 군인 수는 169만 3,223명이라고 한다.[149] 일본 본토의 병력을 포함한 군인 수이지만, 앞서 살펴본 통계보다 훨씬 많은 723만 3,223명이다. 일본 본토에도 위안부 여성들이 있었으므로, 이 숫자를 29로 나누면 약 25만 명이고 여기에 교체 비율을 2로 보고 곱하면 약 50만 명이라는 위안부 수가 나온다.

일본 내 위안부 문제의 권위 있는 연구자인 요시미 요시아키 교수는, 일본이 동원했던 위안부 수를 최소 4만 5,000명에서 최대 20만 명으로 보고 있다. 이후 요시미는 기존의 주장에 덧붙여 8만 명에서 20만 명으로 추측했다. 중국의 쑤즈량蘇智良 위안부문제연구센터 소장(상하이 사범대 교수)은 중국인 피해자만 20만 명으로, 조선인까지 합한 전체 위안부 수는 36만 명에서 41만 명으로 보고 있다.[150] 이에 대하여 우익 성향의 일본 역사학자인 니혼대 교수 하타 이쿠히코는 위안부의 추정치가 2만 명이라고 주장하고 있다.[151] 더구나 하타는 그중에 강제로 징발된 사람은 한 명도 없다고 주장한다. 그리고 하타는 내무성 관리국의 '소화 19년도 내지 화태 남양 이입 조선인 노무자 공출 할당수조'[152] 등에 의해 조선 여성은 약 1만 명으로 추계하고 있다.[153] 그러나 하타 교수의 추정치는 위안부는 대부분 공식 추정 통계에서 나타나지 않을 뿐만 아니라 지나치게 다른 학자들의 통계치에서 벗어나 있어서 받아들이기 어렵다. 위안부 여성들은 일본군이나 그 알선인들이 강압 또는 기망의 방법으로 은밀하게 모집·수송했을 뿐만 아니라, 선박으로 수송할 때 대부분 육군 화물로 분류하는 등 공식 통계로는 그 규모를 제대로 파악하기 힘들다.

요시미 요시아키 교수는 위안부 최소 인원으로 일본군 병사 총수를 300만 명으로 보아 병사 100명당 위안부 1명으로 계산해 위안부 교체율을 1.5로 보았을 때 위안부 45,000명이 소요되고, 최대 인원으로 병사 30명당 위안부 1명으로 계산해 위안부 교체율을 2로 보았을 때 위안부 20만 명이 필요하다고 계산했다.[154]

여기서 병사 100명에 위안부 1명으로 추산한 근거에는 1939년 4월 〈상하이 제21군의부장 보고 가네하라 쓰요시 자료 적록〉에서 '병사 100명 여자 1명 위안대를 수입'이라는 언급이 있기 때문인 것으로 보인다.[155] 그리고 병사 30명에 위안부 1명으로 추산한 근거로는 당시 업자들 사이에서 통용되고 있던 '니구이치', 곧 병사 29명에 '위안부' 1명이 적당하다는 것을 근거로 추산한 것으로 추측된다. 그리고 여기서 '교체율'은 위안부의 사망, 귀향 등으로 교체되는 비율을 의미하는 것으로 보인다. 일본 민주당은 위안부 수로 8만 명에서 20만 명으로 보고 있다.[156]

국제법률가협회ICJ는 한국, 북한, 일본, 필리핀을 방문하여 위안부 문제를 조사한 후 1994년 11월 22일 '위안부, 끝나지 않는 고통'이라는 제목의 최종 보고서를 출판했는데, 위 보고서에서는 위안부의 수를 10만 명에서 20만 명으로 추산하고 있다.[157]

〈아사히신문〉 편《여자들의 태평양 전쟁2》[158]에는 '조선 여자정신대는 대략 20만 명이 동원되었다'고 쓰여 있다. 이에 대하여 일본 내지로 동원된 조선인 여자정신대의 총수에 대해 다카사키 소지高崎는 많게는 4,000명이며, 20만 명 설은 성립되지 않는다고 주장한다.[159]

최소 20만 명 설이 객관적이다

호주 학자 조지 힉스George Hicks는 1992년 도쿄와의 핫라인으로 전화 신고를 한 위안부 여성들의 신고 내용을 분석했다. 그 결과 1937년부터 1945년까지 병사당 위안부의 수는 매년 그리고 지역마다 달랐는데, 4건은 위안부 1인당 병사의 수가 50:1, 다른 경우에는 35:1에서 100:1까지 있었다. 그리고 전쟁 당시 일본 군인들에 의하면, 만주에 있는 관동군의 비율은 35:1과 45:1 사이였다고 했다. 공개된 일본군 공식 문서에는 일본 육군 21군단에는 1,004명의 위안부 여성들이 있었다고 하고 있는데, 당시 21군단에는 4만 명에서 5만 명의 병사가 있었으므로 그 비율은 40:1과 50:1 사이였다. 그래서 힉스는 위안부 1인당 병사의 수를 약 50:1로 추정하는 것이 적당하다고 판단했고, 전쟁 당시 전 지역에 약 700만 명의 병사들이 있었다고 하면서 약 139,000명의 위안부 여성들이 존재한 것으로 추정하고 있다. 힉스는 전쟁 중 위안부 여성들의 사망률을 약 6분의 1로 보면서 23,000명의 위안부 여성들이 사망했고, 나머지 116,000명이 전쟁 이후 생존한 것으로 추정하고 있다.[160] 그러나 힉스와 같이 위안부 1인당 병사의 수를 50:1로 본다고 하더라도 위안부 전체의 수는 139,000명을 훨씬 넘는 것으로 추정하는 것이 옳다고 보인다. 왜냐하면 위안부 여성들이 일하는 도중 병들어 사망하거나 살해, 도주 또는 귀향한 경우가 충분히 있을 수 있고, 이러한 경우 50:1의 비율을 유지하려면 위안부를 신규 보충해야 했기 때문이다. 이러한 교체율을 1.5라고 보면 208,500명이며, 교체율을 2라고 보면 278,000명의 위안부가 존재한다고 추정할 수 있을 것이다.

위안부의 전체 수에 대하여 이처럼 큰 편차가 있긴 하지만 제2차 세계대전에 참여했던 관련자들의 구술, 그리고 쿠마라스와미 보고서 등 UN에서 정설로 인정받는 견해는 20만 명이다.[161] 미국 연방법원에 제기한 위안부 소송에서도 미국 연방법원은 1931년부터 1945년까지 약 20만 명의 여성들이 일본군에 의하여 성노예로 강요되었다고 결정하고 있다.[162] 2006년 9월 13일 미 하원 국제관계위원회를 통과한 하원 결의안(H.Res.759)에서도 위안부의 수를 약 20만 명으로 인정하고 있다.[163]

위안부의 정확한 숫자는 지금까지 증명된 것은 없지만, 학자들도 대부분 일반적으로 20만 명의 여성이 일본의 성범죄 피해자였다고 보고 있다.[164] 그리고 일본 수상 마야자와 기이치도 위안부의 숫자가 20만 명이라는 사실을 인정했다.[165] 그중 80~90%가 한국 여성이었다. 위안부의 수요는 일본군 29명에 한국 여성 1명으로 계산, '니쿠이치'라 했으나 일본 패전 직전에는 1명당 백 명까지 상대했다고 한다.[166]

위안부의 약 80%가 한국 여성

한국인 위안부의 수에 대해 학자마다 조금씩 다르기는 하나 위안부의 대부분이 한국인이었다는 점에 대해서는 대체로 의견을 같이한다.

카렌 콜리겐-테일러Karen F. Colligan-Taylor는 야마자키 토모코의 논픽션 소설《산다칸 8번 창관サンダカン八番娼館》을 영문판으로 번역 출간하면서 서문을 작성했는데, 그 서문에서 위안부의 규모를 추정하고 있다. 카렌은 1930년에서 1945년까지의 사이에 대략 139,000명의 여성들이 일본군의 성적 만족을 위하여 강제로 동원되었고, 이들 중 대략 80%는 한국 여성들이었으며, 10%는 중국, 대만, 필리핀, 인도네시아, 말레이시아, 베트남, 그리고 동인도인(네덜란드 여성을 포함) 여성들이었고, 오직 10%만이 일본 여성들이었다고 했다. 일본 여성의 숫자가 작은 이유는 일본 여성들은 농사일과 공장일에서 남성을 대신해야 했으므로 집에 남아 있어야 했고, 만일 일본 군인들의 자매들이 강제로 일본 군인들에게 매춘을 한다면 일본 군인들의 사기가 떨어질 것을 우려했기 때문이었다고 했다. 그리하여 젊은 한국 소녀들이 일본 여성들을 대체했으며, 위안부의 80%가 14세에서 18세 사이였고, 그들 다수는 초기 가라유키상과 마찬가지로 기망을 당하거나 납치되어 왔다고 보았다.[167] 앞서 본 호주 학자 조지 힉스도 위안부 여성의 80%는 한국 여성들이라고 추정하고 있다. 육군 군의관 아소 데쓰오麻生徹男는 그의 수기에서, 1938년 1월 군의 명령을 받아 상하이에서 오지奧地로 진출하는 여성 100여 명의 매독 검사를 실시했는데 그중 조선인이 80명, 일본인이 20여 명이었다고 하고 있어서 이러한 주장에 부합한다.[168]

일본 주오대의 요시미 요시아키 교수는 1940년부터의 일본 제국 군대의 성병 치료 기록을 분석하여 치료받은 여성의 비율을 계산했는데 한국인 위안부가 51.8%, 중국인 위안부가 36%, 일본인 위안부가 12.2%에 이

르는 것으로 추산했다.[169]

미국 시카고대의 한국학 교수인 브루스 커밍스Bruce Cumings는 일본 정부는 위안부 수를 강제로 할당하여 한국인 남자들의 도움을 받아 모집했는데, 10만 명에서 20만 명 사이의 한국인 여성들이 위안부로 징집되었다고 주장한다.[170] 그리고 이들은 대부분 상류층이나 관료들의 자녀가 아닌 가난한 집안의 여성들이었다.

한국에서 '위안부 수'에 관한 최초의 기록은 〈서울신문〉 1970년 8월 15일 자 기사로, 1943년부터 종전까지 5만 명에서 7만 명이 '위안부'로 끌려갔다고 추계했다. 이후 〈동아일보〉는 1979년 9월 21일 자 기사에서 '위안부' 관련 기사를 전하면서 추정되고 있는 '위안부' 숫자는 7만 명에서 20만 명이라고 했다.[171] 〈중앙일보〉는 위안부 숫자를 20만 명 이상으로 보고 대부분이 한국인이라고 했다.[172]

북한은 1993년 8월 3일 일제 시대의 강제징용, 위안부 등 인적 피해 상황에 대한 중간 조사 보고서를 공개했다. 이 보고서에 따르면 북한은 당시 1년간 일제하의 인적 피해 상황을 조사한 결과 20만 명의 한국 여자가 일본군 위안부로 강제로 끌려갔던 것으로 확인했고, 그 당시 북한에는 131명의 위안부가 생존해 있는 것으로 조사되었다고 했다.[173] 북한은 2005년 4월 유엔대표부 김영호 서기관이 제네바 유엔 인권위원회에서 조선인 위안부의 총수는 20만 명, 강제 연행된 인원은 840만 명이라고 주장했다.[174] 〈조선중앙통신사〉는 2010년 11월 16일 일제가 조선 강점기에 저지른 만행을 조선 민족 말살을 노린 전대미문의 특대형 범죄로 인정하고 이를 폭로, 단죄하는 죄상록을 발표했다. 죄상록은 대학살은 1938년 이후 더욱 노골화했다면서 이 시기에, 약 840만 명의 조선인을 납치·연행했으며 이 가운데 약 41만 7천 명을 전쟁터에, 약 778만 4800명을 노역장에 보내고 20만 명의 여성을 일본군 위안부에 보내서 수많은 조선인의 목숨을 빼앗았다고 지적했다.[175]

위안부의 다양한 국적

태평양 전쟁 동안 12세밖에 안 된 소녀들을 포함해 수많은 여성들이 한국, 중국, 네덜란드령 동인도제도, 대만, 말레이시아, 버마, 필리핀 등 일본군이 진주한 아시아 전역에서 강제 또는 기망으로 붙잡혀 왔다.[176]

이들 대부분의 위안부들은 일본 식민지 국가 출신이지만 한국인이 가장 많았고, 중국인과 대만인, 필리핀인이 상당수 있었으며,[177] 네덜란드인과 인도네시아인도 있었다.[178] 학자들 대부분은 위안부 피해자들의 약 80%는 한국인들이었으며, 위안부 여성들의 80%는 14세에서 18세 사이의 미성년자라고 했다.[179]

대표적인 우익 성향의 하타 이쿠히코 교수는 그 정확한 내역을 파악하는 것은 어렵다고 하면서, 그의 저서 《위안부와 전쟁터의 성慰安婦と戦場の性》에서는 일본 국내의 유곽 등에서 응모한 사람이 40% 정도, 현지에서 응모한 사람이 30%, 조선인이 20%, 중국인이 10% 정도로 위안부는 일본인이 가장 많을 것으로 추정했으나, 그의 저서 《소화사의 수수께끼를 쫓아서》[180]에서는 일본인 위안부와 조선인 위안부는 3:7에서 2:8의 비율로 조선인 위안부가 많아 위안부의 주력은 젊은 조선인 여성이었다는 주장을 하고 있다. 초기 우먼 리브의 운동가 타나카 미츠田中美津는 1970년의 저서에서 '위안부의 대부분은 조선인이었다'라고 쓰고 있다. 센다 하광千田夏光은 1973년에 발간한 저서 《종군 위안부》에서 위안부를 민족별로 나누어

기술했는데, 일본인 위안부는 자발적인 매춘부이며 한국인 위안부는 매춘을 강요당한 피해자로 보았다.[181]

일본군들은 아시아 전역에 진주하면서 위안부를 공급받기 어렵거나 위안부가 부족할 경우, 지역 여성들을 강제로 끌고 가서 위안부로 일하게 했다. 파푸아 뉴기니대의 케네쓰 섬북Kenneth Sumbuk 교수는 호주국립대에서 열린 심포지엄에서 일본군들이 파푸아 뉴기니를 점령하고 점령지 마을의 많은 어린 여성들을 성노예로 사용했다고 발표했다. 그에 따르면, 일본 군인들과 그들의 조력자가 된 지역 남성들이 마을마다 지역 어린 여성들을 줄을 세우고 마음에 드는 여성들을 끌고 가서 1945년 8월 15일 전쟁이 끝날 때까지 위안부로 강제 노역을 시켰다고 한다. 전쟁 기간 동안 위왁Wewak 지역에는 약 2만 명의 일본 군인들이 주둔해 있었다. 전쟁이 끝난 후 일본군에 협조하여 여성들을 끌고 가서 일본군과 함께 이들을 강간한 지역 남성들은 모두 사형을 당하거나 중형을 선고받았다. 위안부로 일한 여성들은 자신의 과거를 숨기고 살고 있고, 신원이 확인된 일부 지역 여성들은 일본 정부에 대하여 보상을 요구하고 있다.[182]

소수의 네덜란드 및 호주 출신의 유럽인들도 위안부로 일하도록 강요되었는데,[183] 네덜란드 출신 위안부는 약 200명에서 400명으로 추산되고 있다.

위안부도 국적에 따라 배정되는 군인들의 계급이 달랐다. 최소한 80%의 위안부 여성은 한국인이었으며 이들은 하위 계급에 할당되었다. 이에 반하여 일본인과 유럽인 여성들은 장교들에게 배정되었다. 예를 들어, 동인도령에서 유괴된 네덜란드 여성들은 장교들에게만 배정되었다.[184]

위안부의 대부분은 나이 어린 소녀들

위안부 숫자는 1937년 이후로 크게 늘어났다. 정진성 교수가 1993년 기준 보건복지부에 신고된 175명을 대상으로 분석한 논문에서도, 1932년부터 1936년까지 5년간 연행된 수는 전체의 9%(16명)에 불과한 데 비해, 이후 5년간(1937~1941년)은 전체의 51%(90명)로 급증한다.

전쟁 확대 전에는 그 연령에 있어서도 상하 제한폭이 14~19세로 일정하며, 그중에서도 16세와 17세에 집중되고 있다. 즉, 일본은 체계적으로 미성년 여성을 전시 성노예의 대상으로 삼고 있었던 것이다. 그러나 1937년 중·일 전쟁 발발 이후로는 위안부에 대한 일본군의 요구가 크게 늘어남에 따라, 위 175명을 기준으로 분석했을 때 그 연령이 11세부터 27세까지로 넓게 퍼져 있다.[185] 필리핀 비사야제도 파나이Panay섬에 있는 일로일로Iloilo라는 도시에 설치된 위안소 위안부들에 대한 1942년 5월 12일부터 12월 27일까지의 성병 검사 기록에 따르면, 가장 어린 여자는 15세였고, 상당수의 많은 여성들이 21세 미만이었다. 일본이 내무성 통첩으로 취업을 하는 여성은 21세 이상이어야 한다고 정해졌지만, 이 규정이 식민지 여성들이나 점령지 여성들에게는 전혀 지켜지지 않았던 것이다.[186]

위안부 제도를 실시한 초기에는 일본 본국에서 위안부 여성들을 많이 모집했던 것으로 보인다. 그리고 전쟁이 깊이 진행되면서 일본에서 위안부 여성의 모집이 어려워지자 한국에서 대부분의 위안부 여성들을 모집하게 되었다. 그러나 일본에서 모집한 위안부 여성과 한국에서 모집한 위안부 여성은 성격상 많이 다르고, 한국인 여성의 대부분은 21세 미만의 미성년자들이었다.

일본인으로서 모집했던 위안부 여성들은 대부분 21세 이상의 성년으로 상당수가 원래 창녀였거나 기생이었던 여성들로 보인다. 그 이유는 1938년 2월 23일 자 내무성 경보국장의 '지나 도항 여성의 취급에 관한 건'[187]이라는 통첩을 각 부현府県 장관長官 앞으로 보내서 21세 미만의 여성들을 모집하는 것을 규제하고 있었기 때문이다. 이 통첩은 '매춘업을 목적으로 하는 여성의 도항은 현재 일본에서 창녀 또는 기타 사실상 매춘업에 종사하는 만 21세 이상의 화류병이나 그 밖의 전염성 질환이 없는 자로서, 중국 북부 및 중부 지방으로 가는 자에 한하여 당분간 이를 묵인하도록 하며 … 신분증명서를 발급할 것'이라고 규정하고 있다.[188] 이와 같이 '현재 일본에서 창녀 또는 기타 사실상 매춘업에 종사하는' 자에 한정한 것은 '이들 여성의 모집 및 알선 등을 단속함으로써 적정선을 결여하여 제국의 위신이 훼손되거나 황군의 명예를 실추시키는 데만 그치지 않고 후방 국민, 특히 출정 병사 가족에게 좋지 않은 영향을 끼치는' 것을 방지하기 위함이었다.

아동 매매 금지 국제조약의 식민지 적용 배제

일본 내에서 '만 21세 이상 여성'으로 제한한 것은 '여성의 매매에 관한 국제조약의 취지에도 어긋남이 없도록 하는 것'이 큰 이유였다. 당시 일본은 '매춘업을 목적으로 하는 여성의 매매 단속에 관한 국제조약' 등 여성의 매매 단속에 관한 국제조약에 가입해 있었다. 그에 따르면 미성년 여성에게 매춘업을 목적으로 하여 권유 등을 한 자는 설령 본인의 승낙이 있었다 할지라도 처벌받게 되어 있으며, 이때 미성년은 21세 미만으로 하고 있었다.[189] 이에 따라 내무성은 만 21세 이상이라는 제한을 두었던 것이며, 군 당국도 위안부라 할지라도 내무성의 지침에 따르지 않을 수 없었다.[190]

일본은 국제연맹에서 인권 보장을 위하여 적극적으로 가입을 권유하던 '여성 및 아동 매매 금지 국제조약'에 가입하면서 일본 본토를 제외한 식민지에 대해서는 그 적용의 유보를 선언하고, 한반도는 이 국제조약의 적용을 받지 않는다고 주장했다. 일본은 이러한 주장에 근거하여 식민지 조선이나 대만으로부터 미혼의, 이른바 숫처녀들을 더구나 미성년자까지도 가차 없이 끌고 갔다. 이에 대하여 이 국제조약이 식민지에 대해서는 적용하지 않아도 된다는 예외 규정을 가지고 있었다고 주장하는 견해도 있으나[191] 일본이 식민지에 대하여 그 적용을 유보한 것이었다. 즉, 국제연맹은 1921년 9월 30일 '여성 및 아동 매매 금지에 관한 국제조약'을 통과시켰다. 1921년 조약은 국제적 수준에서 밀매와 성적 착취로부터 21세 미만의 미성년 여성을 보호하는 것이었다. 이 조약 제2조는 '모든 체결국은 남녀 아동의 매매에 종사하는 자와 1910년 조약의 범죄를 저지른 자에 대하여 조사하고 기소할 모든 조치를 취하는 것에 동의한다'라고 규정하고 있다.[192]

일본은 이 조약에 가입하면서 21세 이하에 적용하도록 하는 제5조의 적용을 유보했다. 일본은 당시 국내의 '창기취체규칙娼妓取締規則'의 최저 연령이 18세였던 점 때문에 성년, 미성년을 구분하는 연령을 21세로 하는 조항의 적용을 유보한 것이었다. 하지만 일본 정부는 1927년에는 이 유보 조건을 철폐했다. 따라서 일본에 대해서도 일본군 위안소가 설치되기 시작한 때인 1930년대에는 미성년자는 21세 미만으로 되어 있었다.

그러나 일본은 이 조약에 대하여 식민지, 보호령 등에 대한 적용을 유보하고, 식민지인 한반도 지역에 관해서는 이 조약을 수락하는 적용 지역의 범위에 포함되지 않는다는 취지를 선언했다. 그리고 1933년 국제연맹은 성년 여성 매매 금지에 관한 국제조약도 통과시켰다.

이러한 사유로 일본은 한국에서 21세 미만의 미성년 여성들을 일본군 위안부로 끌고 간 것이다. 그래서 여러 자료에서도 한국인 위안부 여성들이 대부분 미성년자임을 보여주고 있는 것이다.

1938년 상하이에 육군 위안소가 개설되었을 때 신체검사를 담당하라는 명령을 받았던 아소 데쓰오 군의관은 한국인 위안부 여성들이 대부분 성 경험이 없는 미성년자들이었음을 진술하고 있다.

그들은 황군 병사의 위문단으로서 한국이나 북규슈의 각지로부터 모집해온 사람이었다. 흥미로운 것은 한국 여성들은 나이도 어리고 육체적으로도 깨끗해 보이는 여자가 많았지만, 북규슈에서 온 여자들은 이미 그 길에 들어서서 매춘을 하고 있던 여성이 대부분으로 이들 가운데는 서혜부에 큰 절개 흔적이 남아 있는 자도 종종 있었다.(麻生撤男,《上海より上海へ》)[193]

미네기시 게타로 동경도립대 교수는 과거 한국인 위안부들의 증언을 기초로 그들의 연행 당시의 나이를 살펴보면, 19명 가운데 20세 이하가 17명이나 되며 특히 16~17세가 많았고 14~15세의 어린아이도 있었다고 한다. 이처럼 한국에서는 어른도 되지 않은 이른바 숫처녀들이 많이 끌려갔다.[194] 이러한 연구 결과는 앞서 살펴본 감블과 와타나베의 주장이나 정진성 교수의 분석과도 대부분 일치한다.

민병갑 뉴욕시립대 퀸스칼리지 교수의 사례 연구도 동원된 한국인 위안부의 대부분이 미성년자였음을 보여준다. 민 교수가 위안부 피해 할머니 103명을 분석한 결과 93%가 당시 매춘부 취업 가능 연령인 21세 미만인 것으로 집계됐다. 특히 이 중 8명은 당시 11~12세에 불과했다. 민 교수는 1932년 당시 일본법에도 매춘업에 종사할 수 있는 여성 나이는 21세 이상이라는 조항이 있었고, 일본이 가입한 3개 국제조약에도 21세 이상만이 매춘업에 종사할 수 있다고 되어 있음에도 21세 이상은 7명밖에 없었다고 했다.[195]

일본의 일부 학자들은 위안부로서 초등학생이나 나이 어린 소녀들을 강제 연행해 갔다는 점에 매우 민감하게 반응하면서 그 증거가 없다고 주장하고 있다.[196] 이러한 주장의 내면에는 한국과 외국의 위안부 관련 인권 단체들이 미국과 유럽 등지에 지속적으로 소녀상을 설치하는 운동을 계속하고 있기 때문이다. 하지만 앞서 살펴본 바와 같이 통계자료에 의하면, 일본과 달리 한국인 위안부 여성의 대부분은 21세 미만의 미성년자들이었고, 그중에는 11세에서 17세에 불과한 매우 어린 청소년들도 다수 있었다.

일본 정부의 위안소 관리

○

위안소의 위치와 수

위안부 피해자들은 버마, 태국, 베트남, 말레이시아, 만주국, 대만, 네덜란드령 동인도, 포르투갈령 티모르, 뉴기니,[197] 기타 일본 점령 지역에 있는 일본군 위안소에서 일했다.[198] 위안부 여성들은 아시아 전역에 있는 일본군 점령 지역으로 보내져 위안소라고 불리는 시설에서 사실상 수용 생활을 하며, 날마다 군인들에게 강간을 당하고 고문과 학대를 견뎌 내야 했다. 일본군이 설치했던 위안소의 경우 현재까지 파악된 것만 세계적으로 500여 곳에 달한다. 일본의 공식 문서상으로도, 일본 이외의 지역에 설치된 위안소는 1942년 기준 총 400곳이다. 태평양 전쟁 말기인 1944년부터는 일본 영토인 오키나와에만 120여 곳의 위안소가 설치된 것으로 나타난다.[199]

위와 같은 통계는 앞서 살펴본 1942년 9월 3일 자 육군성 쿠라모토 케이지로 은상과장의 보고서에, 군 위안소는 화북(중국 북부) 100, 화중(중국 중부) 140, 화남(중국 남부) 40, 남방(동남아시아) 100, 남해(남태평양) 10, 화태(사할린) 10, 총 400개소였다고 하는 데서 공식적인 근거를 찾고 있다.[200] 그러나 위 통계도 태평양 전쟁 초기의 것이고, 오키나와도 제외되고 있어서 최소한에 불과하다. 일본 '위안부 문제와 아시아여성기금 디지털 기념관'에서 정부 자료를 토대로 중국 양쯔강변에 있던 위안소에 대해 조사한 결과, 상하이 약 24, 항저우 4, 진강 8, 창저우 1, 양저우 1, 단양 1, 난징 20, 우후 6, 구강 22, 난창 11, 한구 20, 갈점 2, 화용진 2, 응산 1, 의창 2등 모두 125개인데, 다른 자료에서 적어도 쑤저우 1개, 안칭 2개를 더할 수 있어서 이곳만 약 130여 위안소가 설치되었다. 위 보고서에서는 남방도 100개소의 위안소가 설치되었다고 하고 있으나, 민간 시설도 포함해서 필리핀은 30개소, 버마는 50개소 이상, 인도네시아는 40개소 이상으로 이 3국에서만 120개소 이상이 될 것으로 추측하고 있어서 위 보고서의 수보다 많다.

더구나 위 보고서에서는 육군성의 위안소만을 열거한 것이었고, 해군성은 별도로 위안소를 설치하여 위안부 배치를 직접 관리했다. 해군성의 위안소에 대하여는 별도의 통계는 없으나, 한 사례로 솔로몬섬의 라바울에는 해군 위안소 6개가 있고, 그 밖에 육군 위안소도 있어 총수는 20여 개로 추측된다. 해군성 군무국장과 병비국장의 연명으로 남서방면 함대참모장 앞으로 보낸 1942년 5월 30일 자 문서 '제2차 특요원(해군에서는 위안부를 특요원이라고 불렀다) 진출에 관한 건 조회'를 보면, 해군성이 동남아시아 방면으로 일본군 위안부를 배치하고 시설 및 경영 방침을 결정했다는 사실을 알 수 있다.[201] 이에 따르면, 셀레베스섬의 마카사르에 45명, 보르네오섬의 발리크바반에 40명, 말레이시아의 페낭에 50명, 자바섬의 슬라바야에 30명을 '배분'(앙콩과 싱가포르는 미정)하는 것으로 되어 있다. 즉, 일본 정부 해군성 본부의 군무국장과 병비국장이 직접적인 책임과 권한으로 일본 해군에 위안부를 배당하는 등 일본 해군 위안소를 직접 관리했다는 사실이 확인된다.[202] 그리고 위안부의 명칭도 특요원이라고 하여 전체적인 군인력의 일부로 취급하여 배치했던 것으로 보이는 점에서도 일본 해군의 제도적 관리가 인정된다.

그리고 육군성 은상과장의 보고서에는 오키나와에 대하여 언급이 없으나, 그 후 오키나와에도 위안소가 만들어져서 오키나와에 130개소의 위안소가 있었다고 한다.[203] 이러한 최소한의 통계만으로도 일본 본토와 한국, 대만, 만주 등 식민지 등을 제외한 일본군의 주둔 아시아 지역에서 적어도 600개소 이상의 위안소가 확인된다.

나치 독일의 유대인 학살자 수는 국가별로 학살된 유대인의 통계가 있어서 600만 명의 희생자 숫자에 대하여 큰 이의가 없지만, 위안부 피해자는 아무런 통계자료가 없이 모집되었다는 점에서 정확한 위안부 숫자를 알기도 어려우며, 학자마다 그 차이도 크다. 정확한 피해 규모를 파악하기는 힘들겠지만, 일본 정부의 협조로 한국과 일본, 그리고 제3국의 학자들로 객관적인 조사위원회를 구성하여 일본 정부 소장 자료를 충분히 열람할 수 있다면, 어느 정도 진상에 접근할 수 있을 것이라고 생각한다. 일본 정부는 모든 자료를 공개했다고 주장할 수 있으나, 객관적인 조사가 없는 한 두고두고 신뢰성을 얻지 못할 것이다. 왜냐하면 과거 나치 독일과 단절한 독일과 달리 일본은 과거 일본 제국과 단절했다고 보기 어렵고, 오히려 과거의 제국을 계승하고 있는 것으로 보이기 때문이다. 일본 정부의 공식 발표에 의한 위안소보다도 훨씬 많은 위안소들이 위안부 개인들의 진술에 의하여 확인되고 있다.

일본군의 일선 위안소 관리

일본군의 위안소 관리 구조는 맥두걸 보고서에도 분류한 바와 같이 두 가지 유형으로 나누어 볼 수 있다. 일본 군부가 직접적으로 경영하고 관리하는 위안소와 형식상으로 민간업자가 관리하지만 사실상 군부의 통제 아래 있는 위안소로 분류된다.

먼저, 첫 번째 유형인 일본 군부가 직접 경영하는 위안소를 보여주는 사례로 '상호보고(독립 공성중포병 제2대대장)'[204]가 있다. 이는 중지나방면군 소속으로 상하이와 난징 공략에 참가한 독립공성중포병 제2대대의 상황 보고서로서, '위안 설비는 병참이 경영하는 것과 군 직부대가 경영하는 것 두 군데가 있어서 정해진 날에 간부가 인솔하여 대충 1대에 약 1시간 배당된다'라고 기록하고 있다. 이 문서는 군이 직접 위안소를 경영했다는 사실을 명백하게 보여주는 자료로서, 위 부대의 위안소는 병참이 경영하는 위안소와 군의 직속부대가 경영하는 위안소 두 군데가 있다고 명확하게 기록하고 있다.[205]

다음으로, 두 번째 유형은 형식상으로 민간업자가 관리하지만 내용상으로는 군부의 지배하에 있는 위안소로 가장 많은 위안소가 이러한 방식을 취한 것으로 보인다. 이러한 유형으로 일본 군부가 위안소를 직접 관리한 사실을 확인해주는 사료들은 많이 있는데, 그중의 하나가 '모리카와森川 부대 특종 위안 업무에 관한 규정(모리카와부대장)'[206]이다. 위 문서에는 일본 군대가 위안소에 필요한 경비를 경영자에게 부담시키고 있지만, 동시에 경영자의 자율성을 완벽하게 통제함으로써 직접적인 관리 업무를 주관하고 있는 위안소 관리 구조가 자세히 적시되어 있어서 일본군이 직접적으로 위안소를 관리·감독했다는 증거라고 할 것이다. 이 문서에는 경비대장이 위안 업무를 감독 지도하고, 경영자는 매일 매상표 등 경영상의 업무 보고를 연대본부에 하고, 위안부의 외출은 연대장의 허가를 받도록 하고 있고, 부대 내 4개의 위안소와 식당을 군 장교들이 업무를 분장하여 직접 관장하고 있으며, 위안부의 검사 및 위생 시설 지도를 군의관들이 담당하고 있는 상황을 보여준다.[207]

이와 같이 일본군은 체계적으로 위안소를 관리한 것으로 보인다. 일본군은 단순히 하나의 유흥 시설로 간주되었던 것으로 보이는 위안소 제도의 세부 내용을 꼼꼼하게 기록했다. 상하이, 오키나와, 필리핀 등지에 있었던 위안소들을 위한 규칙들이 보존되어 있는데, 그중에서도 특히 위생에 대한 규칙, 이용 시간, 피임법, 요금, 술과 무기의 반입 금지 등에 관한 상세한 기록들이 남아 있다.

이러한 위안소 관리 규칙들은 전후에 남아 있는 문서들 중 가장 중요한 일본 군인들의 범죄를 입증할 수 있는 증거 자료라고 할 것이다. 이러한 위안소 규칙들은 일본군이 위안소에 대하여 얼마나 직접적인 책임을 지고 있었는지, 그리고 얼마나 위안소의 조직에 밀접하게 연관되어 있었는지를 보여준다. 또 위안소 제도를 어떻게 정당화하고 설치했는지를 잘 나타내 준다. 일본군은 위안부들이 제대로 대우받았음을 보여주기 위하여 많은 주의를 기울여서 위안소 규칙을 작성했던 것으로 보인다. 술과 무기의 금지, 이용 시간의 규정, 적당한 요금, 예절이나 공정한 취급 등을 규정했으나, 이러한 규정들은 실제로 벌어진 잔인성이나 폭력성과는 크게 다르다. 이러한 위안소 규칙들은 군 성노예 제도가 지녔던 기상천외한 반인

류성만을 뚜렷하게 부각시킬 뿐이다. 이 제도 속에서 많은 여성들은 상상할 수 없을 정도로 고통스러운 지속적인 매춘을 강요당했던 것이다.[208]

일부 학자들은 위안부의 일상이 평화스러웠다는 점을 강조하기 위하여 "한 달에 두 번, 휴일이면 여인들이 외출을 하고, 단체로 영화를 보러 갔다"고 주장하고 있으나,[209] 이와 같은 사례는 아래 쿠마라스와미 보고서에도 언급한 바와 같이 극히 소수의 안전한 지역의 위안소에서나 가능한 것이었을 뿐이고, 대다수의 위안소에서는 그 반대로 노예 같은 생활을 하고 있었다.

유엔 쿠마라스와미 특별 보고관의 결론, 일본군의 성노예였다

유엔 인권위원회의 쿠마라스와미 특별 보고관은 1994년 3월 50차 유엔 인권위원회로부터 여성 폭력에 대하여 조사하라는 임무를 받은 다음, 제2차 세계대전 중 아시아 지역에서의 성노예에 관한 방대한 정보와 문서들을 정부 기관과 비정부 기관들로부터 받아서 이를 검토했다. 그리고 북한, 한국, 일본을 방문하여 정부 관계자들 및 전 위안부들, 전 일본 군인들을 인터뷰해서 결론을 내리고, 1996년 2월 5일 52차 인권위원회에 주보고서인 '여성 폭력에 관한 보고서'[210]와 함께 '전시의 군사적 성노예 문제에 관한 조선 민주주의 인민공화국, 대한민국 및 일본 파견 조사 보고서'라는 제목의 보고서[211]를 제출했다. 이 보고서는 '위안소의 상황Conditions in the Comfort Stations'이라는 항목으로 일본군 위안부의 관리 실태를 객관적으로 상세하게 묘사하고 있으므로 이를 살펴보기로 한다.[212]

33. 위안소는 보통 가시철조망 펜스로 둘러싸여 있었으며 철저하게 차단·감시

되었다. 위안부들의 움직임은 밀접하게 감시되었고 제한을 받았다. 대다수의 위안부 여성들은 절대로 병영 밖으로 나갈 수 없었으나, 위안소에 따라 일부 여성들은 아침의 정해진 시간에는 밖으로 걸어 나갈 수 있는 곳도 있었으며, 일부 여성들은 머리를 자르거나 심지어 영화를 보러 가끔 외출이 허용되는 위안소들도 있었다. 그러나 진정한 의미의 이동의 자유는 명백하게 제한되었고 탈출은 거의 변함없이 불가능했다.

34. 위안소는 일반적으로 일 층 또는 이 층 건물로 아래층에는 식당이나 접수대가 있었다. 여자들의 방은 보통 위층이나 뒤쪽에 위치했고, 가로 약 0.9미터, 세로 약 1.5미터의 침대 하나만 들어갈 수 있는 뒤틀리고 협소한 좁은 방이었다. 그런 조건 속에서 '위안부'들은 매일 60명에서 70명의 남자들에게 봉사해야 했다. 어떤 전방에서는 여성들이 마루 위에 매트리스만 깔고 자야 했으므로 심각한 추위와 습기에 노출되었다. 방들은 많은 경우 오직 다다미나 멍석으로 분리되었는데, 이러한 차폐물이 바닥까지 닿지 않아서 방과 방 사이에 소리가 쉽게 들렸다.

35. 전형적인 위안소는 민간 운영업자에 의해 관리되었고, 여자들은 일본인이나 때로는 조선인 여성들이 보호했다. 그들의 건강 검진은 군의관들이 했으나 많은 위안부들의 기억에 따르면, 그들의 정기 검진은 단지 성병 감염을 막기 위한 것이었고, 군인들이 여성들에게 가한 담뱃불로 지진 상처, 피멍, 총검에 의한 자상, 심지어 뼈 골절 등에 대해서는 거의 관심을 갖지 않았다. 더욱 여성들은 쉬는 시간이 거의 없었으며, 다수의 규칙에 규정되어 있는 자유 시간도 오래 머물거나 규정을 어긴 시간에 찾아오는 장교들에 의해 지켜지지 않았다. 대부분의 경우 여성들은 다음 손님이 오기 전에 씻을 시간조차 거의 없었다.

36. 음식과 옷가지는 군에서 제공했다. 그러나 일부 위안부들은 오랜 기간 동안 음식이 부족했다고 불평을 토로했다. 대부분의 경우, 여성들은 그들의 '서비스'의

대가를 지급받기로 되어 있었고 돈 대신에 받은 군표를 모았지만, 전쟁이 끝났을 때 돈을 받은 사람은 거의 없었다. 이렇게 해서, 전쟁이 끝난 후 자신이나 가족들이 먹고살 만큼 저축을 했다는 작은 위안조차도 일본군이 퇴각한 이후 의미가 없게 되었다.

37. 많은 군 성노예들의 증언에서 성적 학대에 의한 뿌리 깊고 오래 지속되는 트라우마뿐만 아니라 노예 상태에서 받은 참혹함과 잔인함이 분명하게 나타난다. 그들은 아무런 개인적인 자유가 없었고, 군인들에 의해 폭력적이고 야만스럽게 취급되었으며, 위안소 운영자와 군의관들로부터 아무런 관심도 받지 못했다. 최전선에 근접하게 있는 경우가 많아서 이들은 공격, 폭격, 죽음의 위협, 그리고 위안소에 자주 출입하는 군인들을 더욱 탐욕적이고 공격적으로 만드는 상황에 노출되어 있었다.

38. 추가로, 성병과 임신에 대한 끊임없는 공포가 있었다. 실제로, 대다수의 '위안부'들은 한 번 이상 성병에 감염되었던 것으로 보인다. 이 기간 동안 이들에게는 회복하기 위한 시간이 주어졌으나, 다른 때에는 심지어 생리 중에도 이들은 '일'을 계속할 것을 요구받았다. 한 여성 피해자는 특별 보고관에게 군 성노예로 일할 때 수차례 성병에 감염되었기 때문에 전쟁 후 정신 지체아를 출산했다고 말했다. 모든 여성 피해자들이 느꼈던 깊은 수치심과 함께 이러한 상황은 이들을 자살이나 탈출 시도에 이르게 했으며, 이러한 탈출 시도의 실패는 죽음을 의미하는 것이었다.

42. 위안소 설립에 일본 제국 군대의 명백한 관여와 책임성을 실제로 보여주기 위하여 요시미 교수는 여러 가지 문서들을 언급했다. 하나의 사례로서 특별 보고관은, 1939년 4월 11일부터 21일까지 중국 광둥에 주둔한 일본 육군 제21군의 10일간의 보고서를 언급하고자 한다. 이 보고서에 따르면, 군 매춘업소가 군부대

의 통제 아래 군 장교와 병사들을 위하여 운영되었고, 약 1,000명의 '위안부'들이 10만 명의 그 지역 군인들에게 봉사했다고 한다. 특별 보고관에게 전달된 유사한 다른 문서들에 의하여도 '위안소'에 대한 엄격한 통제 시스템이 육군성의 지시를 기초로 하여 유지되고 있었다는 사실이 명백했다. 그 지시들은 성병의 확산을 피하기 위한 위생 규정과 같은 문제들에 관한 것이었다.

일부 학자는 위안부가 콘돔을 착용하지 않은 일본 군인을 거절할 권리가 있고, 일본 군인이나 위안부 둘 다 성교 후마다 소독약으로 씻어야만 했다고 주장하고 있으나,[213] 위 보고서의 내용이나 위안부들의 증언에 비추어 볼 때, 지나치게 현실과 동떨어져서 위안소와 위안부의 인권을 미화한 주장으로밖에 볼 수 없다고 할 것이다.

유엔 게이 맥두걸 특별 보고관의 보고, 위안소는 강간 센터였다

그 후 유엔 인권위원회의 게이 맥두걸Gay MacDougall 특별 보고관은 1998년 8월 12일 제50차 유엔 인권소위원회에 '제2차 세계대전 중 설치된 위안소에 관한 일본 정부의 법적 책임의 분석'이라는 제목의 보고서를 제출했다.[214] 맥두걸은 위 보고서에서 '강간 센터의 성격과 범위The Nature and Extent of the Rape Centres'라는 항목에서 위안소의 성격과 실태에 대하여 분석을 했다. 그는 위안소를 '강간 센터'라고 명명하고 일본 군대가 사실상 운영했다고 주장했다. 그의 주장은 쿠마라스와미 특별 보고관의 보고서 내용과 같은 흐름이며, 특히 당시 유엔에 제출된 일본 정부의 보고서에 의하여도 위안소가 일본 군부가 사실상 운영했다고 인정하고 있으므로 그의 보고서를 살펴본다. 일본 정부는 1996년 3월 26일 유엔 경제사회위원회의 인권위원회 52기 회의에 제네바 주재 유엔 인권센터 일본 대표부를 통하여 위안부 문제에 대한 외교문서(Note verbale, E/CN.4/1996/137)를 제출했다. 일본 정부의 보고서는 '1. 일본의 정책, 2. 아시아여성기금, 3. 북한, 한국, 일본에 대한 사절단의 파견 결과에 대한 특별 보고관의 법적 주장에 대한 의견'으로 구성되어 있으며, 위안부 문제에 관한 일본 정부의 입장을 설명하고 있다.[215] 맥두걸 특별 보고관의 보고서는 일본 정부가 제출한 보고서를 상당 부분 참조하여 아래와 같이 사실 인정을 했다.

7. 일본 정부와 군부가 제2차 세계대전 동안 아시아 전역에 걸쳐 강간 수용소의 설립에 직접적으로 관여했다는 것은 이제 명백하다. 이 수용소에서 일본군에 의해 노예가 된 여성들은 많은 사람이 11세에서 20세 사이였는데, 이들은 일본이 지배하는 아시아 전 지역의 곳곳에 수용되어 매일 강제로 수차례 강간당했으며 극심한 육체적 학대를 당하고 성병에 노출되었다. 이 여성들 가운데 단지 약 25%만이 이러한 매일매일의 학대에서 살아남았다고 한다. 이 '위안부들'을 조달하기 위해 일본 군부는 물리적 폭력, 유괴, 강요와 속임수를 동원했다.

8. 정부 기관과 비정부 기관의 예비 조사에서 세 가지 범주의 '위안소'를 밝혀냈다. (1) 일본 군부의 직접적인 관리와 통제를 받는 곳, (2) 형식상으로 민간업자가 관리하지만 사실상 군부의 통제 아래 있고 군인과 군속만이 전적으로 이용하는 곳, (3) 군에 우선권이 주어졌으나 일본의 일반 시민도 이용할 수 있는 민간업체가 운영하는 곳 등이 그것이다. 이 중 두 번째 범주의 '위안소'가 가장 일반적인 것이라고 믿어진다. 비록 일본 정부는 이러한 행위에 대한 일본 군부의 관여에 관한 '도의적 책임'을 인정했지만, 일본은 모든 법적 책임을 지속적으로 부정해왔다.

9. 일본 정부의 자체 보고서는 다음과 같은 관련 사실들을 강조한다.

(a) 위안소 설치 이유

위안소는 여러 장소에서 당시 군 당국의 요청에 따라 세워졌다. 그 당시의 정부 내부 문서는 위안소 설치의 이유로 당시 일본군에 의해 점령된 지역에 있는 지역 주민에 대한 일본 군인 개인들의 강간과 다른 불법 행위의 결과로 들끓는 반일 감정을 막을 필요, 성병과 기타 질병으로 인한 군 전력의 손실을 예방할 필요와 첩보 행위를 방지할 필요를 들고 있다.(E/CN.4/1996/137,[216] p.14)

(b) 시기와 장소

수개의 문서가 1932년 소위 상하이 사변의 시기에 그곳에 주둔한 군대를 위해 위안소가 설치되었다는 것을 보여주므로 위안소는 그때부터 제2차 세계대전이 끝날 때까지 존속했다고 추정된다. 그 시설은 규모와 지리적 범위에서 나중에 전쟁이 확대되면서 확장되었다.(위 보고서, pp.14~15)

(c) 민간 운영업자에 대한 군의 통제

일부 지역에서 당시 군부대가 직접 위안소를 운영한 경우가 있지만 많은 위안소는 민간 운영업자에 의해 운영되었다. 그 시설이 민간 운영업자에 의해 운영되는 경우에도 당시 일본 군대는 그 시설의 개설을 허가하여 주고, 시설을 설치하여 주고, 운영 시간과 이용 요금을 정하며, 시설의 사용에 있어서의 주의 사항과 같은 문제를 정하는 등 위안소에 대한 규칙을 작성하는 것과 같은 수단으로 위안소의 설치와 관리에 직접적으로 관여했다.(위 보고서, p.16)

(d) 위생 상태에 관한 군의 감독

위안부의 감독과 관련하여 당시 일본군은 위안부와 위안소의 위생 관리의 목적으로 위안소 규칙을 만들어 피임 도구의 의무적 사용과 군의관의 성병과 다른 질병에 대한 정기적인 위안부의 검진과 같은 조치를 부과했다.(위 보고서)

(e) 이동의 자유에 대한 제한

일부 위안소는 위안소 규칙을 통해 외출 시간 동안 갈 수 있는 목적지와 더불어 외출 시간을 제한하여 위안부를 통제했다. 적어도 전쟁 지역에서 이 여성들은 계속적인 군대 통제 아래에서 군대와 함께 이동하도록 강제되었고, 자유가 박탈되었으며, 고통을 인내해야만 했다는 것은 명백하다.(위 보고서)

(f) 모집

많은 경우에 군 당국의 요청을 대리하는 위안소 운영업자들의 부탁을 받은 민간인 모집업자들이 위안부 모집을 실행했다. 전쟁이 확대되어 더 많은 위안부에 대한 요구에 압박을 받아서, 이 모집업자들은 많은 경우에 이 여성들에게 속임수와 협박의 수단을 이용하여 여성들을 모집했고 공무원과 군인들이 직접 모집에 관여한 경우조차 있었다.(위 보고서, p.17)

(g) 수송

상당수의 경우에 여성들은 군용 선박과 차량으로 전쟁 지역에 수송되었고, 일부의 경우에는 일본군이 패배에 이어 패주하면서 그대로 내버려졌다.(위 보고서)

10. 일본 정부가 명기한 바와 같이, 이러한 사실들은 소위 '위안부들'이 민간인이 경영하는 사창가에서 '일했다'는 반복된 주장과는 반대로, 많은 여성들이 그 당시 아직 어린아이에 불과했고 이 여성들은 일본 군부가 직접적으로, 또는 일본 군대가 완전한 인식을 가지고 지원한 강간 수용소에서 사실상 노예가 되었다는 것을 명백하게 보여준다. 이 여성들과 어린 소녀들은 그들의 의사에 반하여 '위안소'에 수용되어서, 그 당시 엄청난 규모로 강간과 성적 폭력의 대상이 되었다. 범죄의 성격은 오직 인도에 반한 범죄로만 적합하게 묘사할 수 있다.[217]

위안소는 일본군이 관리하는 강간 센터였다는 특별 보고관의 결론은 이후 여러 자료에서도 확인된다. 2003년 미국 연방항소법원도 위안부 소송에서 위안소는 일본군의 체계적 관리하에 있었다고 판단하고 있다. 즉, 여성의 국적에 따라 요금 체계가 달랐고, 군인의 계급에 의하여 체류 시간과 방문 횟수가 달랐다는 것이다.[218] 그리고 위안부 피해자들이 얼마나 원하지 않는 제도적 강간에 시달렸는지 네덜란드인 위안부 피해자 얀 루프 오혜른Jan Ruff O'Herne의 진술을 보면 알 수 있다. 그녀는 인도네시아의 자바섬 스마랑에 설치된 일본군 위안소인 '칠해정'에서 성노예 생활을 했다. 그녀는 〈뉴욕 타임스〉와의 인터뷰에서 "위안소는 매우 잘 조직화되어 있었다. 일본군 군의관이 위안소로 정기적으로 방문하여 나의 신체를 검사하고 성병 감염 여부를 확인했다. 그런데 군의관은 먼저 나를 강간하고 나서 성병 검사를 했다"라고 말했다.[219] 일본 육군 군의관 아소 데쓰오麻生徹男는 위안부 여성들은 '여성 탄약', 그리고 '공중변소'로 인식되었으며, 부상병의 치료를 위하여 강제로 헌혈을 해야 했다고 증언했다.[220]

위안부의 전선 생활과 보수

◇

전선에서의 위안부 생활, 일본군의 성노예

위안부들은 전선에서는 항상 군과 함께 행동할 것을 강요당하고 아무런 자유도 없는 생활이었다. 일본군이 저지른 범죄는 위안부에 대한 직접적인 강간은 말할 것도 없고, 위안부 강제 동원을 위한 납치나 기망 행위 등이 대표적이다. 또 위안소를 유지하고 위안부의 도주를 막기 위한 감시와 폭력, 통제, 고문, 감금, 살해 행위 등이 포함된다.[221]

일본군 전선의 위안소에서는 위안부들의 탈출 시도가 계속되었다. 만주 지역에서 탈출에 성공하여 위안소를 벗어난 것으로 확인된 사람은 14명이다. 탈출에 실패한 경우 그에 대한 대가는 혹독했다. 김군자, 김정덕(가명), 리춘화, 조순덕, 이수산, 장점돌 등은 탈출을 시도하다 실패하여 고문을 당했고, 김화순, 정학수는 탈출하다가 실패한 위안부들에 대하여 모진 매가 가해지는 것을 목격했다고 한다. 감시가 엄하고 탈출에 대한 경고가 살벌해서 도망칠 생각을 하지 못했다는 증언은 이 지역 피해자들이 하는

공통된 구술 내용이다.[222]

일본군이 동남아시아에서 패배하기 시작하자 위안부 여성들은 현지에 버려지거나 패주하는 일본 부대와 운명을 함께했으며, 위안소를 운영한 사실을 은폐하기 위하여 유기와 살해 등 잔혹 행위들을 저질렀다.

1964년 한·일 조약 체결을 둘러싼 논의가 이루어지던 시기에 일본조선연구소에서 출간하여 많은 시민 운동가들이 숙독한《일·조·중 삼국인민연대의 역사와 이론》에서 일본군이 패전 시 저지른 만행을 다음과 같이 설명하고 있다.

> 일본 제국주의자는 매춘 제도의 가장 저변에 조선 부인을 대량으로 투입했다. 특히 군대를 상대로 하는 위안부 제도야말로 가장 야만스럽고 오욕스러운 것이었다. 이것은 위안부 한 명이 줄을 서서 차례로 밀려들어 오는 50명의 천황제 일본군 병사를 하루에 상대할 것을 강제한 제도였다. 이는 조선 본토뿐만 아니라 만주에서도, '지나 대륙'에서도, 남방에서도 우리 황군皇軍의 모든 전선에 '위안부 부대'로 배치되어 있었던 것이다. 그중 80%가 강제로 끌려가 내몰린 조선 부인이었다.
>
> 게다가 이 위안부 부대에 대해서는 반드시 해야 할 말이 있다. 그것은 '황군'이 패전·퇴각할 때 이들 위안부를 현지에 두고 온 것은 그나마 낫고, 대부분 한군데에 모아 죽였다는 것이다. 이렇게 해서 일본 제국주의의 가장 추악한 측면은 지상에 '자료'도 증거도 남지 않고 말살되었다.[223]

유사한 내용의 조사 보고서들이 상당수 존재하는 것으로 보아서 일본군 위안부들이 노예나 다름없는 생활을 한 것은 사실인 것으로 보인다. 자발적으로 '종군 위안부'에 지원해 장교들만을 상대했던 소수의 일본인 위안부를 제외하면, 조선인을 포함한 피지배국 여성들은 강제로 끌려가 억류되고 집단 강간과 폭행, 살해 위협에 시달렸다는 점에서 공통점이 있다. 하지만 피해자들의 억류 기간이나 강간의 횟수, 칼로 찌르는 등의 상시적인 폭행이 있었는지 등 구체적인 상황에선 편차가 있어 보인다.

윤정옥 교수가 생존 피해자들(보건사회부 신고 피해자 56명, 정대협 신고 38명, 일본 도쿄 신고 전화 증언 32명)과 당시의 일본 군인 증언을 종합해본 결과, 억류 기간은 2년에서 4년이 가장 많고 5년에서 8년도 상당한 비중을 차지한다. 1932년 상하이 사변 당시부터 13년간 억류된 피해자도 있다. 위안부 피해자 1인을 강간한 일본군의 숫자는 하루 20명에서 30명 정도가 많으며, 적은 경우는 3명에서 4명, 많은 경우는 70명에서 100여 명에 달했다는 증언도 있다.

어떤 곳에선 잠시나마 '외출'이 허용된 반면, 어떤 곳에선 마당에조차 나오지 못하는 경우도 있었다. 식생활 역시 어떤 곳에선 소금물에 깻묵을 섞은 밥으로 연명한 경우도 있고, 어떤 곳에선 큰 불편이 없었던 사례도 있다.

윤 교수의 연구에는 포함되지 않았지만, 중국 전선의 위안소들에서는 일본군들이 고분고분하지 않다며 허벅지, 옆구리 등을 칼로 찌르거나, 칼로 성기를 째거나, 죽이는 일도 많았다. 위안부 소녀들을 살해한 뒤 가마솥에 넣어 삶았다는 증언들도 존재한다.[224]

위안부 피해자에 대한 급부가 있었는지의 여부는, 일본이 국제사회에서 '강제성'을 부인하기 위해 논쟁거리로 삼고 있음에도 불구하고 별다른 의미는 없고, 국제사회에서도 관심을 갖지 않는 것으로 보인다. 일본인 여성을 제외한 피지배국 위안부들은 공통적으로 '성노예형'이었고,[225] 패전 후 많은 집단 살상 명령이 있었기 때문이다. 그럼에도 피해자들에게 '전표' 등을 지급했는지에 대해선 부분적으로 해당하는 경우도 있지만, 전혀 아닌 경우가 많다. 일본이 전장으로 끌고 간 수십만의 여성들이 '성노예'였다는 사실은 이들을 대상으로 한 '건강 검진'의 방식에서도 명확하게 드러난다. '군의관들이 실시했던 정기 검진은 단지 성병 감염을 막기 위한 것이었고, 군인들이 여성들에게 가하는 담뱃불로 지진 상처, 멍, 총칼에 의한 자상, 부러진 뼈 등에 대해서는 별로 신경을 쓰지 않았다.'(1996년 유엔 인권위원회 특별 보고관 라디카 쿠마라스와미 보고서)[226]

1941년 9월 하순 산둥성 역성현 서영에 주둔하고 있던 부대의 중사였던 A는 전쟁 종료 후 작성한 진술서에서 위안소를 '강간소'라고 하고, 그 모습을 구체적으로 적고 있다.[227]

니시 진영 진장을 불러서 두 명의 여자를 납치하고 강간소를 설치하도록 강제했습니다. 10월 1일부터 한 달 동안 제남위濟南緯 팔로에서 모두 스무 살 정도 되는 중국 부인 한 명, 조선 부인 한 명을 진장을 통해 니시 진영에 납치했습니다. 한 달 한 명에 들어가는 백 엔의 식대는 마을 사람들에 지불하게 하고, 니시 진영반거대에서 200미터 정도 떨어진 중국인 가옥에 감금하고 자유를 구속한 후 중대원 다섯 명에게 강간 행위를 하게 했습니다. 중국 부녀자는 성병이 있는데도 불구하고 강간을 하고, 한 달 후 추방당했습니다.

대가 없는 조직적 집단 강간

일본의 극우주의자들은 '위안부'는 공창제도가 있었던 시기의 전쟁터 매춘부이고, 당시는 합법적이었으며, 많은 보수를 받았다는 점을 강조하고 있다. 일본의 대표적인 우익 정치 단체인 역사사실위원회는 2007년 6월 14일 〈워싱턴 포스트〉에 '사실들The Facts'이라는 광고를 게재하여 '일본 육군에 배치된 위안부는 일반에게 알려진 것 같은 성노예가 아니었다. 그녀들은 당시 전 세계 어디에나 있었던 공창제도 아래에서 일하고 있었던 것이다. 사실 여성들의 대부분은 야전 장교들보다, 심지어는 장군들보다도 훨씬 많은 금액의 수입을 얻었고, 그녀들의 대우는 좋았다는 사실을 증명하는 많은 증언이 있다'라고 광고했다.[228] 그리고 역사사실위원회는 2012년 11월 4일 미국 뉴저지주의 일간지 〈스타 레저Star Ledger〉 신문에 '그래, 우리는 사실을 기억한다Yes, We remember the fact'라는 제목으로 광고를 실어 일본군이 끌고 간 조선인 위안부에 대해 위 〈워싱턴 포스트〉의 광고 내용과 유사하게 '그들은 당시 세계 어디에나 흔히 존재했던 합법적인 매춘부였다'며 '그들은 사실 장교나 심지어 장군들보다도 훨씬 많은 수익을 올렸고, 좋은 대접을 받았다는 증거가 많다'는 주장을 했다.[229]

위안부의 보수와 관련해서는, 운영자와 위안부 간에 6대4 혹은 5대5 등의 분배율이 있었던 것 같다고 보는 견해가 있지만,[230] 과거 일본군 위안부였던 사람들은 대부분 "돈은 받지 않았다"고 증언하고 있다.

그 이유 중 하나는 여성들을 납치하여 전선에 위안소를 설치한 경우 또는 최전선에 배치된 위안부의 경우, 앞서 살펴본 산둥성 역성현 서영에 있던 일본군 중사 A의 증언과 같이 대부분 일체의 대가를 주지 않았던 것으로 보인다.

또 다른 이유는 위안소 운영자가 나중에 한꺼번에 주겠다고 하고 주지 않았거나, 위안부 여성들이 받은 군표들이 전쟁이 끝난 후 화폐 교환 가치가 없어졌기 때문이었다. 이득남 할머니의 증언에 의하면 "운영자인 김 씨는 총 매상의 70%는 자기 몫이고 우리에게는 30%를 준다고 했다. 위안소를 나갈 때 한꺼번에 주기 위해서 자신이 장부에다가 기록해놓고 있다고 말했다"는 것이고, 인도네시아인 마르디엠 역시 "가격이 표시되어 있었지만, 나는 그 금액을 받아본 적이 한 번도 없었다. 손님이 나에게 준 것은 콘돔 두 개와 표 같은 것뿐이었다. 우리에게 '줄 돈은 저금해놓고 있으니까 돌아갈 때 준다'는 말을 들었다"고 증언하고 있다. 그러나 이들은 한 푼도 받지 못했다. 이와 같이 나중에 '일괄 지급'한다고 속이면서 위안부들에게는 돈을 주지 않았으며, 패전 때 운영자들은 재빨리 몸을 감추어버렸다. 그렇지 않은 경우라 할지라도 위안부들이 받았던 것은 아무런 가치도 없는 군표뿐이었다.[231]

쿠마라스와미 유엔 특별 보고관도 "대부분의 경우, 위안부 여성들은 그들의 '서비스'의 대가를 지급받기로 되어 있었고, 돈 대신에 받은 군표를 모았지만 전쟁이 끝났을 때 돈을 받은 사람은 거의 없었다"라고 결론을 내리고 있다.

일본 위키피디아의 '일본의 위안부'의 '증언-강제 연행된 조선인 군 위안부들'에 따르면 위안부 생활의 대가를 얻은 것은 19명 중 3명에 불과했다고 한다. 그중 한 명의 일본군 위안부였던 송신도 할머니는 빚은 없었지만 조선에서 온 여비, 음식값 등 모든 경비를 빚으로 떠안았다고 한다. 송신도 할머니의 몫은 40%였으나, 국방 헌금 등 여러 명목으로 경비가 가산되어 채무를 갚기까지 7년 가까이 걸려 돈을 모을 수 없었다고 증언하고 있다.[232]

극히 예외적인 경우로, 위안부 여성들 가운데는 장병들이 주는 팁을 모은 사람도 있었다. 문옥주 할머니의 경우가 이러한 경우인데, 일본 우익 단체나 일부 학자들이 그녀의 사례를 들어 위안부들이 많은 돈을 벌었다고 주장하고 있다. 하지만 그녀는 매우 예외적인 경우로서 일반화할 수 없을 뿐만 아니라, 결국 그녀도 돈을 받지는 못했다.

돈 이야기가 나왔으니까 하는 말이지만 나는 돈을 모으기 위해 얼마나 애썼는지 모른다. 아키압에 있었을 때인데 장교들은 일본말도 잘하고 노래도 잘 부른다면서 나를 칭찬해주었다. 그리고 생일 파티나 송별회를 할 때는 한국 사람 중에는 후미하라文原 요시코 말고는 없다면서 일본인 위안부와 함께 나를 불렀다. 그러면 우리는 정해진 장소에 가 술도 따르고 춤도 추고 노래를 부르기도 했는데, 일주일에 두세 번은 그런 일이 있었고 그럴 때는 불려갔다. 상대를 잘해주면 그들은 팁을 주었는데, 나는 이 돈을 쓰지 않고 저금을 했다.

나는 그다지 귀여운 편은 아니었는데도 "참 예쁘다"면서 좋아하는 장교들이 이따금 내 방에 와서 자고 갔다. 장교들이 오면 병사들은 들어오지 못했다. 이럴 때 장교들로부터 받은 돈도 쓰지 않고 꼬박꼬박 모았다. 이렇게 해서 모은 돈 말고도 술이나 담배 같은 것도 거저 줄 때가 많았기 때문에 나는 돈이 생기면 조금씩 야전우편국에 저축을 했다. 그리고 그 후에도 돈이 생기면 통장에 갖다 넣곤 했다. 시모노세키가 발행처로 되어 있는 이 통장을 잃어버려 얼마나 낙담했는지 모른다.[233]

그런데 위안부 여성 지원 단체의 적극적 운동으로 일본 우정성에 '후미하라 옥주' 명의로 된 예금 원장이 남아 있는 것이 확인되었다. 이 원장에는 1943년 3월 6일부터 1943년 9월 29일까지의 예금액이 2만 6145엔이고 1946년 4월부터 1963년 3월까지의 이자를 합해서 5만 108엔으로 기록되어 있었다. 문옥주 할머니가 팁을 저축했던 돈이다. 그러나 일본 정부는 부당하게도 한·일 청구권 협정을 내세워 문옥주 할머니에게 군사우편저금의 지불을 거부했다.[234]

일부 학자는 문옥주 할머니가 버마 랑군에서 위안부로 일하면서 랑군 시내로 쇼핑도 다니며 다이아몬드도 샀다는 증언을 들어서 문옥주 할머니의 위안부 생활은 계약관계로 이루어졌으며, 그만큼 전선에서의 위안부 생활이 자유로웠다고 주장하기도 한다.[235] 그러나 문옥주 할머니는 랑군에서의 위안부 생활이 좀 더 자유스러웠던 것은 사실이나 일주일에 한 번, 또는 한 달에 두 번 정도 외출이 허용되었을 뿐이라고 했다.

문옥주 할머니는 두 번에 걸쳐 위안부 생활을 했는데, 첫 번째는 그녀가 열여섯 살이던 1940년이었다. 두 명의 일본군 헌병과 한 명의 평상복 차림의 한국인 관리가 길을 가던 그녀를 붙잡아 헌병대로 끌고 가서 다른 여성과 함께 대구역에서 다른 헌병 장교와 한국인 관리에게 넘겨졌으며, 3일간 기차를 타고 북동부 만주에 도착하여 토안 지방의 위안소로 입소되었다. 그녀는 그곳에서 하루에 20~30명의 일본 군인들을 상대해야 했다. 그녀는 일본 헌병 장교에게 부탁하여 그가 만들어 준 신분증명서를 가지고 몰래 기차를 타고 대구 집으로 돌아왔다. 이때에도 군인들이 군표를 주고 갔으나, 그녀는 한 푼도 받지 못했다.

문옥주 할머니의 두 번째의 위안부 생활은 열여덟 살 때였다. 그녀는 대구로 돌아와 있다가 1942년 일본군 구내식당에 가서 종업원으로 일한다는 이야기를 듣고 부산에 기차를 타고 갔다. 거기에서 다른 한국 여성들과 함께 화물선을 타고 타이완, 사이공, 싱가포르를 거쳐 버마 랑군에 도착했다. 그곳에서 그녀는 만달레이로 가기로 결정되었으며, 만달레이에 도착해서 그곳에 있는 한국인 병사로부터 위안소(피야)에서 일한다는 사실을 알게 되었다.

일부 학자들이 문옥주 할머니의 사례를 들어서 위안부들이 모집업자들이나 위안소 운영업자들과 고용계약을 맺고 보수를 받았다고 주장하고 있으나, 첫 번째의 경우는 물론 두 번째의 경우도 문옥주 할머니가 위안소 업주들과 위안소에서 일하겠다는 내용의 고용계약을 체결한 것으로 볼 수는 없다. 두 번의 위안부 생활이 모두 그녀의 자발적 의사가 아닌 강요와 기망에 의한 모집이었다.[236]

이와 같이 일본 군부가 조직적으로 설치해서 관리하고 있던 일부 위안소에서 형식적으로 대가를 지급하면서 강간이 이루어지고 있었던 것이다. 폭력적이나 기만적으로 여성들을 전쟁터로 끌고 와서 군대의 무력으로 그들의 신체의 자유를 억압하면서 조직적으로 강간한 것이다. 이러한 강간은 그 형식적 보수를 지급했다고 하여 성격이 달라질 수 없다. 군부가 조직적으로 설치해서 관리하고 있던 위안소에서 강간이 이루어지고 있었다고 해서 이를 '관리 강간'이라고 부르는 학자도 있다.[237] 그러나 관리 강간을 넘어 '조직적 집단 강간'이라고 하는 것이 더 정확하게 그 성격을 표현한다고 할 것이다.

호주령 라바울의 위안부 3,000명, 거의 대부분 사망했다

호주국립대의 아시아 태평양 연구학과 명예교수인 핸크 넬슨Hank Nelson은 제2차 세계대전 기간에 라바울Rabaul, 현재 파푸아 뉴기니에 주둔한 일본군이 운영한 위안소에 관하여 논문을 썼다. 당시 라바울 일본 해군기지는 10만 명의 일본군들이 주둔하고 있을 정도로 태평양 전선의 대규모 중심 기지였으며, 그곳에서는 대부분 한국인 위안부들로 구성된 3,000명의 위안부 단이 있었다고 한다. 넬슨 교수의 논문은 전쟁이 끝난 후 많은 일본군 포로들과 호주인들, 뉴기니인들의 증언과 전쟁 자료를 기초로 한 것으로, 전선의 위안부 생활을 알 수가 있어서 참고할 만하다. 이 논문을 보면, 일본 정부와 일본군이 수많은 여성들을 군인들의 성적인 쾌락을 위하여 머나먼 태평양 전선까지 끌고 간 것 자체가 심각한 인권 범죄이며, 그 결과 꽃다운 여성 3,000명을 최전선에 내보내서 전쟁의 포화 속에 대부분을 죽음에 이르게 한 것은 당시 일본 정부와 일본 군부의 엄청난 죄악이라고 함이 마땅하다는 걸 알 수 있다.

논문에서 일본군 포로인 요시오 아오키Yoshio Aoki 등의 증언에 의하면, 라바울에는 20개의 위안소가 있었고, 대부분이 한국인 위안부들이었으며 적은 숫자지만 일본인 위안부들도 있었다. 그러나 위안소 이용 비용은 일본인 위안부와 한국인 위안부가 달랐다고 했다. 또 넬슨 교수는 라바울에서 일본군의 포로였던 고든 토마스Gordon Thomas의 일기를 인용했는데, 토마스는 3,000명의 위안부 여성들이 있었고, 위안소에서 일하는 한국인 여성들은 하루에 25명에서 35명의 남자들을 상대한다는 믿을 만한 정보를 들었다고 했다. 그러한 비율로 계산하면, 라바울에 있는 10만 명의 일본인들과 방문하는 선박의 사병들의 성적 욕구를 만족시킬 수 있다고 하면서 이 여성들은 황인종 노예 거래의 희생자들이라고 적었다. 넬슨 교수는 또 켄타로 이구사Kentaro Igusa라고 하는 라바울에 주둔한 일본 해군 군의관의 메모를 인용했는데, 이구사는 위안부들이 성병으로 성기가 심하게 부어오르는 등 감염과 심각한 장애가 있어서 울면서 도움을 요청했지만 일을 계속할 수밖에 없었다고 적었다.[238]

넬슨 교수에 따르면, 제2차 세계대전 당시 3,000명의 위안부들이 호주령의 태평양 섬들에 주둔한 일본군들을 위하여 일하고 있었다는 여러 자료가 있다고 한다. 하지만 호주 언론들은 호주령인 뉴기니의 수도인 라바울에 2년 동안이나 '위안부대들Consolation Units'이 존재했다는 사실을 알고 있음에도 호주와 관련성이 없다는 이유로 언론에 보도하지 않고 침묵을 지키며, 위안부에 관한 토론에 관여하지 않기로 선택했다.

연합국은 1943년 10월 12일 라바울에 대한 대규모 공습을 실시하여 349대의 전투기로 비행장과 선박 정박항을 공격했다. 그 이후 연합국은 공습을 강화해서 1943년 라바울에 600대의 일본군 비행기들이 계류 중이었으나, 1944년 2월 말경에는 모든 일본 항공기들이 파괴되었다. 이에 따라 일본군은 1943년 11월경부터 퇴각을 시작하여 1944년 2월에 일본의 마지막 수송선이 라바울을 떠났다.[239]

토마스에 따르면, 1943년 말경부터 위안부 여성들은 라바울에서 탈출하는 선박들에 탑승했는데, 일부는 너무 늦게 떠나게 되어서 피해를 입었다. 이들 일본 선박들과 잠수함들은 연합군 전투기들이 순회하는 연합군 저지선을 통과하면서 연합군 전투기들의 공격을 받아 침몰되었다. 1943년 11월 30일 히말라야 마루Himalaya Maru호가 모두 1,366명의 일본 군인, 부상당한 군속, 위안부를 태우고 출발했지만, 미군 전투기의 공격을 받고 12월 1일 뉴 하노버New Hanover 앞 6해리 해상에서 침몰했다. 소수의 생존자만이 호위하던 다른 선박들에 의하여 구조되었다.[240]

당시 일본인 군의관 켄타로 이구사는 캐비엥Kavieng에서 살아남은 두 명의 여성들을 치료했는데, 이들이 침몰하는 화물선에서 살아남은 유일한 위안부들이라고 말했다.[241] 조지 힉스는 그의 위안부 역사책에서 라바울에서 구아달캐널로 간 여성들에 대하여 설명을 하면서 그들을 태운 선박이 침몰되어서 대부분 사망하고 오직 소수만이 부가인빌 해안가로 수영하여 갈 수 있었다고 말한다.[242] 뉴기니인인 얀가누이Yanganoui는 라바울에서 탈출하여 1944년 연합국의 조사를 받았는데, 위안부들이 병원선에 탑승하여 출발했으나 그 병원선이 침몰하고 모든 탑승객이 사망했다고 진술했다.[243] 히사시 노마는 침몰한 일본 병원선은 부에노스 에어레스 마루Buenos Aires Maru호였다고 한다. 위 선박은 63명의 간호사와 1,129명의 환자, 송환되는 일본 군인을 태우고 1943년 11월 26일경 라바울을 출발했다.[244] 그러나 케이코 타무라Keiko Tamura는 위 간호사들의 운명을 조사하면서 위 병원선에는 위안부 여성들도 탑승하고 있었다는 사실을 발견했다고 주장했다.[245] 1944년 2월 20일에 라바울을 떠난 수송선 3척 중 2척이 2월 21일 침몰되어 남은 1척이 생존자들을 구조했지만, 그 선박도 2월 22일 캐비엥에서 침몰되는 바람에 모든 승객이 사망했다.[246]

결국 제2차 세계대전 당시 라바울에 체류하던 3,000명의 위안부들은 대부분 사망한 것으로 보인다. 애석하고 안타까운 역사다. 일본 정부는 이제라도 당시 라바울에 끌려가서 일하던 위안부에 관한 자료를 밝히고 사건의 진상을 조사해야 한다. 한국 정부도 한국인 위안부 여성들의 흔적을 찾기 위하여, 일본 정부뿐만 아니라 호주와 파푸아 뉴기니 정부와도 외교적 노력을 다하여 협조를 받아야 한다. 한국 위안부 여성들의 슬픈 운명을 외국 학자들에게만 맡겨 조사할 일은 아닌 것이다. 그들은 엄연히 우리나라의 할머니들이다. 우리 할머니들이 파푸아 뉴기니 바다에서 사망한 사실조차도 모르고 있어서야 되겠는가.

위안부 피해자의 슬픈 이야기

◯

난징을 거쳐 미얀마로 간 박영심

일본군 위안부들의 실상을 구체적으로 이해하기 위해서는 통계적인 수치도 중요하지만, 위안부 생활을 했던 당사자의 이야기를 듣는 것이 매우 중요하다. 그들의 진실성을 확인할 수 있기 때문이다. 모두 역사 속에서 사라질 뻔했지만, 1991년 김학순 할머니의 용기 있는 공개 증언으로 많은 피해 여성들이 자신들의 피해 사실을 공개했다. 하지만 그보다 더 많은 피해 여성들은 자신들을 노출하지 않고 살았으며, 또 다른 많은 수의 피해 여성들은 전쟁터에서 이미 저세상 사람이 되어 자신들의 피해 사실을 밝힐 수 있는 기회조차 얻지 못했다. 자신의 피해 내용을 증언한 모든 사례를 여기에 옮길 수는 없고, 위안부 여성들의 고통스러운 생활을 이해할 수 있을 정도의 필요 범위 안에서 그들의 이야기를 적어 본다.

먼저, 일본군에 강제로 끌려가서 7년간이나 노예 생활을 한 박영심 할머니의 증언을 들어 본다.[247]

나는 1921년 12월 15일 남포시 강서구역 서기동에서 태어났다. 일찍기 어머니를 잃고 계모의 슬하에서 자라다가 열네 살 때 남포시 후포동에 있는 양복집에 팔려가 식모로 일하였다. 그러던 1938년 3월경 나는 일제의 '처녀 공출'에 걸려들었다. 검은 제복에 별을 두 개 달고 긴 칼을 찬 일본 순사놈이 내가 일하던 후포동에서 나와 함께 스물두 살의 처녀(도미꼬)를 평양으로 강제 압송했다.

평양역에 도착하니 이미 15명의 조선 녀성들이 끌려와 있었다. 내가 다른 녀성들과 함께 유개화차와 자동차를 타고 처음 끌려간 곳은 중국 남경이였다. 남경에는 일본군 병영들이 많았는데 그 병영에서 약 500메터 떨어진 곳에는 금수로 '위안소'가 있었다. 빈 깡통을 매단 가시철조망이 무시무시하게 드리워져 있어 보기만 해도 소름이 끼치는 곳이였다.

'위안소' 건물은 3층으로 된 벽돌집이였고 매 방의 크기는 2×2.5메터 정도였는데, 방에는 침대가 하나씩 있었다. '위안소'에 끌려간 나는 '우다마루'라는 일본 이름으로 불리우게 되였다. 나에게는 2층 19호실이 차례졌다. 매 방 출입문 위에는 '위안부' 이름과 번호가 붙어 있었다.

일과는 따로 없었다. 우리는 해가 뜨면 쌀밥 한 공기에 몇 쪼박의 무절임을 먹고 한 주일에 한 번씩 륜번제로 휴식하는 일본군 놈들을 대상하여 치욕스러운 일을 당해야만 했다. 하루 평균 일본 군대 30여 명을 대상하여 '성봉사'를 해야만 하였다. 일본군은 하나같이 포악무도한 짐승처럼 달려들었다. 이에 조금이라도 불응하면 놈들은 가차 없이 처벌하곤 하였다. 어느 날 나는 너무 고통스러워 한 장교 놈의 요구에 응하지 않았다. 그러자 그놈은 나를 주먹으로 때리고 구두발로 차다 못해 긴 칼을 뽑아 나의 목에 대고 당장 죽일 것처럼 위협하고는, '황군'의 맛이 어떤가 보라고 하면서 자기의 수욕을 채웠다.

놈들은 이렇게 못되게 놀다가도 처녀들이 병에 걸리거나 영양실조에 걸리면 처녀들을 가차 없이 어디론가 실어가거나 강물에 처넣어 죽이곤 하였다. 나는 이 지옥 같은 금수로 '위안소'에서 약 3년간 있다가 일본군 병사 2명의 호송을 받으면서 상하이를 거쳐 먄마 랑군 부근의 라슈 '위안소'에 끌리워갔다. 이곳에서 나는 다시 '와까하루'라는 일본 이름을 가지고 일본 륙군과 땅크병들을 대상하여 '성봉사'를 강요당하였다. 라슈 '위안소'에서 치욕스러운 2년간의 세월을 흘려보낸 후 나는 다시 먄마-중국 국경 지대인 '마쯔야마'(송산)로 끌려갔는데 그곳은 최전선 지대였다.

매일 수많은 폭탄과 포탄이 날아와 터졌다. 그때 이곳으로 끌려온 조선 녀성들은 모두 12명이었는데 그들은 모두 언제 죽을지 모르는 어려운 처지에서 한 사람이 하루 30~40여 명을 치르어야만 하였다. 게다가 싸움마당에서 거칠어질 대로 거칠어진 놈들이 술까지 처먹고 달려들면, 그때의 고통이란 이루 말할 수 없이 컸다. 먄마의 격전장에 끌려갔던 '위안부' 12명 중 8명이 폭격에 죽고 맞아 죽고 병 걸려 죽었다. 겨우 살아남은 조선 녀성들은 그 후 일본군 패잔병들과 함께 전쟁 포로가 되어 중국 곤명포로수용소에 약 7개월가량 잡혀 있었다. 짐승 같은 놈들과 같이 포로 생활까지 함께 하게 되었으니 기가 막히는 일이었다. 나는 죽어서도 잊을 수 없는 곳이 고향이었기에 치욕스러운 과거 생활로 하여 량심에 꺼렸지만 고향으로 갈 것을 결심하였다.

1946년 2월 나는 인천까지 배를 타고 와 서울 집결소를 거쳐 청단까지 걸어가서는 다시 기차를 타고 9년 만에 남포에 오게 되었다. 하지만 나는 '종군 위안부' 생활로 하여 자궁을 드러낸 데다가 심장판막과 신경쇠약으로 때아니게 헛소리를 치면서 고민하는 폐인이 되고 말았다. 나는 가정의 행복도, 자식낳이를 하는 어머니의 기쁨도 모르고 살아왔다.

그 후 나는 애육원에서 아이를 데려다 키웠는데 지금은 그의 부양을 받으며 살고 있다. 나의 불우한 과거를 생각할 때 나와 같이 끌려가 갖은 고욕 끝에 이국땅에서 무주고혼이 된 수천 명의 조선 녀성들을 생각한다. 지난날 조선을 강점하고 악착한 짓을 다한 일본놈들의 죄악은 말로써나 글로써 다 표현할 수 없다. 지금도 그때를 생각하면 일본놈들을 내 손으로 갈기갈기 찢어 죽여도 원이 풀리지 않을 것 같다. 그런데도 일본 정부는 지금 뻔뻔스럽게도 저들이 저지른 과거 죄행을 력사의 흑막 속에 덮어버리려고 갖은 권모술수를 쓰고 있다. 나는 일본 정부가 죄악에 찬 과거를 똑똑히 반성하고 그에 응당한 보상을 하도록 압력을 가해줄 것을 세계의 량심 앞에 호소한다.

박영심 할머니는 1944년 연합군이 찍은 임신한 '위안부' 사진으로 유명하다. 1944년 9월 일본의 버마 전선과 라모전멸전(승산전멸전) 후, 라모에서 중국 제8군 병사가 찍은 것으로, 포로가 된 4명의 조선인 '위안부' 사진이다. 이 사진 속의 임산부가 박영심 할머니라는 것은 '2000년 일본군성노예전범 여성국제법정'에서 본인이 확인하면서 밝혀졌다. 박영심 할머니는 포로수용소에서 일본군 패잔병들과 함께 있었는데, '짐승 같은 놈들과 포로 생활까지 하게 되었으니 기가 막혔다'고 했다. 이곳에서 박영심의 배속 아이는 사산되었다. 사진 속의 4명에 대한 정보는 연합군 신문인 〈라운드업〉 1944년 11월 31일 기사 '일본군 위안부'에서 4명의 인터뷰를 통해 밝혀졌다.

2000년 12월 박영심 할머니는 일본 도쿄에서 열린 '일본군 성노예전범 여성국제법정'에 참가했다. 그러나 숙소의 방에서 목욕 가운을 보고 과거 위안소에서 입었던 일본 기모노가 생각나 먹는 일도, 말하는 일도 할 수 없게 되었다. 이 때문에 박영심 할머니의 증언은 비디오 영상으로 대체되었다. 2003년 11월 박영심 할머니는 "나는 진실을 말하고 있다. 어떤 곳에 끌려갔는지 알고 싶다"며 일본의 활동가들과 함께 중국 난징과 윈난성 등을 방문해 위안소 자리를 확인했고, 그것을 다큐멘터리로 찍기도 했다. 2006년 8월 7일, 평양에서 사망했다.[248]

인도네시아로 끌려간 14세 소녀 정서운, 스마랑의 성노예

다음으로 파출소에 갇힌 아버지를 풀어주기 위해서는 일본 공장에 가서 일해야 한다는 말에 속아서 열네 살 때 일본군 위안부로 끌려가 인도네시아에서 8년간 성노예 생활을 한 정서운 할머니의 증언을 통해 일본군 위안부의 생활을 살펴본다.

정서운 할머니는 1924년 경남 하동군 악양면 입석리 하덕마을에서 태어났다. 열네 살 때 아버지가 전쟁 물자 공출을 피하고자 놋그릇을 밭고랑 속에 숨겨 두었다가 밀고로 주재소에 끌려가서 많은 고문을 당했다. 그런데 동네 이장이 일본에 있는 센닌바리(천인침千人針) 공장에 가서 2년에서 2년 반만 고생하면 아버지가 풀려날 수 있다고 했다. 아버지는 그녀가 일본으로 가는 날 풀려난다고 했다. 그래서 그녀는 일본 공장에 가겠다고 했고, 그해 12월(동짓달)에 부산에서 배를 타고 일본 시모노세키로 가 창고에서 지냈다. 다음 해 다른 어린 처녀들 수십 명과 함께 배를 타고 대만, 중국, 태국, 싱가포르, 사이공을 거쳐 인도네시아에 끌려가서 일본군 위안부로 성노예 생활을 8년간이나 했다. 1945년 일본이 패망한 후 싱가포르 수용소에서 1년간 생활한 후, 스물세 살 때 부산으로 귀국했다. 그녀는 1992년 일본군 위안부 피해자였다는 사실을 공개했다. 1995년 북경 세계 여성 대회에서도 증언했고, 1996년에는 미국 등지에서 종군 위안부에 대한 강연 활동을 펼쳤으며, '국민 기금 반대 올바른 전후 청산을 위한 일본 순회 집회'에 참가하기도 했다. 2004년 2월 26일 81세의 나이로 세상을 떠났다. 다음은 그녀가 자신의 위안부 생활을 인터뷰한 내용이다.[249]

파출소에서 왔어. 거기서 와 가지고 저 놋그릇을 안 바치냐고, 이러는 거라. 날 죽이고 가져가거라. 그거는 줄 수 없다… 너거가 가지고 가서 그것 가지고 전쟁 도구로 쓸 물건을 왜 우리가 줘야 되나…

그래 가지고 우리 집에 일하는 사람보고, 데리고 논에… 그걸 다 논에다 묻었어. 여러 수십 줄로 파 가지고 논에다 묻어 놨지. 묻어 놨는 걸 누가 밀고했어. 그래 가지고 아버지가 잡혀간 기라. 그래 아버지가 거 가 가지고 얼마나 고문을 당했던지. 말도 못 해. 열네 살 때…

(혼자서?)

아니 이장까지.

이 손에다가 좌악 붕대를 감았더라고.

(아버지가?)

응. 긍게 저놈들이 얼마나 무서운 고문을 했는지 몰라…

그래 가지고 그래 집으로 왔는데… 이장이 와 가지고… 며칠 후에. 이장이 와 가지고, 일본 공장에 센닌바리(천인침千人針) 만드는 공장.

(센닌?)

센닌바리라고 있었어.

(센닌바리?)

응.

그 공장 가서 2년에서 2년 반만 고생하고 나오시면 됩니다. 그래 그러면, 내가 가는 날 아버지가 풀려나온단 기라.

(이장이 그런 소릴 해요? 동네 이장이?)

응.

(그럼 다 아는 사람일 거 아녜요?)

그렇지. 그러게 일본놈들 앞잡이라. 그래 그걸 믿었지. 아이구… 그래 가지고 내가 자청을 해서 간 기라. 공장 가서 2년이나 2년 반 고생하고 나오면 우리가 가족이 모여서 행복하게 살긴데… 그래 갖고 내가 가겠다고. 그래 따라나선 게 그리 된 기라.

(몇 살 때 잡혀가신 거예요?)

열네 살 때.

(열네 살에?)

응… 열네 살에 잡혀가지고… 동짓달에.

동짓달에 갔는데 일본 가 가지고 좀 있었거든. 얄구진 창고 같은 데서. 배 기다리느라고. 그래 갖고 왔는 기라. 시모노세키. 그러다 보니 뭐… 열다섯 살 되버렸지. 그래 가지고 어느 정도 모아 놓은 겨. 그때까지도 우린 공장 가는 줄만 알았거든. 그래 가지고 하루 나오라 하더라고. 배를 타야 된다고. 아이고 김밥… 주먹밥을 해가지고 사람들… 주먹밥 아나? 그래 나는… 삼 일을 내가 그때 안 먹었어.

내 생각에 어린 나이 된 게… 한 뭐… 몇백 몇십 명이 된지 몰라. 전부 열여덟 살… 열아홉 살, 열일곱 살… 다 처녀들이라. 그중에 내가 제일 어렸어. 아, 더 어린 애 하나 있었어. 열세 살짜리도 하나 있었어. 그래 가지고… 배를 타고 이제 가는데 제일 처음에 어디로 갔냐면 대만. 대만 갔어. 대만 다 와 가지고 거기서 몇십 명이 내렸지. 내리고… 그래 갖고 내 속으로 아이고 세상에 일본이란 나라가 이렇게 큰 나라가 있는 갑다.

(대만도 일본인 줄 아셨어요?)

일본인 줄 알았지.

싹 내렸어. 자카르타. 인도네시아 자카르타. 거기서 다 내렸어. 거기서 다 내려가지고… 전부 배치가 된 기라. 다는 안 내렸지. 나는 이제 그… 자카르타 내려 가지고 스마랑이라는 데 있는 기라. 거기서 13명… 그래 가지고 이제 갔지. 그때사 내가 일본 땅이 아니고 먼 나라다… 알았지. 스마랑 도착하자마자 군인들이… 군인들이 그냥 우리를 상대를 할라고…

(처음날부터?)

도착한 날 저녁부터.

그래서 내가 발악을 하고, 하다 보니 칼로 쳐 가지고… 그래서 흉이 지금 이리 크다. 전부 흉터야 이거.

(때려 가지고?)

칼등으로 쳐 가지고.

내 몸에는 전부 흉터라. 칼자국. 흉터.

생리도 안 했는데 거 가 가지고… 생리가 났지. 열네 살 먹어서 갔었거든. 열네 살 먹어서 11월 달에… 음력으로 11월 동짓달에 갔으니게. 일본 시모노세키서 몇 개월 있었거든. 그래 가지고 들어가는 길도 얼마나 걸렸다고… 그러게 열다섯 살 되버렸지. 열다섯 살 되 가지고… 그래 가지고… 처음에 이제 저녁에 술을 잔뜩 처먹고 들어오더라고… 벌벌 떨릴 거 아니가… 열다섯… 그 간 데서 내가 제일 나이가 어렸어. 모두다 열일곱… 열여덟… 열아홉… 모두 그랬다고. 내가 제일 어렸다고. 그래 가지고 이제 강간을 당한 거지. 그래가 전신에 피고… 말도 못 한다 내가. 그걸 생각하면 지금도 내가 밤에 꿈을 꾼다고.

(부대 안에 위안소가 있었던 거죠, 할머니? 그렇다면 그 부대 이름은 뭐였어요?)

부대 이름은 몰라. 그때는 전부 비밀이거든. 1급 비밀인 기라. 부대가 뭔 부대고 그것도 모르는 기라. 더 알라고도 안 했고.

(사람은 얼마나 많이… 어느 정도의 군인들이 있었어요?)

크지… 연대인데.

(연대?)

그 약을… 40알을 내가 구했는겨. 군의관이 있었어. 그래 가지고 내가 한몫에 털어 넣었지.

(돌아가시려고…)

응. 죽을라고.

(그게 몇 살 때예요, 할머니?)

그래 가지고 죽는 것도 맘대로 못 죽는 기라. 3일 만에 깨어났어. 그래서 이제… 같이 있는 사람들이 코로 입으로 귀로 피가 쏟아졌다고…

(위안소 가신 지 몇 달 안 돼서 그렇게 하신 거예요? 아니면 지나서?)

한… 몇 개월… 몇 개월 지나고 나서… 죽어야 되겠다 싶더라고… 그래 죽으려고 40알을 먹었지.

(그러면 하루에 몇 명 정도의 군인이 왔어요, 할머니?)

숫자도 헤아릴 수 없고… 토요일, 일요일 날은 말도 못 해. 여자 하나에 백 명 이상… 상대를 해야 돼. 줄을 서 가지고 옷도 안 벗고… 그래 가지고, 내가 살아나온 것만 해도 다행이다… 열세 명이 가 가지고 세 명이 죽었네, 거기서. 세 명이 죽고 나머지 열 명은 방공… 방공호로. 방공호 하나에 다 들어갈 순 없거든. 몇만 데리고 방공호에 매장시켜버린 기라. 우릴 내보내면 후환이 있으니까, 후환을 없애기 위해 우리를 다 죽여라. 그런 기라, 저 왜놈들이…

그중에서 내가 살았다고. 하이고, 내가 좌우간 목숨만 부지하자. 목숨만 살면 정신하고 목숨하고만 살면 내 몸을 뺏어가도 내 맘은 안 뺏어간다. 그런 정신으로 내가 살았지. 그런 정신으로 내가 우리 한국에 나오기까지 그런 정신으로 살았지.

병이 있어 가지고… 울화병이 있거든. 울화병이 있어서… 엊그저께 병원에, 밤에 쫓아갔다. 이 확 올라오면 집이 내려앉는 것 같고, 불안해서 못 살겠는 기라. 불안해서. 가슴이 막 뛰고 그래서. 그 병이 있는 기라. 그래서 내가 담배를 피워.

(중략)

우리는 때를 잘못 만나 가지고 참 이렇게 희생자가 되었지만… 지금 자라나는 애들은 절대 그런 일 있어서는 안 된다는 것을 주장하는 거라고… 항상 마음가짐은 그랬지. 아이고… 내가 저 왜놈들 생각하면 어휴… 지금도…

내가 죽기 전에 이 말은 들어야겠어. 그래야 내가 죽어도 눈을 감고 죽을 것 아니가. 내가 죽어버리면 그만이다 아이가… 그러니 내 죽기 전에 사죄하고… 단 1원짜리라도 좋으니까 배상을 해라 이거야.

(일본 정부가?)

그렇지. 그것밖에 내가 바라는 게 없어. 내 죽고 나면 하나의 헛거로 돌아갈 거…

긍게 죽어도 눈을 감고 못 죽지.

다시 태어나면 도로 여자가 되고 싶지. 여자가 돼서 이제 좋은 세상 만나서 절대 과거처럼 그런 일 없게… 좋은 아내가 되고 그래 살고 싶네. 그게 소원이야 나는…

(좋은 아내?)

좋은 가정에 태어나서 좋은 남편 만나 가지고 행복하게 잘 사는 그거지… 다른 게 있나…

식민지 대만의 위안부 피해자들

다음은 대만의 위안부 피해자의 사례다. 대만의 위안부 피해자들은 해남도, 필리핀, 중국, 인도네시아, 미얀마, 오키나와 등지로 끌려가서 위안부 생활을 했다고 한다. 아래 사례는 1992년 대만의 피해자 지원 단체 '타이베이시 부녀구원 사회복리 사업기금(이하 '부원회'라고 함)'이 청취 조사를 하여 발표한 것이다.[250]

집안이 가난하여 술집 등의 접객업에 종사하고 있었는데, '간호부 업무'라고 하며 해남도로 보내졌다. 18세부터 25세 사이. 군대 안에 있는 군 직영의 위안소였고 자유는 전혀 없었다. 명령에 복종하지 않으면 얼굴을 때렸다. 울기만 했다. 결혼했지만 이혼했다. 아이도 생기지 않았다. 종전 후는 빨래나 청소를 하며 생활하고 있고, 다시는 접객업에 돌아가지 않았다. 지금은 지병이 몇 가지나 되어 몸이 쇠약해져 있다. 과거를 들킬까 봐 사람들과도 어울리지 못한다. 계속 자살을 생각해왔다. 당시는 분노를 느꼈지만 이것도 운명이라고 체념하는 마음이다. 이제는 일본 정부에 대해 원망도 분노도 없다. 현재의 생활이 매우 어렵기 때문에 배상을 바란다.[251]

아래 세 가지 사례는 1997년 위 대만의 피해자 지원 단체 '부원회'에서 조사한 보고서와 〈뉴욕 타임스〉에 실린 기사다.

대만의 화련花蓮 부대에서 청소나 장 보는 것을 돕는 일이라고 해서 경찰에 징용되었다. 당시 18세, 미혼. 가족으로는 오빠가 필리핀에 출정 중이었다. 연행된 지 얼마 안 있어 '위안부'로 일하게 되는 것을 알았다. 견디다 못해 한 번 도망쳤는데 잡혀 와 끔찍한 벌을 받았다. 그 후로는 무서워서 도망칠 수 없었다. 종전 후 고향에 돌아갔지만 '부끄러운 줄도 모르고'라고 매도당해 마을에서 떨어진 곳에서 빨래를 해주며 생계를 이어 나갔다. 위안소에서 임신한 아이를 출산했으나 평생 결혼은 할 수 없었다. 지난날을 돌아볼 때마다 견딜 수가 없다. 지금은 고혈압과 관절염으로 고생하고 있다.[252]

화련의 부대에서 설거지나 서빙을 한다고 해서 경찰에 징용되었다. 당시 20세, 미혼. 삼사 개월 지났을 무렵에 헌병 방으로 끌려가 그곳에서 기다리고 있던 4명의 병사에게 윤간당했다. 그 후 매일 성적 봉사를 강요당해 4~5명의 병사를 상대했다. 세 번 유산했는데 같은 위안소에 있던 조산부 자격을 가진 여성으로부터 처리하는 방법을 배워 보름 정도 쉬고는 다시 일했다. 그 후 불임이 되었다.

우시메는 23세 때인 1940년 대만의 한 호텔에서 종업원으로 일했는데, 그녀의 대만인 주인이 그녀를 일본 장교들에게 넘겨주었다. 일본군 장교가 그녀를 강제로 끌고 갔으며, 일본군 군의관이 강제로 그녀의 옷을 벗기고 검사를 한 후 데리고 갔다. 그녀와 15명의 다른 여성들은 중국 남부의 광둥 지방으로 보내져서 성노예가 되었다. 소위 위안소라고 하는 대만인이 운영하던 한 호텔에서 일본 군인들만 상대했다. 그녀는 거의 1년 동안 매일 20명이 넘는 일본 군인들과 강제로 성관계를 가져야 했고, 그녀는 여러 번 낙태를 하고 불임이 되었다.[253]

필리핀의 위안부 마리아 로사 루나 헨손의 비극

필리핀의 위안부 피해자 마리아 로사 루나 헨손은 한국에 이어 필리핀에서 '종군 위안부'였던 사실을 처음으로 밝혔다.[254]

마리아 로사 루나 헨손은 1927년 12월 5일 필리핀 마닐라 근교에 있는 파사이에서 태어났다. 대지주인 아버지와 그 집의 가정부였던 어머니 사이에 태어난 의붓자식이었다. 그녀가 가톨릭계의 초등학교를 졸업하기 직전, 열네 번째 생일 사흘 후에 태평양 전쟁이 일어나 필리핀은 일본군에게 점령당했다.

1942년 2월 2일, 그녀는 일본 병사에게 강간당했다. 그때 그녀는 집에서 쓸 장작을 구하러 삼촌, 이웃들과 함께 나섰다. 일행과 떨어져 마른 나뭇조각을 묶을 준비를 하고 있을 때였다. 별안간 두 명의 일본군이 나타나 그녀의 두 팔을 붙들었다. 그녀가 비명을 지르며 저항할 때 일본군 장교가 다가와서 그녀를 낚아채 강간했다. 그런 다음 두 병사에게도 강간하도록 했다. 출혈이 심해 일어설 수도 없던 그녀는 다행히도 지나가던 농부에게 구조되었다.

끔찍한 일이었지만 그녀는 2주일 후 장작을 구하러 갔던 길에 앞서의 일본군 장교와 마주쳐 또다시 강간당했다. 그래서 두 번 다시 그런 일이 없도록 그녀는 어머니의 고향인 안헤레스시 교외의 마을로 피했다. 그런 경험으로 일본군에 대한 극심한 분노를 느끼던 그녀는 권유를 받고 항일 인민군인 후쿠바라합푸에 가입했다. 그리고 1년간 활동했다.

그러나 1943년 안헤레시 교외에서 임무 수행 중 일본군 검문소를 통과하려다가 그녀만 붙잡혔다. 일본군 사령부로 연행된 그녀는 '위안부'로 일하도록 강요당했다. 그녀 나이 열여섯 살이었다. 거기에는 같은 처지의 여성들이 6명 있었다고 한다. 그녀는 다음과 같이 진술한다.

12명의 병사가 차례차례 계속해서 나를 강간했다. 그런 후 30분 정도 쉬고 또다시 12명의 병사가 왔다. 그들은 방 밖에 서서 순서가 오기를 기다렸다. 심하게 출혈을 하여 몸과 마음이 다 상했다. 음식도 넘어가지 않았다. 매일 울면서 어머니의 이름을 불렀다. 병사들에게 죽임을 당할지도 몰랐기 때문에 저항할 수도 없었다. 매일 낮 2시부터 밤 10시까지 병사들은 내 방과 다른 6명의 여성들 방 밖에서 줄지어 서 있었다.

그녀는 9개월간 이런 생활을 보낸 후, 1944년 1월 게릴라에 의해 구출되었다. 연합군의 상륙으로 필리핀은 일본의 점령에서 해방되었다. 일본 항복 후 1945년 9월, 그녀는 필리핀군 병사와 결혼했다. 두 딸이 태어난 후, 1950년 남편은 공산 혁명군에 참가하여 3년 후에 죽었다. 그 후 세탁부, 담배 공장의 노동자로 일하며 자식들을 키워 냈다.

1992년 일본군 '위안부'였던 여성에게 이름을 밝히고 나설 것을 촉구하는 라디오 방송을 듣고 그녀는 극심한 심적 동요를 느꼈다. 함께 살고 있는 딸에게 자신의 과거를 처음으로 털어놓자 딸이 격려해주었다. 그리하여 그녀는 존재를 밝히기로 결심하고, 네리아 산초를 만나 자신의 경험을 이야기했다. 그때의 심정에 대하여 그녀는, 경험한 것을 이야기하는 것은 대단히 괴로운 일이었지만 털어놓고 나니 무거운 짐을 내려놓은 것 같았고, 심장에 박힌 가시가 뽑힌 기분이 들면서 잃어버린 자존심을 되찾은 느낌이었다고 회상했다.

1992년 9월 18일, 그녀는 일본군 '위안부'였던 필리핀 여성으로서는 처음으로 공개 기자회견을 가졌다. 그리고《위안부, 운명의 노예Comfort Woman: Slave of Destiny》라는 책을 써서 위안부 생활의 비참한 경험을 공개했다. 그녀의 뒤를 따라 50명의 필리핀 여성들이 결연히 나서 자신들이 일본군 위안부였음을 공개했다. 1993년 12월, 그녀는 한국과 중국의 위안부 피해자들 18명과 함께 일본 정부에게 사죄와 보상, 교과서 수록 등을 요구하는 소송을 도쿄지방재판소에 제기했으나 패소했다.[255] 그녀는 1997년 8월 18일 심장 발작으로 사망했다.

네덜란드인 얀 루프 오헤른, 《나는 일본군 성노예였다》

얀 루프 오헤른은 네덜란드인으로 태평양 전쟁 중 인도네시아 자바섬 스마랑에 설치된 일본군 위안소인 '칠해정'에서 강간과 폭행을 당한 생존자다. 그녀는 전쟁이 끝난 후 영국 군인 톰 루프Tom Ruff와 결혼했고, 1960년 호주로 이주하여 살고 있었다. 그녀는 일본군 위안부였다는 사실을 숨기고 살다가, 1992년 한국의 김학순 등이 일본군 위안부였다는 사실을 고백하고 일본 정부의 사죄를 요구하는 것을 보고 용기를 냈다. 자신의 두 딸에게 일본군 위안부였다는 사실을 밝히고 도쿄에 가서 자신의 위안부 생활을 증언하며 일본 정부의 사죄를 요구했다. 또 '나는 일본군 성노예였다'라는 제목으로 자신의 피해 사실을 책으로 출간하기도 했다.[256] 아래는 〈가톨릭 뉴스〉의 구영주 서평에서 책의 내용을 요약한 것이다.[257]

그녀는 1923년 1월 18일 네덜란드 식민지였던 인도네시아 자바에서 네덜란드 이민자 4세로 태어났다. 다섯 남매 중 셋째였다. 부모님은 자상했고 지성인이었으며 예술에도 조예가 깊었다. 그녀는 어린 시절부터 가톨릭 전통 가정에서 자라 가톨릭 학교와 대학을 다녔다. (중략) 1942년 그녀는 가톨릭 사범대학을 다니던 중 전쟁을 맞았다. 그녀는 열아홉 살, 여동생 핀은 열한 살, 막내 셀레스트는 일곱 살이었다. 전쟁에서 네덜란드가 지고, 자바섬을 점령한 일본군에 의해 암바라와 포로수용소에 감금되었다. 그 뒤로 그녀는 수천 명의 네덜란드 여성들과 어린아이들과 함께 3년 반 동안 포로 생활을 해야 했다. 암바라와에는 여성과 어린이를 위한 수용소가 일곱 개 마련되어 있었다. 어린아이들과 여성들은 자신에게 일어날 일들에 대한 두려움으로 울음을 터뜨렸다. 그녀와 그녀의 어머니, 여동생들은 6호 캠프에 있었다. 작은 곤충과 바퀴벌레, 이가 득실거리던 곳이었다. 물도 귀하고 오물이 가득한 최악의 위생 상태와 열악한 환경 속에서 그녀는 나이 드신 어머니를 포함해 자신까지 4명의 가족들을 돌보며 밤마다 함께 모여 기도하며 포로 생활을 견뎠다. (중략)

1944년 2월 26일, 이날은 그녀의 고귀한 꿈이 산산조각 나고 인생을 완전히 바꿔 놓은 날이었다. 그날 일본군들이 막사 앞으로 와 17세 이상의 미혼 여성들을 끌고 갔다. 그곳에 있는 모든 여성들은 불길한 느낌에 휩싸였고 그녀 역시 그러했다. 어머니와 여동생들과 생이별을 하고 끌려간 곳이 바로 그녀가 전쟁이 끝날 때까지 일본군들의 성노예로 처참하리만큼 치욕과 모욕을 견뎌야 하는 '칠해정'이었다. 여러 수용소에서 끌려온 수많은 소녀들이 하루에도 수십 번씩 밤낮없이 자행되던 일본 군인들의 잔인한 성폭력을 견뎌야 했다.

마음속 깊이 신앙을 간직했던 그녀에게, 수녀로 살고 싶다는 소명을 가졌던 그녀에게 '칠해정'의 기억은 죽음과도 같은 시간이었다. 밤마다 깊은 두려움과 공포 속에 시편을 부르고 이사야 예언서를 읽으며 믿음을 굳게 다져도, 그녀의 현실은 밤낮없이 가랑이를 벌리고 밀고 들어오는 짐승 같은 일본군들의 잔악하고 추악한 육체만이 있을 뿐이었다. 24시간 일본군이 보초를 서고 도망가면 그 자리에서 사살하고…. 어느 날 갑자기 끌려가 일본군의 성노예로 살게 된 그녀와 그곳에 있던 모든 여성들은 제정신이 아니었다.

처음 그녀를 찾아왔던 일본 장교에 대한 기록은 끔찍하다. 반항하고 도망가는 그녀에게 칼을 들이대며 죽이겠다고 협박하자 그녀는 자기 안에 어떤 강력한 힘을 느꼈다고 했다. "미처 알지 못한 강력한 힘이었다. 바로 그리스도께서 내 존재의 모든 것을 가져가신 것 같았다. 그리스도가 힘을 주시고 나를 주관하시는 것 같았다. 나는 일본 군인에게 나를 죽일 순 있겠지만 나는 죽는 것이 무섭지 않으며, 결코 굴복하지 않겠다고 말했다."

"그는 내 바로 위에 서서 칼로 내 몸을 가리켰다. (중략) 일본 장교는 안달이 났다. 나를 침대에 던지고 내 옷을 갈기갈기 찢어 누더기로 만들어버렸다. 나는 옷이 벗겨진 채 침대에 누워 있었고, 그가 칼끝으로 내 몸을 훑어 내렸다. 나는 목과 가슴, 배, 다리를 긋는 차갑고 예리한 쇠의 감촉을 느낄 수 있었다. 나는 벗겨져 알몸이 되었다. 수치심이 일었다. (중략) 정말 역겨웠다. 땀 냄새와 썩은 입 냄새가 났다. 온 힘을 다해 밀쳐 내려고 했다. 발로 차고 할퀴고 했지만, 너무 막강한 적이었다. 내 눈에서 눈물이 줄줄 흐르는 가운데, 그는 짐승처럼 나를 겁탈했다. 그가 계속 그러고 있을 것 같았다. 이 가장 치욕적이고 야만적인 강간을 뭐라고 표현해야 할지 모르겠다. 어떤 순교가 이보다 힘들 수 있을까? 나에게는 죽는 것보다 더 고통스런 일이었다. 내 온몸이 떨렸다. 나는 쇼크 상태였다. 온몸이 추워 떨리고 마비될 것 같았다. 얼굴을 베개에 파묻었다. 수치스럽고 더럽혀졌다는 느낌이었다. 내 몸, 나의 순결하고 아름다운 몸, 신이 머무는 성전인 내 몸을 그들이 범했고 사악한 쾌락의 자리로 만들어버렸다. (중략) 이 방을 나가야만 해, 나는 남은 옷을 챙겨 목욕탕으로 달려갔다. 모든 것을 씻어내고 싶었다. 더러움, 수치심, 상처를 모두 씻어버리고 싶었다. 씻고 또 씻었다. 목욕탕에서 다른 소녀들도 보였다. 우리는 모두 울면서 같은 행동을 했다. 모든 더러움과 수치, 상처를 씻어버리려고 했다. 우리에게 벌어진 일들까지 마치 씻어버릴 수 있을 것처럼. 완전한 절망과 극심한 공포 속에서 우리는 서로를 바라보았다." (중략)

이후 전쟁이 끝나고 그곳을 떠났지만, 그녀들의 삶 속에서 그 시간은 영원한 침묵 속에 묻혀버렸다. 어머니와 만나 그간의 일을 이야기했지만 딱 한 번 이야기했을 뿐 다시는 꺼내지 않았다. (중략) 수녀가 되고 싶었던 그녀는 신부님에게 자신이 겪은 일을 모두 말씀드렸다. 하지만 신부님은 그녀에게 수녀가 되지 않는 게 낫겠다고 말했다. 그녀는 사제의 조언을 듣고 완전히 실망하고 낙담했다. 그녀는 심한 열등감에 사로잡혔고, 자신이 때가 묻고 더러운 존재가 되어버린 것인지 혼란스러웠다.

그녀는 다행히도 자상하고 다정한 남자 톰을 만나 결혼을 했고 그곳에서의 일을 이야기했을 때 남편 톰은 그녀를 꼭 안아주며 사랑스러운 목소리로 말했다. "사랑해, 얀. 당신은 아름다워." 그녀에게 꼭 필요한 말이었다. 톰은 그녀에게 과거를 잊으라고 말하지 않았다. 잊을 수 없다는 것을 알았기 때문이다. 그녀에게 중요한 것은 톰의 한마디였다.

"당신은 아름다워."

그녀는 수용소에서 겪은 일로 세 번이나 유산을 하고 나서 어렵게 두 딸을 얻게 된다. 평온한 삶이 이어지지만, 그녀의 마음 깊은 곳에서는 늘 자기 안에 있었던 지난날의 상처를 간절히 얘기하고 싶으면서도 수치스러워 얘기할 수 없다는 고통에 짓눌려 있었다. 그녀는 소리쳐 말하고 싶었다. 50년 동안 악몽과 불면증에 시달렸고, 그곳에서 당한 일 때문에 어둠이 내릴 때마다 공포를 느끼며 살았다. 수치심과 공포를 떨쳐버릴 수 없었고, 늘 마음속에 도사리고 있던 무시무시한 기억들이 수시로 튀어나왔다.

그녀는 1992년 정초 텔레비전에서 방송된 한국의 일본군 '위안부' 모습을 보았다. 한없이 눈물만 흘리던 그녀는 그들이 진실을 밝혀야 한다고 목소리를 높일 때 자신도 그들과 함께해야겠다는 생각을 하게 되었다. (중략) 자신의 이야기를 해야만 한다는 내면의 목소리를 듣고 1992년 12월 일본의 전쟁 범죄, 전후 보상과 관련하여 도쿄에서 열린 국제 청문회에 출석해 증언을 하였다. (중략) 그녀는 자신이 수용소 생활을 했던 자바를 다녀온 뒤, 다큐멘터리 영화 〈침묵의 50년〉을 만들었고 일본군 '위안부'들이 일본 정부로부터 사과를 받고 명예를 회복하는 일을 위한 운동을 계속 펼쳤다. 여러 나라에서 다양한 행사에 참여해 발언했다. (중략) 그녀는 네덜란드 여왕으로부터 훈장을 받았고 교황 요한 바오로 2세로부터도 상을 받았으며 이후로도 수많은 상을 받게 되었다.

그녀의 두 딸은 어머니의 이야기를 듣고 어머니를 더욱 자랑스럽게 여기게 되었고, 일본으로 증언하러 가는 길에 동행하였다고 하면서 다음과 같이 말하고 있다.

"부모님과 함께 살던 소녀 시절, 나는 어머니한테 뭔가 특별한 것이 있다는 느낌을 받았다. 하지만 그게 무엇인지 알지 못했다. 어머니에게는 비범하고 위엄 있는 아우라가 있었다. 어머니는 특별했고 강했고 사람을 끌어당기는 매력이 있었다. 어머니가 그런 고통스런 경험을 겪었을 거라고는 상상도 못 했다. 어머니의 이야기를 듣고 난 뒤, 나와 내 동생은 어머니를 더욱 자랑스럽게 여기게 되었다. 에일린 미턴" [258]

잊힐 수 없는 인간의 존엄성

○

전쟁 이후의 위안부, 계속되는 인권침해

1945년 8월 15일 전쟁이 끝났으나, 대부분의 위안부 피해자들에게는 평화가 오지 않았다. 많은 위안부들이 전쟁 중 살아남지 못했다. 병들어 죽거나 연합국의 공격으로 사망하기도 했고, 전쟁에서 패배 시 집단 자살을 하는 일본 군인들의 관행에 따라 일본군의 손에 살해당하기도 했다. 그들 중 일부는 자신의 처지를 부끄러워하여 귀국하지 않고 그곳에 머물렀으며, 일부는 그곳 원주민과 결혼하여 그곳 지역 사람으로 흡수되어 살다가 그곳에서 생애를 마감했다.[259]

정대협 등 시민 단체는 1994년 4월 24일부터 5월 11일까지 중국 호북성 무한을 방문, 한국인 위안부 9명이 생존해 있는 것을 확인했던 사례가 있다. 무한 지역은 일본 패전 당시 근방 위안부들을 포함한 조선인들의 집결지로 1960년대에는 30여 명의 생존자가 있었다고 한다. 이들은 14~20세 때 일본군 중화사령부가 있던 무한으로 끌려가 1930년대 후반부터 일본이 패망할 때까지 1년에서 8년 동안 위안부 생활을 강요받았다. 전쟁이 끝난 후 자신들의 처지 때문에 한국에 돌아가지 못했고, 중국이 공산화된 후에는 한국에 돌아갈 방법도 없었다.[260]

귀국한 여성들도 몸과 마음에 씻을 수 없는 상처를 입은 채 잔혹한 과거의 기억을 가지고 비참한 생활을 했다. 대부분의 여성들이 결혼도 못 하고 아이를 낳지 못했다. 가족을 만나고 결혼을 해도 자신의 과거를 숨길 수밖에 없어서, 일생을 고통 속에서 살아야 했다.

위안부로 끌려가 온갖 고통을 당한 사람들의 증언에 따르면, 성적인 노예로서 신체를 농락당했던 끔찍한 경험으로 인해 종전 이후 살아서 자신의 고국으로 돌아온 이후에도 평생 신체적인 고통은 물론 정신적인 외상에 시달려 왔음을 잘 알 수 있다. 이와 관련된 위안부 피해자들의 증언을 들어보자.

나는 위안소에 갔었기 때문에 특히 온몸이 다 아프다. 젊었을 때는 매달 생리를 할 때마다 통증이 어찌나 심한지 이틀 정도는 방 안을 때굴때굴 굴러다녔다. 너무 아파서 주사를 맞지 않으면 안 될 지경이었다. 또 늘 하혈을 했다. 한약방에도 가보고 산부인과에도 다니곤 했다. 이 통증만 없어지면 발가벗고 춤이라도 추고 싶을 정도였다.[261]

나는 남편하고 함께 살고 있는 동안 아이를 낳지 못했다. 의사가 나를 진찰해보더니 어린 나이에 너무 많은 남자를 상대했기 때문에 자궁이 삐뚤어졌다고 했다. 월경을 할 때마다 죽을 것처럼 아팠다. 월경이 사흘 계속되다가 며칠 거르고는 또 출혈이 있었다. 자궁이 삐뚤어져서 출혈을 방해하기 때문에 그런 것이라고 말했

다. 그래서 20년 전에 자궁을 전부 들어내버렸다. 그 후부터 남편과 잠자리를 따로 하게 되었다.[262]

온몸이 공포로 다 타버리는 것 같았다. 그것은 도저히 어떻게 묘사할 수 없는 감각이다. 결코 잊을 수 없고, 지울 수 없는 감각이다. 거의 50년이 지난 지금도 나를 압도하고 있는 공포가 머리끝에서부터 팔다리를 훑고 지나가면서 몸을 태워버릴 듯한 느낌에 사로잡힌다. 이런 느낌은 너무도 기묘한 순간에 엄습하곤 한다. 악몽에 시달리다 눈을 뜨지만 깨어나서도 그 악몽이 사라지지 않아 침대에서 몸부림치면서 괴로운 시간을 보내곤 한다. 무엇보다 괴로운 것은 남편이 나를 요구할 때마다 이런 느낌이 되살아나는 것이다. 일본 사람들이 했던 짓 때문에 나는 지금까지 한 번도 섹스를 즐겁다고 생각해본 적이 없다.[263]

사람의 일생을 이렇게 엉망진창으로 만들어 놓고 아직도 책임을 회피하다니, 일본은 도대체 어떻게 할 작정인가? 결혼도 할 수 없게 된 나의 일생을 엉망으로 만들어 놓고 입에 발린 사죄만 늘어놓다니, 도대체 어떻게 할 것인가? 죽어서 눈을 감기 전까지는 내가 당한 일을 잊을 수 없을 것이다. 아니 죽어서도 잊을 수 없을 것이다.[264]

위안부 생활 중 겪었던 끔찍한 정신적·신체적 고통은 한 사람의 인생을 송두리째 짓이겨 놓았다. 앞서 언급한 사례가 극히 일부의 '표본적'인 사례라는 점을 감안하면 위안부로 끌려갔던 세계 도처의 여성들은 전쟁터에서 각자 말로 표현할 수 없는 참상을 겪었고, 또 그것은 신체적으로 여성성을 파괴했음은 물론 사실상 치유가 불가능한 정신적 외상을 남겼다. 그러므로 모두에게 평생 씻을 수 없는 상흔으로 남아 있음은 자명한 것이다.

그럼에도 불구하고 범세계적인 전쟁 범죄의 해결과 그에 대한 배상을 요구하는 국제사회의 지속적인 움직임에 대해 가해 당사자인 일본은 수십 년째 제대로 된 사죄와 보상은커녕 책임 회피로 일관해왔다. 민간 차원에서의 노력, 특히 일본 내부의 일부 양심적인 지식인들의 문제 해결을 위한 노력이 있어 온 것은 사실이나, 일본이 국가 차원에서 진심 어린 사죄와 배상을 하는 방법만이 위안부 피해자들의 상처를 치유하고 위로하는 데 조금이나마 도움이 될 것이라는 사실을 다음 증언을 통해 알 수 있다.

> 정말로 이루 말로 다 표현할 수 없는 쓰라린 체험을 했다. 그런데 지금에 와서도 일본이라는 나라는 너무도 잔인한 짓을 하고 있다. 자기들이 죄를 저질러 놓고 모른 체하고 있다. 게다가 지금은 민간으로부터 모금을 하는 방법으로 이것을 해결하려는 듯한 말을 하고 있다. 나라가 범죄행위를 저질러 놓고 민간에게서 모금하는 방법으로 이것을 해결하려고 한다는 것이 말이나 되는 일인가. '불쌍하다'면서 동정해서 주는 돈은 절대로 받을 수 없다. 인간으로서 살아가는 데는 돈보다 훨씬 더 중요한 것이 있다. 국가가 지불하는 배상금을 받아서 정정당당하게 살아가고 싶다.[265]

종전과 함께 살해된 위안부들

위안부로 전쟁터에 나갔던 피해자들은 전쟁 중에 사망을 많이 했다. 이와 같이 전쟁 중에 죽은 피해자들은 전혀 알려져 있지 않아서 그 실상을 알기가 쉽지 않다. 그들은 일본 군대의 전쟁으로 인한 최대의 피해자들이지만, 그들이나 그들의 유족은 알려져 있지 않다는 이유로 모든 보상에서 제외되어 있다.

유엔 인권위원회의 게이 맥두걸Gay MacDougall 특별 보고관은 1998년 8월 12일 제50차 유엔 인권소위원회에 제출한 '제2차 세계대전 중 설치된 위안소에 관한 일본 정부의 법적 책임의 분석'이라는 제목의 보고서에서 위안부 여성들 중 오직 25%의 여성들만이 위안소 생활의 매일매일의 고통에서 살아남았다고 했다.[266] 일본 자민당 의원이며 사토 내각의 교통장관을 지낸 아라후네 세이주로는 1965년 그의 선거구민들에게 제2차 세계대전 동안 145,000명의 한국 위안부 여성들이 죽었다고 연설했다.[267] 그는 "징용공으로 전쟁 중 데리고 와서 성적이 좋아서 군대로 썼는데, 이 사람 중에 57만 6,000명이 죽었다. 그리고 조선의 위안부가 14만 2,000명 죽었다. 일본 군인이 쳐 죽여버린 것이다. 총 90만 명이나 희생자가 있고 어떻게든 은급恩給, 연금이라도 지급해달라고 말해왔다"라고 하여 위안부 피해자와 더불어 강제징용 피해자들에 대해서도 언급했다. 이에 대하여 일본 학자들은 아라후네가 마음대로 늘어놓은 숫자로서 근거가 없다고 보고 있다.[268]

태평양 전쟁에서 패전하자 일본군이 도주하면서 위안부들을 집단 살상했다는 증언들이 많이 있다. 일본군이 패망하여 도주하면서 수많은 위안부들을 죽여서 일본군의 수치스러운 증거를 없애고 자신들의 부담을 줄이고자 했다는 것이다. 앞서 살펴본 정서운 할머니도 인도네시아 자카르타에서 성노예 생활을 하던 중, 일본군들이 패주하면서 후환을 없애고자 방공호 토굴 속에 일본군 위안부 여성 십여 명을 집어넣고 토굴을 막아 생매장을 했다고 증언하고 있다. 그녀는 연합군의 반격으로 살아남았다. 위안부 문제를 연구한 윤정옥 교수도 일본군이 살해한 위안부들에 대하여 쓰고 있다.

일본군은 '위안부'에 관한 문서를 불사르고 조선인 '위안부'를 여러 방법으로 죽였다고 말했다. 하야시는 답사 중에, 참호에 들어가 있는 조선인 '위안부'를 지휘관이 폭탄을 던져 살해했고 중병에 걸려있는 조선인 '위안부'에게 독약 주사를 놓았다는 증언을 들었으며, 구라하시도 '성적 노예형 위안부였던 조선인 여성이 무참하게 일본군의 손에 걸려, 조직적으로 죽임을 당했다'고 쓰고 있다. (윤정옥, 〈조선 식민정책의 일환으로서 일본군 위안부〉, 일본군 위안부 문제의 진상)

1996년 4월 유엔 인권위원회에서 채택한 라디카 쿠마라스와미 특별 보고관의 보고서에도 일본군이 퇴각하면서 많은 일본군 위안부 여성들을 살해한 사실을 확인하고 있다.[269]

전쟁의 종료도 그때까지 일하고 있었던 대부분의 '위안부'들을 구조하지 못했다. 왜냐하면 많은 여성들이 퇴각하는 일본군에 의하여 살해되거나 많은 경우는 자신의 운명에 내맡겨지도록 내버려졌기 때문이다. 마이크로네시아[270]에 있었던 한 사례를 보면, 일본군이 하룻밤에 70명의 '위안부들'을 살해했다. 일본군은 위안부들이 진격하는 미군들에게 포로로 잡힐 경우, 짐이 되거나 당혹스러운 존재가 될 것으로 생각했다.

또 라디카 쿠마라스와미 특별 보고관은 보고서에서 전투 중에 일본군에 의하여 강제로 군사작전에 동원되어 일본군과 함께 자살하거나 방치되어 굶주림 등으로 사망한 경우도 많았다고 한다.[271]

최전선에 배치되었던 많은 여성 피해자들은 군인들과 함께 자살 임무를 수행하는 것을 포함하여 강제로 군사작전에 동원되었다. 그러나 대부분의 여성들은 스스로 혼자 힘으로 살아가도록 버려졌다. 많은 경우에 그들은 집으로부터 수천 마일이나 떨어져 있었으며, '적군'의 손에 의해 자신들이 어떻게 될지도 알지 못했다. 많은 여성들은 심지어 자신들이 어디에 있었는지도 몰랐고 돈도 거의 없었다. 그들의 증언에 따르면 그들 중 그들이 '번' 돈을 받은 사람은 극히 드물었다. 마닐라에서 발생한 경우와 같이, 위안소에서 나온 여성들 가운데 많은 사람들이 힘든 상황과 식량 부족 때문에 죽었다.

1944~1945년 일본군의 최후 저항 속에서, 위안부들은 자살을 강요당하거나 살해되기도 했다. 남태평양의 트루크Truk 해군기지에서 일본 해군은 미군의 공격이 예상되자 70명의 위안부들을 살해했다. 일본 해군은 미군이 트루크 해군기지를 공습하여 파괴시키자, 이를 미군이 상륙하기 위한 전 단계 공격이라고 오해했던 것이다. 트루크제도는 현재 추크 라군Chuuk Lagoon제도로서 미크로네시아 연방의 섬인데 태평양 남서쪽에 위치한다. 제2차 세계대전 중 일본 해군의 강력한 요새였다.

사이판 전투 기간 동안, 위안부들은 일본군들과 함께 사이판 절벽에서 자살을 하기도 했다. 일본 정부가 사이판의 식민지 거주자들에게 '미국의 백인 악마들American white devils'은 식인종이라고 하여서 일본인들은 미국의 백인 악마들의 손에 잡히는 것보다 자살하는 것이 낫다고 생각했다. 버마에서는 한국인 위안부들이 청산가리 알약을 삼키고 자살하거나, 그들이 있던 참호 안으로 수류탄을 던져서 살해했다. 마닐라 전투 기간에는 일본 선원들이 미쳐 날뛰면서 많은 사람들을 살해했는데, 그중에 위안부들도 있었다. 일본은 영국과 미국의 백인 악마들은 아시아인들을 좋아하는 식인종이라고 선전했다. 많은 아시아 위안부들은 실제로 이를 믿고 백인 악마들에게 산 채로 먹히는 공포보다 자살을 선택했을 가능성이 있다고 하는 주장도 있다. 버마에서 생포된 한국인 위안부들이 영국 군인들이 자신들을 잡아먹지 않자 놀라워했다는 보고도 있었다. 오히려 일본 군인들이 태평양 한가운데 섬에 고립되거나 버마의 정글에 갇혀서 굶주리자, 식인종으로 돌변하여 위안부들을 살해하고 굶주림을 채운 사례도 여러 건 있다고 한다.[272]

일본군 위안부 여성 피해자들이 전쟁 중 퇴각하는 일본군에 의하여 살해되었다는 증거가 되는 서류와 영상도 발굴되었다. 2016년 서울대 인권센터연구팀은 서울시의 지원을 받아 2016년 7월과 8월 미국 국립문서기록관리청NARA 현지 조사를 실시해 위안부 자료 113건을 수집했다. 연구팀의 이정은 연구책임자(성공회대 동아시아연구소 교수)는 "일본군은 패전 직후 그동안 끌고 다녔던 위안부 여성들의 존재를 은폐하기 위해 유기했고, 유기의 가장 극단적인 형태는 학살이었다"면서 학살 근거로 일본군의 위안부 여성 30명 총살을 기록한 중국 윈난 원정군의 1944년 9월 15일 자 작전 일지를 공개했다. 이에 따르면, 윈난 원정군은 같은 해 6월부터 중국-미얀마 접경지대인 중국 윈난성 송산과 등충의 일본군 점령지에 대한 공격을 개시해 9월 7일 송산을, 1주일 뒤인 14일에 등충을 함락시켰다. 일본군의 위안부 총살은 등충 함락 직전인 13일 밤 탈출에 앞서 이뤄졌다. 1944년 9월 14일 미-중 연합 제54군이 저녁 6시 55분에 보고한 정보 문서에는 '(1944년 9월) 13일 밤 (탈출에 앞서) 일본군이 성(중국 윈난성 등충)안에 있는 조선인 여성 30명을 총살했다Night of the 13th the Japs shot 30 Korean girls in the city'라고 기재되어 있다.[273]

또 서울시와 서울대 인권센터는 2018년 2월 27일 서울시청에서 열린 한·중·일 '일본군 위안부 국제 콘퍼런스'에서 윈난성 등충에서의 조선인 위안부 피해자 학살 현장을 담은 영상을 공개하여 위 보고서의 기재 내용이 사실임을 뒷받침했다. 영상은 서울시와 서울대 인권센터 정진성 교수 연구팀이 2016년과 2017년 두 차례 미국 국립문서기록관리청NARA을 방문하여 자료 조사와 발굴 작업을 거쳐 공개한 것이다. 영상에선 매장을 하러 온 것으로 보이는 한 중국 군인이 벌거벗은 주검들을 둘러보다가 한 주검에서 양말을 벗기는 장면이 나온다. 화면 한쪽엔 계속 연기가 피어오르고 있다. 연구진은 "공개본에선 흐리게 처리했지만 원래 영상에선 머리가 없거나 신체 일부만 남아 있는 주검도 있어 당시의 잔인했던 상황을 짐작하게 한다"고 했다. 이 영상은 1944년 9월 15일 중국 윈난성 등충에서 연합군 164통신대 사진중대 볼드윈 병사가 찍은 것이다. 19초 길이 영상에서 중간 7초는 등충 성문 근처, 앞뒤 6초는 등충 성안을 담고 있다. 영상을 발굴한 서울시와 서울대 인권센터는 함께 공개된 연합군 보고 문서 등을 통해 이 영상이 '당시 일본군에 강제 동원된 조선인 위안부 피해자들이 집단 총살당한 현장'이라는 결론을 내렸다. 1944년 5월 미-중 연합군은 중국 서남쪽을 따라 일본군 통신선을 끊는 '살윈 작전'을 펼쳐 일본군이 점령한 윈난성의 숭산, 등충, 룽링 등을 차례로 함락시켰다. 패전이 임박한 1944년 9월 당시 일본 작전참모였던 츠지 마사노부 대좌는 중국 숭산과 등충에 주둔한 일본군에게 "지원 병력이 도착하는 10월까지 계속 저항하라"고 지시했다. 역사학자들은 이를 사실상 '옥쇄(강제적 집단 자결) 지시'라고 해석한다. 숭산과 등충에는 조선인 위안부 70~80명이 있었는데 옥쇄를 거부한 조선인 위안부 피해자 대부분을 일본군이 살해한 것으로 추측된다.[274] 패주하면서까지 그들이 이용했던 위안부를 살해했다는 일본군의 잔학성은 위안부를 자신들의 노예나 장난감으로 취급했다는 점을 여실히 드러낸다.

'일본군 전쟁 포로 심문 보고서 제49호: 한국인 위안부들Japanese Prisoner of War Interrogation Report No. 49: Korean Comfort Women'에서도 위안부들 중 일부는 전쟁 말기에 일본군의 잔학성을 피해 도주한 사실을 보여준다.

미군이 일본군이 점령하던 버마 미치나Myitkyina 함락 이후 소탕 작전 중 1944년 8월 10일에 포로가 된 20명의 한국인 위안부들과 2명의 일본인 민간인에 대한 심문을 하고 작성한 1944년 10월 1일 자 미국 전쟁정보국의 보고서에 따르면, 당시 위안부들은 미군 측에 위안부들을 생포했다는 내용이 담긴 전단지를 일본군에게 뿌리지 말아 달라고 요청했는데, 만약 일본군 측이 그들의 생포를 알게 되면 아직 일본군 부대에 있는 다른 위안부들의 생명이 위태로워질 수 있다는 이유에서였다는 내용이 나온다. 이는 일본군들이 전쟁 패배 당시 행했던 '위안부 처리 방식'을 보여준다고 할 것이다.[275]

전쟁 중 사라진 위안부들

일부 자료에 따르면, 10만~20만 명이 위안부로 끌려갔고, 그중 10분의 1 정도가 살아남았으며, 살아남은 사람 중 1,000~2,000명 정도가 한국으로 돌아왔다고 한다.[276] 사망한 위안부 피해자들이 얼마나 되는지 정확하게 알 수 있는 방법은 없다. 위와 같은 주장들이 사실인지 아닌지도 모른다. 다만, 여러 기록에 의하여 그러한 피해 상황을 추정할 수 있을 뿐이다.

다음은 태평양 전쟁 당시 일본 해군에 근무하던 쓰루미 순스케가 경험한 내용이다.

　내가 살아 있는 동안에 일어난 전쟁에 대해서도 감추어진 형태만이 남아 있다. 전쟁 중에 보았던 위안부 시설에 대해서도 그것이 있었던 사실이 감추어지고 역사로부터 제외되어 교과서에도 나오지 않는 세월이 바로 얼마 전까지 계속되었다. 그것을 분명히 밝히고 싶다고 나는 생각했다.

　내가 알고 있는 사실은 그다지 많지는 않다. 1944년 9월, 나는 싱가포르에서 기미카와마루君川丸라는 수송선을 타고 있었다. 일본을 향하는 배들의 하나로 당시 남아 있는 배들 중 빠른 배들을 모으고 있었는데 그중 한 척이다. 그 배 밑에 100명에 가까운 한국인 위안부가 있었는데 일본으로 돌려보내지는 도중이었다. 그녀들과 같은 배 안에서 2주일간 기거를 함께했다. 왜 그녀들이 돌려 보내지게 되었는지는 모른다. 그녀들이 어떻게 동원되었는지도 모른다.

　자카르타 주재 해군 무관부에 있던 1년 반 동안 나에게 주어진 일은 '적이 읽고 있는 신문과 똑같은 것을 만드는' 것으로 그것은 육군과 달리 해군에게 필요한 정보였다. 자바섬 일본육군행정지구의 일각에서 이 일을 나는 계속했다. 밤에는 영국, 미국, 오스트레일리아, 인도, 중국(중경) 방송을 듣고 메모를 한 다음, 아침에 사무실에 나가 그 메모를 보면서 매일 신문을 만들었다. 그 때문에 싱가포르 해군 통신대에 호출되어 같은 일을 하게 되었다. 나는 은행 근무 경력이 있는 영어를 잘하는 청년과 함께 싱가포르에서 기미카와마루호에서 하선하였다.

　원래 일본 본국으로 귀환하던 도중이라 싱가포르에서 3개월간 근무한 후, 이번에는 수송선단과는 상관없이 연습 순양함 가시이香椎호를 타고 1944년 12월 초에 일본으로 돌아왔다. 추운 날이었는데 상륙한 모지門司항에 눈이 쌓여 있었다. 거기에서 철도 시각표에는 없는 군용열차로 동경까지 이틀 밤낮의 여행을 했다. 주고쿠 지방의 어느 역에서 배에서 알게 된 남자 몇 명과 마주쳤다. 다른 칸으로 그들이 이동하기 전에 잠깐 동안 이야기를 했는데, 대만에서 기미카와마루는 어뢰 공격을 받고 가라앉아 자기들만 살아남았다고 했다.

한국인 위안부는 아마도 그곳에서 가라앉았을 것이다. 내가 있는 동안에도 한 번 배가 출항했다가 엔진 고장으로 되돌아왔다. 그때 배 밑의 한 칸짜리 큰방에 있었는데, 여기서 어뢰 공격을 받는다면 같이 죽겠구나 하고 생각했다. 그 기억은 지금도 생생하다.

자바에 있었을 때 위안 시설에 대하여 설명을 들었다. 신분에 따라 다른 위안 시설이 있어서 한국인 위안부, 대만인 위안부의 구별이 있음을 알았다. 어떻게 소집되었는지는 알지 못했다.[277]

쓰루미 순스케는 전쟁 중 일본이 한국, 대만 등 점령지에 강제력을 동원하여 위안 시설을 만든 사실을 분명히 밝히고 사죄한다는 의미에서, 아시아여성기금의 제창자로 참여했다고 하면서 위와 같은 사실을 밝히고 있다. 그의 회상에 의하면, 일본이 전쟁 중 많은 한국인 여성을 위안부로 강제 동원하여 마치 군수품처럼 이용했으며, 그 과정에서 많은 여성들이 피해를 당하고 생명마저 잃었다는 사실을 알 수 있다. 쓰루미 순스케는 자신이 목격한 것은 아니지만 일본군이 저질렀던 전시의 강간에 대하여 기록으로 남기고 싶다는 생각에 '강간에 대하여'라는 대화 기록(도미오카 다에코)을 만들기도 했다. 기미카와마루호는 1937년 가와사키 조선소에서 준공되어 뉴욕 등지의 국제 화물선으로 사용하다가 태평양 전쟁 이후 특설 운송선으로 운용했다. 실제로 이 선박은 1944년 10월 23일 미국 잠수함

소피시의 어뢰 공격을 받고 격침되었다.[278] 우리는 기미카와마루호에 타고 있던 한국인 위안부의 수나 인적 사항을 알지 못한다.

앞서 살펴본 남태평양의 라바울 일본 해군기지에 보내졌던 위안부 3,000여 명도 상당수가 일본군이 철수하는 수송선 히말라야 마루호와 부에노스 에어레스 마루호 등에 타고 있다가 연합국의 공습으로 침몰되어 대부분 사망했지만, 그 구체적인 사망자 수나 인적 사항은 알 수가 없다. 기미카와마루호나 히말라야 마루호와 부에노스 에어레스 마루호 등의 승선 명부가 일본 내 어디엔가 있는지도 모른다. 우리가 관심을 가지고 찾으려는 노력을 해야 할 것이다.

조선인 위안부 규모는 약 20만 명에 이르는 것으로 추정되지만, 한국 정부에 자발적으로 등록한 위안부 피해자 할머니 238명 외에는 어떤 피해 여성이 있었는지조차 제대로 파악도 되지 않은 상태다. 미군이 필리핀과 오키나와 등지에 설치한 일본군 포로수용소에도 다수의 위안부들이 있었던 것으로 보인다. 포로수용소의 포로 등록 카드와 일본이나 한국으로 향한 포로 송환선의 승선 명부를 확인하면 일부나마 위안부의 존재를 추가적으로 확인할 수 있을 것이라고 생각된다.

부정할 수 없는 진실들

시모무라 미츠코라는 일본 저널리스트는 아시아여성기금 활동에 참여하여 한국의 한 익명의 위안부를 만나서 그녀의 사연을 들은 적이 있다. 그 익명의 피해자의 이야기에서 위안부 피해자들이 억지로 위안부가 된 경위와 위안부 생활의 실상, 전쟁 후 그들의 비참한 인생들을 엿볼 수 있다.

봇물이 터진 듯 자신의 이야기를 들려주었습니다. 분명히 속아서 좋은 일자리가 있다고 해서 갔는데 도중에 이상하다고 생각되어 눈치를 챘지만, 도망갈 수가 없어 마지막에는 만주 끝에 있는 소련 국경 근처 마을로 끌려갔다고 했습니다. 전쟁의 막바지였기 때문에 입을 것도 없어서 군인들이 입다가 버리는 너덜너덜한 누더기를 걸치고, 그런 와중에도 매일 군인들의 상대를 했다고 했습니다. 패전이 임박했을 무렵이라서 군인들도 불쌍했다고 합니다. 먹을 것이 없어 모두가 굶주린 배를 움켜쥐고 생활을 했다고도 했습니다. 그런 이야기를 깡그리 쏟아 놓은 다음, "아, 이제 속이 후련하다"고 하셨습니다. 고향으로 돌아온 이후는 몇 년이나 부모 형제 앞에도 얼굴을 못 내밀고 지냈던 일이며, 어렵게 부모님한테는 털어놓았지만 형제들은 지금도 더러운 존재로밖에 취급해주지 않는다. 그래서 조카딸의 결혼식에도 초대받지 못했다. 형제들한테는 불결한 존재 취급을 받고 있다. 이 대목에서 할머니는 통곡을 했습니다. "나는 평생 결혼도 못 했어. 아이도 못 낳고"라며, 그런 심정을 누구에게도 하소연할 수가 없어 부모 형제한테도 말할 수 없는 심정을 한꺼번에 뱉어내고 목놓아 운 다음은 인상도 바뀌어 부드러워지고 여유가 있는 모습이었습니다.[279]

우리가 어떻게 역사의 이름으로 이러한 피해자들의 진실을 부정할 수 있는가. 일본 정부나 정치인들은 어떻게 이러한 피해자들의 절규를 외면할 수 있으며, 그들을 매춘부라고 부를 수 있고, 그들에게 배상을 해줄 수 없다고 주장할 수 있는가. 일본은 그들에게 진심에서 우러난 사과를 하는 것이 국가 위신에 관련되는 것이라고 잘못 판단하고 있는 건 아닌지 깊게 생각해보아야 할 것이다.

처벌받지 않은 국제범죄

제2차 세계대전 중 저질러진 나치의 유대인 학살이나 일본군의 전쟁 포로 학대 등은 처벌되었다. 그러나 일본 군인들에 의하여 수십만 명의 여성들이 지속적인 강간을 당한 여성 인권침해 범죄에 대하여는 당시 처벌되지도 않았을 뿐 아니라, 일본 정부가 공식적으로 위안부 제도를 인정하는 데만 반세기가 걸렸다. 그리고 76년이 지난 지금도 진실 공방이 벌어지고 있다. 김학순 할머니를 비롯한 위안부 피해 여성들의 공개적인 피해 고백이 없었다면, 지금까지도 일본군의 제도적 범행은 어둠 속에 숨어 있었을 것이다.

위안부 여성에 대한 범죄행위가 전쟁 직후 처벌되지 않은 이유 중 하나로, 아시아에서 여성에 대한 불평등한 사회적 지위를 들기도 한다. 여성의 순결에 높은 도덕적 가치를 두고 있는 사회에서 전쟁 중 더럽혀진 경험을 공개하고 가해자들을 고발할 수 없었기 때문이다. 그 여성들은 침묵함으로써 자신을 지킬 수 있었고, 가해자들을 고소할 경우 자신의 모든 것을 잃을 위험을 가지고 살아왔다. 가부장적 사회에서는 이러한 제도적 잔혹한 범죄가 마치 발생하지 않은 것처럼 가장하여 주는 것이 위안부 여성들에 대한 배려라고 생각했다. 더구나 한국은 1980년대 후반까지 군사정권이 장악한 사회로, 개인의 주장이나 자유가 억압되어 위안부 여성들이 공개적으로 피해 사실이나 배상을 요구할 수 없었다. 한국의 정치적 배경이 바뀌고 민주화가 이루어지면서 사회의 다양한 계층의 권리 주장이 이어졌으며, 자연스럽게 여성들의 인권도 향상됨에 따라 억눌려 있던 위안부 여성들의 피해 사실 폭로와 배상 요구도 일부나마 사회에 공개적으로 나올 수 있었다.

하지만 위안부 제도를 고안하고 이를 실행한 가해자들은 대부분 사망했을 뿐만 아니라, 가해자를 찾아서 형사 법정에 세워야 할 일본 정부가 형사처벌에 대하여 아무런 관심을 갖지 않고 위안부 제도의 강제성마저 부인하고 있어서 현실적으로 이제 일본군 가해자들에 대한 수사나 형사처벌을 이행하는 것은 불가능한 것이 되었다. 그렇다면 위안부 피해자들이 그나마 피해를 회복할 수 있는 방법은 금전적인 피해 배상밖에 없는데, 일본 정부는 한일청구권협정으로 모든 배상을 마쳤다는 입장이어서 민사상 배상 또한 수십 년 동안 표류하고 있고, 사실상 기대하기 어려운 상황이 되어 가고 있다. 게다가 대부분의 생존 위안부는 십여 명에 불과하고 그마저도 90세가 넘은 고령으로 민사상 배상도 상징적 의미밖에 남지 않았다.

하지만 위안부 여성 문제를 둘러싼 한국과 일본의 갈등은 위안부 여성들이 모두 사망한다고 해도 계속 존재할 것으로 예상되고 있어, 그 해결 방안을 모색할 필요성은 매우 크다고 할 것이다.

04

SLAVES OF THE CAPTAIN

제 4부

한국인의 슬픈 역사

_ 강제징용의 진실

일제 강제징용, 그 유래와 규모

◯

강제징용의 유래, 인취와 난취

강제징용은 징용이라고도 하며 전쟁, 사변, 또는 이에 준하는 비상사태가 발생한 때에 정상적으로 인력을 모집할 능력이 없는 국가에서 행정상 혹은 군의 작전상 필요한 인적 자원을 강제적으로 집합시켜 착취하는 무자유 노동, 즉 강제 노동의 한 형태다. 징용은 일반적으로 인간의 기본적 인권과 자유의지에 반하여 이루어지며, 영장에 의한 협의의 징용뿐만 아니라 본인의 의사에 반한 강제 노동도 포함한다고 본다. 강제 노동은 처벌의 협박 아래 놓인 사람이 그러한 협박 때문에 비자발적으로 제공하는 노동이나 용역을 말한다.[1]

일반적으로 우리나라에서 사용되는 강제징용이라는 용어는 일본 제국주의가 1937년 중·일 전쟁 발발 시부터 1945년 제2차 세계대전 종료 시까지 부족한 노동력 공급을 위하여 조선인을 강제로 동원한 인력 수탈 정책을 말한다. 이러한 강제징용은 그 기원이 역사적으로 일본의 중세 시대까지 거슬러 올라간다고 볼 수 있다. 앞서 살펴본 바와 같이, 일본에서는 중세 시대부터 전쟁의 승자가 전리품의 일부로 남녀를 납치해 가는 인취人 取가 빈번하게 행해졌다. 특히 일본은 14세기 중반 가마쿠라 시대 후반부 터 남북조의 난이 시작되어 약 반세기 동안 내란 상태가 지속되었다. 남자 들이 전쟁에 나가는 바람에 농지는 황폐해지고, 그에 따라 식량이 부족했 다. 농지를 경작할 사람을 국내에서 조달하는 것이 어려워지자, 왜구들은 조선인이나 중국인을 납치하여 일본 농지 소유주들에게 팔아서 농사를 짓게 했다.[2]

이러한 일본의 중세 노예사냥은 근세로 이어져, 16세기 전국의 통일과 함께 군사력이 강해지자 조선을 침략하여 임진왜란을 일으키고는 수많은 조선인들을 납치해 갔다. 당시 규슈 지방 다이묘를 중심으로 한 일본군들 은 일본 상인들과 함께 조선 남부 지방을 돌아다니며 수십만 명의 조선인 남녀들을 강제로 끌고 가서 노예로 삼거나 포르투갈 상인들에게 노예로 팔았다.

이처럼 오랜 기간 일본인들은 잦은 대내외 전쟁으로 남성들의 인력이 부족해질 때면, 인취나 난취의 방법으로 상대 국가의 남성들을 납치해 가 서 노예로 삼아 강제 노동을 하게 했다.

20세기에 들어서 일본은 한반도를 식민지화하고 중국에 진출했지만, 1932년 시작된 중·일 간 전쟁이 장기화되고 1941년 태평양 전쟁을 개시 하여 동남아시아 전역으로 전쟁이 확대되면서 수많은 군인과 군속의 파 견으로 일본 국내는 물론이고 일본군 점령 지역의 노동력이 크게 부족해 지게 되었다. 이에 따라 부족한 노동력을 보충하기 위해 일본 정부는 조선 식민지와 중국 점령지의 남성과 여성들을 강제로 징용했다. 그러고는 일본과 태평양 각지에서 강제 노동에 종사하게 한 것이다.

이러한 제2차 세계대전 당시의 강제징용 제도는 거시적으로 볼 때 역사적으로 중세 시대 일본의 인취와 난취, 왜구의 조선인과 중국인 납치, 임진왜란 당시의 조선인 강제 연행 등과 모두 연결된 행위라고 볼 수밖에 없다. 역사적으로 연결되었다는 의미는 이러한 역사적 사건들이 우연히 발생한 것이 아니고, 전자의 경험을 바탕으로 이루어진 의도적 행위이며 향후 새로운 형태로 재발할 가능성이 있다고 보아야 한다는 뜻이다. 일본의 군사력 강화를 항상 경계하여야 할 필요가 여기에 있다.

조선인 강제 노동자의 규모

일본이 제2차 세계대전 기간 중 혹사시킨 외국인 강제 노동자들의 수는 최소한 1천만 명으로, 이는 나치 독일의 강제 노동자 수와 유사하거나 이를 초월한다.[3] 일본은 제2차 세계대전 중 조선으로부터 수백만 명의 조선인들을 징집했다. 그들은 일본 제국 군대의 군인, 일본군 위안부, 일본 회사의 강제 노동자로 일했다. 학자에 따라 차이는 있으나, 대략 730만 명의 조선인들이 강제 노동 등으로 징집되어서 조선·일본·일본의 점령 지역에서 일했고, 615,000명은 군사 목적으로 징집되었다.[4] '대일항쟁기 강제 동원 피해 조사 및 국외 강제 동원 희생자 등 지원위원회'가 일본 정부가 공개한 통계를 근거로 추계한 인원은 중복 인원 포함 7,827,355명이다. 이 숫자는 위안부 피해자를 포함하지 않은 수치다.[5] 1939년에서 1945년 사이의 조선 인구가 2,343만 명에서 2,512만 명이라고 추정되므로[6] 그중 절반을 남성 인구수라고 본다면 과장된 통계라고 보기는 어렵다.

이에 대하여 조선인 노동자 수를 755만 4,764명(중복 동원 포함)으로 보는 견해도 있고,[7] 일부 학자는 전쟁 중 400만 명에서 600만 명의 조선인 노동자들이 강제 노동에 끌려갔다고 주장한다.[8] 한반도 내에서 각종 명목으로 동원된 노동자 수는 연인원 600만 명 이상, 일본이나 전쟁 지역으로 동원된 노동자 수는 139만 명 이상, 군인·군속 36만 명 이상에 이른 것으로 추산하기도 한다.[9] 또 이 통계에는 후에 알려지게 된 일본군 위안부 등이 포함되지 않아 실제는 이보다 훨씬 많은 800만여 명에 달하는 것으로 추산된다는 주장이 대다수다.[10]

이들 조선인 강제 노역자들의 대부분은 조선 반도, 일본, 사할린, 쿠릴 열도, 동남아시아, 남양제도 점령지 등에서 강제 노역했으며, 직종별로 보면 군수공장, 군 공사장, 토목건축 현장, 석탄 광산, 금속 광산, 항만 운수 관계, 집단 농장 등이었다. 그중 725,000명이 일본에서 주로 탄광과 건축 현장에서 일했다.[11]

북한에서 주장하는 강제 동원 노동자 수는 한국 정부나 일본 정부의 주장보다 대체로 많다. 2002년 북·일 정상회담 후 북한 노동당 기관지 〈노동신문〉은 2003년 1월 31일 기사에서 강제 연행된 조선인이 840만 명이라는 사실을 새로운 조사로 규명했다고 보도했다.[12] 〈조선신보〉 2003년 2월 4일 기사에서는 강제징병자 수는 육군(지원병)이 1만 7,664명, 육해군(징병)이 24만 847명, 학도병이 4,385명, 육해군(군속)이 15만 4,186명이고 강제징용자 수는 778만 4,839명이라고 보도하면서 여기에 일본군 위안부 20만 명을 더해 840만 명으로 계산했다.[13]

북한은 그 이후에도 위안부를 포함한 강제 동원된 조선인이 840만 명이라고 일관되게 주장하고 있다. 2005년 4월 유엔대표부 김영호 서기관이 제네바 유엔 인권위원회에서 조선인 위안부 20만 명을 포함하여 강제 연행된 인원은 840만 명이라고 주장했다.[14] 〈조선중앙통신사〉는 2010년 11월 16일 일제가 조선 강점기에 저지른 만행을 조선 민족 말살을 노린 대학살로 규정하고, 1938년 이후 약 840만 명의 조선인을 납치·연행하여 수많은 조선인의 목숨을 빼앗았다고 지적했다.[15]

일본으로 끌려간 조선인

전쟁 중 바다를 넘어 일본으로 끌려가 강제 노동을 한 조선인은 약 100만 명, 중국인은 약 4만 명으로 추정된다.[16] 1947년경 작성된 대장성 관리국의 '일본인의 해외 활동에 관한 역사적 조사'에서는 일본으로의 노무 동원 조선인의 수는 72만 4,787명이라고 하고 있다.[17] 그리고 일본노동연감에 따르면, '노무동원계획'(후 '국민동원계획')에 따라 처음에는 '모집'의 형식으로, 이어서 '관 알선'의 할당으로, 마지막에는 징용령을 직접 적용하여 모두 강권적으로 일본에 끌려간 조선인의 수는 정부 통계로 확인된 것만 해도 1939년부터 종전까지의 합계 72만 4,787명(종전 시 현재 수 36만 5,382명)에 달하며, 이 밖에 군인·군속으로서 각지에 연행된 자로서 명백한 36만 4,186명이 있다. 일본에 강제 연행된 조선인 노동자 중 사망 또는 행방불명 수는 6만 400명, 이에 군인·군속의 15만 명을 더하면 20만 명이 넘는다.[18]

다만, 1945년 9월 발표된 후생성 근로국의 '조선인 집단 이입 상황 조사'에서는 66만 7,684명이 일본으로의 조선인 노무 동원 수라고 하고 있다.[19] 일본 정부는 1990년 6월에도 강제징용 조선인 총수를 66만 7,684명으로 공식 발표하여 확고한 입장을 보이고 있다.[20]

1961년 12월 21일의 한·일 회담에서 한국 정부는 일본 측에 제출한 자료에서 노무자 66만 7,684명, 군인·군속 36만 5,000명, 합계 103만 2,684명이 동원되었고,[21] 그중 노무자 1만 9,603명과 군인·군속 8만 3천 명, 합계 10만 2,603명이 부상 또는 사망했다고 제시했다.[22] 한국 정부의 이와 같은 자료 제출은 일본 대장성의 통계나 일본노동연감의 통계보다 훨씬 적은 후생성의 조사 내용에 따른 것으로, 경제 부처인 대장성의 통계가 복지 부처인 후생성의 통계보다 정확하다는 점에 비추어서 협상 당시 자료 수집이 미비한 탓으로 보인다. 더구나 이러한 103만 2,684명이라고 하는 주장은 일본 본토로 강제 동원되었던 조선인 노무자와 군인·군속을 의미하는 것으로 일본 본토 이외의 한반도, 중국, 사할린, 쿠릴 열도, 동남 아시아, 남양제도 점령지 등에 강제 연행된 노무자들은 포함하지 않은 것이다. 그리고 1939년부터 1945년까지 일본의 토목공사장·광산 등에 강제 동원된 조선인은 113만 명 혹은 146만 명에 달한다는 주장도 있다.[23]

일본 정부가 강제 동원 노무자를 일본 내지로 연행된 인원만으로 제한하고, 그러한 인원의 수도 줄이려고 한다는 점은 일본의 다른 학자들의 연구에서도 드러난다. 강제 동원 노무자 수에 관하여 미즈노 나오키水野直樹는 '(강제 연행에 관하여) 일본 정부는 72만 명으로 하고 있다'고 썼다.[24] 다만, 일본 정부는 공식적으로 72만 명이라고 공표하고 있지는 않다. 2014년 강제 연행 연구자인 다케우치 야스토竹內康人가 한국의 〈연합뉴스〉에 제공한 사실에 따르면, 내무성 경보국 이사관인 다네무라 가즈오種村一男의 자료에서 1939년도부터 1944년 9월까지 조선인 59만 9,306명을 노무 동원 명목으로 '강제 연행'한 것으로 밝혔다.[25] 이에 1944년에서 1945년 사이에 동원된 30만 명을 추산하면 약 80만 명이라는 것이다.[26] 그리고 일본 정부는 한·일 회담에서 군인·군속 동원 인원은 24만

2,341명이었다고 주장했다.[27]

일본 정부의 조선 인적자원 수탈 정책의 개시

일본 근대 시대의 특징은 1871년 류큐琉球 침략 이후 1945년 패전 때까지 70여 년 이상 끊임없이 침략과 전쟁을 도발하면서 전개되었다는 점이다. 일본은 1937년 중·일 전쟁을 일으킴으로써 전시체제에 들어가게 되었다. 전쟁의 범위가 일본이 보유한 물적·인적자원의 능력을 넘어서면서 식민지 조선은 물자·자금·인력의 수탈 지역이 되었다.

원래 일본은 1920년대에 들어서면서 자국 노동자의 실업을 막기 위해 조선인 노동자의 일본 유입을 억제하는 조치를 하기 시작하여, 1928년 7월부터는 조선인은 거주지 경찰서장이 발행하는 도항증명渡航證明이 없이는 일본에 건너갈 수 없도록 하는 강력한 저지 조치를 취했다. 그리고 만주 사변 후인 1934년부터는 조선인의 도항 저지를 더욱 강화하기 위해 만주와 북선北鮮 지방에 대한 이주·정착을 추진하기도 했다.[28]

일본은 1937년 중·일 전쟁 도발을 계기로 일본인 남성에 대한 징병을 실시했다. 이에 노동력이 유출되면서 노동조건이 나쁜 광산부터 노동력 부족 현상에 빠지게 되었다. 가장 먼저 야마구치山口현의 70여 개 중소 탄광이 휴업을 우려할 정도의 노동력 부족 현상을 보였다. 일본 탄광주들은 탄광을 군수공장 수준으로 취급하고 조선인 노동자의 '이입移入'을 허가해 줄 것 등을 일본 정부에 강하게 요구했다.

그리하여 일본은 노동력 부족을 해결하기 위하여 1938년 4월 1일 '국가총동원법'을 제정·공포하고, 1939년 7월경 '국민 징용령'을 공포했다. 한반도에서는 모집 형식의 '노무동원계획'을 실시하여 노동력의 통제와

총동원 체제를 확립하고자 했다. 세부 절차로서 1939년 7월경 '국민 징용령'을 시행함과 아울러, 일본 정부 후생성·내무성·조선총독부는 '조선인 노동자 내지 이주에 관한 건'을 제정해서, 일본의 석탄·금속 광산·토건업을 위한 '모집' 명목의 강제 동원이 시작되었다. 그래서 1939년부터 조선인 강제 동원을 시작하여 전쟁이 끝날 때까지 계속되었다.

이러한 상황에서 일본 내무성은 조선인 노동자의 대량 유입을 계기로 일본 내지에 거주하는 반도인(조선인)을 교육 교화하고 나아가 국민정신의 함양과 생활 일반의 개선 향상을 도모하기 위해 1938년 11월 9일 우선 도쿄 거주 조선인을 중심으로 한 중앙협화회를 결성했고 그 조직을 전국적으로 확대했다. 일본 정부는 조선인 노동자들을 각 지역별로 협화회에 가입시켜 감시와 통제를 통하여 '치안 대책'을 마련하고자 했다. 협화회는 조선인 노동자 통제 기구로서 지역 경찰서장이 지회장을 맡고, 시청 사회과장이 부회장, 경찰 간부가 간사장을 담당하는 내무성 경보국 산하단체로, 조선인에게 '황민화' 교육을 하고 지정 기업에 정착시키는 역할을 맡았다.[29]

또 1941년 8월 일본에서는 '중요산업단체령'을 시행하고, 해당 업계에 대한 인적·물적자원의 우선 투입과 이익 보장을 요구하는 기업 통합체 '통제회'가 조직되어 물동계획을 기획·입안·수행하게 되었다. 통제회는 조선인 노동자를 쓰려는 일본 기업 간의 조정 기구였다. 즉, 조선인 강제 동원은 일본 정부가 입안과 시행을 주도하여 전쟁을 준비하고 이를 자본 축적의 수단으로 활용한 일본 기업에게 값싼 노동력을 제공한 것이다.[30]

조선인 징용의 단계별 국가 강제력 행사

조선인 강제 동원의 구분

조선인 강제 동원은 1939년부터 1945년 전쟁이 끝날 때까지 이루어졌고 노동력 강제 동원, 지원병·학도병·징병 등 병력 동원, 군속·군부軍夫, 군노동자·일본군 위안부 등 군 관련 동원으로 구분할 수 있다. 동원된 지역도 조선 내는 물론 일본, 사할린, 만주, 중국, 남방 등 일본 지배권 전역으로 산재되어 있었다.

역사적 사실에 비추어서 일본의 한국 노동력 강제 동원은 강제력의 정도에 따라 3단계로 분류할 수 있으며, 전쟁 말기에 점차 강제성이 증가되었다. 즉, ① 모집 단계로 1939년 7월부터 1942년 2월까지, ② 관 알선 단계로 1942년 2월부터 1944년 9월까지, ③ 징용 단계로 1944년 9월부터 1945년 8월까지로 나누어 볼 수 있다.[31]

세 단계 모두 조선인을 고용하고자 하는 고용주(일본 기업)가 신청한 인원수를 일본 정부가 조정·배당하고, 조선총독부와 조정을 거쳐 확정하는

방식으로써 국가권력이 강제력을 발동하여 동원하고 수탈했다는 점에서 차이가 없다.[32]

대부분 학자들도 단계별 다른 명칭에도 불구하고, 위 세 단계 전부에서 강제력이 사용되었다고 믿고 있다. 히토츠바시대 교수인 야마구치 코이치 山口公一도 일본 정부의 '노무동원계획'을 위와 같이 3단계로 나누어서 설명하면서 첫 번째 모집 단계에서도 행정·경찰 당국의 강력한 권유가 있었으며, '모집의 실태는 강제 연행'이라고 주장하고 있다.[33]

일부 학자들은 이와 같이 '모집', '관 알선', 그리고 '징용'에 의해 1939년 이후 1945년까지 일본으로 강제 연행된 사람은 112만 명 이상에 달하는 것으로 주장한다. 특히 1944년에 약 38만 명, 1945년에 약 33만 명으로 가장 많았다. 이들은 일본에서 석탄 광산, 금속 광산, 토건, 항만 하역, 공장 노동 등에 투입되었다.[34]

한반도와 남양군도 등지와 달리 일본 지역으로 노무자 송출은 1939년 7월 28일, 내무성과 후생성이 발표한 통첩 '조선인 노무자 내지內地 이주에 관한 건'을 계기로 실시되었으며, 노무자 강제 동원을 시행하기 위해 중앙과 지방에 각각 노무 동원 업무를 담당하는 행정 부서를 설치했다.

중앙 조직은 조선총독부 소속 부서 가운데 직접 노무 동원 송출 관련 업무를 전담한 중앙 행정 기구는 내무국 사회과 노무계였으며, 후생국 노무과, 광공국 동원과 등으로 변천되었다. 지방 조직은 도 단위에서 지사관방, 내무부, 광공부가 담당했고, 그 이하 행정 조직인 부와 군, 도島의 노무 관련 업무는 서무과와 내무과, 그 하위의 서무계와 내무계가 각각 담당했다. 읍과 면은 노무계, 병사계, 서무계 등에서 담당했다.[35]

모집의 형식을 취한 강제 동원

모집 단계에서는 한국에 있는 일본의 식민지 기관이 개인회사에 모집 업무를 위임했으며, 그 회사들은 직접 모집을 하거나 대리인을 고용하여 노동자를 모집하도록 했다. 1939년 이후 일본 정부의 '노무동원계획'에 따라 매년 인원·배치가 결정되고 조선총독부는 지역을 할당하여 계획 인원 달성을 목표로 세웠으며, 이러한 모집 방식 단계에서도 회사·사업소의 모집은 행정기관, 경찰의 도움을 받고 있었다.[36] 1939년 9월부터 시행된 조선인 노동자 '모집'은 일본 기업이 후생성의 허가를 얻어 대리인을 통해 모집하는 방식이었지만, 경찰의 힘이 있어야 모집이 가능했기 때문에 관의 협력은 필수적이었다. 즉, 모집 단계부터 할당 인원을 채우기 위해 강제 동원 방식으로 진행된 것이다.

이러한 모집 방식은 사실상 중·일 전쟁 초기인 1938년 5월경부터 제2차 세계대전이 막바지에 이른 1945년 4월까지 징용령에 의한 강제 동원 방식과 병행되었으며, 이 방식은 조선총독부가 노무자의 모집 지역과 인원을 결정해 인허하고, 해당 지역의 행정기관인 군청, 경찰서, 소방서 등이 기업 모집 담당자와 함께 노무자를 송출하는 방식으로 지역과 지역별 동원 인원을 할당한다는 의미에서 '할당 모집'이라고도 부른다. 수송 책임을 행정기관과 해당 기업이 함께 담당했다.[37]

1939년 일본 정부 기획원이 '노무동원계획'에서 조선인 노무자 8만 5,000명 동원을 확정한 것을 시발로 해서 정책적으로 매년 조선인을 대량 동원했다. 그리하여 1939년에 1차로 5만 3,120명이 전국에서 모집 형식으로 동원된 것을 비롯해, 매년 대량의 조선 노동력이 일본 내 각지와 사할린·북해도 등지의 탄광과 토목공사장 등에 동원되었다.

모집 체계는 조선인을 고용하고자 하는 사업체가 모집 허가 신청서를 작성하여 후생성에 제출하면, 후생성이 조선총독부 보안과에 통보하고 총독부에서 도, 군, 면 단위로 인원을 할당하는 방식으로 이루어졌다. 그 할당된 인원을 모집하기 위해 지역에서는 직업소개소를 적극 활용했다. 그러나 이러한 모집으로는 계획 인원을 충당할 수 없었기 때문에 지역 경찰기관과 행정기관의 직간접의 강제가 따랐다.[38]

노동력 동원을 합법화하기 위한 수많은 법령도 제정되어 시행되었다. 1938년 일본 본토에서 '국가총동원법'이 공포된 이후 '국민직업능력 신고령' 등 각종 노동관계 법령이 공포되었고, 이는 동시에 조선에도 적용·실시되었다. 1939년 7월 일본에 '국민 징용령'이 반포되었는데, 조선에서는 민족적 저항을 우려하여 일부 기술직을 제외하고 대부분 '모집'의 형식으로 '노무동원계획'이 실시되었다.[39] 그 결과 1940년에는 '조선직업소개소령'이 공포되고, 6개의 관영 직업소개소가 설치되어 사실상 '관 알선'에 의한 노동력 강제 동원이 시작되었다.

실제로 '조선인노동자모집요강'을 보면 ① 시국 산업 종사로 국가에 공헌한다는 자각, ② 도항 후 정해진 훈련소에서 훈련, ③ 직장 이동 금지, ④ 협화사업단체 가입 후 회원증 소지, ⑤ 주소 변경 시 5일 내에 협화사업단체에 제출, ⑥ 일본의 생활 풍습에 순응하고 일본인이 혐오하는 행위 금지, ⑦ 일본어 사용, ⑧ 협화사업단체 간부, 경찰관, 직업소개소원의 지시에 복종 등을 강조했다. 특히 노무자의 강제 동원을 위해 종래의 '노동자 모집단속 규칙'과 '조선인 노동자 모집 요강' 이외에, '조선인 노동자 이주에 관한 사무 취급 수송'을 규정하고 고용 조건·모집 지역·모집 기간·수송 방법 등에 국가권력을 이용하여 엄격한 통제를 가했다. 즉, 조선총독부·경찰 당국·직업소개소·협화 관계 단체 등의 긴밀한 연계와 면밀한 계획 아래 노무 동원이 실시되었다. 이러한 각종 조치에 의해 각 사업주들은 '모집'의 형식으로 조선인 노무자를 동원했지만, 실제로는 '관 알선'과 '징용'과 다름없는 강제적인 동원이었다.

모집 단계의 강제 동원은, 특히 1939년에는 큰 가뭄 등으로 쌀 생산량이 1천만 석이나 줄었을 정도로 경제적 어려움에 빠진 조선인들에게 돈을 벌 수 있다는 거짓 선전을 하고 경찰, 면 직원의 위압적 '권유'와 천황의 전사가 되면 민족 차별에서 벗어날 수 있다고 선전한 '황민화' 정책 등이 어우러져 강행된 것이다. 즉, 지속적으로 주입된 강요 속에서 인식과 선택의 폭이 제한된 조선인에게 강제성과 폭력성이 수반되면서 이루어진 것이다.

1939년부터 1941년 사이 일본으로 동원된 18만여 명은 대부분 일본인들이 기피하여 노동력 부족이 심각했던 탄광에 배치되었다. 그런데 허가 인원에 비해 실제 일본으로 이입된 인원의 비율은 1939년 67%에서 1940년 77%로 늘어난 뒤 1941년에 69%로 감소한다. 강제 동원에 대한 조선인들의 저항 때문이었다.[40]

모집 단계에서 일본 정부의 강제성 개입을 보여주는 문서 중의 하나인 스미토모광업住友鑛業의 1939년 9월 22일 자 '반도인 이입 고용에 관한 건'[41]에는, 총독부가 노무자 동원 계획 수행에 협력하고 또한 가뭄을 구제하기 위해서 조선인의 일본 이주를 적극적으로 지원한다고 하면서, 모집 실무는 '조선의 관권에 의하여 각 도, 각 군, 각 면에서 강제 공출할 계획으로 되어 있다. 즉, 경찰에서 할당 수를 반드시 모으고 그것을 각 사의 모집 종사자가 전형을 진행하는 것으로 되어 있다'라고 기재되어 있다.[42]

또 1940년 12월 관동군 통화헌병대의 보고에 의하면 만주국 삼강성三

江省의 쓰루오카鶴岡 탄광 노동자를 힘들게 모집했지만, 사람이 모이지 않아 '강제 모집'을 하여 140명 중 15명이 도망쳤다는 기록이 있다.[43]

가마타 사와이치로鎌田澤一郎는 저서《조선신화》에서 미나미 지로南次郎가 조선 총독이던 시절(1936~1942년) 노무자의 강제적 징모 방법에 대해 증언하고 있다.[44]

> 가장 심한 것은 노무 징용이다. 전쟁이 점차 가열됨에 따라 조선에도 지원병제
> 도가 실시되는 한편, 노무 징용자의 할당이 상당히 엄격하게 되었다. 납득한 후에
> 응모하고 있는 것은 그 예정 수에 충분히 달하지 않는다. 거기서 군이나 면(마을)의
> 노무계가 심야나 새벽, 갑자기 어느 남자의 집을 습격해 잠자는 중에, 혹은 논밭
> 에서 일하고 있는 중에, 트럭에 태우고, 집단을 편성해, 홋카이도나 규슈의 탄광에
> 보내, 그 책임을 완수하는 난폭한 짓을 했다.

가마타는 우가키 가즈나리宇垣一成가 조선 총독을 지낸 시절(1927~1936년) 정책 고문을 지냈고, 동시에 한국통감부 기관지인 경성일보사 사장을 지낸 바 있는 식민지 조선의 일본인 실력자였다. 다만, 가마타는 조선 총독이 그렇게 강행하라고 명한 것은 아니지만, 상사의 눈치를 살피는 조선 출신의 말단의 관리나 공무원이 실행했다고 주장하고 있다. 그렇다고 하여 노무자 할당을 지시한 조선 총독이나 일본 정부가 노무자 강제 모집의 책임이 없는 것은 아니다.

관 알선 방식에 의한 강제징용

첫 단계의 모집 동원은 비효율적이어서 1940년 3월로 일단 종결하

고, 이후부터는 이보다 강력한 관 알선 동원 형태로 전환되었다. 더구나 1941년 12월 8일 미국, 영국, 호주 등과의 태평양 전쟁이 발발하자, 전시 체제를 강화하여 1942년 3월 조선총독부 내에 설치된 조선노무협회에 의한 관 주도의 노무자 알선 모집이 시작되고 세부 지역별로 인원을 할당했다. 이러한 관 알선 단계에서는 한국인 노동자들의 모집에 있어서 일본 정부의 강제력 행사가 더욱 심화되었다. 즉, 관 알선에서는 식민지 정부 당국이 모집 과정을 통제하고 정부 기관들이 노동자들을 모집하고 운송했다.[45]

1942년에는 이러한 '관 알선' 방식을 통해 노동자를 강제 동원한 비율이 79%로 급증했다. 이것은 조선인에 대한 노무 동원이 보다 강제적이며 체계적이고 대량화된 것을 의미하는데, 이러한 방법은 1944년에 징용이 전면 실시될 때까지 계속되었다.[46]

관의 알선에 의한 노동력 동원은 일본의 탄광이나 공장에서 필요한 노동자를 결정하여 현지의 부·현 장관에게 모집 신청을 하면, 부·현 장관은 이를 후생성에 보내고, 후생성은 이를 다시 조선총독부에, 조선총독부는 각 도에, 각 도는 군에, 군은 면에 할당하여 허가받은 모집인이 면사무소 직원, 구장, 경찰, 면 유력자 등의 도움을 받아 노동자를 모집하는 방식이었다. 모집된 노동자는 주로 일본 본토의 석탄 광산, 금속 광산, 토목건축, 공장 등에 보내졌다. 또 1941년경부터 일본 정부는 조선인 노무자를 일본 본토 외에 만주, 사할린, 남양군도에 보내서 주로 생산 확충 및 국방 토목 건축업의 요원으로 충당했다.[47]

관 알선은 조선총독부가 작성·결정한 '조선인내지이입알선요강'에 의해 실시된 동원 방식으로써 인력에 대한 관리·책임 소재는 할당 모집과 국민 징용의 중간 단계에 놓인 과도기적 체제였다. 관 알선 방식은 조선총독부가 모집 지역, 인원을 허가·결정하고 조선총독부 및 지방행정기관과 경찰관헌, 조선노무협회, 직업소개소 등이 협력하여 노무자를 선정하여 송출하는 방식을 취했으므로 수송 책임도 행정기관, 기업, 조선노무협회 등이 공동으로 담당했다. 지방관청이 필요경비 관리는 물론, 직접 할당 인원을 모아 사업주에게 인도했으므로 사실상 동원의 모든 과정을 조선총독부가 책임졌다.

1942년 3월 조선총독부는 대규모 국민 동원 계획을 수립하고, '국민근로보국협력령'을 공포했다. 더욱 강화된 '관 알선' 방식으로 다수의 조선인들을 '근로보국대'라는 이름으로 강제 동원하기 위해 근로 보국 운동을 일으켰던 것이다. 조선총독부는 학생들은 학교 단위로, 일반인은 마을 단위로 '근로보국대'를 조직하게 하여 이들을 동원했다. 이때 학생들은 '학도근로보국대', 일반인들은 '일반근로보국대'라고 불렸다. 강제 동원은 국외뿐만이 아니라 국내에서도 행해졌다. 국내 강제 동원은 주로 '근로보국대'를 통한 근로 봉사의 방식으로 이루어졌다. 부산의 경우 이렇게 근로 동원된 대표적인 작업장이 부산항 부두를 비롯하여 수영 비행장, 적기만, 일광 광산 등이었다.[48]

또 여성들도 1944년 봄부터 '여자근로정신대'라는 이름으로 동원되어, 초등학교 5~6학년생 혹은 초등학교 졸업 후 1~2년 이내의 조선 소녀들을 조선이나 일본에 있는 공장에 집단으로 동원하여 노동을 시켰다. 1944년 8월 칙령으로 발령되어 조선에도 적용된 '여자정신근로령'은 이미 조선에서 실행되고 있던 것을 법규화한 데 불과했다.

1944년 4월 조선총독부는 '긴급학도근로동원방책요강', '학도동원비상

조치요강' 등 학생 동원 계획을 수립했고, 초등학교에서 대학교에 이르는 모든 학생들을 군수물자 및 식량 증산, 국방 시설 건설 등에 동원했다.[49]

조선총독부 광공국 노무과 사무관인 타하라 미노루田原実는 〈대륙동양경제〉 1943년 12월 1일 호에 게재된 '좌담회 조선 노무의 결전 기여력'에서 공개적으로 관 알선 방식의 강제력에 대하여 진술했다.[50]

> 기존의 공장이나 광산 노동의 충족 상황을 보면, 그 90%까지가 자연 유입이고 나머지 10% 정도가 알선이거나 소개소의 소개입니다. 그런데 현재는 형세가 일변하여 모집이 어렵습니다. 그래서 관官의 힘, 즉 관 알선으로 충족하는 부분이 매우 늘었습니다. 그런데 이 관 알선의 방법은, 조선 직업소개소는 각 도道에 한 곳 정도밖에 없고 조직이나 진용도 매우 빈약하므로, 일반 행정기관인 부府, 군郡, 섬을 알선 기관으로 하여 노무자를 모으고 있습니다. 하지만 이 모집이 힘들어 어쩔 수 없이 반강제적으로 하고 있습니다. 그래서 수송 도중에 도망치거나 모처럼 따라가도 분쟁을 일으키는 등 곤란한 경우가 매우 많아졌습니다. 그러나 징용도 지금 당장은 못 할 사정에 있으니, 반강제적인 공출은 앞으로도 더욱 강화하고 가야 하지 않나 생각합니다.

조선총독부 관리인 타하라는 모집 단계에서 일본 정부의 관여를 축소하고 있으나, 관 알선 단계에서 전국적으로 강제력을 행사한 사실을 대체로 인정하고 있다. 1944년 5월 31일 자 홋카이도 탄광기선 주식회사의 영광군 송출 책임자가 부산의 주재원에게 보낸 서한에도 일본 정부의 한국인 노동자 모집 과정에서의 강제력 행사가 충분히 입증되고 있다. 이 서한에서는 영광군에서 '집합일 지정 시간에 120명 배정에 대하여 모인 자는

36명밖에 없고(이것조차 면에서 강제로 연행)', 이 때문에 '군청 직원 9명, 경찰서의 고등·경제계 및 면 직원을 총동원, 잠자는 자 혹은 논밭에서 일하는 자도 무조건 연행하는 등 상당히 무리한 방법을 취함'이라고 보고하여 강제력에 의한 동원 대상자 확보 문제를 거론하고 있다.[51]

1944년 7월 31일 자 내무성 촉탁 코구레 타이요우小暮泰用가 내무성 관리국장 타케우치 도쿠지竹内德治에게 제출한 복명서에도 국가 강제력을 사용한 한국인 징용에 대하여 적고 있다.[52]

당국의 시책의 진의·중요성 등을 민중에 인식시키지 않고, 민중에 대해선 정의도 눈물도 없는 처음부터 무리한 강제 폭력(식량 공출에서의 구타, 가택 수사, 호출 고문, 노무 공출에 있어서의 인질처럼 납치 등)이었다. 때로는 상해 치사 사건 등과 같은 불상사조차 있었다. 이처럼 공출은 때로는 약탈성을 띠고, 지원志願 보국은 강제로 되고, 기부는 징수가 되는 경우가 많았다.

호쿠탄 호로나이北炭幌内 탄광 노무과 직원의 증언을 들어보면, 조선인들에게 1944년 9월 '국민 징용령'을 적용했을 때 그들은 별 충격을 받지 않았다고 한다. '국민 징용령'을 조선에 적용하기 이전부터 조선인들은 사실상 강제 동원을 당해왔기 때문이다. '국민 징용령'은 '모집'과 '관 알선' 방식을 적용하는 단계에서 이미 자행된 강제 연행을 사후 법제화한 것일 뿐이었다.[53]

국민 징용령에 의한 강제징용

징용 단계에서는 식민지 당국이 모집 절차 전반에 대하여 징용령이라는

좀 더 강한 강제적인 법적 수단을 사용하여 통제권을 행사했다.[54]

중·일 전쟁이 장기화되면서 일본은 군수물자 보급과 노동력 공급을 위해 1938년 4월 1일 '국가총동원법'을 공포했다. 이 법률은 5월 5일부터는 조선에도 적용되었다. 이 법률 제4조에서 일본 정부는 전시에 국가 총동원상 필요할 때에는 칙령이 정하는 바에 따라 제국 신민을 징용하여 총동원 업무에 종사할 수 있도록 했다. 이에 근거하여 일본은 1939년 7월 7일 '국민 징용령'을 제정하여 7월 15일에 일본에 시행했으며, 10월 1일에 조선, 대만, 화태, 남양군도에도 시행다.[55]

국민 징용령은 일본 정부가 '국민직업능력신고령'에 의거 등록한 자 중에서 선정하여 징용 영장을 발령·교부하는 방식으로 초기에는 기술직 중심으로 징용했으나 1943년 3차 개정 이후 일반 노무자로 확대했다. 국민 징용령에 의해 징용된 피징용자는 노무자와 군무원으로 배치되었다.

일본은 국민 징용령을 실시하기 전에 노동력의 양과 질, 소재에 관한 실태 파악을 위해 각종 직업 능력 조사 제도를 실시했다. 즉, 일본은 국민 징용령 공포 이전에 '국민직업능력신고령'을 1939년 1월 7일 공포하고, 한반도에는 6월 1일부터 적용하여 직업 능력을 조사했다. 그리고 다음 단계로 노동력 통제, 자금 통제, 사업 통제, 문화 통제에 관한 각종 관련 법령을 제정 공포한 후 이를 근거로 국민 징용령에 의하여 인력을 동원했다.

최초 국민 징용령은 그 적용 대상자를 '국민직업능력신고령에 의한 요신고자에 한하여 행한다. 단, 징용 중 요신고자 상태에 놓이지 않게 된 자를 계속 징용할 필요가 있는 경우는 이 제한에 있지 않다(제3조)'라고 규정하여, 국민 직업소개소의 직업 소개 기타 모집 방법에 의해 소요 인원을 충당하지 못하는 경우에 국민직업능력신고령에 신고한 사람들 중에서 징용하는 것으로 했으나, 사실상 모집 인원이 항상 부족해서 강제 모집의 근거가 되었다.

국민 징용령은 1939년 10월 1일부터 조선에 적용되었으나 실제로 조선인 동원 통계는 1941년부터 확인된다. 국무총리 소속 '대일항쟁기 강제 동원 피해 조사 및 국외 강제 동원 희생자 등 지원위원회' 조사 결과에 의하면, 1941년에 일본 지역에 4,895명이 징용되었고, 1942년에는 일본 3,871명, 남방 135명, 한반도 90명으로 지역이 확대되었다. 그 후 피징용자 수는 1943년 2,989명, 1944년 374,694명, 1945년 139,367명 등 총 526,041명이 징용되었고, 지역별로는 일본 222,082명, 남방 135명, 한반도 303,824명으로 알려져 있다.[56]

조선인 피징용자 수가 1944년부터 크게 증가한 이유는 국민 징용령의 개정으로 징용 대상을 일반인 전체로 확대했기 때문이었다. 국민 징용령은 1939년 제정 후 총 4차례 개정되었다.

초기에는 일부 기술직 중심으로 제한적으로 운용되었으나 징용 영장에 의한 징용이 1944년부터 일반인 전체로 확대되었기 때문에 징용령에 의한 징용의 시작점을 1944년으로 보는 것이 일반적이다. 하지만 비록 작은 수이기는 하지만 국민 징용령의 한반도 시행시기를 1939년 10월부터 보는 것이 더 정확한 것으로 보인다. 징용령에 의한 징용은 일본 정부가 선정에서 수송은 물론, 식량 조달과 인력 관리 등을 직접 담당하는 체제로 수송 책임은 행정기관이 전담했다.

1940년 10월 16일, 1차 개정을 통해 국민직업능력신고령 대상자 이외의 사람도 징용이 가능하도록 수정했고, 동원 가능한 업무 범위도 확대하고 현원 징용 규정도 추가했다. 1941년 12월 15일 2차 개정으로 피징용자의 종사 업무를 확대하고, 후생대신이 지정하는 지정 공장을 추가해 민간 공장에서도 징용을 실시할 수 있게 했다.

일본은 1942년 6월 미드웨이 해전에서 참패한 후 태평양 전선에서 주도권을 빼앗기고 전황이 급박해지자, 1943년 7월 20일 국민 징용령 3차 개정을 단행하여 8월 1일 일본 본토에서 시행했다. 그리고 9월 1일 조선과 대만, 화태, 남양군도에서도 시행했다. 3차 개정으로 전 국민 총동원 체제로 전환했는데, 제2조에서 징용을 '국가의 요청에 따라 제국 신민으로서 긴요한 총동원 업무에 종사할 필요가 있을 경우에 이를 행하도록 한다'라고 명시하여 강제성이 두드러졌다. 징용이 이전까지 직업 소개 기관 기타 모집 방법에 의해 소요 인원을 확보할 수 없는 경우에 실시하는 보완적이고 소극적 역할을 했으나, 3차 개정으로 국가가 전 국민을 대상으로 적극적이고 주도적 역할을 하게 되었다.

1944년 전시 상황이 계속 불리해지자 일제는 조선에서도 본격적으로 '국민 징용령'을 통한 징용을 실시했다. 조선총독부는 2월부터 주요 공장·광산의 전 종업원에 대해 일반 징용의 준비 조치로, 또 노동 이동 제한을 위해 '현원징용現員徵用'을 실시했다. 현원징용이란 징용을 실시할 필요가 있는 사업장에서 현재 종사하고 있는 모든 종업원을 그대로 징용하여 이탈을 막는 것이었다. 이해 현원징용에 따라 징용된 공장과 광산 수는 144개, 종업원 수는 153,850명에 달했다.

1944년 8월부터는 징용령에 따른 일반 징용이 본격적으로 실시되었다. 대상은 만 16세 이상 40세까지의 남자였다. 일반 징용이란 일정한 연령대의 남성에게 영장을 발부하여 신체검사를 한 뒤, 노무자로 일본 본토와 조선, 기타 전선으로 보내는 것을 말한다.[57] 징용된 사람에게는 지정 공장에서 노동할 때 응징사應徵士, 즉 징용에 응한 전사라는 호칭이 주어졌고 휘장을 패용하게 했다. 조선 내 동원 외에 일본과 사할린섬 등으로 동원된 노동자는 탄광과 군수공장, 비행장, 건설 공사장 등에서 강제 노동에 종사했다. 이들은 1일 12시간 이상의 과중한 노역에 시달렸으며 산업재해의 위험에 무방비 상태로 노출되었다.[58]

국민 징용령에 의하면, 징용 및 징용 해제는 조선 총독의 명령에 의해 이를 실시하고, 일본의 육군성과 해군성은 인원의 배치가 필요한 때에는 조선 총독에게 이를 청구하고, 조선 총독은 이러한 인원 청구가 있는 경우에 징용 명령을 발해 징용할 만한 사람에게 교부하여 징용하도록 규정하고 있다. 이러한 국민 징용령에 따른 징용에 응하지 아니한 경우에는 국민총동원법 제36조에 의하여 '1년 이하의 징역 또는 1,000원 이하의 벌금'에 처하도록 규정하고 있어서 처벌 규정을 두어 국가 형벌권에 의한 강제성을 부여하고 있다.

박경식의 〈조선인 강제 연행논문집성〉에 기록되어 있는 증언에 의하면 징용령에는 군대 소집 영장과 같은 무게의 구속력이 있었다고 한다. 그중 최양호의 증언으로는 군인과 헌병들에 의한 사실상 징집이 이뤄졌기 때문에 면장이나 면사무소 모집책에서 거절할 수 없었다고 증언하고 있다.[59]

우리 면에 징용령이 오면 사람이 없어서 낼 수 없어요. 징용령은 군대 소집 영장과 같은 무게감이 있었으니까요. 면사무소 쪽에서 머뭇거리면 군인이나 헌병을 데리고 와서 밭에서 일을 하고 있든, 길을 지나가든, 닥치는 대로 말이에요. 모집 책도 순경도 어느 부락에 몇 명의 일꾼이 있는지, 어느 집에는 누구와 누가 있는지 손에 잡힐 듯이 알고 있으니까요. 징용령이 와도 우리 면에는 할 만한 사람이 없다고 거짓말로 도로 보내지만, 그렇게 언제까지나 밀고 당기기는 할 수 없잖아요. 아픈 부모가 있다든가, 아이나 아내가 몸이 약하다든가, 갈 수 없는 사정이 각각 있었어요. 마지막에는, 이제 그런 것은 이유가 되지 않았어요. 어린이나 늙은이나 무차별했으니까요. 명령이니까 반대는 할 수 없습니다. 강제로 원망을 사는 건 면장이라든지 면사무소 모집계였어요. 결국 마을 사람들이 눈에 띄지 않자 면사무소의 몇몇 사람들은 인솔 대장으로 나갔습니다. 홋카이도와 카바타의 탄광, 그리고 규슈의 탄광이에요. 우리 면은 120호 있는데, 500명이 징용으로 갔으니까요. 탄광에서 죽으면 명예로운 전사다, 나라를 위해 일하다 죽어서 기쁘다고 마음에도 없는 말을 해야 했어요. 일본이 전쟁에서 이기기 위해 조선인이 죽을 이유가 하나도 없으니까요.

종전 직후인 1945년 9월 28일 자에 치바현 도가내 경찰서장이 치바현 지사에 보낸 '종전 후 조선인 취급에 대해 극도의 불평불만에 관한 건'[60]에서는, '대동아 전쟁 발발과 동시에 이입 노동자를 징용함에 있어서, 논밭에서 간수看守가 집에 전하지도 않고 연행하여 일본 내 작업 장소에서 강제노동을 시켰다'라고 쓰고 있다.[61]

도쿄대 도노무라 마사루外村大 교수는 징용 영장 집행의 강제성에 대하여 언급하고 있다. 마사루 교수는 '지방 조직이나 경찰 등을 통한 동원'의 경우와 '밀항이나 연고 도항'의 경우에 일하는 장소와 조건이 달랐다고 기술하면서, '조선인 노동자를 희망한 탄광 경영자 등'은 '열악한 노동조건에서도 일해줄 인력을 조달하기 위해' 조선에 이를 요구했지만 결국 모이지 않았다. 이에 '잠든 사람을 습격하거나 논밭에서 일하는 사람을 말없이 연행하는 등 상당히 무리한 방법'을 강구하여 징용령 영장을 집행했다. 따라서 조선에서 국민 징용령 발동이 늦어진 것은 '이전에는 더 관대한 방법으로 동원이 계속되고 있던 것이 아니라', '노동 요원 확보의 실태는 일본 국내에서의 징용보다도 엄격했다'고 기재하고 있다.[62]

징용은 도지사가 노동자를 모아 항구로 인솔하여 조선총독부가 사업주에게 인계하는 방식으로 이루어졌다. 그러나 전라남도의 경우 1944년도 송출 성적이 40%에 불과했고, 다른 지역은 20~30%에 불과할 정도로 순조롭지 않았다. 동원 대상 노동력이 고갈되고 조선인의 저항이 거세져 강제성과 폭력성이 더욱 요구되는 악순환이 반복되었다. 이런 상황에서 1943년 말부터 1944년 말까지 1년 동안 강제 동원 인원은 2.2배나 급증했다.[63]

이에 대하여 일본의 일부 학자들은 강제 연행이라는 용어가 부적합하다고 주장하면서, 전시체제하의 대일본 제국 정부가 국가총동원법을 제정한 이후 법률에 따라 징집한 것으로 '전시동원'이라고 호칭하는 것이 맞다고 주장하고 있다. 슈토대 교수이며 재일한국인 학자인 정대균도 조선인 노무 동원을 두고서 '강제 연행'이라고 부르는 것은 '일본의 가해자성과 조선의 피해자성을 모두 지나치게 과장하는 것'이라고 지적하면서, 당시 조선인은 모두가 일본 제국의 국민이었으며, 일본열도 지역의 일본인 남성이 전쟁터로 가는 것을 대체하는 것으로서 한반도 지역의 조선인 노무 동원이 있었음을 주장하고 있다.[64] 그러나 일제 당시 대부분의 조선인들은 자신들이 일본 제국의 국민이라고 생각하지 않았으며, 역사적으로도 일본의 한반도 병합이 합법적이라고 보기 어려워서 일본 제국의 법률에 따라 강제 징집한 것을 합리화하는 것은 잘못된 역사 인식으로 보아야 할 것이다. 기미독립선언서에 한국인들의 일제 통치에 대한 정서가 그대로 나타나 있다.

　낡은 시대의 유물인 침략주의와 강권주의에 희생되어, 우리 민족이 수천 년 역사상 처음으로 다른 민족에게 억눌리는 고통을 받은 지 십 년이 지났다. (중략) 처음부터 우리 민족이 바라지 않았던 조선과 일본의 강제 병합이 만든 결과를 보라. 일본이 우리를 억누르고 민족 차별의 불평등과 거짓으로 꾸민 통계 숫자에 따라 서로 이해가 다른 두 민족 사이에 화해할 수 없는 원한이 생겨나고 있다.[65]

친일 단체와 피징용 피해자로 갈라선 조선인들

친일 단체를 통한 강제 동원 독려

일본은 할당 모집과 관 알선을 통한 강제 동원, 징용령에 의한 강제징용
이라는 제도적 절차를 통하여 조선인 노무자들을 연행했다. 그러면서 다
른 한편으로는 친일 단체 등을 조직하여 조선인들의 일본군 지원과 노무
자 징용의 자발적 참여를 독려했다.

1937년 7월 중·일 전쟁을 일으킨 일본은 전 국민을 조직화하여 전쟁에
동참하게 하는 체제를 확립하고자 했다. 이를 위해 1937년 10월 일본 도
쿄에서 일본 정부의 외곽단체인 '국민정신총동원 중앙연맹'을 결성하고,
정부 주도의 관제 운동으로서 '국민정신총동원운동'을 전개했다. 그리고
일본은 전시 통제와 동원에 대한 저항을 무마하고, 참여를 이끌어 내려는
목적으로 '국민정신총동원운동'을 식민지 지역으로 확대했다. 조선에도
1938년 7월 7일 '국민정신총동원 조선연맹'을 설치하여 운동을 주도해나
갔다.

'국민정신총동원운동'의 목적은 조선인에게 황국신민화 정책과 전시 동원 정책에 대한 협력을 강요하려는 것이었다. 일본은 조선인을 각종 관제 행사에 참여시켜 '일본 정신'으로 재무장하게 하고, 일본어 상용화·창씨개명·신사참배·황민화 교육·지원병제도 등 내선일체를 위한 황국신민화 정책을 조선 사회 전반에 보편화시키고자 했다.[66]

조선연맹의 발기인으로 한·일 양국의 59개 단체, 56명의 발기인이 참석했는데, 한국 측에서는 윤치호, 최린, 김활란, 김성수, 박흥식, 방응모 등 27명, 25개 단체가 참여했다. 조선총독부 학무국장 시오하라 도키사부가 이사장이 되었으며, 한상용 등 6명의 이사가 선임되었다. 이들 중에는 1919년 3·1 운동에 참여한 사람도 있고, 언론사를 창간하고 경영하는 사람들과 대학을 설립하거나 강단에 서서 가르치는 사람도 있어 그동안 민족 사회를 위하여 노력한 점을 되돌아볼 때 참으로 안타까운 일이었다.

또 1939년 2월 일본 정부는 운동 강화 방안을 결정하고, 같은 해 3월 '국민정신총동원위원회'를 정부 내에 설치하여 중앙연맹과 위원회의 이원 체제로 운동을 추진했다. 중·일 전쟁이 장기화됨에 따라 운동을 더욱 강화할 필요가 있어 1940년 4월, 중앙연맹과 위원회는 '국민정신총동원본부'로 개편되었다.

한편, 1939년 9월 1일 나치 독일이 폴란드를 침공하면서 유럽에서 제2차 세계대전이 발발했다. 이처럼 긴박한 국제 정세에 따라 일본도 강력한 단일 지도 체제를 형성할 필요가 있다고 하는 '신체제 운동'이 고조되었다. 이에 따라 다수의 정당이 해산하고 1940년 10월 고노에 후미마로近衛文麿 수상을 총재로 하는 대정익찬회大政翼贊会가 설립되었다. 사실상 아돌프 히틀러가 이끄는 나치 독일의 국가사회주의 독일노동자당, 베니토 무솔리니가 이끄는 이탈리아 왕국의 파시스트당의 일당독재와 같이 대정익찬회를 중심으로 태평양 전쟁하에서의 군부의 방침을 추인하고 지지하는 익찬체제가 성립되었다. 진주만 공격에 의한 미·일 개전 이후 약 5개월이 지난 1942년 4월 30일에 실시된 제21회 중의원 의원 총선거에서는 익찬정치체제협의회가 결성되어 466명(정원과 같은 수)의 후보자를 추천하여 전체 의석의 81.8%인 381명이 당선되었다.[67]

이에 따라 일본에서 국민정신총동원 중앙연맹과 국민정신총동원위원회는 새로 설립된 대정익찬회에 흡수되었다. 그리고 조선총독부 총독관방에는 국민총력과가 설치되어 국민총력운동에 관한 사무를 소관했고, 1940년 10월 국민정신총동원조선연맹을 '국민총력조선연맹'으로 개편하면서 국민정신총동원운동을 '국민총력운동'으로 전환하여 총력전을 위한 통제 정책을 더욱 강화했다.

중앙 조직인 국민총력조선연맹 임원은 1940년 10월 총재·부총재인 총독·정무총감 밑에 고문으로 나카무라 조선군사령관, 쓰카하라 진해요항부사령관, 시치다 제20사단장, 고쓰키 제19사단장, 가와시마 전 육군대신, 시노다 경성제국대 총장, 윤덕영 중추원 부의장이 임명되었다. 참여에 이항구, 이왕직 장관 등 9명, 이사에 정교원 등 46명, 참사에 계광순 등 68명, 평의원에 장직상 등 50명으로 친일 거두와 침략 거두들이 모두 참가했다. 지방 조직은 도연맹, 부·군·도·읍·면연맹, 정·이·부락연맹과 말단 세포조직인 애국반으로 구성되었으며, 개개인은 대략 10호 단위로 편성되는 애국반에 참가함으로써 기층 조직을 형성했다.[68]

이에 따라 국가의 직접 지배 시책을 시행하여 징용 제도로서 전쟁 수행에 필요한 노동력의 부족을 보충했다. 1943년 당시 조선의 가구 수는

487만 8,901호였고 이 총동원연맹에 소속된 사람은 457만 9,162명으로, 그 가족을 포함할 때는 거의 모든 한국인을 포괄하는 조직이 되었다.[69]

애국반은 관에서 할당한 공출량을 확보하는 조직이자 식량과 각종 물품의 배급 단위로 기능했다. 또 애국반은 징용 지원자를 추천하거나 징용 기피자를 색출하고 징병 사업을 선전하는 등 징용·징병 사무를 지원하는 기구로서도 역할을 담당했다. 일제는 이러한 전쟁 동원 업무에 연대 책임제를 강제하여 애국반을 민중에 대한 철저한 감시·동원 기구로 정착시키고자 했다.[70]

국민총력조선연맹은 《국민개창집》의 노래 가운데 중점적으로 불러야 할 노래로 〈바다로 가면〉, 〈군함행진곡〉, 〈아세아의 힘〉, 〈국민진군가〉를 선정하여 각 지방에 시달했다. '국민가창운동정신대'의 이름 아래 '가창지도대'를 조직하여 각 지방을 순회공연하도록 강요했다. 현제명·김성태·고종익·이흥렬 등의 일부 서양음악인들이 활동했다.[71]

국민총력조선연맹은 조선인 노무자의 강제 동원에 이용되었다. 안자코 유카庵逧由香는 중·일 전쟁을 계기로 중앙연맹, 지방연맹과 학교, 직장의 각종 연맹의 애국반에 의한 이중의 조직화·통제가 조선 민중을 전쟁 동원에 끌어들여 갔다고 밝히고 있다.[72] 또 애국반에 참가를 강제한 여성 동원의 실정에 대해서 히구치 유이치樋口雄一는 "특히 농촌부의 여성 동원은 유출된 남성 노동력의 보충과 식량 증산의 구조 속에서 이루어졌다"고 지적하고 있다.[73]

국민총력조선연맹은 1945년 7월 8일 일본 본토 결전에 대비한 조선국민의용대가 조직됨으로써 같은 달 10일 여기에 통합·흡수되면서 해체되었다.[74]

또 다른 친일 단체로서 '조선임전보국단'이 있다. 1941년 9월에 조선총독부와 국민총력조선연맹의 권고와 주선에 의해 최린, 김동환이 주도한 '임전대책협의회'와 윤치호 계열의 '흥아보국단'이 통합하여 결성되었다. 설립 목표는 황도 정신의 선양과 전시체제하에서의 국민 생활 쇄신을 추진한다는 것이었다.

1941년 12월 14일 '미·영타도대강연회'를 서울 부민관에서 개최하여, 연사로 김동환·옥섬진·이광수·이돈화·이성환·주요한 등이 참여했다. 12월 27일에는 '결전부인대회'를 서울 부민관에서 개최하여, 연사로 김활란·모윤숙·박순천·박인덕·임숙재·임효정·최정희·채하백 등이 참여하여 황민 의식을 고취하면서 전국적으로 군수 자재 헌납 운동을 전개했다. 또 1942년 2월부터는 산하 단체 '임전보국단부인대' 주최로 근로 보국 운동을 전개하면서 부녀층을 광범하게 동원한 군복 수리 작업을 벌였다.

조선임전보국단은 같은 해 11월 국민총력조선연맹이 조직을 전면적으로 개편 강화할 때 이 단체에 합류함으로써 발족 1년 만에 해체되었다.[75] 어두운 시절의 안타까운 일이었다. 한편, 1942년 조선총독부는 '국민근로보국협력령'을 공포하여 근로 보국 운동을 일으켜 '근로보국대'라는 이름으로 수많은 조선인들을 강제 동원했다.

징용 거부 운동

각종의 노무 동원, 즉 넓은 의미의 징용 동원은 일제가 뜻하는 대로 순탄하게 이루어지지는 않았다. 학도지원병이나 징병에서와 같은 저항이 일어났다. 동원에 대한 기피, 수송 도중의 탈주, 근무지에서의 도주 또는 집단 저항 등이 일어났는데, 특히 주목되는 것은 동원을 거부하고 기피한 사람들이 산간지대에서 집단화해 가는 현상이었다. 조선총독부는 1944년 국회에 제출한 '제85회 제국의회예산설명자료'에서 이러한 실태에 대해 언급했다.

식량 공출의 강화, 기타 시국의 중압에 따른 실생활의 궁굴화窮屈化와 상반해 노무 송출에 대한 기피적 경향이 상당히 농화濃化하는 경향일 뿐 아니라, 이와 관련해 반관적反官的 기운 또한 증앙增昻해 송출에 대한 집단적 기피, 수송 도중에서의 도망, 노무 관계자에 대한 폭행, 협박 사범, 기타 각종의 비협력적 내지는 반관적 특수 사안이 상당히 다발하고 있어, 치안상으로도 엄히 경계를 요하는 바다.

(중략)

선반先般 충청남도에서 발표한, 송출 독려에 나선 경찰관을 살해한 사범 같은 것은 저간의 동향을 잘 말하는 것이다. 특히 최근 주목할 것은 집단 기피 내지 폭행 행위로, 경상북도 경산경찰서에서 검거한 불온 기도 사건 같은 것은, 징용 기피를 위해 장정 27명이 결심대決心隊라는 단체를 결성해 식량·죽창·낫 등을 가지고 산정에 입롱入籠해 끝까지 목적 달성을 기도하고 있던 것으로서, 첨예화하는 노동 계층의 동향의 일단을 규지할 수 있는 바이다. 이상과 같은 정황하에서 금차의 긴급 대동원은 실로 용의하지 않은 일에 속해, 차체에 경찰에 의한 지도·취체의 뒷받침을 하지 않으면 소기의 동원이 지난할 뿐 아니라 치안상 미치는 영향 또한 심대함에 비추어…

강제적인 노무 동원에 대한 이러한 반발과 저항은 전면적 징용 실시 단계에 들어서면서부터 더욱 첨예화되었다. 동원 독려에 나온 경찰관을 살해하는가 하면, 징용 거부자들이 산간지대에서 집단화해 점차 무장 세력으로 조직화되기도 하여 일제 식민지의 치안을 위협했다.

이 시기 징용 거부 운동은 단순한 기피 차원이 아니라, 전시 치안을 위협한 항쟁이었다. 징용을 거부·기피한 인원이 전국적으로 얼마나 되었는지는 알기 어렵다. 그러나 학도병을 거부하고 동지들과 집단행동을 벌인 하준식의 지리산 지역에서만 징용·징병 기피자 200여 명이 있었다는 증언으로 미루어 볼 때 전국적으로 그 인원이 상당히 많았다는 것을 알 수 있다.[76]

도망가는 조선인 노동자들

조선인들은 일본에 도착한 뒤 군대식 훈련을 받고 민족 차별과 폭력을 감내하면서 위험도가 높은 작업장에 집중 배치되어 공휴일도 없는 강제 노동에 혹사당했다. 일본 석탄통제회의 '탄광노무통계표'에 의하면, 1943년 4월 당시 179개 탄광에 연행된 조선인 80,329명의 92%가 갱내에 배치되었다. 홋카이도 탄광에서는 1년 노동일이 311일이나 되었다.

조선인들은 감금 상태에서 노무과 직원, 경찰, 협화회 등의 살벌한 감시와 열악한 의식주 환경에 시달리면서 자포자기에 빠질 정도였다. 일본어 사용이 강제되었고, 직장 이동이나 선택권, 거주 이전의 자유는 없었다. 언어불통에 따른 구타 등 만성적 폭력, 열악한 근로 환경과 살인적 노동 강도로 사망률도 대단히 높았다. 한 자료를 보면 1939년 0.21%, 1940년 0.73%, 1941년 1.24%로 급증했다.

결국 많은 조선인 노동자들은 생명의 위험을 느끼고 미불 임금을 받는 것도 포기하고 생명을 건 탈주를 감행했다. 탈주율은 강제 동원 1년 만인 1940년 말에 18.7%가 되었고, 노동강도가 높은 탄광은 20.9%나 되었으며 1943년 말에는 33.3%가 되었다. 일본 체류 기간이 긴 '모집' 동원자들은 일본어와 주변 환경에 익숙해져 탈주율이 훨씬 높았다. 1942년 말에 40.0%, 1943년 말에는 41.7%나 되었다.[77] 1939년부터 1945년 3월까지 연행된 조선인 중 22만 명 이상이 도망했다. 홋카이도의 한 탄광에서는 749명 중 월평균 20명이 도망하고, 1940년과 1941년 2개년에 498명, 도주율 66%에 달했다. 히타치 광산日立鉱山에서는 1940년부터 1943년까지 3,650명의 조선인을 연행 고용했다. 하지만 1943년 말에는 1,550명이고, 40%밖에 남지 않았다. 엄중한 경비 대책을 시행하는 가운데 이루어진 이러한 대규모 탈주는 일본 제국주의의 인권 탄압에 대한 조선인의 소극적인 저항으로, 일본의 군수생산에 대한 직접적인 타격이 되었다.[78]

효고현 봉산峰山의 경우는 1942년 6월 말까지 탈주자가 89%(73명 중 63명)나 되었는데, 결국 조선인 노동자 대부분이 탈주한 셈이었다. 탈주하다 잡혀 3~6개월 갇혀 있다가 원래 사업장으로 돌아오면 기다리는 건 잔학한 폭력이었고, 사망에 이르는 경우도 적지 않았다.[79]

강제 연행된 중국인 중에서도 다수의 탈주자가 나왔다. 수용소에 납치된 후 일본으로 승선할 때까지의 얼마 안 되는 기간에도 108명의 도망자가 발생했지만, 일본에 연행된 후에도 어려운 상황 속에서 계속하여 전국 135곳의 사업소에서 예외 없이 탈주가 이루어졌다. 1945년 봄에는 히타치 광산에서 중국인의 집단 탈주가 있었다. 경찰·광산·보안계·소방·경방단이 쇠갈고리 등으로 무장하고 반항하면 죽이라는 지시를 받고 사흘 동안 탈주자 찾아 산 사냥을 했다. 탈주자들은 며칠 동안 마시지 않고 먹지도 않고 산속을 도망 다녔지만 대부분은 잡혔다. 붙잡히지 않고 굶주림과 피로로 죽어간 자도 있었다. 그러나 살아남아 도망에 성공한 류렌진劉

連仁의 사례도 있었다. 화북의 농민이었던 그는 1944년 가을, '중국인 노동자 사냥'으로 붙잡혀 일본으로 끌려가 홋카이도의 광산에서 강제 노동 중, 1945년 7월에 4명의 동료와 함께 탈주하여 동료 4명은 도중에 체포되었지만 그는 탈주에 성공했다. 전쟁이 끝난 후에도 이를 모른 채 1959년 2월까지 13년간 혼자서 산중에 파묻혀 고통 속에서 혈거 생활을 하다가 마침내 중국으로 돌아갔다.[80]

조선인 노동자들의 저급한 임금, 그나마도 받지 못했다

조선인들이 일급 2엔 50전으로 임금인상을 요구해 명목상 수용된 경우가 많았던 것을 보면, 이것이 일본 기업이 애초에 '약속'했던 임금수준이 아니었을까 추정된다. 약속대로라면 1년 수입이 800엔 전후가 되는데, 당시 임금수준으로는 상당히 많은 편의 액수였다. 그러나 실제 지급하는 금액은 약속한 액수(월 80엔)의 8분의 1에 불과한 약 일급 35전(월 10엔)을 받았다. 조선총독부나 해당 기업들이 결코 지킬 생각 없는 '약속'을 한 것으로 기망 행위를 한 것이다. 일본 학자들이 설사 조선인들이 '자율적'으로 '모집'이나 '알선'에 응했다고 주장해도, 그것은 결국 일본 국가와 일본 기업, 조선총독부가 공모한 사기 행위였던 것이다.[81]

니혼고우칸日本鋼管에 강제 연행된 김경석이 1991년 9월 30일 제출한 소장에 따르면, 그는 1942년 10월 가와사키 제강소에서 군대식 훈련을 받은 뒤 산소 결핍이 따르는 고열 지역에서 휴일도 없이 주야 교대로 매일 12시간씩 대형 크레인을 운전했다. 경성에서 회사가 약속한 임금(월 80엔)과 달리 턱도 없는 임금(월 10엔 정도, 일급 35전)을 받았다. 절대량이 부족한 더러운 급식, 감금된 숙사 생활, 편지 검열, 구타가 일상적이었다. 결국

1943년 4월 10일 조선인 837명이 조선으로 돌려보내 달라며 연좌 농성을 벌여, 노무과 직원과 경찰·헌병 등에게 목도로 구타당한 뒤 의식불명 상태로 감금되기도 했다. 병원 가는 것도 금지되었고, 동료 두 사람은 살해당했다고 한다. 계약 기간은 대부분 2년이었지만 경찰과 협화회의 강권적 '독려' 속에 '갱신'이 강요되었다. 미야기현宮城縣 호소쿠라細倉 광산에 동원된 정영두는, 계약 갱신을 거부하는 사람은 아예 없었고 자신도 1942년 12월에 계약이 끝났지만 돌려보내 주리라는 생각도 못 할 정도로 강압적 분위기에 눌려 살았다고 했다.[82]

탈주하는 조선인 강제 노역자의 급증은 고된 강제 노역과 구타·차별과 함께, 약속과는 달리 임금이 너무 적거나 애국저금 등 각종 명목상의 강제 저축이 임금의 대부분을 차지하여 가져갈 돈이 없었기 때문이었다.

예금통장은 회사가 보관했는데, 인출은 관할 경찰서장 승인을 받아야 했으니 사실상 불가능했다. '반도인 노무자에 관한 조사 보고'[83]에 따르면, 조선인 노동자 평균 월수입(70.67엔) 가운데 저금 등 32.09엔(45.4%)을 공제한 38.58엔 중에서도 5엔만 지급하고 나머지는 각종 명목으로 예금하여 노무계가 보관했다고 한다. 결국 임금의 대부분을 주지 않았다.

여러 가지 명목의 '헌금'도 강요되었다. 효고현 광산의 경우, 1941년 2월 조선인 노동자 69명이 협화회 이쿠노生野지부에 국방헌금 86엔을 냈다. 1944년에는 아케노베明延 광산(패전 당시 조선인 노동자 735명) 7,118엔을 포함하여 타지마但馬 지방에서 82,000엔을 모아 헌납했다. 1945년 8월 15일 효고현의 조선인 노동자(1,820명)의 헌금을 모두 합치면 1인당 45엔이나 되는 거액이었다.[84]

1만여 조선인을 강제 동원한 일본제철(현 신일본제철주식회사)에서 혹사당한 여운택·신천수가 제출한 소장에 따르면, 여운택에게는 미불 임금 50.52엔, 예금 455엔, 합계 495.52엔이, 신천수에게는 미불 임금 57.44엔, 예금 410엔, 합계 467.44엔이 일본의 패전 이후 공탁되었다. 여러 명목으로 공제된 것을 빼니 크게 줄었지만 당시로선 꽤 큰돈이었다. 이처럼 패전 후 일본 정부가 미불금 공탁을 서두른 것은, 재일본조선인연맹 등 조선인단체의 미불금 지급 요구를 막기 위해서였다. 이러한 공탁금도 한일청구권협정을 이유로 지불되지 않았다.

미쓰비시 등 현재 일본의 재벌들은 모두 이런 미불 임금을 안고 있다. 아소 다로 전 총리의 증조부가 창업한 아소탄광도 동일하다. 사가현 구바라 광업소는 임금 7,415엔(100명), 보조금 2,370엔(133명), 원호금 475엔 (2명) 등 1만 엔이 넘는 돈을 공탁했는데, 121명분 저금 3,359엔은 공탁조차 하지 않았다.

일본 국가와 기업의 책임 회피와 자료 은폐로 기업별 강제 노동의 실태와 미불 임금의 실상은 제대로 파악되지 못한 상태다. 그중 한 사례로, 조선인 강제 연행 진상조사단이 2000년 12월 20일 공개된 일본 외무성 책자를 조사한 결과, 조선인 군인·군속 89,588명에 대한 미지급금 91,316,115엔(평균 1,019엔)이 확인되었다. 물론 이들은 군인·군속 가운데 일부에 불과하다.

이 자료에 포함된 후생성 문서 '조선 출신 사람의 육해공군 군인·군속 (사망자 포함)에 대한 급여에 대하여'에 따르면, 1956년 8월 31일 현재 이들에 대한 급여 공탁금 규모는 복귀자 71,218명에 대한 44,941,748엔(평균 631엔), 사망자 18,370명에 대한 46,374,367엔(평균 2,524엔)이다. 이 자료를 통해 36만여 명에 이르는 군인·군속의 미불 임금을 추정하면 당

시 화폐로 3억 7천만 엔에 이른다. 이것만으로도 현재 가치로 수조 원 이상이다.[85]

제2차 세계대전 이전에 미화 1달러는 일화 3.6엔으로 교환되었다.[86] 1945년 미화 1달러는 그동안의 인플레이션을 고려할 때, 2021년 현재 14.96달러다.[87] 따라서 당시 군인·군속의 미불 임금 3억 7천만 엔은 당시 미화로 1억 300만 달러가 되며, 2021년 현재 가치로는 15억 4,200만 달러다. 이를 한화로 계산하면 미화 1달러는 대략 1,150원이므로 약 1조 8,000억 원이라는 거액이다.

군인·군속의 강제징병

병력 동원은 국가총동원법, 육군특별지원병령, 병역법 등 일본 정부의 법령에 의한 징집영장을 통해서 했다. 이렇게 일본군에 동원된 인력은 지원병과 징병으로 나눌 수 있다. 조선인을 병력으로 동원하는 문제는 민감해서 중·일 전쟁 발발 이전에 일본 정부와 군부는 의견 차이를 보였다. 일본 정부는 조선 청년의 징병이 불가피하다고 예상하고 황민화 교육의 강화와 교육법 개정이 필요하다는 입장인데 반해 군부는 조선인이 등 뒤에서 총을 겨눌 수 있다고 하며 반대했다. 그러나 중·일 전쟁이 일어나 전선이 확대되고 교착상태에 빠지자 병사가 필요했고, 식민지 청년들을 군인으로 동원하는 것이 불가피해졌다.[88]

그에 따라 지원병제도를 실시했는데, 지원병은 육군특별지원병, 해군특별지원병과 학도지원병으로 분류된다. 1938년 2월 '육군특별지원병령'으로 지원병제도를 실시하고, 이어서 군대식 훈련을 위해 나남·함흥·평양·대구 등지에 훈련소를 설치했다. 1941년 12월 일본이 태평양 전쟁을 일으킨 뒤, 조선총독부는 조선인 청년들을 태평양 전선에 동원하기 위해 1943년 7월 '해군특별지원병령'을 공포하고 같은 해 8월부터 시행했다. 아울러 전문학교 학생들에 대한 '학도지원병' 강제도 시작되었다. 그에 따라 1943년까지 23,000여 명이 학도지원병이라는 이름으로 동원되었다.[89]

일본 당국은 전세가 급박해지자, 조선인 징병을 시작했다. 조선인 징병은 해군징용공원규칙, 국민 징용령 등 각종 법령에 의한 동원과 현지 지휘관의 판단에 따른 차출 및 신분 전환의 방식이 적용되었다. 1942년 10월에는 일제히 징병 적령 신고를 하도록 했는데, 적령자의 96%인 약 258,000명이 신고했다. 1944년 4월부터 징병제가 실시되었고, 그 결과 1945년 8월까지 육해군 모두 19만여 명의 조선인 청년들이 전선으로 동원되었다. 그 밖에도 군속, 군무원으로 동원되어 군사시설 공사, 포로 감시원, 운수, 경리 등으로 일한 이들도 약 15만 명에 달했다.[90] 군무원은 크게 군 노무자와 기타 군 요원으로 구분된다. 군무원 가운데 다수는 군 노무자들이었고, 그 밖에 문관, 운전수, 간호부, 포로 감시원 등도 있었다.

군 노무자와 가장 큰 차이를 보이는 업무 종사자인 포로 감시원은 1941년 12월 8일 진주만 공격과 말레이 상륙을 시작으로 일본군이 1942년 1월부터 5월까지 마닐라와 싱가포르, 자바, 필리핀을 점령하면서 만든 제도다. 이 시기 일본군의 포로가 된 연합국 병사 261,000여 명에 대한 관리의 필요성에서 1941년 12월 육군성에 포로정보국을 설치하고 이듬해 5월부터 포로 감시원을 모집했다.

포로 감시원은 대만인과 조선인을 대상으로 충당했는데, 한반도에서는 1942년 6월에 모집했다. 조선총독부는 각 읍면에 인원수를 할당하여 면서기와 순사들을 앞세워 3,223명의 청년들을 동원해 부산에 있는 노구치 부대에서 2개월간 사격과 총검술 등 군사훈련을 받도록 한 후 한반도, 인도네시아와 필리핀, 뉴기니, 미얀마, 태국 등 각처 포로수용소에 배치해 말단 실무자로 사역했다. 기간은 2년 계약이었으나 기간이 만료된 이후에도 귀국은 불가능했고, 급료도 초기에 지급하다 중단했다. 이들은 패전 이후 연합군에 의해 포로에 대해 가혹 행위를 한 혐의로 전범으로 기소되어 네덜란드와 싱가포르, 보르네오 등지에서 재판을 받았다. 조선 청년들은 상부의 지시에 따랐을 뿐이지만 스스로 변호할 수 있는 기회를 얻지 못하고, 일본 당국의 철저한 책임 회피와 식민지 상황을 이해하지 못한 재판부의 결정으로 인해 유죄가 확정된 20명이 처형되었다.[91]

여성 근로정신대의 조직과 여성 인력 강제 동원

일본이 저지른 조선의 인력 수탈 정책은 여성이라고 예외는 아니었다. 일본 정부는 1943년 9월 13일 차관회의에서 필요한 여성 근로 요원들을 확보하기 위하여 지방행정기관과 부녀회 등의 협력을 받아 신규학교 졸업자와 14세 이상의 미혼자 등을 동원 대상으로, 항공기관계공장과 정부 작업창 등에 배치하는 여자정신대를 모집하기 위해 '여자근로동원의 촉진에 관한 건'을 의결했다. 1944년 3월 18일에는 '여자정신대제도 강화방책요강'을 결정하여 일본 국내의 여성들을 강제적으로 정신대로 조직시켜 필요한 업무에 협력할 것을 명령하도록 했다. 이어서 일본 정부는 1944년 8월 23일 '여자정신근로령'[92]을 공포·시행하여 한반도에서도 시행했다. 한반도에서 근로정신대 동원은 사실상 위와 같은 '여자정신근로령' 시행 전부터 행해지고 있었는데, 1944년경 이후에는 특히 초등학교 졸업생들을 대상으로 모집이 행해졌다.

여자정신대제도 강화방책요강 및 여자정신근로령에서는 기본적으로 국민 등록자인 여성들을 정신대 대원으로 할 것으로 정하고 있으나, 당시 한반도에서 여성의 국민 등록은 기능자에 한하고 있었다. 즉, 12세 이상 40세 미만의 중학교 정도의 학교 졸업자 또는 실력과 경험에 의해 광산 기술사, 전기기술자, 전기통신기술자 등으로 현직에 취업하고 있거나 예전에 일한 적이 있는 자만으로 한정되어 있어, 여성 국민 등록자의 범위는 매우 좁았다. 그러나 위 여자정신대제도 강화방책요강 및 여자정신근로령에는 '특히 지원을 한 자는 정신대 대원으로 할 것을 막지 않음'이라고 규정하고 있었기 때문에 한반도에서는 역시 위와 같이 지원이라는 형식으로 근로정신대 대원 모집이 행해졌다. 모집된 근로정신대 대원들은 구미 쓰비시 공장, 후지코시 강재공업 주식회사 도야마 공장, 주식회사 도쿄아사이트 방직, 주식회사 누마즈 공장 등의 군수공장에 동원되었다.

여자정신근로령은, 정신근로대를 받으려고 하는 자는 지방장관에게 이를 청구 또는 신청하고 지방장관이 그 필요성을 인정하면 시정촌장 기타 단체의 장 또는 학교장에 대하여 대원의 선발을 명하여 그 결과를 보고받고, 지방장관이 대원을 결정하여 통지하면 이 통지를 받은 자는 정신근로를 하고 정신근로대를 받게 된 자가 원칙적으로 그 경비를 부담하는 것으로 규정하고 있다.[93]

조선인 강제 노역자들의
비참한 노예 생활, 그리고 학살

○

강제 노동 현장의 실태

일본으로 강제 연행되어 온 조선 및 중국의 노동자에 대한 감독 및 관리와 그들의 노동조건·생활 상태는 전적으로 잔학하고 열악하기 짝이 없으며, 극심한 민족적 멸시를 동반한 것이었다. 민족 차별 정책은 직장, 직종, 임금, 숙소, 식사 등 생활의 모든 면에 걸쳐 있었다. 연행된 조선인 노동자의 대부분은 석탄 광산에 배치되었고, 그 대부분은 중노동의 갱내부로 배치되었다. 그것도 갱도 개착, 암석 굴진 등 힘들고 위험한 작업에 할당되었고, 토건 관계에서도 가장 힘을 요하는 기초공사에 배치되었다. 제강소 등 다른 공장 등에서도 마찬가지였다.

조선과 중국 노동자들의 노동시간은 일본 노동자들보다 훨씬 길었고, 음식도 일본 노동자들보다 훨씬 나쁜 것을 제공하고 양도 적어 항상 굶주림에 시달렸다. 숙소는 일본인·조선인·중국인으로 각각 구분되어 엄중한 울타리를 만들어 서로 왕래가 금지되었다. 숙소는 앉아서 머리 위 두세 치만 공간이 생길 정도로 비좁고, 입욕의 설비는 설치하지 않았다. 외출은 일절 인정하지 않았고, 일시 귀국·가족 소환은 어떠한 이유가 있어도 인정되지 않았다. 이들의 평균 수입도 일본 노동자의 절반 정도에 불과했다. 이러한 임금도 사실상 거의 지급되지 않았다. 더구나 도망, 기타 도박 등의 행위를 막는 한 방법으로 현금 소지를 하지 못하게 하라는 감독관청의 지시를 핑계로 임금 지급을 하지 않았다. 도망을 방지하기 위해 주위에 높이 10척에서 12척이나 되는 벽을 세우고 상부에 전선을 둘러쳐 350볼트의 전류를 송전했다. 그리고 사진 및 지문 원지(인상 특징 포함)를 개인별로 제작 보존했다. 홋카이도의 우류雨竜 광산에서 도망해 13년간 산중에서 혈거 생활을 한 중국 노동자 류렌진은 기자와의 인터뷰에서 "식사는 밀가루 국물 한 그릇밖에 없어서 며칠 지나지 않아 눈도 뜨지 못하고 몸은 말을 듣지 않게 되었다. 그렇게 되니 감독의 채찍이나 삽이 점점 더 맹위를 떨치게 되었다. 동료 왕젠밍은 이렇게 하다가 끝내 구타당해 죽었다"라고 말했다(《인민중국》, 1958년 8월호).[94]

오테몬가쿠인대 교수 야마구치 코이치山口公一에 따르면, 이렇게 동원된 조선인들은 그 노동조건이 매우 가혹했다. 탄광 노동자의 경우 '타코베야たこべや, 징벌방'에 가두고, 12시간이 넘는 평균 근로시간에 시달렸다. 또 생명의 위험이 큰 탄광부로 배치되었으며, 실제로 사망률도 높았다. 임금도 일본인의 절반 정도였으며, 추가로 강제저축에다가 노무계의 횡령까지 있어서 실제론 돈을 거의 받지 못했다.[95]

《도쿄신문》이 2019년 10월 12일 자에서 일본의 패전 직전 미쓰비시중공업 나가사키 조선소에서 일하다 원자폭탄에 피폭당한 니시야마 스스무(91세)의 증언을 소개했다. 그의 증언에서 한국인 강제 노동자들의 노예 같은 생활의 실상의 일면을 알 수 있다.

니시야마 씨는 1942년부터 이 조선소에서 일했는데, "언제부터인지 갑자기 조선인 징용공이 늘어났다. 징용공들은 100명 정도 대열을 이뤄 산 건너편 1킬로미터 정도 떨어진 집단 숙소에서 고개를 넘어 걸어왔다"고 회상하면서 "징용공들은 힘없이 걸어왔다. 영양실조 탓인지 바짝 말랐었다. 기력이 없는 느낌이었다"고 덧붙였다. 그의 기억에 따르면, 조선인 강제징용 피해자들이 조선소에서 한 일은 거대한 배의 선체를 대못으로 연결하는 일로서 끈으로 연결된 허술한 작업대에 올라가 다른 징용공들이 건네는 못을 건네받은 뒤 못질을 했는데, 못이 빨갛게 뜨거운 상태여서 맨손으로는 잡을 수 없을 정도였다. 그는 "가장 위험한 작업이었다. 발판이 불안정해서 추락사를 한 사람도 있었다"며 "조선인 징용공이 (일본인) 상사로부터 맞는 것도 자주 봤다"고 설명했다. 또한 그는 일본 패전 후 조선인 징용공들이 살던 집단 숙소에 잠시 머문 적 있었는데, 돼지우리 같았다고 하였다.[96]

한편, 이에 대하여 일부 학자들은 조선인 징용공은 대우가 좋았다고 하면서, 1944년 12월 히로시마시의 도요공업에 징용된 한 징용공은 월급 140엔이라는 높은 급료를 받았으며, 해삼·전복 등과 함께 술을 마시며 연회를 벌일 정도로 풍족했다고 주장한다. 그리고 공장 근무도 힘든 할당량 없이 일본인 여공들과 함께 즐겁게 지냈다고 주장하고 있다.[97] 그러나 위와 같이 상반되는 다수의 생생한 증언을 고려할 때 현실성이 떨어진 주장으로 고려할 만한 가치가 없다.

노무자, 군인, 군무원, 위안부로 동원된 조선인들은 당초 계약과 다른 열악한 조건 아래에서 사역당했고, 동원 현장에서 폭격이나 사고·질병 등으로 많은 사람이 목숨을 잃었으나 몇몇 개별 사례만 알려졌을 뿐 총수를 확인할 수는 없다. 일본이 패전한 후에도 일본 정부가 정보를 알려주지 않거나 이들을 방치함으로써 작업 현장에서 귀국 방법을 찾지 못하고 연합군 포로수용소에 수용되거나 오랜 기간 항구에서 유숙하다가 어렵게 다양한 방법으로 귀국했다. 귀국하는 과정에서 기상이변이나 화재 사고, 폭격 등으로 대량의 사망자가 발생하기도 했다.

마쓰시로 대본영 건설의 징용자들의 희생

한국인 노무자의 강제징용에 의한 대규모 건설 사업 중 대표적인 사례가 미쓰시로 대본영松代大本營 건설 사업이다. 대본영은 전시 중 설치된 일본 제국 육군 및 해군의 최고 통수 기관이다. 마쓰시로 대본영은 태평양 전쟁 말기 일본의 정부 중추 기능 이전을 위해 나가노시 마쓰시로 지구의 죠잔, 마이즈루산, 미나가미산의 3개소 산중에 파 놓은 지하 갱도 터다. 미군과의 최후 본토 결전을 대비하여 미군 공습 등을 피하고자 만든 일본 천황과 군 고위급 등이 생활할 수 있는 지하 공간이다. 1944년 11월부터 1945년 8월 일본 패전 시까지 2억 엔의 예산으로 산중을 바둑판무늬같이 파내는 11킬로미터의 지하호 토목공사를 했다.

죠잔 지하 벙커에는 정부, 일본방송협회가 만들어졌고 마이즈루산 지하 벙커 부근 지상부에는 천황어좌소, 황후어좌소, 궁내성으로 예정되어 있던 건물이 만들어져 현재까지도 남아 있다. 1944년 11월부터 대공사를 진행하면서 조선인들을 강제 연행해 극한상황에서 노예처럼 일을 시켜 희생자를 많이 낸 곳이다.

조선인 7,000여 명과 일본인 3,000여 명이 교대로 작업했다. 연인원으로는 니시마츠구미·가시마구미현 토목부 공사 관계 12만 명, 인근 주민 등 근로 봉사대 7만 9,600명, 니시마츠구미·가시마구미 관계 15만 7,000명, 조선인 노무자 25만 4,000명, 합계 61만 600명이었다.[98]

그곳 노동은 가혹했고, 마쓰시로 대본영의 지하 벙커 굴착은 그 대부분이 조선인의 손에서 진행되었다고 하며,[99] 낙반 위험이 높은 곳에는 조선인 노동자를 강제로 노역을 시켰다고 한다.[100] 조선인들의 생활은 극히 열악하여 힘든 노동인 데다 식사는 빈약하고 양도 적어 영양실조나 눈이 멀게 된 사람도 있었다고 한다.[101] 그리고 천황의 좌소를 판 조선인 180명은 비밀 누설을 막기 위해 살해되었다고 전해진다.[102] 이들은 공사가 거의 끝날 무렵 어디론가 사라졌는데, 행방불명인 채 돌아오지 않았다. 폭 4미터, 길이 51미터에 이르는 동굴이 천황의 대피소였는데, 전쟁 후에도 대피소의 존재는 비밀에 부쳐졌다. 1945년 8월 15일의 포츠담 선언 수락 발표에 의해 진척도 75% 단계에서 이 공사는 중지되었다. 그리고 대본영 지하 벙커 건설공사에서 희생된 300여 명의 조선인을 추도하기 위한 기념비가 공사가 중단된 지 50년이 지난 1995년에 세워졌다.[103]

옥매산 광산 광부들의 비극

해남군 황산면 옥동리에 있는 옥매산은 조선 시대부터 옥으로 이름난 산이었다. 1910년 니시자키 쓰루타로를 시작으로 일본인들이 옥매산 광산을 본격 경영하기 시작했으며, 1937년 7월부터는 아사다화학공업주식회사가 경영을 이어갔다. 한편, 1945년 패색이 짙어진 일본은 제주도를 일본 본토 사수의 보루로 삼아 최후의 결전을 준비했다. 이를 위해 수많은 조선인들이 투입되어 진지 동굴 등 군사시설물을 구축했다.

1945년 4월, 두 차례에 걸쳐 약 220여 명의 옥매산 광산 노동자들이 제주도로 이송되었다. 가족들에게 알리지도 못한 채 경찰과 헌병의 포위 속에 진행된 강제징용이었다. 작업장에서 일하고 있었는데 갑자기 집합 명령이 떨어져 영문도 모른 채 강제로 선창으로 끌려갔다고 한다.

　일제는 제주도에 진지 동굴, 해안 동굴을 구축하고자 했으며 이를 위해 숙련된 옥매산 광산 노동자들의 발파 기술과 굴착 경험이 필요했다. 옥매산 광산 노동자들이 파견된 곳은 제주도 모슬포 인근 지역과 구좌읍 해안 동굴, 산방산 등이었으며 12시간의 고된 노동에 돌아온 것은 주먹밥 하나에 소금뿐이었다.

　1945년 8월 15일 해방이 되었고 옥매산 노동자들은 고향으로 갈 수 있게 되었다. 해방의 혼란 속에서 어렵사리 배를 구했고, 8월 20일 새벽 1시경 조선인 222명과 일본인 관리자 3명을 태운 35톤급 목선은 해남으로 출발했다. 아침 8시, 추자도와 보길도의 중간 지점에 이르렀을 때 기관실에서 원인 모를 화재가 발생했다. 불은 진화되지 못했고 그렇게 4시간 동안 표류했다. 노동자들은 침몰하는 배를 피해 바다로 뛰어들어야만 했다. 화재 8시간 정도가 지날 무렵 목포에서 진해로 가던 군함이 이들을 발견하고 구조하기 시작했다. 그러나 구조된 일본인 한 명이, 대부분이 조선인이라 하자 지금껏 구조한 사람들만을 태운 채 떠나버렸다. 전원 구조가 아니었으며, 구조된 사람들도 청산도에 내려 주고 가버렸다. 그렇게 구조되지 못한 118명은 고향을 밟지 못한 채 바닷속으로 사라졌다.[104] 이들은 일본의 명령에 의하여 제주도에 소집되어 강제 노동을 하고 다시 고향으로 가는 길에 참사를 당했다. 일본이 배상 책임을 지는 것은 당연하며 종전 후 사망하여 청구권 협정의 대상도 아니다.

아직도 해결되지 않은 조세이 탄광 수몰 사고

태평양 전쟁을 일으킨 일본은 전쟁 연료인 석탄 증산을 강력하게 추진했다. 부족한 노동력은 조선에서 끌고 온 조선인으로 충당됐다. 조세이 탄광長生炭鑛은 야마구치현 우베시의 동부, 세토 내해에 접한 도코나미 해안에 있었다. 당시 야마구치현에는 많은 탄광이 있었다. 돈을 벌 수 있다는 유혹으로 1939년부터 많은 조선인들이 강제로 징용되기 시작했다. 그중에서도 조세이 탄광은 전국적으로 조선인 노동자가 비교적 많았던 야마구치현 중에서도 조선인 노동자가 월등히 많아 400여 명에 달하여 '조선 탄광'이라 불렸다.

조선인이 많았던 가장 큰 이유는 탄광 자체가 안전에 취약했기 때문이었다. 조세이 탄광은 우베시의 동쪽 끝에 위치한 길이 1,010미터의 해저 갱도를 가지고 있었다. 해저 갱도의 경우 지표면과의 거리를 100미터 이상 두어야 하지만 조세이 탄광은 25~30미터 정도에 불과했다. 갱도를 뚫을수록 그만큼 붕괴 위험이 높았다. 위험하다는 소문 때문에 일본인들은 일하기를 꺼려 조선인들이 대거 동원되었다. 당시 갱도 위쪽의 바다를 지나는 배의 엔진 소리가 들릴 정도로 문제가 있었다고 한다.

조선인들은 갱도의 가장 깊숙한 안쪽에서 1일 2교대로 매일 석탄을 채굴해야 했다. 조선인들은 하루 12시간씩 중노동을 해야 했다. 힘든 노동을 마치고 나면 높다란 장벽에 둘러싸인 좁은 수용 시설에서 잠을 잤다.

1942년 2월 3일 오전 6시경 해안 갱구에서 1,000미터 앞바다 갱도에서 이상 출수가 시작되어 오전 8시경 수몰하는 대형 참사가 발생했다. 이 사고의 희생자는 183명, 그중 136명이 조선인 근로자였으며, 일본인 47명은 조선인 노동자들을 감독하던 사람들이었다. 이 사고 사실은 전혀 알려지지 않았고, 일본과 우베시의 역사에서 말소되어 갔다. 피해자 유족들에 대한 배상도 없었다. 피해자의 유골은 지금도 바다 아래 잠들어 있다. 일본인 희생자 유족은 물론 한국인 희생자 유족도 일본 정부와 우베시에 유골 발굴을 청원하고 있으나 발굴 계획도 세운 바 없다.[105]

이처럼 조선인 노동자들의 대부분이 탄광에 배치되었기 때문에 탄광 사고나 일본인 감독자들의 학대로 사망하는 사례들은 많이 발견된다. 그중 하나가 도쿄도 조선대 박경식 교수가 찾아낸 우타시나이 지구 탄광 사고다. 우타시나이시는 홋카이도의 거의 중앙에 위치한다. 태평양 전쟁 당시에는 석탄 산업이 발달하여 주위에 많은 탄광이 개발되고 있었고, 인구도 46,000명에 이르렀다. 우타시나이 지구의 탄광에는 수많은 조선인 노동자들이 끌려와서 강제 노역에 종사했다. 박경식 교수는 우타시나이 지구의 사찰 묘오지와 묘호지를 방문해 조선인 사망자를 확인했다. 묘오지의 과거 장부에 1939년부터 1945년까지의 조선인 사망자는 154명으로 기재되어 있었는데, 1943년부터 1945년까지가 114명으로 대부분을 차지하고 있었다. 광산별로 보면 가모이 56명, 소라치 34명, 가미우타 24명, 우타 20명, 기타 20명으로 되어 있었다. 또 바로 옆의 묘호지에도 87명의 사망자 명부가 있었고, 이 명부에서도 1944년부터 1945년까지의 사망자가 76명이었다. 큰 사고였던 1944년 10월 19일 가모이 광산 동쪽 갱의 폭발 사고로 17명이 사망했는데, 그중 11명이 조선인이었다. 위 사찰에는 이들의 유골이 없었다.[106]

이러한 사고는 단순한 탄광 사고나 산업재해가 아니다. 일본의 식민지 정책의 잔혹함과 현재 일본 정부의 인권 경시 태도를 보여주는 심각한 사건이다. 앞으로 한국과 일본 정부가 사실관계를 밝히고 해결해야 할 역사

적 과제다.[107]

군함도의 유네스코 논란

하시마端島는 일본 나가사키항에서 남서쪽으로 약 18킬로미터 떨어진
곳에 있는 섬이다. 섬의 모양이 일본의 군함 '도사'를 닮아 '군함도軍艦島'라
고 불린다. 19세기 후반 미쓰비시 그룹이 석탄을 채굴하기 위해 이곳을 개
발, 탄광 사업을 실시한 이후 1974년 폐광되었다.

군함도는 1940년대 수많은 조선인들이 강제징용당한 곳이다. '대일항
쟁기 강제 동원 피해 조사 및 국외 강제 동원 희생자 등 지원위원회'의 '사
망 기록을 통해 본 하시마 탄광 강제 동원 조선인 사망자 피해 실태 기초
조사'(2012)에 따르면 1943~1945년 사이 약 500~800여 명의 조선인이
이곳에 징용되어 강제 노역을 했다.

당시 군함도는 가스 폭발 사고에 노출되어 있었을 뿐만 아니라 노동자
가 제대로 서 있기조차 힘들 정도로 좁고 위험한 곳이어서 '지옥섬' 또는
'감옥섬'이라 불렸다. 이처럼 노동 환경이 열악한 군함도에 강제징용된 조
선인은 하루 12시간 동안 채굴 작업에 동원되었다. '사망 기록을 통해 본
하시마 탄광 강제 동원 조선인 사망자 피해 실태 기초 조사'에 따르면 강
제징용된 조선인들 중 질병, 영양실조, 익사 등으로 숨진 조선인만 122명
(20%)에 이른다.

한편, 2015년 7월 5일 독일의 본 월드콘퍼런스센터에서 개최된 제
39차 세계유산위원회에서 군함도는 일본이 신청한 '메이지 산업혁명 유
산: 철강, 조선, 탄광'의 세계문화유산으로 최종 등재되었다. 그리고 이 유
산에는 조선인 5만 7,900여 명이 강제 동원됐던 하시마 탄광, 나가사키

조선소 등 7개 시설이 포함되어 있다.[108]

유네스코 세계유산위원회가 2021년 7월 22일 하시마(일명 군함도) 탄광에서 벌어졌던 한국인 강제 노역 역사를 일본이 제대로 알리지 않은 데 대해 강한 유감을 표명하며 개선 조치를 취하라는 내용의 결정문을 만장일치로 채택했다. 세계유산위원회는 중국 푸저우福州시에서 열린 제44차 회의에서 채택된 결정문에서 일본이 2015년 하시마 탄광 등을 비롯, 메이지 시대 산업 시설 23곳을 유네스코 세계산업유산으로 등재하는 과정에서 약속한 바를 제대로 이행하지 않고 있다고 지적했다. 특히 "한국인 등이 강제 노역 피해를 입었다는 사실을 제대로 알리지 않았고, 희생자 추모 역시 미흡했다"고 비판했다. 일본의 후속 조치 미이행에 대해서는 "강한 유감"이라며 도쿄 산업유산정보센터를 개선하라고 일본 정부에 요구했다.

일본은 2015년 유네스코 권고에 따라 "1940년대 일부 시설에서 수많은 한국인이 본인 의사에 반해 동원되어 가혹한 조건에서 강제 노역한 사실을 이해할 수 있도록 하는 적절한 조치와 함께 인포메이션센터 설립 등 희생자를 기리기 위한 조치를 마련하겠다"고 약속했다. 그러나 일본은 유산 등재 후 2017년과 2019년 유네스코에 두 차례 제출한 후속 조치 이행 경과 보고서에 약속 내용을 포함시키지 않았다. 2020년 6월 도쿄에 개관한 산업유산정보센터에는 희생자를 추모하는 내용 대신 "한국인 차별은 없었다"는 증언 등 역사를 왜곡하는 내용들이 전시되어 국제사회에서 일본을 비판하는 분위기가 형성되어 왔다.[109]

역사 속에서 사라지고 있는
강제징용 피해자들의 대참사

◇

밝혀지지 않은 우키시마마루호 사건의 의혹

일본의 발표에 따르면, 우키시마마루浮島丸호 사건은 태평양 전쟁 종전일 직후 일본 해군 특설 운송함 우키시마마루호(4,730총톤, 선원 255명)에 일본 아오모리현에서 일하던 조선인 근로자와 가족 등 3,735명을 태우고 부산으로 향하던 중 마이즈루만에 들어갔다가 1945년 8월 24일 17시 20분경에 그곳에 설치되어 있던 해저 기뢰의 폭발로 침몰한 사건을 말한다. 일본 정부는 이 폭발 사건으로 승무원 25명과 조선인 탑승자 549명이 사망한 것으로 확인되었다고 발표했다.[110]

그러나 이러한 일본 정부의 발표에는 많은 의문점이 남는다. 먼저, 일본은 왜 서둘러서 아오모리현에서 일하던 조선인 근로자들만 먼저 한국으로 송환하려고 했는가 하는 점이다. 태평양 전쟁 당시 일본의 혼슈의 최북단 아오모리현 시모키타반도는 일본의 4대 군항의 하나로 오미나토 해군 경비부가 주둔해 있었다. 미국의 전함이 북태평양에서 동해로 진격하려면 홋카이도와 시모키타반도 사이에 있는 츠가루 해협을 통과해야 했다. 이 해협의 제해·제공권 확보와 일본 북방 지역의 방위를 담당한 하코다테 해군기지에 군수물자를 공급하려면 시모키타반도의 군사 요새화는 필연적이었다. 이곳에는 종전 당시 각종 군사시설 공사장에 투입된 조선인 9천 명과 아베시로 광산 등 인근 지역에서 일하던 조선인을 합하면 1만 5천 명에서 2만여 명에 달하는 조선인이 강제 노동에 시달리고 있었다.

일본 대본영은 8월 15일경 종전 한 달 후인 9월 중순부터 조선인을 송환할 계획을 세웠다. 하지만 시모키타반도에서만큼은 종전 이전인 8월 13일 조선인 긴급 소개 명령이 떨어졌다. 이에 대하여 '우키시마호 폭침진 상규명회'의 설명은 다음과 같다.[111]

1945년 7월 26일 공포된 포츠담 선언 제7항은, 연합국은 일본 영토의 보장점령, 즉 분할점령을 의미하고 있었다. 이렇게 영국과 중국, 소련과 미국 네 나라가 일본 본토를 분할통치하기로 되어 있었으나 영국의 처칠이 미국의 트루먼에게 "소련이 극동에서 교두보를 설치하려 한다"고 통보하자 미국은 일방적으로 분할통치를 취소했다. 그날이 8월 13일이었다.

하지만 소련군은 사할린에서 홋카이도와 일본 본토를 향해 진격해 내려왔다. 이때 일본 본토 아오모리현에는 강제징용과 강제 노동과 고문치사 학살로 억압받아 온 조선인이 집중되어 있었다. 이들 민족성이 강한 조선인이 진격해 내려오는 소련군과 합세하면 대규모 군단을 이뤄 소련에 할당되었던 일본 본토 북방 지역이 소련군에 점령되는 것은 너무나 자명했다.

그래서 홋카이도와 마주 보고 있는 시모키타반도 일대 군사시설에 투입되었던

1만여 명의 조선인을 긴급 소개해야 했다.

포츠담 선언은 나치 독일의 항복 이후에도 전쟁 수행 의지를 꺾지 않는 일본의 무조건 항복을 촉구하면서 미국 대통령 트루먼, 영국 총리 애틀리와 중화민국 주석 장제스가 1945년 7월 26일 포츠담 회담 도중 발표한 선언문이다. 포츠담 선언 제6항에서 '반드시 일본의 인민들을 세계 정복에 착수시킴으로써 기만하고 잘못 이끈 자들의 권력과 영향력을 영원히 제거해야 한다. 우리는 새로운 평화의 질서, 안전과 정의가 무책임한 군국주의를 지구상에서 몰아내지 않는 한 불가능할 것이라고 주장하는 바이기 때문이다'라고 하면서, 제7항에서 '이러한 새로운 질서가 확립될 때까지, 그리고 일본이 전쟁을 일으킬 만한 힘이 남아 있지 않다는 설득력 있는 증거가 생길 때까지, 우리가 주장한 필수적인 목표들을 확실하게 달성하기 위해 연합군은 일본 내의 특정 지점들을 지정하고 점령할 것이다'라고 하고 있다.[112] 이를 보장점령이라고 한다.

미국은 종전 후 일본을 어떠한 방식으로 통치할 것인지에 대하여 다양한 정책 방안을 수립했다. 1945년 6월, 미국의 초기 대일 방침(SWNCC150)에서는 일본의 행정기관을 이용하는 간접 통치 방식이 제안되었다. 그런데 1945년 8월 8일 맥아더 사령부의 블랙리스트 작전은 일본에 대한 미국의 직접 통치를 염두에 두었다. 한편, 통합전쟁계획위원회 JWPC의 일본 영토에 대한 최종적 점령안인 정책 문서(385/1)는 연합국이 일본을 5개 지역으로 분할하여 통치하는 분할점령안을 권고하고 있었다.

1945년 8월 11일 미 국무·육군·해군 3성 조정위원회SWNCC가 승인한 각서 '패배 이후 적정한 일본 점령군의 국가적 구성(SWNCC 70/5)'[113]에서 연합국에 의한 분할점령안이 제시되며 미국에 의한 통제의 필요성이 제안되었다. 즉, '영국, 중국, 소련은 미국과 함께 일본의 점령 및 군사적 통제와 이에 따르는 부담을 분담할 책임을 지는 의무에 참여할 책임을 가진다(C항)'라고 하면서도 '일본의 통치에 관한 정책의 결정은 유엔과 협의를 거쳐 주요 연합국들의 참여가 필요한 반면, 미국이 그러한 정책의 이행에 지배권을 가져야 한다(D항)'라고 해서 일본의 분할점령 시 미국의 지배적 지위를 확보하고자 했다. 8월 18일 트루먼 대통령이 이를 승인했다.

한편, 7월 6일 자 미 육·해군 최고사령관(대통령) 산하 참모장 윌리엄 리히가 쓴 메모(JCS1398/2)에는 '일본을 점령 통치하려면 비용을 절감하고 미군은 최소한으로 줄여야 한다. 미국이 일본 군정에 주된 책임을 져야 할 이유는 없다'고 했으며, 그 영향으로 포츠담 회담으로 향하는 대표단은 미군 부담 경감을 위해 연합국에 의한 일본 공동 점령안을 채택할 가능성이 높았다. 일본의 항복 다음 날인 8월 16일 펜타곤 통합전쟁계획위원회Joint War Plans Committee, JWPC가 기안한 일본 점령안인 '일본과 그 영토의 최종 점령 계획'[114]이 성립되었다. 이 계획안에 따르면, 점령 개시기는 미국이 단독으로 점령할 수밖에 없고, 23개 사단 85만 명의 미군을 투입하고, 3개월째부터는 미군을 철수시켜 각국 군에 점령시키는데, 소련은 홋카이도·도호쿠 지방, 미국은 혼슈 중앙·오키나와, 중국은 시코쿠, 영국은 주고쿠·규슈를 각각 통치하고, 도쿄는 4개국이 공동 점령하는 것이었다. 이는 독일 패전 이후 연합국의 미국, 영국, 프랑스, 소련의 4개국 독일 점령안과 유사하다.

그런데 1945년 2월에 개최된 얄타 회담에서 소련은 대일 참전의 대가로 사할린 남부 및 쿠릴열도 등 북방 영토를 점령하는 것이 인정되었다. 그러나 8월 16일에 스탈린은 북방 영토 사할린뿐만 아니라 홋카이도의 절반을 소련 점령지로 만들어 주도록 트루먼 대통령에게 요구했다. 8월 18일 트루먼 대통령은 소련의 야심을 경계하며 스탈린의 요구를 즉각 거부하고 분할점령을 회피할 것을 권고하는 국무부 안인 SWNCC70/5를 승인했다. 8월 22일, 결국 트루먼 대통령은 초기 대일 방침인 SWNCC150/3을 승인하고 일본 정부를 통한 간접 통치 방식을 최종적으로 승인했다. 그러자 스탈린은 8월 23일에 극동 지역의 일본군 포로 50만 명을 시베리아로 이송하도록 명령했다. 전후 소련은 계속 일본에 대한 분할통치를 강력히 요구했으나 맥아더가 이를 거부했다.[115]

이러한 상황 속에서 우키시마호 폭침 진상규명회의 주장은 일본은 소련군이 사할린, 홋카이도를 거쳐 일본 본토로 진격해올 것을 우려해 사할린에서 조선인을 소련군 스파이로 몰아 집단 학살했다는 것이다. 이어서 일본은 진격해 내려오는 소련군에 시모타반도의 조선인 징용자 1만여 명이 보복심으로 합세하면 일본 북방 지역을 점령당할 것이라고 보았다. 이 결과 일본군은 일본 북부 아오모리현에 끌려간 조선인 강제징용자와 강제노동자를 해방 일주일 만에 서둘러 귀국선에 승선하도록 명령했다는 주장이다. 실제로 소련 군대가 1945년 8월 9일 사할린에 진주했던 점에 비추어 일본 정부 당국이 패전이 되기도 전에 서둘러서 계획을 세우고, 패전이 되자마자 조선인 노동자들을 모두 모아서 우키시마마루호에 태워서 한국으로 출발한 점은 의아스러운 점이다.

둘째로, 우키시마마루호의 폭파 원인이 무엇이냐는 점이다. 일본에서 알려진 사고 원인은 기뢰에 의한 폭발이다.

1945년 미군은 일본의 전쟁 수행 능력을 상실시킬 목적으로 기뢰에 의한 해상봉쇄 '기아작전飢餓作戰'을 시행했다. 사용된 기뢰는 약 11,000여 기로 주로 미국 육군의 대형 폭격기 B-29에 의해 부설되었다. 함정의 자기 반응과 기관 음향, 수압 변화 등 여러 작동 패턴의 기뢰가 혼용되고, 게다가 소해를 어렵게 하기 위해 1차 반응에서는 기폭하지 않는 기뢰도 사용되었다. 일본 해군도 필사적으로 소해에 나섰지만 복잡한 구조와 많은 숫자 때문에 어려웠고, 670척 이상의 함선이 격침되고 해상 교통은 마비되었다. 종전 때에도 6,600여 기의 기뢰가 남아 있었다. 당시의 마이즈루항은 마이즈루 진수부가 놓인 굴지의 군항이기 때문에 중요한 공격 목표가 될 자기 기뢰, 음향 기뢰가 많이 매설되어 있었다.[116]

우키시마마루호는 종전 시 세이칸 연락선의 대용으로 사용되었다. 그리고 종전 직후에 '조선으로부터 일본인 난민의 이송과 가능하면 발송 준비가 끝난 식량을 적재하도록' 극비 명령을 해군성에서 받은 것으로 알려진 여러 척의 수송선 중 하나라고 한다. 하지만 출항 전 해군 오미나토 경비부의 요청에 따라 조선인 노동자와 그 가족의 편승이 문의되었다. 해군성 운수본부는 "우키시마마루호의 사용 금지 사항은 없다"라고 했다. 하사관의 일부는 이 지시에 항복 중이라는 이유로 불복을 주장했지만 오미나토 경비부가 강경하게 명령한 결과, 우키시마마루호는 3,725명의 편승자를 태우고 8월 22일 오후 10시경 오미나토항을 출항했다. 기뢰와 잠수함을 경계하기 위해 일본 본토 연안부를 끼고 항해해 조선의 부산항으로 향했다.

그러나 연합군사령부는 8월 25일 0시 이후 100톤 이상의 선박의 항행을 금지하고, 항행 중 선박의 가장 가까운 항구로 입항을 지시하여 우키시마마루호가 출항한 후에 해군 운수본부에서 오미나토 경비부 및 우키시마마루호 함장에게 같은 달 24일 오후 6시까지 목적항에 도착할 가능성이 없는 경우 그 일시까지 가까운 항구에 입항할 것을 명령하는 내용의 전보를 보냈다. 함선의 위치, 승선자의 수, 기뢰 소해에 의한 안전성 등을 고려한 결과, 항로 도중에 있는 마이즈루 입항이 결정되었다. 마이즈루 입항 연락은 오미나토에게 전해져 마이즈루에게 또 연락하기로 했으나 무선 상황이 좋지 않아 결과적으로 우키시마마루호를 마중해야 할 소해정이 준비되지 않았다고 한다.[117]

일본 측 자료에 따르면, 우키시마마루호의 침몰 원인은 기뢰 폭발에 의해 선체가 손상되어 침수된 것으로 알려졌다. 자기 기뢰에 관해서는 일본 해군의 현외전로舷外電路에서 조기 폭발이 가능했으나 음향 기뢰에 관해서는 소해정의 음향 추적 장치에 의한 선도가 필요했다. 그러나 우키시마마루호는 갑작스러운 기항으로 연락이 불충분해서 마이즈루항 내 소해정의 마중을 기다리지 않고 만내로 진입해버렸다. 그래서 해저에 부설된 기뢰가 디젤엔진 소리에 반응해 작동·폭발했다. 기뢰는 기관부 인근 함저艦底 직하로 폭발했고 폭발음은 마이즈루만을 둘러싼 산맥에 반향되어 여러 발의 폭발로 느낀 사람도 있었다고 한다. 폭발 충격파로 함체가 급격히 올라갔다 다시 가라앉을 때 저항 피로 때문에 함체 구조에 균열이 생겼다. 이로 인해 균열로 급속히 침수되었다가 마침내 침몰에 이르렀을 것으로 추측된다는 것이다. 침몰 원인이 기뢰라는 증거로서 목격자 증언, 선체의 손상 상태, 폭발 후 격렬한 해저의 진흙이 부풀어 올라온 것에 의한 해면의 탁함, 조난자의 부상 상태 등을 들 수 있다고 한다.[118]

그러나 이에 대하여 우키시마호 폭침 진상규명회의 주장은 다르다. 일본군의 고의에 의한 폭발이라고 하고 있다. 그 주장의 내용은 다음과 같

다.[119]

미사와 비행장을 포함한 시모키타반도 일대에서 강제 노역에 시달리던 조선인이 오미나토항 주변으로 몰려들었다. 멀리 이와테현 채석장과 홋카이도에서 내려온 사람들도 많았다. 이 조선인들은 멀리 정박해 있는 우키시마호까지 거룻배로 오가며 승선하는 데 3일이 걸렸다.

일본 군부는 검은 페인트를 칠해 배의 이름을 지웠고, 기관실 옆 창고에 자폭장치를 설치했다. 해군 승무원들이 승선을 거부했으나 군법으로 다스리겠다고 협박하여 250명의 승무원도 탔다. (중략)

승선을 완료한 배는 출항하지 아니하고 24시간을 해상에서 머물다가 22일 밤 10시에 오미나토항을 떠났다. 무츠만을 빠져나온 배는 부산항을 향하는 직항로를 택하지 아니하고 일본 본토를 따라 남하하다가 마이즈루만으로 들어갔다.

이때 해군 승무원들이 연료가 부족하여 보충해야 한다, 물을 실으려고 마이즈루로 들어간다고 수단을 피웠으나 모두 거짓이었다. 마이즈루만으로 들어간 배는 마이즈루 방비부의 부두 접안을 회피하고 시모사바가 해변 3백 미터 전방에 멈춰섰다. 기관실 기계도 껐다.

곧 구명보트가 내려져 고위급 장교들이 빠져나가자 나머지 승무원들은 마치 송사리 떼처럼 헤엄쳐 모선을 빠져나갔다. 그러자 굉장한 폭발 소리와 동시에 중간 부분이 꺾이며 앞뒤가 들려 V자형으로 가라앉았다. 선실에서는 화약 냄새가 퍼졌고 미처 빠져나오지 못한 사람들이 아비규환을 이뤘다. 기관실 연료 탱크가 터져 바다는 온통 중유로 덮였고, 죽은 사람이 바다를 메웠다. (중략)

이 침몰 사건에 대해 일본 정부는 미군이 부설한 기뢰에 닿아 침몰했다고 주장한다. (중략)

당시 미군이 부설한 기뢰는 감응기뢰로서 수압, 전파, 음향의 영향으로 폭발하게 되어 있다. 앞서 기술한 대로 우키시마호는 멈춰 섰기에 수압이 발생하지 아니하고 기관을 껐기에 음향과 전자파가 발생하지 아니한다. 그렇다고 기뢰가 배 밑으로 다가와 부딪쳐 폭발할 논리도 아니다. 더구나 폭발 소리는 2회였고 물기둥이 없었다.

따라서 침몰 원인은 대본영의 조선인 긴급 소개라는 군사적 조치에 따라 오미나토 해군 경비부가 주도하여 출항 이전에 기관실 옆 창고에 설치한 자폭장치가 폭발해 침몰된 것이다. 미군이 부설한 기뢰에 닿은 침몰이 아니다.

사건 이후 오미나토 해군 시설부 조기과에서 근무했던 사사키는 "기관실 옆 창고에 폭발물이 설치되어 있었다"고 밝히기도 했다. 또 폭파설을 뒷받침하는 근거로 기뢰에 의한 폭발이라면 물기둥이 치솟아야 하는데, 생존자들은 하나같이 물기둥을 본 적이 없다고 말하고 있다. 또 폭발 당시 우키시마마루호는 완전히 멈춰선 상태였다고 한다. 감응기뢰는 수압이나 직접 접촉으로 폭발하고 음향기뢰는 기관 소리에 반응하는데, 우키시마호는 이 모든 것에 해당되지 않는다는 것이다.[120] 어느 쪽 주장이 맞는지 분간이 어려운 지경이다. 진상 규명이 필요한 부분이 아닐 수 없다.

셋째로, 우키시마마루호의 폭발로 인한 피해 규모에 관한 문제다.

일본에서는 대체로 우키시마마루호에는 선원 255명과 조선인 3,725명이 탑승하고 있었고, 폭발로 인하여 승무원 25명과 조선인 노동자 549명이 사망했다고 보고 있다.[121] 그리고 사망자 549명은 사망으로 판명된 사람으로 실종자는 포함되지 않았으며, 종전 직후의 혼란기여서 탑승자 수는 공식 기록보다 많을 수 있다고 한다.[122]

더구나 희생자 수에 대한 한국의 입장은 매우 다르다. 한국 언론들은 생존자의 증언을 토대로 최대 7,000여 명이 사망했다고 보도했다. 당시 생존자인 이철우는 "그 배에 8,500명 정도가 탔는데 1,500명 정도 살고 나머지는 다 죽었다"고 하면서, 당시 일본 장교와 군인들이 객실에 타고, 조선인들은 탄약고와 기관실, 갑판, 창고 등에 탔는데 발 디딜 틈이 없었다고 한다. 당시 승무원이었던 하세가와 모토요시는 "나는 (승선 인원이) 8,000명이라고 들었다"고 증언했다.[123]

우키시마호 폭침 진상규명회는 당시 우키시마마루호에는 1만여 명의 조선인들이 탑승하고 있었고, 폭발 사고로 수천 명이 생명을 잃었다고 하면서 당시의 비참한 상황을 다음과 같이 주장하고 있다.[124]

배를 즉시 인양하여 사망자의 신분도 확인해야 했고 부상자와 실종자도 조사해야 했으나 이런 일은 없었다. 해군은 아니었고 공무원인 듯한 일본인들이 시신을 굴비 엮듯 밧줄로 엮어 끌고 다니다가 말뚝에 매어 놓았다. 그러고는 트럭에 실어 타이라해병단 뒷산 골짜기로 옮겨 기름을 붓고 태워 그 자리에 묻었다. 유골함에 담는다거나 보자기로 싸서 따로 보관하지도 않았다. 그저 보이는 대로 고구마밭에도 묻고 무인도 동굴에도 넣었다.

넷째로, 일본 정부의 진상 규명 의지를 의심하는 주장들이 있다.

사고 이후 일본 정부는 원인 규명과 희생자 수습을 위해 전혀 노력하지 않았다는 것이다. 무엇보다 원인 규명과 희생자 수습을 위해선 선체 인양과 사체 수습이 중요함에도 일본 정부는 유가족들의 줄기찬 요구를 무시한 채 우키시마마루호를 바닷속에 방치했다. 소속사 오사카 상선이 침몰 선박을 재사용할 목적으로 일본 정부에 인양을 요구했고, 사고 발생 5년 후인 1950년 3월 첫 인양을 시도해 선미 부분을 인양했다. 그러나 기관 파손 상태가 심각해 인양은 중단되었다. 그러다 한국전쟁 발발 뒤 고철 가격이 급상승하자, 1953년 고철 회수를 위해 우키시마루호를 다이너마이트로 폭파시켜 해체한 후 조각난 선체 일부를 끌어올려 인양했다. 이 과정에서 배 안에 남아 있던 많은 사체들이 유실됐고, 103구의 유골만 수습되었다고 전해졌다. 이 유골마저 여러 조각으로 나눠 일본 전범자들 위패가 보관된 야스쿠니 신사에 보관하고 있다.[125]

지금도 마이즈루만에는 우키시마루호 선체 일부분과 피해자들의 유해가 바닷속에 묻혀 있다고 한다. 제8관구 해상보안본부 해양정보부의 보고서에 따르면, 2009년 9월경 우키시마루호 침몰 지점을 해저 탐사한 결과, 선박이 침몰한 오목한 부위가 갯벌에 의하여 묻히지 않고 그대로 보존되어 있다고 하고 있어서 사고 지점 조사가 어려워 보이지도 않는다.[126]

또 일본은 태평양 전쟁에서 패전한 이후 지금까지 해외에 있는 자국민의 유해를 찾는 데 600억 엔을 사용했다고 한다. 우리 정부도 일본과 협의하여 수중에 남아 있는 선체 조각이 있다면 이를 인양하여 피해자들의 유골을 찾으며 이 사건의 진상을 밝히는 노력을 해야 할 것이다.

피해자들에 대한 피해 보상과 관련하여, 일본은 그동안 우키시마루호 침몰 사건은 해방 이후의 사건이므로 피해 보상 대상이 아니라는 입장을 고수했다. 또 강제징용자들에 대한 보상은 이미 완료되었다고 주장했다. 그러나 종전 이후의 사건이므로 현재의 일본 정부가 보상책임이 있음은 더욱 자명하다. 그동안 생존자와 유가족은 1992년부터 1994년까지 세 차례에 걸쳐 일본 정부의 사죄와 손해배상을 청구하는 소송을 제기했다.

2001년 법원은 사죄 요구를 기각한 채 한국인 15명에게 모두 4,500만 엔의 위자료를 지급하라는 일부 승소 판결을 내렸다. 안전 수송 의무를 위반했다는 것이었다. 이조차도 2003년 오사카 고등법원 항소심과 2004년 최고법원 상고심에서 파기되어 패소 확정되었다.

사할린 강제징용 조선인 노동자들의 학살

일제 말기 강제징용으로 사할린으로 끌려간 조선인 노동자 수는 학자에 따라 다양하지만 대부분 15만 명 정도이며, 제2차 세계대전 종전 당시에는 약 43,000명의 조선인들이 사할린에 거주하고 있었다고 한다.[127] 러시아 측은 약 15만 명의 조선인이 사할린으로 이주당한 것으로 파악하고 있으며 그중 일부는 이후 일본으로 돌아갔다. 제2차 세계대전 종전 후 소련군이 사할린에 진주했을 때는 약 4만~6만 명의 조선인이 현지에 살고 있었다고 한다.[128] 1945년 8월 9일 소련군이 일본인들이 점령하고 있던 사할린으로 들어오자 일본인들은 조선인들이 소련군과 내통하여 일본인들을 공격할 것을 우려하여 많은 조선인들을 학살했다. 한국 국가기록원은 2012년 러시아 사할린 국립문서보존소에서 입수한 러시아 정부의 1946년 보고서 초안을 공개했다. 이 문서에 따르면, 제2차 세계대전 발발 이전 사할린 서북부 에스토루(현 우글레고르스크) 지역에는 조선인 1만 229명이 살았지만, 전쟁 후 5,332명밖에 남지 않았다. 한인 인구가 50%가량 감소한 것이다. 당시 소련 측 보고서에는 한인 인구의 급격한 감소 이유로 피난·귀환과 함께 일본인에 의한 집단 학살을 지목했다.[129] 그중 대표적인 사건이 카미시스카 학살 사건과 미즈호 마을 학살 사건이다.

1945년 8월 9일 소련의 일본에 대한 선전포고와 함께 소련군은 비행기와 탱크를 앞세우고 남사할린으로 진격했다. 일본의 최북단 군사도시였던 카미시스카 지역은 급박한 상황이 전개되었다. 일본은 8월 17일 일본인에 대한 소개疏開를 결정하고 주민 대피와 모든 주요 시설의 파괴 명령이 하달되었다. 그러나 조선인들에 대한 소개 조치는 진행되지 않았다. 그곳은 제지 공장과 탄광이 많은 산업적 요충지로 철도와 도로, 비행장 건설을 위해 조선인 강제징용자들이 많이 보내진 곳이었다. 소련군의 진격이 시작되자 일본군은 후퇴하며 조선인들에 대한 보복을 시작했다. "조선인들이 폭동을 일으킬 수 있다. 조선인들은 소련군을 도울 것이다. 조선인들은 소련의 스파이다. 쳐들어온 소련병은 모두 조선 사람이다"라는 소문이 순식간에 퍼졌다.

1995년 12월 1일 공개된 구소련 문건에 따르면, 사할린 거주 조선인들 중 최소한 18명이 1945년 8월 중순경 카미시스카(현재 러시아 지명은 레오니도보) 마을에서 소련군의 사할린 진주에 앞서 소련군에 협조했다거나 스파이 행위를 했다는 혐의로 2명의 일본 경찰에 의해 살해된 것으로 밝혀졌다. 당시 생존자의 증언에 따르면 일본 경찰은 18명의 조선인을 잡아, 카미시스카 마을 경찰서로 연행하여 스파이 혐의로 두 명씩 한 조를 짜서 경찰서에서 사살했던 것이다. 일본 경찰은 학살을 은폐하고 증거를 없애기 위해 경찰서에 불을 질렀다.[130]

위 경찰서 학살 이외에도 이 지역에서의 학살은 여러 증언이 있다. 출산한 지 얼마 안 된 산모가 물을 길러 간 남편이 오지 않아 나가 보니 남편의 목이 떨어져 있었다는 증언, 피난 차량에 조선인을 탑승하게 한 후 그대로 수장시켰다는 증언, 해방의 기쁨에 만세를 외쳤던 비행장 건설 조선인 노동자들을 처형했다는 증언 등이 있었다. 이 같은 행위는 최근까지 밝혀지지 않다가 당시 만행을 소상히 기록한 소련군과 KGB의 수사 자료가 공개되면서 드러났다. 뿐만 아니라 일본인들은 후퇴하는 과정에서 무차별적인 방화도 저질렀는데, 22개의 공장, 22개의 호텔, 병원, 극장, 이발소, 세탁소, 사진관, 신사, 일반 주택 등이 소실되었다.[131]

8월 20일부터 25일 사이에 한마을의 조선인 전체가 학살당하는 끔찍한 사건도 있었다. 러시아 사할린 서쪽 큰 항구도시인 홈스크(마오카)로부터 내륙으로 40킬로미터 정도 떨어진 포자르스코예(미즈호) 마을의 일이다. 농촌인 미즈호 마을은 1940년대 250호까지 규모가 제법 늘어난 곳이었다. 이곳의 조선인들은 일본인 농가의 소작인이거나, 공사나 계절농을 목적으로 강제 동원된 임금 노동자들이었다. 8월 20일 소련군은 17척의 함선과 5척의 수송선, 80기의 태평양 전투 비행대, 병력 3,200명을 홈스크에 상륙시켰다. 이로 인하여 원래 홈스크에서 배를 타는 피난 계획을 세웠던 미즈호 주민의 소개는 급하게 변경되었다. 홈스크 반대 방향으로 일단 피신하고 코르사코프(오토마리)로 가는 것으로 변경된 것이다. 8월 21일 주민 소개에 따라 일단의 일본인들이 피난을 떠났으나, 조선인은 소개의 대상이 아니었다. 피난 당시 분위기는 매우 침통했다. 이때 "조선인들이 스파이다"라는 소문도 돌았다. 재향군인회와 마을 청년단 소속이었던 일본인들을 중심으로 의용 전투대가 결성되었다. 그리고 지도급 인물들에 의해 '상부의 지시'라며 조선인 살해 명령이 시달되었고 집단적으로 이를 실행에 옮겼다. 이들은 한마을에서 서로 알고 지냈던 조선인 27명을 일본 군도와 죽창 등으로 살해했다. 피해자들 중에는 여성과 6명의 아이들이 포함되었다. 희생자 일부는 냉동 창고에 갇힌 뒤 얼어 죽고 바다에 던져졌다. 8월 20일부터 25일까지 이어진 이 학살 행위로, 사실상 마을에 있었던 조선인 전체가 몰살된 것이다. 소련 법정은 재판을 통해 이 사건을 '18명의 일본인으로 구성된 테러 그룹이 미즈호 마을 조선인 주민 27명 전원을 학살'한 범죄로 규정하고 이들 가해자들에 대해 7명은 사형, 11명은 10년 형을 구형했다. 7명은 1947년 블라디보스토크에서 사형이 집행되었고, 10년 형을 구형받은 이들 중 일부는 일본인 송환 시기에 일본으로 돌아간 것이 확인되었다.[132]

일본이 항복을 선언한 직후인 1945년 8월 20일 사할린 시스카에서 조선인들을 경찰서에 가둔 채 소방 호스로 휘발유를 뿌리고 불을 질러 학살했다는 증언도 있다. 공개된 KGB 수사 문건에는 시스카 경찰서에서 가까스로 탈출한 최봉섭, 신춘우, 정연달, 정연섭 등 생존자 4명의 기록이 담겨 있다. 이들은 불타는 시스카 경찰서에서 탈출, 목숨을 부지했다.[133]

1945년 8월 일본이 패전하자 일본은 사할린의 남부를 얄타 회담에 따라 소련에 반환하게 되었다. 그 후 소련과 미국은 사할린에 거주하고 있던 일본인 358,500여 명을 일본으로 추방하기로 했고, 이에 따라 1947년 및 1948년 사할린의 일본인들 전원은 일본으로 송환이 되었다. 종전 당시에는 약 4만 3천 명의 한인도 거주하고 있었다. 사할린 한인들은 일본 측의 국적 박탈 조치로 일본인이 아니라는 이유로 귀환하지 못했고, 러시아도 송환을 외면해 이들은 고국으로 돌아오지 못했다. 1988년 이후 대한민국과 소련의 관계가 개선되면서 사할린 한인의 고향 방문이 추진되었다. 1994년 한·일 정부가 뒤늦게 사할린 동포 시범 송환에 합의하여 그 후 약 4,300명이 한국으로 돌아왔다.[134] 사할린주 한인협회에 따르면 현재까지 사할린에 남아 있는 동포는 2만 5천 명 정도로 추산된다. 그리고 우리 정부는 2021년 1월 1일 '사할린 동포 지원에 관한 특별법'을 시행하여 사할린 동포의 귀국과 정착을 지원하고 있다. 하지만 사건의 진상 규명과 동포의 귀국을 위한 정부 차원의 특단의 대책이 마련되어야 한다. 이들은 우리 모두의 동포다.

하이난섬 난딩 천인갱의 대학살

중국 하이난성 싼야시 난딩촌에는 일제강점기 당시 강제징용 조선인들의 집단 매장지가 있다. 1,200여 구의 조선인 유골이 묻혀 있는 것으로 추정된다. '1,000명이 묻힌 굴'이라는 뜻으로 '천인갱千人坑'으로 불리게 되었다. 난딩南丁은 일본군에게 끌려와 일했던 조선인들이 모여 있었던 곳이라고 해서 '조선촌'이라고 불렸다. 조선촌 마을 한쪽에는 축구장 4배 크기의 커다란 공터가 있는데, 이곳이 숨진 조선인들이 묻힌 천인갱이다.

1939년 중국 하이난섬을 침략한 일본은 전쟁 물자 조달을 위한 원료 보급 기지로 활용하여 철광석 광산 개발을 비롯한 철로, 항구, 비행장 등을 건설했다. 섬을 점령한 지 4년 뒤, 당시 일본 정부는 하이난 광산 개발과 군수 시설 건설에 다수의 노동자가 추가로 필요해 조선총독부 수형자 가운데 약 2천 명을 이 섬에 출역시키기로 결정했다. 이미 아시아 각지로 강제 동원이 이뤄져 보낼 수 있는 인력이 바닥나자 감옥에 갇힌 수형자들까지 동원하기로 결정한 것이다.

조선총독부는 1943년부터 경성 형무소 등 전국 12곳에 수감된 조선인 2,000여 명을 '남방파견보국대'라는 이름으로 하이난섬 탄광이나 비행장 건설 등에 강제 동원했다. 당시 이들 조선인 상당수가 소위 '불령선인不逞鮮人'으로 일본의 식민지 통치에 저항한 사람들이었는데, 이들 중 많은 수가 일본군의 학대와 굶주림으로 사망한 것은 물론 생존자들도 1945년 일제 패망 직후 무참히 살해당하면서 이곳에 집단 매장되었다. 천인갱은 1995년 중국 하이난성 정부가 내놓은 일제 피해자 구술집을 통해 처음으로 공식 확인되었다. 이 기록에 따르면 당시 일본군은 1945년 전쟁에서 패한 후 조선인들에게 굴을 파게 하고는 칼 등을 이용해 무자비하게 살해해 매장했다.[135]

천인갱에 묻힌 이들은 강제 노역 도중 숨진 이들만 있는 것이 아니다. 일제는 패망 후에도 조선인에게 해방 소식을 알리지 않은 채 학대하고 살해한 후 천인갱에 묻었는데, 전체 매장된 조선인이 1,200~1,300명에 이르는 것으로 추정된다.

중국 하이난성 정부가 1995년 발행한 일제 침략 기록 자료인 〈철제하적성풍혈우〉에는 '1945년 8월 15일 일본이 패망한 뒤 고립된 일본군 부대가 조선인 징용 1,000여 명을 동원, 싼야시 난딩촌 부근의 산기슭에 굴을 파고 무기와 군수물자를 은닉했다. 이 작업에 동원된 조선인들에게 은닉 장소 옆에 굴을 파게 한 뒤 총알을 아끼기 위해 이들을 무자비하게 살해하고 매장했다'고 기록되어 있다.[136] 이 문서의 원제목은 '철제하적성풍혈우鐵蹄下的腥風血雨'로 철 발굽 아래의 피비린내 나는 비바람이라는 뜻이고, 부제목이 '일군해남성침공실록日軍海南省侵攻實錄'이다.

이러한 사실은 최근에 발견된 일본 정부의 공문에 의하여도 사실로 밝혀졌다. 일본 내무성 작성의 '조선총독부 수형자 하이난섬 출역에 따른 감독 직원 등 증원에 관한 건'[137]이 그것이다. 이 공문서는 1943년 4월 12일 날짜로 내무대신 유자와 미치오湯澤三千男가 내각총리대신 도조 히데키東條英機에게 보낸 문서다. 공문에는 '하이난섬 노무 수급의 현 상황에 비추어 조선총독부 수형자 약 2천 명을 같은 섬에 출역하여 부족한 노무를 충족하기 위한 제2 예비금 지출에 따라 별지의 증원의 필요를 인정함, 각의에 신청함'이라고 기술되어 있다. 이 요청문은 개의를 거쳐, 법무국이 '본건 관련 증원은 지장이 없음. 1943년 4월 19일 자'라는 결정을 내린다.

　이 문서에는 출역에 관한 '실시 요강'이 첨부되어 있으며, 첫머리에서 '출역의 목적'으로 다음과 같이 기재되어 있다.

　　하이난섬 철공개발만큼 군사시설 조성을 위해 다량의 노무를 필요로 하는 도내 에… 대만, 남중국 등의 노무를 중점적으로 배치했어도 여전히 부족한 처지이므 로, 조선에서 형무소 수용력은 이미 포화 상태에 달해 수용 여력이 적은 사정을 비 추어 볼 때 조선총독부 수형자 중 일부를 해남도에 출역시켜서 노무의 충족에 이 바지하는 것으로 한다.

　하이난섬의 광산 노동력, 혹은 비행장이나 도로 건설 공사의 노동력 부 족을 보완하기 위해 조선총독부 감옥에서 수형자 2천 명을 하이난섬으로 파견할 계획을 세운 것이었다.[138]

　그리하여 1943년 4월부터 이듬해인 1944년까지 서울과 평양, 함흥 과 원산, 부산과 광주 등 전국 각지의 형무소에서 8차례에 걸쳐 모두 2천 여 명이 차출돼 하이난으로 동원되었다. 당시 조선 전체 수형자의 10분의 1에 달하는 인원이었다. 주로 형기가 2년 정도 남은, 20세에서 40세 사이 의 건강한 남성들이었다. 일본이 그들에게 붙인 이름은 '남방파견보국대', 이른바 '조선보국대'였다. 일본은 이들에게 하이난 동원의 대가로 가출옥, 즉 가석방을 제안했다. 하이난에서 6개월만 일하면 고국으로 돌아와 자유 의 몸이 된다는 것이었다. 그리고 조선총독부는 이들에게 좋은 식량 공급과 노동조건을 약속했다. 당시 서울 부민관 앞에서 시가행진까지 하고 출국했다. 하지만 그들을 기다린 건 광산에서의 고된 노동과 굶주림, 그리고 가혹 행위와 학살이었다. 이들은 하이난에서 광산, 도로와 철도, 비행장 건설 등에 투입되었다. 하이난섬 마을 사람들은 당시에 파란색 옷을 입은 조선인이 도로 공사를 하거나 동굴을 파고 있는 것을 목격했다고 한다. 이들은 콜레라와 말라리아 등 풍토병에 시달리면서 사망자는 급격히 늘었다. 일본군들은 콜레라가 전염되는 것을 막기 위해 감염된 노동자를 발견하면 생사 여부를 불문하고 끌고 가서 불에 태웠다. 이 작업 과정에서 굶주림이나 질병으로 혹은 일본군의 폭행으로 많은 조선인 노동자들이 사망했다.

전쟁이 끝난 뒤인 1946년 4월 작성한 귀환 보고서에 '조선보국대'로 분류된 인원은 모두 658명이고, 이 가운데 조선인 간수를 제외한 수형자들은 606명에 불과했다. 전체 2천여 명 가운데 가석방이 확인된 112명, 그리고 귀환 보고서에 적힌 606명 등 7백여 명은 살아 돌아온 것으로 보인다. 하지만 나머지 1천 3백 명에 대한 기록은 현재 어디에서도 찾을 수가 없다. 당시 일왕의 항복 소식을 들은 일본군은 천여 명의 조선 노동자들을 끌고 가 지하 갱도를 파게 하고 무기와 물자를 묻은 다음, 이 조선인들을 전부 살해해 한곳에 묻었다는 원주민들의 증언이 있다.[139] 그 학살 현장을 목격한 마을 주민의 증언에 따르면, 일본군은 조선인을 시켜 조선인을 구타하게 하고, 조선인에게 구덩이를 파게 하고 매장했다고 하며, 그 수는 천 명이나 되는 것으로 생각된다고 한다.[140]

'조선촌'의 대학살에 대하여 전후 75년이 지난 오늘까지도 진상의 규명이 되어 있지 않다. 피살된 조선인의 성명, 신원 등이 아직도 불명이다. 일본군은 1939~1945년 하이난섬 점령기에 '조선촌'의 대학살뿐만 아니라 하이난섬의 각지에서 지역 주민과 중국인, 조선인의 대량 연행 및 강제 노동, 학대를 저질렀다. 심지어 중국인, 조선인, 현지 여성을 위안부로 강제 동원까지 했다. 그러한 실태에 대해서도 거의 규명이 되어 있지 않다.

중국인 강제 노역자들의 희생

1천만 명 이상 강제 동원된 중국인 노동자

일본은 1941년 중국 점령 지역에서 전면적으로 중국인들을 강제 노역에 동원하는 '강제 노동제'를 실시했다.[141] 중국 학자들은 전쟁 중 중국 점령지에서 약 1,500만 명의 노동자들을 강제 노역시켰으며, 만주 지역에서만 900만 명이 강제 노동에 종사했다고 주장한다.[142] 일본의 점령지 '만주국'에서 일찍부터 매년 100만 명 이상의 청년이 '행정 공출'이나 '근로 봉공'의 이름으로 강제 동원되었으며, 화북에서 대량의 농민 등이 만주국에 끌려가거나 군 요원으로 이용되었다.[143] 중국인 징용자들은 중국뿐만 아니라 일본 본토, 동남아시아의 일본 침략 지역에까지 보내져 전쟁에 이용되었다.

강제 노동자들을 포함하여 일본군에 의하여 살해된 민간인들은 그 수를 헤아리기 어려울 정도로 많다. 예일대·하와이대 정치학 교수인 롬멜은 1937년부터 1945년 사이에 일본군은 2,000만 명 내외의 중국인, 조선인, 말레이시아인, 인도네시아인, 필리핀인 등 아시아인을 살해했다고 추정했다. 또 롬멜 교수는 1937년부터 1945년까지 중국에서만 약 1,200만 명의 중국인이 일본군에 의해 살해되었다고 주장한다.[144]

태평양 전쟁으로 인해 생긴 일본 내 노동력 부족을 조선인들만으로 충당하기 힘들어지자, 1942년 중국인 노동자를 집단적으로 '내지 이입'할 것을 도조 내각은 각의 결정했다. 많은 일반 중국인 주민들이 포로로 수용소에 납치된 다음, 화물선으로 일본에 강제 연행되어 각지의 공장·사업장으로 인도되었다. 일본노동연감에 의하면, 수용소에서 일본으로 출발한 수는 4만 명을 넘었으나 승선해 연행된 인원은 169회, 총 38,939명, 그중 사망자가 6,872명(사망률 17.6%), 행방불명이 30명에 달했다.[145] 전반적인 사망률은 약 2년 동안에 17.6%로 6명 가운데 1명 이상이 사망했다. 이러한 공식적인 사망자 수는 중국에서 구금 중이거나 체포 이전에 도주하면서 사망한 사람들은 포함하지 않은 것이다.[146]

일본 외무성의 보고서도, 전쟁 말기인 1943년 4월경부터 11세에서 78세에 이르는 38,939명의 중국인들을 일본으로 끌고 가 규슈에서 홋카이도에 이르는 35개의 일본 회사가 운영하는 135개의 탄광, 공장, 건설 현장에서 강제 노역을 하도록 했다고 한다. 그리고 후쿠오카 재판 기록에 의하면, 그중 6,830명이 일본에서 사망했다. 전쟁 당시 위 35개의 일본 회사 가운데 20개가 지금도 활동하고 있으며, 그중 하나가 미쓰이 광산인데 미쓰이 광산은 규슈에서 2,500명의 중국 노동자들을 이용한 것으로 알려져 있다.[147]

전쟁 당시 일본은, 한국에서는 노동자들을 징집하기 위하여 삼십 년 이상 된 일본 식민지 행정기관을 이용할 수 있었으나, 중국에서는 그러한 행정적 기반이 없어서 더욱 잔인한 방법을 사용했다. 일본 군대는 중국 마을을 포위하고 마을 안으로 들어가서 도주하는 사람들을 체포했다. 일본 군인들은 이를 '토끼 사냥'이라고 불렀다. 일단 체포되면, 중국 남자들과 소년들은 산둥에 있는 항구로 운송되어서 일본열도에 널리 흩어져 있는 135개의 작업 현장으로 보내졌다.[148]

하나오카 광산의 학살

하나오카花岡 광산의 중국인 노동자 학살은 대표적인 강제 노동자 학살 사건의 하나다. 일본 북부 지방의 아키타현에 있는 하나오카 광산은 금, 은, 납 등 혼합 광물인 흑석 광산으로 가지마鹿島 건설 주식회사가 관리했다. 제2차 세계대전 중인 1944년 8월경부터 중국인 노동자 986명이 일본군에 의하여 강제로 징집되어 하나오카 광산에서 수로를 건설하는 작업에 투입되었다. 중국인 노동자들은 부족한 음식과 약속한 노임을 지급하지 않는 비인간적인 조건하에서 노동에 종사하다가 학대(구타 등)와 영양실조로 인해 137명이 사망했다. 이들은 여러 가지 방법으로 대우 개선을 요구했지만 아무 소용이 없었다. 1945년 6월 30일 밤 80명이 계획적으로 폭동을 일으켜 일본인 보도원 4명과 중국인 스파이 1명을 살해하고, 전원 수용소를 탈주하여 표고 25미터의 산에 틀어박혔다. 이들은 수차례에 걸쳐 일본인 진압 부대를 격퇴하고 공구와 돌 등으로 완강히 싸웠으나 군대, 경찰, 경방단에 포위되어 다수가 살해되고 일주일 만에 남은 전원이 체포되었다. 그리고 많은 사람이 고문과 가혹 행위로 학살당했다. 중국인 폭동 지도자 1명은 무기징역, 12명은 3~10년의 징역 판결을 받고 아키타 형무소에 수용되었다.[149]

1945년 10월 전쟁이 끝난 후 미국 점령 당국이 이 사건 조사를 시작하여 폭동으로 사망한 113명을 포함한 418명의 중국인 노동자들이 하나오카 광산에서 사망한 사실을 밝혀냈다. 평균적으로 중국인 강제 노동자들 6명 가운데 약 1명이 사망하여 사망률 17%를 보였는데 하나오카 광산의 경우, 986명 중 418명이 사망하여 사망률이 42%로 전체 평균보다 2배 이상 높았다. 이 사망 비율은 일본 내 다른 강제 노동 수용소보다도 매우 높은 비율이었다. 종전 후 3명의 가지마 주식회사의 경영자와 감독관들은 B, C급의 전쟁범죄가 인정되어 사형에 처해졌고, 1명은 무기징역, 2명의 경찰관은 징역 20년을 선고받았다.[150]

가지마 건설은 16년간의 분쟁과 협상을 거쳐 2000년 11월 29일 중국인 강제징용 피해자들과 5억 엔(미화 460만 달러)으로 손해배상 합의를 했다. 합의의 배경에는 중국 내에서도 많은 투자를 하고 있던 가지마 건설이 중국 내 여론이 악화되자 이를 두려워한 점이 크게 작용했다.[151]

그런데 중국인 폭동이 일어나기 약 1년여 전인 1944년 5월 하나오카 광산에서 굴을 파던 조선인 노동자 11명과 일본인 노동자 11명이 갱도 위의 하나오카 강 밑바닥이 무너져 숨지는 사고가 발생했다. 이를 '나나쓰다테 사건'이라고 부르는데, 그 이후 중국인 노동자들을 강제로 끌고 와서 무너진 강의 수로 건설 사업에 투입한 것이 하나오카 사건의 발단이 되었다. 이때 숨진 조선인 노동자들의 보상은 이루어지지 않고 있다. 중국인 노동자들과의 합의 과정에서 일본 기업들은, 조선인 강제 노역자들에 대하여는 법리적으로 배상 책임이 없다는 이유로 배상을 거절했다. 중국인 노동자들을 대할 때의 모습과는 다른 맥락을 보인 것이다.

수많은 만인갱

하이난섬에는 조선인들의 천인갱 이외에 만인갱萬人坑도 있다. 일본 이시하라산업石原産業은 1935년경부터 일본 미에현의 구리 광산인 기슈 광산을 개발하면서 태평양 전쟁 기간 중 1,000명에 이르는 조선인들을 데려가 강제 노역을 시키고 있었다. 그런데 1939년 일본이 전략적 요충지이자 철광석 생산지였던 하이난섬을 점령하자, 이시하라산업은 하이난섬에 진출하여 전독 광산田独鉱山에서 선광석의 개발에 착수했다.[152]

이시하라산업이 1940년부터 운영한 하이난섬의 전독 광산에는 조선인 및 중국인, 대만인, 인도네시아인, 말레이시아인, 홍콩인 등 평균 8,000여 명의 강제 동원 노동자들이 근무했으며, 생산된 철광석은 유림항을 통해 일본 야하타제철소로 보내졌다. 강제 동원된 노동자들은 철광석을 생산하면서 6년 동안 병으로 죽거나 굶어 죽고, 때로는 맞아 죽는 등 수많은 노동자들이 희생되었다고 한다. 특히 일본군이 영양실조나 병에 걸린 노동자들을 광산 근처에서 석유를 이용해 태워 죽였다는 증언도 남아 있다. 일본은 노동자들의 시체를 순차적으로 한곳에 모아 묻었다. 이 전독만인갱은 1958년 주민들이 농업용 저수지를 만들기 위해 땅을 파다가 발견되었다. 일대에서 발굴한 유해가 만 명을 넘는다고 해서 만인갱이라 불렀다. 중국 하이난성 정부는 1994년 11월 2일 전독만인갱을 성급문물보호단위로 지정하고 2001년 초 전독만인갱사난광공田獨萬人坑死難壙工 기념비를 세웠다.[153]

이러한 만인갱은 비단 하이난섬에만 있는 것이 아니라 중국 여러 곳에 있다고 한다. 중국 내몽고 자치구 후룬베이얼멍呼倫貝爾盟에도 일본군에 의한 대학살이 이루어진 곳이 있다. 1937년 하이라얼요새 공사를 하면서 일본군은 많은 중국 노동자들을 살해했다. 비밀 유지를 위해 일본군은 중국 노동자들을 시기별로 무리를 나누어 총으로 쏴 죽이거나 산 채로 묻었다. 그러나 2001년 중국과 일본 양국은 만인갱 앞에 공동으로 소나무를 심고 뜻을 기리기 위한 비석을 세우며, 중국과 일본 양국 간의 영원한 우호를 축원했다.[154]

또 다른 만인갱도 있다. 1971년 혼다 가쓰이치本多勝— 기자가 〈아사히 신문〉에 '중국의 여행 제2부 만인갱'을 연재했다. 연재에서는, 남만주 철도 가 경영하고 있던 랴오닝성 무순에 있는 무순 탄갱과 남만주 광업이 경영 하고 있던 랴오닝성 대석교에 있는 마그네사이트 광산에 존재한다고 하 는 '만인갱'을 다루었다. 만인갱은 무순에 30곳 이상, 대석교에는 3곳으로 보고된다고 했다. 혼다는 이렇게 해설한다.

가령 하루 평균 20명이 소모된다고 하자. 100일 만에 2천 명, 1년간 7천 3백 명 에 달한다. 만인갱이라는 말처럼 하나의 만인갱을 1만 명이라고 하면 이 대석교에 있는 3개의 만인갱(3만 명)이 생기기까지 거의 4년이면 된다.(10월 11일 자 석간)

대석교의 만인갱 중 하나인 호석구 만인갱 현지에서 백골 시체의 두꺼 운 층을 본 혼다의 소감은 이렇다.

나는 아직 나치가 저지른 아우슈비츠 살인 공장 현장을 본 적이 없다. 그러므로 이 만인갱과 같은 무서운 광경은 생애 처음이었다.

그 백골 시체 사진도 〈아사히신문〉 지면에 실렸다. 혼다는 전쟁 중 옛 만주의 일본 기업 광산이나 대규모 공사장에선 가혹한 노동으로 사망한 중국인 노동자의 시신이나 소모되어 움직일 수 없게 된 노동자를 산 채로 매립한 '인간 버린 곳'이 반드시 있으며, 그것이 만인갱이라고 전했다.[155]

이러한 기사에 대하여 일본에서는 근거가 없는 주장이라고 반박하는 사람들이 많다. 특히 구남만광업의 간부들은 연재 당시에 〈아사히신문〉에 만인갱은 사실무근이라고 하며 기사 취소를 요구했다. 그리고 무순 탄갱에서 전기 기사로 일했던 구노 겐타로가 혼다에게 편지를 보내 항의했다. 혼다는 1986년 3월, 구노에게 이런 답신을 보냈다.

내가 중국 측 말을 그대로 대변했을 뿐이니 항의를 한다면 중국 측에 직접 해주시겠습니까?

산시성의 대동 탄전도 또 다른 만인갱의 존재를 알려준다. 대동 탄전은 중국 산시성 대동시 주변에 존재하는 중국 최대 규모의 탄전으로, 매장량은 24억 톤으로 추정되며 양질의 석탄이 산출되는 탄광이다. 탄광 개발은 20세기 초부터 진행되어 왔으며 중·일 전쟁 이후 일본군이 접수했다.

일본은 1937년 10월부터 1945년 8월까지 대동 탄전 점령 기간 동안 많은 인명의 희생을 무릅쓰고 대동의 석탄 자원을 끊임없이 약탈했다. 일본 제국은 주택과 도로 건설을 빌미로 많은 노동자를 속여 잡아 왔다. 과로, 비인도적인 대우, 굶주림과 질병, 부상 등으로 많은 노동자가 무참히 사망했다. 이처럼 숨진 중국인 노동자의 시신이 투척되었고, 환자와 부상자도 못 쓰게 된 갱에 버려졌다. 이것이 나날이 쌓여, 백골뿐인 '만인갱'이 형성되었다. 대동의 탄광구에는 대규모의 '만인갱'이 20여 개소 있다. 일본은 약 8년 동안 1,400만 톤 이상의 석탄 자원을 약탈했으며, 그 대가로 6만 명 이상의 노동자가 목숨을 잃었다.[156]

'대동 탄광 만인갱 제2차 대전 역사 연구회'의 사무국장을 맡고 있는 산시성의 연구자 이진문의 최신의 연구 결과에 의하면, 제2차 세계대전 중 대동 탄전에 매장된 만인갱의 희생자 수가 지금까지 추정한 6만 명보다 크게 웃도는 15만 5천 명 이상에 이르는 것으로 밝혀졌다고 한다.[157]

연합군 포로들의 처참한 노예 생활

연합군 포로들의 강제 노역

태평양 전쟁에서는 특히 개전 초기에 연합국 군대의 대규모 항복이 잇따르면서 일본은 상당수의 포로를 관리하게 되었다. 일본은 1941년 12월 7일 진주만 공습과 더불어 미국의 식민지인 필리핀, 네덜란드의 식민지인 인도네시아, 영국의 식민지인 싱가포르와 홍콩을 동시 또는 연속 다발적으로 기습 공격했다. 이를 예상하지 못하고 유럽 전선에서 독일과의 전쟁에 몰두하던 미국, 영국, 네덜란드에게 큰 승리를 거둔 일본은 많은 포로들을 붙잡았다. 일본은 필리핀 전쟁에서 항복한 미군 및 필리핀군 약 83,000명을 포로로 체포했고, 인도네시아 전쟁에서는 인도네시아인을 포함한 네덜란드군 66,219명, 호주군 4,890명, 영국군 10,626명, 미군 883명 등 82,618명을 포로로 붙잡았다. 일본은 또 말레이시아 전투에서 영국군과 호주군 약 50,000명의 포로를 잡았고, 이어진 싱가포르 전투에서 8만여 명의 영국군 장병과 영국령 인도군 병사, 호주군 장병을 포로로 붙잡았다. 홍콩 공략전에서 영국인 5,000명, 인도인 4,000명, 캐나다인 2,000명으로 구성된 영국군 11,000명을 포로로 붙잡았다. 싱가포르 전투에서 일본군은 두 배가 넘는 영국과의 병력 차이를 뒤집고 당시 난공불락으로 평가되었던 싱가포르 요새를 채 열흘도 되지 않아 공략했다. 그 결과 영국이 이끄는 군으로서는 역사상 최대 규모의 장병이 항복했다. 일본군의 전성기였다. 당시 영국의 윈스턴 처칠 총리는 자신의 책에서 "영국군 역사상 최악의 참사이며 최대의 항복"이라고 평했다.[158]

일본은 1929년 전쟁 포로에 관한 제네바 협정에 서명은 했으나 비준하지 않았다. 일본은 중·일 전쟁이나 태평양 전쟁 기간 동안 헤이그 협정을 포함한 국제조약에 따라 포로들을 대우하지 않았다. 일본은 항복을 불명예스러운 것으로 보았던 것이다. 더구나 히로히토 천황이 1937년 내린 칙령에 의해 헤이그 협정의 규제 내용이 중국인 포로들에게는 명시적으로 적용하지 못하게 되었다.[159] 일본의 오래된 전쟁 관습, 인취와 난취에 따른 자연스러운 결정이었다.

일본군에 붙잡힌 중국인, 미국인, 호주인, 영국인, 캐나다인, 인도인, 네덜란드인, 뉴질랜드인 및 필리핀인 전쟁 포로들은 살해, 폭력, 즉결 처분, 잔인한 가혹 행위, 강제 노역, 의료 실험, 기아 식량, 형편없는 치료로 고통을 받았고 심지어는 일본군의 식인 행위의 대상이 되기도 했다.[160]

1943년 9월 3일 카시빌 정전협정으로 동맹국이던 이탈리아가 연합국에 항복하자, 동아시아에 있는 이탈리아 군인들과 시민들은 일본군에 의하여 포로들로 체포되었고, 다른 국가 포로들과 동일한 조건으로 처우를 받았다.

도쿄전범재판의 인정 사실에 따르면, 일본군에 체포된 연합군 포로들의 사망률은 27.1%로 독일과 이탈리아에 붙잡힌 연합군 포로들의 사망률보다 7배나 높았다.[161] 중국인 포로들의 사망률은 훨씬 더 높았다. 일본의 항복에 따라 영국과 영연방 도미니카인 포로 37,583명, 네덜란드인 포로 28,500명, 미국인 포로 14,473명이 석방되었다. 그러나 중국인 포로의 수는 겨우 56명이었다.[162] 태평양 전쟁 지역에서의 미 육군과 미 공군 27,465명의 포로의 사망률은 40.4%에 이르렀다.[163]

어떠한 포로들에 대한 직접적인 접촉도 국제적십자사에 허용되지 않았다. 백인 포로들의 도주는 거의 불가능했다. 아시아 사회에서 백인들을 숨겨주는 것은 매우 어려웠기 때문이었다.[164]

연합군 포로 수용 캠프와 수송 선박들은 때때로 연합군 공격의 오인 타격이 되기도 했다. 포로들을 열악한 조건으로 수송하던 일본의 일명 '지옥선hell ship'은 아무런 표시가 되어 있지 않아서 미 해군 잠수함의 공격을 받기도 했는데 그 사망자 수도 상당했다. 한 호주 학자는 태평양 전쟁에서 사망한 모든 포로들의 수를 계산했는데, 그중 3분의 1은 아군의 폭격으로 인하여 바다에서 사망한 것이라고 했다. 즉, 일본군에 의하여 수송된 포로 50,000명 중 10,800명이 바다에서 사망했다고 한다.[165] 다른 미국 학자는 연합군 포로 약 21,000명이 바다에서 사망했는데 그중 19,000명이 아군의 폭격에 의한 사망이었다고 주장한다.[166]

일본군들도 포로로 잡혔으나 그 수가 매우 적었다. 수천 명의 일본군 병사들이 포로로 잡혔지만, 대부분의 일본군 병사들은 그들이 죽을 때까지 싸우거나 스스로 자결했다. 약 22,000명의 일본군 군인들이 아이오지마 전투의 시작 초기에는 살아 있었으나, 전투가 끝났을 때 20,000명이 넘는 일본군 군인들이 사망했고, 오직 216명만이 포로로 잡혔다.[167] 사이판을 지키던 30,000명의 일본군 군인들 가운데, 1,000명도 안 되는 군인들만이 전투에서 살아남았다.[168]

동남아시아 지역에서 체포된 미군 포로 12,000명은 일본으로 이송되어, 일본 제국의 전쟁을 지원하는 50개 이상의 사업장에서 강제로 노역을 당했다. 강제 노동에 종사하는 과정에서 가혹 행위와 질병으로 10%의 미군 포로가 사망했다.[169]

바탄 죽음의 행진

바탄 죽음의 행진Bataan Death March은 1942년 4월 9일 일본군이 약 8만 명에 이르는 미국과 필리핀 전쟁 포로들을 필리핀 루손섬의 바탄과 마리블레스에서 산페르난도까지 강제로 도보 이동을 시킨 것을 말한다. 포로들은 마리블레스와 바각에서 행군을 시작해 바탄의 필라에서 합류한 후 북쪽 산페르난도로 행진했다. 포로들이 행군한 거리는 마리블레스에서 산페르난도까지, 그리고 카파스에서 캠프 오도넬까지 모두 96.6킬로미터에서 112킬로미터에 이르렀다.[170] 이러한 죽음의 행진은 전쟁 이후 연합군 위원회에서 일본군의 전쟁범죄로 규정되었다.

행군이 시작되자 일본군들의 무자비한 잔인 행위, 도둑질, 심지어는 포로들의 금니를 뽑아가는 일까지 있었다. 일본 군인들은 바탄에서의 전투에서 고통을 받아서, 미군 포로에 대한 증오와 혐오가 극에 달해 있었고 전쟁 포로로 인정하지도 않았다.[171]

첫 번째 학살은 4월 중순경 일어난 팬틴간강의 대학살Pantingan River massacre이었다. 일본군에 항복한 필리핀 군대인 1, 11, 71, 91사단 병사들이 행군하면서 팬틴간강가에 이르렀을 때, 일본군 65여단 122연대의 군인들이 필리핀군 장교 등 350~400명을 총과 대검, 칼로 살해한 것이다. 이러한 대학살의 생존자인 마누엘 안Manuel Yan 중위는 나중에 필리핀 육군 참모총장이 되었다.[172] 이 사건은 말레이 전투의 일본군 최고 전략가인 츠지 마사노부辻政信 대좌(대령)가 내린 모든 미군 포로들을 죽이라는 위법한 지시에 따른 것이었다. 그러나 타케오 이마이 등 다른 연대장들은 이 명령의 적법성을 의심하여 그의 지시에 따르지 않았다.

포로들은 행군 도중 거의 음식이나 물을 제공받지 못했고, 많은 포로들이 이로 인하여 죽었다. 포로들은 폭행과 고문 등 심각한 신체적 학대를 당했다. 행군 중에 '햇볕 치료sun treatment'라는 형태의 고문을 받기도 했는데, 이는 헬멧이나 모자 없이 뜨거운 햇볕 아래 앉아 있도록 강요받는 것이었다. 물을 달라고 부탁하는 포로들은 총살당했다. 트럭은 지쳐서 쓰러진 포로들을 그대로 치고 넘어갔으며, '청소 담당 군인'들은 지쳐서 더 이상 걸을 수 없는 포로들을 살해했다. 일본군들은 포로들을 대검으로 무차별적으로 찔러 죽이거나 때려죽였다.[173] 행진 중인 포로들의 처우는 부대에 따라 다르다고 볼 수 있으나 포로들은 태양이 작열하는 가운데 휴식도 거의 없이 걸었고, 밤에는 수용 가능 인원의 두 배나 되는 인원이 창고에 처박혀 용변도 서 있는 상태에서 볼 수밖에 없었다.[174]

생존한 포로들이 발랑가에 도착하자 비위생적 상태로 이질과 다른 질병들이 급속도로 퍼졌으나 아무런 의료 처치도 받지 못했다. 산페르난도 기차역에서 공기 순환이 안 되는 기차에 태워진 포로들은 하루 종일 실려 가면서 죽어 갔다. 포로들은 카파스역에 도착한 후 또다시 14킬로미터를 걸어서 캠프 오도넬에 도착했다. 그 과정에서 하루에 수백 명의 포로들이 죽어 나갔다. 그 행군 과정에서 약 20,000명의 미군과 필리핀군이 사망했다.

행군을 시작할 때 약 80,000여 명의 포로들이 있었으나 오직 54,000명만이 캠프 오도넬에 도착할 수 있었다.[175]

이러한 사망자 수에 대하여 일본의 주장은 다르다. 수용소에 도착한 이들은 포로로 잡힌 76,000여 명 가운데 54,000여 명이고, 7,000~10,000명이 말라리아와 굶주림, 피로 등으로 사망한 것으로 추산되고 있으며, 도주 포로들이 많았다는 것이다. 미군 사망자는 2,300명으로 기록되어 있다고 하며, 감시하는 일본군이 적어서 도주는 용이했고, 특히 필리핀인 포로의 경우 현지 민중 사이에 끼어들면 알 수 없었기 때문에 많은 탈주자가 있었다는 것이다.[176]

거의 2년이 지난 1944년 1월 27일이 되어서야 미국 정부는 미국 국민들에게 바탄의 행진에 대하여 발표했다. 행군 도중 도주한 미군 장교들의 선서 진술서도 공개했다. 곧이어 그 장교들의 경험이 〈라이프〉 잡지의 기사로 실리게 되었다.[177] 바탄 죽음의 행진과 일본군들의 다른 야만 행위는 미국에서 큰 분노를 일으켰다. 당시 미국 육군참모총장이며 전쟁 후에 국무장관이 된 조지 마샬George Marshall 장군은 다음과 같은 발표를 했다.

무력한 포로들을 상대로 한 이러한 잔인한 보복들은 일본인들이 그동안 저질러 온 야만성으로부터 조금도 나아지지 않았다는 증거다…. 우리는 일본 국민뿐만 아니라 일본의 군사 정치 지도자들에게, 일본 민족 자체의 미래는 전적으로 그리고 불가역적으로 그 원시적이고 야만적 본능을 넘어서서 발전하고자 하는 일본 민족의 능력에 달려 있다는 것을 경고한다.[178]

일본이 행하여 온 중세 봉건주의 시대부터의 인취와 난취의 원시적이고

야만적인 전쟁 관습이 근세에 왜구의 노예사냥과 임진왜란의 조선인 납치 만행을 거쳐, 현대의 일본 제국의 군대가 그대로 답습하여 국제사회의 인권 규약을 무시하고 저지른 만행을 마샬 장군은 통렬하게 꿰뚫어 보았다. 시간은 흘렀지만, 일본이 반드시 귀담아들어야 할 경구라고 생각한다.

1945년 9월 당시 지휘관인 혼마 마사하루本間雅晴 장군은 연합국에 체포되어 전쟁범죄로 재판을 받았다. 혼마는 죽음의 행진이 끝난 2개월 후에야 그렇게 많은 사람들이 죽었다는 사실을 알았다고 변소했으나, 다른 전쟁범죄들과 함께 유죄가 인정되어 1946년 2월 26일 총살형을 선고받고 4월 3일 마닐라 외곽에서 처형되었다. 두 명의 혼마 장군의 부하인 요시타카 카와네와 쿠라타로 히라노는 1948년 요코하마에 있던 미국 군사위원회에 의하여 기소되어 교수형을 선고받았다.

츠지 마사노부는 '작전의 신'이라는 별명을 가진 태평양 전쟁의 주요 전략가로 미국과의 전쟁을 강력하게 주장했던 전범이었고, 바탄의 행진에서 연합국 포로들을 살해하도록 직접 명령을 내려 '팬틴간강의 대학살'을 교사한 주요 전쟁 범죄자다. 그는 전쟁이 끝나자 태국에서 승려로 변장하여 베트남을 거쳐 중국으로 도망쳐 연합군의 수사를 피했다. 그는 1949년 일본에 잠입하여 탄광 노동자로 숨어 지내다가 1950년 도주 중의 기록인 《잠행 삼천리》를 발표해 베스트셀러 작가가 되었다. 그는 유명세를 활용해 반공주의자로 변신했고, 1952년부터 1965년까지 자민당으로 출마하여 중의원과 참의원까지 지냈다.[179] 그는 주요 전쟁범죄자임에도 불구하고 체포되거나 처벌받지 않고 정치인으로 성공했다. 전쟁범죄에 대한 정의가 제대로 실현되지 못한 것이다. 일본과 미국의 전범 청산 의지를 의심받는 이해할 수 없는 사례다. 이는 이스라엘 정부가 나치의 아돌프 아이히만을 처리한 방식과 크게 대조된다. 아이히만은 게슈타포 유대인 과장으로서 유대인을 유럽 각지에서 폴란드 수용소에 열차로 이송하는 최고 책임자였으며, 가스실 열차를 개발하여 수많은 유대인들을 학살한 전쟁범죄자다. 제2차 세계대전 직후 미군에 체포되었지만 가짜 이름을 사용해 포로수용소에서 탈출한 다음 이탈리아로 도주했다. 1950년 가짜 여권을 이용해 아르헨티나로 도피했고, 자동차 수리공으로 일하면서 살았다. 1960년 5월 이스라엘 정보기관 모사드의 끈질긴 추적으로 체포되어 이스라엘에서 공개 재판을 받은 후에 1962년 6월 1일 교수형에 처해졌다. 이처럼 잔인한 전쟁범죄자들을 끝까지 추적하여 처벌해야만 미래의 전쟁범죄를 조금이라도 줄일 수 있을 것이다.

버마 철도 건설의 대참사

가장 악명높은 강제 노동은 버마 철도의 건설 과정에서 일어났다. 버마 철도는 죽음의 철도라고도 불리며 태국의 반퐁과 버마의 탄비유자야트 사이의 415킬로미터에 이르는 철도를 일컫는다. 일본군이 1942년부터 1944년까지 버마 전투에 군대와 무기를 공급하기 위하여 건설했다. 철도 건설을 위하여 180,000명에서 250,000명에 이르는 민간 노동자들과 60,000명의 연합군 포로들이 강제 노동에 동원되었다. 철도 건설 기간 동안 90,000명의 동남아시아의 민간인 강제 노동자들과 12,000명의 연합군 포로들이 사망했다.[180]

버마와 태국 사이의 철도 건설은 이미 1885년 버마의 영국 식민지 정부에 의하여 검토되었으나, 많은 강으로 갈라진 산악의 정글 지대를 통과하여야 하는 지나치게 위험한 작업이어서 포기했다.

1942년 초 일본군은 버마를 침입하여 영국의 식민지를 점령했다. 버마에 군인들과 보급품을 공급하기 위하여는 일본군은 바닷길인 말레이반도 주위와 믈라카해협과 안다만해를 통하여야만 했다. 그러나 이 루트는 연합군의 잠수함의 공격에 속수무책이었고, 특히 1942년 6월 미드웨이 해전에서 일본군이 패배한 이후에는 미군에게 해상 장악력을 빼앗겨 매우 위험했다. 말레이반도 주위의 3,200킬로미터의 위험한 바닷길을 피하기 위하여 방콕과 랑군 사이의 철도 건설을 대안으로 보았다. 일본군은 1942년 6월 영국의 검토안을 기초로 이 계획을 실행에 옮겼다.[181] 이 계획의 발안자는 당시 태국에 주둔하고 있던 제25군 제2철도감부의 히로이케 도시오 중좌이며, 1941년 11월에 참모본부의 츠지 마사노부 중좌에 의해 대본영에 그 계획이 보고되었다.

일본군은 1942년 5월 싱가포르의 창이 형무소에 있던 호주군 포로 3,000명을 버마로 이동시켰고, 6월에는 창이 형무소에 수용된 영국군 포로 3,000명을 태국으로 이송한 것을 시작으로 동남아시아의 여러 형무소에서 연합군 포로들을 북쪽 건설 현장으로 수송했다. 이들은 비행장과 기반 시설 등 사전 준비 작업을 마치고 1942년 9월 15일 버마에서, 11월 태국에서 각각 철도 건설을 시작했다. 그 철도 건설은 1943년 12월 완성되었다.[182] 노동자들은 아무런 이동수단도 없었으며, 의료품도 거의 없었고, 생필품은커녕 음식도 얻을 수 없었고, 삽과 망치와 같은 기본적 장비 외에 일할 연장도 없었다. 그들은 극도의 어려운 조건에서 정글의 열기와 습기 속에서 일해야 했다. 이러한 모든 상황 속에서 짧은 기간에 엄청난 희생을 대가로 불가능한 공사를 이루어 냈다.[183]

전쟁이 끝난 후 1946년 1월 영국은 일본 포로들에게 버마의 니키와 손크라이 사이의 4킬로미터의 철도를 제거하도록 명령했다. 태국과 버마 사이의 철도 연결은 싱가포르에서의 영국의 이익을 보호하기 위하여 다시 분리된 것이다.

이 철도 공사에 일본 군인 12,000명이 기술자, 경비병, 포로들과 노무자들의 감독관으로 일했다. 이 일본인들의 노동환경은 포로와 노무자보다는 훨씬 나았지만, 일본 군인도 약 1,000명이 철도 건설 중 사망할 정도로 견뎌 내기 힘든 상황이었다. 많은 포로들은 일본군들이 연합군 포로와 노무자들에게 잔인하고 무관심했다고 기억하고 있다. 이들 일본 군인들 중에는 강제징용된 한국인 군속 800명도 포함되어 있었다. 한국인 경비병 중에는 포로와 노무자에게 잔인한 학대 행위를 해 전쟁이 끝난 후 전범으로 재판을 받고 사형을 선고받은 사람도 있다.[184] 일본군에게 강제로 징용되어 끌려간 한국인이 일본군과 함께 용서받을 수 없는 전범이 된 것으로, 일본 전쟁의 피해자가 가해자로 변한 것이다. 일본 식민지가 빚어낸 슬픈 역사다.

동남아시아 노동자들은 180,000명 이상이 강제 동원된 것으로 추정된다. 자바인, 말레이시아 타밀인, 버마인, 중국인, 태국인 등 많은 동남아시아인들이 일본 군대에 의하여 강제로 징용되고 철도 건설 현장에서 일하다가 죽었다. 1943년 초에는 일본인들은 말라야, 싱가포르 및 동인도제도에서 좋은 급여와 짧은 계약 기간, 가족을 위한 주택 제공 등을 약속하면서 노동자들을 모집했다. 그러나 충분한 노동자들이 모이지 않자, 강압적인 방법을 사용하여 노동자들을 모아 강제로 징용했다. 대부분의 노동자들은 자발적으로 고용된 것이 아니라 속거나 강제로 끌려온 것이었다. 대략 90,000명의 버마인과 75,000명의 말레이시아인이 철도 공사에서 일했고, 그 외에 타밀인, 중국인, 카렌인, 자바인, 싱가포르 중국인이 있었다.[185] 100,000명의 말레이 타밀인이 끌려와서 그중 60,000명이 죽었다는 기록도 있다.[186]

이처럼 철도 건설 현장에서 사망한 민간 노동자들과 포로들의 추정 인원수는 학자에 따라 많이 다르다. 그러나 호주 정부는 공식적으로 250,000명의 아시아 노동자와 61,000명의 연합군 포로들, 합계 330,000명 중에서 약 90,000명의 노동자와 16,000명의 연합군 포로가 사망했다고 보고 있다.[187] 일본군의 학대와 더불어 말라리아, 콜레라, 이질 및 열대 궤양이 버마 철도의 노동자들의 주요 사망 원인이었다.

동남아시아 민간인 강제 노동자의 사망자 수는 나라나 학자마다 많이 다르지만, 연합군 포로들보다 민간인 강제 노동자들의 치사율이 훨씬 높다는 점에 대해서는 일치한다. 한 추정치에 의하면 철도 건설에 동원된 민간인 강제 노동자의 수는 300,000명에 이르고 이들의 치사율은 50%에 이른다고 주장한다.[188]

제2차 세계대전 이후, 111명의 일본 군인들이 버마 철도 건설 기간 동안 그들의 잔학 행위에 대하여 전쟁범죄로 재판을 받았다. 그들 중 3분의 2가 사형을 선고받았다. 어떠한 보상이나 배상도 동남아시아 피해자들에게 이루어지지 않았다.[189]

남태평양의 비극들

오키나와의 조선인 학살과 집단 자살

장윤만은 1944년 6월 10일 고향인 경북 상주에서 강제징용되었다. 당시 공성면사무소와 군청에서는 "가까운 지역인 대구에서 일하게 될 것"이라고 말했다. 그러나 그는 경북에서 같이 징발된 6,000여 명의 조선인 군부들과 함께 대구와 부산을 거쳐 일본 오키나와 본섬 서쪽 게라마제도의 아카시마阿嘉島로 끌려가서 특설수상근무대 제103중대 군부(인부)로 배속되었다. 1945년 봄엔 자마미지마座間味島로 끌려갔다. 자살 특공 보트를 위한 굴 파기, 방어진지 구축, 탄약·식량·어뢰정·폭뢰 등의 운반과 설치는 물론이고, 미군의 포탄과 총탄이 빗발치는 가운데 목숨을 건 작업을 강요당했다. 그는 가미카제 자살 특공 보트인 '신요'를 해안가 굴에 숨기거나, 굴에서 꺼내 출동을 지원하는 작업도 하게 되었다. 야간에 굴에서 보트를 꺼내는 특공 보트 지원 작업 중에 많은 조선인들이 총탄을 맞고 죽었다. 게다가 일제는 '식량을 훔쳤다, 탈출을 시도했다'는 이유 등을 들어 조선인들을 무참히 공개 학살하기도 했다.

또 일본군은 조선인 인부들을 20~25명씩 길이 5미터의 작은 땅굴 속에 가두어 놓고 도망가지 못하게 지켰다. 이들은 지하 땅굴 속에서 물도 먹지 못하고 굶어 죽기도 했다. 풀이라도 뜯어 먹으려고 굴을 기어 나왔던 조선인들은 일본군들에게 발각되어 처형을 당하기도 했다. 생존한 장윤만은 오키나와 서부의 섬 자마미지마에서 미군의 포로가 된 1945년 6월 8일까지 12개월 동안 겪은 일을 기록했다.[190]

태평양 전쟁에서 열세에 몰린 일제는 1944년부터 1945년까지 조선인 1만여 명을 인부, 군부, 군속으로 오키나와에 급히 배치했다. 당시 미군은 체포한 오키나와의 조선인 군속 포로를 '노예노동자slave laborers'라고 표기했다.

일제 강제 동원 피해자 지원재단이 조사·발표한 '오키나와 강제 동원 조선인 희생자 피해 실태'[191] 자료에 따르면 오키나와 게라마제도의 일본군 특설수상근무대에서는 1945년 3월 탈주 또는 식량을 훔쳤다는 이유로 13명의 조선인을 처형했다. 처형 지휘자인 오노다 조장은 "1926년식 권총의 위력을 시험해보고 싶어서 죽였다"고 자랑했다고 한다.[192]

총살 장면을 목격한 주민의 증언에 따르면, 조선인들은 총살되기 직전에 쌀밥 한 공기씩을 받아들자 정신없이 밥을 퍼먹고는 자신의 키 길이만큼의 구덩이를 팠다. 그리고 구덩이 앞에 서면 일본군이 총을 쏘아 구덩이로 떨어뜨렸다. 아직 죽지 않아 구덩이에 덮은 흙이 움직이면 일본도로 몇 차례나 찔러서 죽였다고 한다.

당시 오키나와는 일본 측이 '옥쇄玉碎'라 미화하는 '자살과 전멸'이 유도된 대표적인 지역으로, 일제의 잔혹성과 인권 유린이 극명하게 드러난 곳이었다. 당시 일본은 "살아 있으면서 미군에게 부끄러움을 당하지 말고 차라리 자결하라"는 식의 철저한 군국주의 교육을 시키며, 원주민과 조선인들에게도 집단 자살을 강요했다. "미군이 점령하면 모두 죽일 것"이라는 말을 믿은 많은 오키나와 사람들은 "사랑하는 것을 적에게 건네줄 수 없다. 그래서 죽이는 것이 사랑의 표현이다"라고 생각하고 집단 자살을 선택했다고 한다. 어머니들이 자기가 낳은 아이를 칼과 낫으로 죽이는 비극이 일어났다. 오키나와에서는 95,000명의 원주민들이 이렇게 집단 자살했다.[193] 미군 측 추산에 따르면 오키나와 전투에서 전사한 일본군은 77,166명이었다. 미군 14,009명이 전사했고 영국군도 82명이 전사했다.

도카시키지마에는 배봉기 할머니 등 조선인 위안부 7명이 끌려와 있었고, 오키나와 전체에는 60여 개 위안소에 600여 명의 조선인 위안부가 끌려와 있었던 것으로 추정된다.

일제 말기 오키나와에 강제로 끌려와 숨지거나 행방불명된 조선인은 최대 1만 명에 이르는 것으로 추정하고 있다. 오키나와 곳곳에는 조선인 강제 동원 피해자들이 집단 매장되었을 가능성이 있는 곳이 산재해 있다. 오키나와는 이처럼 조선인들의 비극이 서려 있는 곳이다. 이제 그 진실을 찾아야 할 것이다. 일본 정부는 2016년 '전몰자 유골 수집 추진법'을 제정하고 전몰자 유족의 DNA를 수집해 발굴한 신원 미상의 유골과 대조 작업을 해 유골을 유족에게 인도하고 있지만, 전쟁 중 끌고 왔던 한반도 출신자는 대상에서 제외했다. 일본 정부가 주인을 찾지 못한 유골들을 소각 처리하고 있다. 유골이 소각되면 유족과의 DNA 대조가 영영 불가능해진다.[194] 우리 정부도 조선인 사망자의 유골을 찾는 방법을 강력하게 일본에 요구해야 할 것이다.

남양군도 밀리 환초의 대학살

1945년 2월, 태평양 마셜제도의 고리 모양 산호섬인 밀리 환초Mili Atoll 에서 일본군에 의한 조선인 노동자 학살 사건이 일어났다. 밀리 환초는 하와이 좌측에 위치한 92개 섬으로 구성된 환초다.

일본 제국은 수많은 조선인들을 마셜제도로 끌고 와서 비행장과 군사시설을 짓게 했다. 하지만 일본이 미드웨이 해전에서 패배한 이후 미군의 봉쇄 작전이 시작되었고 섬 자체도 산호초였기 때문에 토질이 좋지 않아 식량이 늘 부족했다.

1944년 6월 미군이 마셜제도의 섬 대부분을 점령한 이후로는 미군의 봉쇄 작전이 심해지면서 섬에는 식량 보급이 끊겼다. 그래서 일본군은 병력을 섬 전역에 분산시키며 자급자족을 도모했지만 그마저도 쉽지 않았다. 전시였기에 미군은 고기잡이를 나온 일본군에게 거침없이 기관총 사격을 가했다.

식량 상황이 극단으로 치닫는 가운데 1945년 2월 초 체르본섬에서 일본 군인을 따라간 조선인 한 명이 실종되는 사건이 발생했다. 당시 조선인들은 일본인 감독관의 눈을 피해 몇 명씩 조를 짜 실종된 조선인을 찾아나섰다. 하지만 그 조선인의 행적을 알 수 없었다. 어느 날 조선인 몇 명이 식량을 구하기 위해 체르본섬 인근 무인도에 갔다가 차마 눈 뜨고 볼 수 없는 광경을 목격했다. 실종된 조선인의 시체를 발견했는데 포를 뜬 것처럼 허벅지를 도려낸 채였다.

조선인들은 며칠 전 일본 군인들이 건네준 '고래 고기' 때문에 두려웠다. 당시엔 별다른 의심 없이 먹었지만, 그 고기가 고래 고기가 아니라 실종된 조선인일 것이라는 생각이 들었던 것이다. 일본 군인들이 아무런 장비도 없이 고래를 잡을 수도 없고, 그 고래 고기를 조선인에게 줄 리도 없었기 때문이었다. 그리고 며칠 뒤 조선인 군속들 수명이 연이어서 실종되었다. 그들도 허벅지에 포가 떠진 채 발견되자 조선인들의 의심은 확신이 되었다. 조선인들은 그대로 있다가 일본 군인에게 잡아먹히느니 차라리 목숨을 걸고 탈주하기로 마음먹었다. 당시 밀리 환초 체르본섬 주변은 미군 군함으로 완전히 포위된 지 1년이 넘었다. 섬 주변엔 미군 군함이 있어 감시하는 일본 군인들만 없으면 헤엄쳐서 구조를 요청할 수 있었다.

1945년 3월 17일경, 체르본섬에 징용으로 끌려온 조선인 군속들은 박종원 등 젊은 사람들을 중심으로 감시하는 일본군 감시인 11명을 살해한 뒤 미군에게 투항하기로 결정하고 이들을 숲으로 유인했다. 그러나 일본인 11명 중 7명만을 살해했고 4명은 도주하고 말았다.

인근의 루코노루섬에 있던 일본 군인들은 이러한 사실을 듣고, 이튿날 물이 빠지자 체르본섬에 기관총을 들고 가서 조선인들을 보이는 대로 모두 학살했다. 반란을 주동한 조선인 5~6명은 서로 껴안고 다이너마이트를 터뜨려 자폭했다. 조선인 17명은 일본군에 생포되어 루코노루섬에 끌려가 다음 날 총살되어 구덩이에 파묻혔다. 섬의 원주민 15명도 피살당했다. 미군 측의 자료에 따르면, 체르본섬에 있던 193명의 조선인 노동자들이 일본군의 노예 생활에 반발하여 반란을 일으켰으며, 그중 68명의 생존자를 미 해군이 구조했다고 적혀 있다.[195] 생존한 조선인 노동자들은 하와이 포로수용소로 보내졌고, 1946년 1월에 일본 우라가에 머물다가 그해 2월 한국에 돌아올 수 있었다.[196] 생존자를 제외한 나머지 130명이 모두 살해된 것인지는 알지 못한다. 밝혀져야 할 어두운 역사다.

국사편찬위원회는 밀리 환초에서의 한국인 봉기가 실재했음을 명백히 밝혀주는 미국 문서와 한국인 노동자들이 반란 이후 탈출하여 1945년 3월 18일 미군에 의해 구조되는 상황을 담은 사진 자료 등을 미국 국립문서기록관리청NARA에서 새롭게 발굴해 지난 2014년 8월에 공개했다. 해군법무감실 문서군인 'Record Group 125'에는, '태평양 지역 전쟁범죄 Pacific Area War Crimes Cases'를 모아놓은 박스 중에 위와 같은 밀리 환초의 조선인 노동자 학살 사건 관련 자료가 포함되어 있다.[197]

'일제강점하 강제 동원 피해 진상규명위원회'도 1952년 일본 제2보건국(옛 일제 해군성) 직원이 작성한 '구해군 군속 신상조사표'에서, 체르본섬의 조선인 학살 경위가 상세히 기록되어 있음을 발견했다. 신상조사표에는 당시 조선인 학살에 직접 참여했던 나카가와 기요히토中川淸人 대위의 증언이 기록되어 있다.

밀리 환초의 일본군들은 자기들끼리 서로 식량을 둘러싸고 싸움까지 했다고 한다. 이시가와현 가나자와시에서 편성되었던 일본 육군 보병 제107연대 제3대대 1,000여 명이 이곳에 파견되었을 때 이미 3,000명 이상의 일본 해군 부대가 배치되어 있었다. 미군의 포위로 식량 보급이 끊기면서 육·해군은 식량을 둘러싸고 적대 관계가 되었다. 해군이 지하호에 감추어둔 식량을 육군에게 나누어 주지 않자 상호 간의 총격전까지 발발했다. 육군들끼리도 식량 배분을 둘러싸고 싸움이 벌어졌고 상관 살해와 자살이 빈번했다. 전쟁이 끝난 후 복원선 에이가와 마루에 대대 총원 1,000명 중 300명이 채 안 되는 사람만이 탈 수 있었다. 밀리 환초에 미군이 상륙하지 않았다는 점을 고려하면 어처구니없는 비극이다. 한편, 이웃한 윗제 환초에서도 식인 사건이 빈번했다. 일본군 제7포대원들에 의해 저질러진 사건으로, 섬에 있던 사람들이 하나둘 실종되고 인육에 대한 소

문이 무성해지던 상황에서 1945년 5~6월경 덜미가 잡혀 인간 사냥꾼 전원이 처형되었다.[198]

치치지마 미군 조종사 식인 사건

오가사와라제도는 일본 본토에서 남쪽으로 1,000킬로미터 떨어진 중부 태평양의 전략적 요충지였다. 그리고 그중에서도 가장 큰 섬인 치치지마는 이오지마의 북쪽으로 200킬로미터 떨어져 있어, 일본 본토와 이오지마를 연결하는 보급의 징검다리 역할을 하는 섬이었다. 당시 치치지마에는 일본 육·해군 혼성 제1여단이 주둔해 섬의 수비를 맡고 있었다. 육군은 다치바나 요시오立花芳夫 장군이 이끄는 5개 보병 대대 등 약 9,000명의 병력으로 이뤄졌으며, 일본 해군은 모리 쿠니조森國造 소장 휘하에 통신대 등 약 6,000명의 병력으로 구성되어 있었다.

1945년 2월, 이오지마 전투를 위해 병력을 투입하던 미군으로서는 주위의 다른 섬으로부터의 지원을 차단할 필요가 있었는데 그중 하나가 치치지마였고, 그를 위해 공군을 동원해 폭격을 진행했다. 미군은 폭격 과정에서 일본군의 대공포에 맞아 추락하면서 조종사가 일본군에 생포되는 경우가 많았다. 1944년 9월 당시 20세이던 조지 H. W. 부시 중위도 애인 이름을 따서 '바바라'라고 호칭하는 비행기를 타고 출격하여 폭탄을 투하하고 돌아가는 도중에 일본군의 대공포에 정통으로 맞아 비행기가 추락했다. 함께 비행하던 동료 미군 2명은 사망했지만, 부시는 간신히 낙하산으로 탈출하는 데 성공해서 미 해군 잠수함에 구조되어 체포를 면할 수 있었다. 당시 명문고교인 필립스 아카데미를 졸업하고 바로 입대한 그는 전쟁 후 예일대에 입학했으며 애인인 바버라 피어스Barbara Pierce와 결혼했다. 그는 1989년 미국 제41대 대통령이 되었고, 그의 아들 조지 W. 부시도 미국의 제43대 대통령이 되었다.

당시 미군 조종사 8명, 통신사 1명 등 9명이 일본군에게 포로로 잡혔다. 그중 8명이 살해당했고, 그 가운데 5명이 일본군의 식인 피해자다. 부시 전 대통령도 체포되었으면 식인 피해자가 될 뻔한 것이다.[199] 부시는 항상 "왜 하나님은 나만 살려 주셨는가"라고 물으며 자신의 사명을 생각했다고 한다.[200]

일본군은 1945년 2월 23일에서 25일 사이에 치치지마에서 미군 포로를 처형해 연회에서 술안주로 먹었다. 1947년 1월 13일 괌 재판에 제출된 일본군 대대장 마토바 스에오(的場末男) 소좌의 진술서에는 당시 식인 만행 사건이 잘 설명되어 있다.

인육 사건은 1945년 2월 23일부터 25일 사이에 일어났습니다. 그때 나는 사령부로 불려가서 다치바나 장군에게 미군 비행사는 스에요시 부대에서 처형해야 한다는 내용의 보고서를 올렸습니다. 그리고 사령부에서 마련한 술자리에 참석했습니다. 화제는 부건빌이나 뉴기니에 주둔하고 있던 일본군으로 옮겨졌으며, 일부 부대에서 비축된 식량이 동나고 추가 공급이 원활하지 않아 인육을 먹을 수밖에 없었다는 이야기가 나왔습니다. 나중에 카토 타케무네 대좌가 우리를 위해 연회를 베푼다고 해서 갔는데, 술과 안주가 충분하게 마련되지 못한 것을 알게 되었습니다. 그러자 장군은 불만을 표시하면서 육류와 술을 준비할 무슨 방도가 없냐고 물었습니다. 장군은 내게 미군의 처형에 대해 물으면서 인육을 얻을 수 없겠냐고 했습니다. 그래서 인육과 술 1되를 준비시켰습니다. 인육은 카토 대좌의 방에서 요리했는데, 그 자리에 있던 모든 사람이 조금씩 맛보아야 했습니다. 물론 인육이 맛있다고 한 사람은 아무도 없었습니다.

증언에 따르면 다치바나 장군은 이날 미군의 손발 고기와 내장을 먹고서 "이거 맛있다. 한 접시 추가"라며 기뻐했고, 모리 해군 제독은 "다치바나 장군, 미군 놈들 고기는 매우 질기구만… 차라리 위안부들의 고기를 배급해주게…"라고 말했다고 전해진다.[201] 이러한 식인 사건은 3월 9일, 8월 7일 등에도 잇달아 일어났다. 다치바나의 명령에 따라 마토바는 미군 포로 워렌 본Warren Earl Vaughn 중위를 처형하고 대대에 식인을 하도록 구두 명령을 내렸다. 괌 군사재판에 증거로 제출된 당시의 명령은 다음과 같다.

> 1. 대대大隊는 처형된 미 해군 조종사의 인육을 먹을 것.
> 2. 칸무리冠 중위는 그 인육의 배급을 담당할 것.
> 3. 사카베 군의관은 처형에 입회하여 장기를 적출할 것.
> 1945년 3월 9일 오전 9시 대대장 육군 소좌 마토바 스에오
> 발령 방법: 칸무리 중위와 사카베 군의관을 직접 불러 명령 하달. 다치바나 여단
> 장에게 보고하고 호리에 참모에게도 통고함.[202]

일본군 109사단 참모로 사령부가 있는 이오지마에서 치치지마로 파견되었던 호리에 요시타카堀江芳孝 육군 소좌는 다치바나의 소행이 예전부터 불안하여 미군 장교 포로를 자신의 영어 교사로 가까이 두면서 지켜왔으나, 3월 26일 외출 후 돌아왔을 때 이미 처형되어 모리 해군 소장, 마토바 육군 소좌 등에 의해 잡아먹힌 뒤였다고 증언했다.[203] 호리에는 전범 재판에서 불기소처분을 받았다.

일본의 패전 후 1945년 9월 2일 치치지마에 미군이 상륙하자, 9월 3일 다치바나 장군과 모리 제독이 대표로 미 해군 전함에서 정식으로 항복했다. 항복 교섭에서 미군은 낙하산으로 탈출한 미 해군 조종사가 몇 명 있었는지, 그리고 어떻게 되었는지 알고 싶다고 했는데 교섭에 나섰던 호리에 요시타카 참모는 방공호에서 포로 전원이 폭사했다고 둘러댔다. 이미 일본군은 전범으로 처벌받는 것을 피하기 위해 면밀하게 입을 맞추어 두었고, 포로들의 가짜 묘도 만들고 전 부대원에게 함구령을 내려놓은 상태였다.

이에 따라 치치지마의 일본군의 본토 귀환도 순조롭게 이뤄져 다치바나 등은 안도했지만, 그동안 미군은 일본 본토로 조사관을 파견하여 귀환자들의 증언을 토대로 진상을 파악하고 1946년 2월 이 식인종들을 체포했다.

재판에서는 식인이 아닌 시체 훼손과 포로 살해 등의 혐의로 재판을 진행했는데, 당시 미군 형법이나 국제법에 식인 행위에 대한 처벌 규정이 없었기 때문이었다.[204] 검사 아서 로빈슨 미 해군 소장의 지휘로 열린 재판의 결과 다치바나 요시오를 비롯하여 마토바 스에오, 요시이 시즈오, 이토 키쿠지, 나카지마 노보루 등 5명을 포로 살해 및 시체 훼손 혐의를 적용해 사형에 처했으며, 해군 최선임자였던 모리 쿠니조 제독을 포함한 다수가 종신형을 선고받았다. 모리 제독은 남방 전선 당시 포로 학살 사건 문제로 네덜란드 측에 의해 다시 기소되었고, 결국 사형을 선고받고 교수형에 처해졌다.[205]

당시 재판장인 라다비노드 팔 판사는 이 사건에 경악해하면서 "아무리 지금 만든 법으로 이전에 저지른 전쟁범죄를 소급하여 처벌하는 것이 단순한 보복 행위일지라도 이 미친놈들은 아니다"라며 사형 선고를 주저 없이 내렸다고 한다.

재판 당시 미군 신문 〈괌 뉴스〉는 '카니발리즘'이라는 큼지막한 제목을 붙여 연일 재판 경과를 보도했다. 20세기인 오늘에도 일본인은 인육을 먹는다는 제목 아래 피고인들의 사진이 실려 있었다. 차마 볼 수 없는 기사였지만 사흘간 연재된 후 중단되었다. 미국 본토의 어머니들이 연명으로 대통령에게 호소한 것이다. "아들이 명예로운 전사를 한 것으로 믿었는데 적에게 잡아먹혔다는 것은 차마 들을 수 없습니다." 이 어머니들의 비통한 호소로 대통령이 카니발리즘 관련 기사 게재를 금지한 것이다.[206]

일본군이 전쟁 중 연합군 포로들에게 잔인한 행위를 한 점에 대해서 일본 학자들 사이에도 논란이 많다. 메이지 유신 이후 일본군은 일본의 국제적 지위 향상의 견지에서 국제법과 구미에서의 전쟁 관습 수용에 힘썼다. 1899년의 제1회 헤이그 평화회의에서 조인된 '육전의 법규 관례에 관한 조약'도 일본은 다음 해 즉시 비준했다.

일본은 러·일 전쟁과 제1차 세계대전 때는 러시아인 포로와 독일인 포로를 인도적으로 취급했다. 그러나 중국인 포로에 대해서는 청·일 전쟁 때 뤼순에서 대량 학살하는 등 일관되고 가혹하게 다루었다. 즉, 일본은 구미 제국과 불평등조약을 철폐하고 대국의 대열에 들어가기 위해서 구미에 대해서는 국제법을 지키는 자세를 보인 것이다. 그러나 강대국이 되자 그 자세를 바꿔버렸다.

1929년 '포로의 대우에 관한 제네바 조약'이 조인되고 일본 정부도 조인했지만, 군부가 "제국 군인의 관념으로 볼 때 포로가 되는 것은 예상할 수 없는 것"이라며 강경하게 반대해 비준하지 못했다. 1941년 1월 도조 히데키東条英機 육군대신 명의로 발령된 전진훈戰陣訓의 '살아서 포로의 수모를 당하지 말고, 죽어서 죄과의 오명을 남기지 말라'는 구절은 그러한 국수주의 사고방식의 귀결이 되어, 대전 중 많은 '옥쇄'와 민간인의 집단 자결 등의 비극을 낳는 원인이 되었다는 것이다.[207]

괌 재판에서 미군 포로 2명을 폭행하여 사망에 이르게 한 나카지마 노보루中島陟 대위는 사형을 선고받고 호리에 소좌에게 눈물을 흘리면서 이렇게 유언을 남겼다고 한다.[208]

적어도 종전 전에 전사하고 싶었어요. 어떻게든 거슬러 올라가 전사 취급을 해주시지 않겠습니까? 가족들이 들으면 얼마나 슬퍼할지 몰라요. 저만 포로들에게 잔학했던 걸까요? 포로가 되면 국가의 역적으로 취급하는 일본 국가의 기본 방향이 외국 포로에 대한 잔학 행위로 발전한 것이 아닐까요? 포로 학대는 일본 민족 전체의 책임이기 때문에 개인에게 죄를 뒤집어씌우는 것은 잘못된 것이 아닙니까. 저는 죽어도 못 죽겠어요. 나는 국가를 원망하며 죽겠습니다.

나카지마 대위는 포로 학대의 원인을 개인이 아닌 일본이라는 국가의 관습과 의식에 관한 문제라고 보았다. 이러한 포로 학대는 도조의 전진훈 훨씬 이전에 일본의 역사에 뿌리박힌 패자에 대하여 관용이 없는 인취와 난취의 전쟁 관습에 기인한다고 본다. 즉, 일본인들은 전쟁에 임하면 철저하게 패자의 인민들을 약탈하거나 노예로 삼았다. 이러한 전쟁 관습은 일본이 철저하게 반성하고 교육하지 않는 한 언제든지 재발할 가능성이 있다.

그러나 일본은 그렇게 하지 않고 있다. 주범인 다치바나 요시오 장군을 에히메현의 에히메대학 바로 옆에 있는 호국 신사에서 영령으로 모시고 있다. 그는 그곳에 건립된 '순국 22 열사지비'에 다른 전범들과 함께 영령으로 모셔져 있으며, 수많은 일본인들이 참배하고 있다. 어처구니없는 일이다. 일본 우익들은 이들이 처형당했다고 표기하는 것은 죄를 인정하는 것이라고 해서, 법무사法務死라는 용어를 새로 만들어 사형이 아니라 법무사라는 용어를 사용한다. 법무사는 죄가 없음에도 전범 재판으로 억울하게 죽었다는 뜻이다.[209]

일본 군인의 뉴기니섬 식인 행위

태평양 전쟁 기간 중 일본 군인들의 식인 행위는 남태평양의 다른 지역에서도 발견된다. 뉴기니섬New Ginea에서도 식인 행위가 있었다는 자료들이 있다. 뉴기니섬은 호주 바로 북쪽에 있는 섬으로 세계에서 두 번째로 큰 섬이다. 오세아니아에 속한다. 제2차 세계대전 당시 호주령이었으나, 1942년 일본 제국이 뉴기니섬을 침공하여 파푸아 뉴기니 지역을 점령했다. 이에 호주와 미국의 연합군이 맞서 승리했으며, 이 과정에서 양측 총 20만 명가량이 사망한 것으로 추정된다. 제2차 세계대전 이후 뉴기니섬의 서쪽은 네덜란드령을 거쳐 인도네시아 파푸아주가 되었으며, 동쪽은 호주 영토로 있다가 1975년 파푸아 뉴기니로 독립되었다.

일본 서부의 푸쿠이 출신인 호주 멜보른대의 다나카 요시유키 교수는 2011년 호주 정부의 문서보관소에서 화학 전투에 관한 자료를 수집하던 중 우연히 일본군의 식인 행위에 관한 자료들을 발견했다. 위 자료에는 표지에 '전쟁범죄서류-종결된 자료War crimes documents ‐closed materials'라고 제목이 붙어 있었다.

그가 발견한 일본군 식인 행위에 관한 자료들은 전쟁범죄 조사 과정에서 작성된 호주 군인들의 선서 진술서뿐만 아니라 체포된 일본 군인들의 메모도 있었다. 다나카 교수는 일본 군인들이 뉴기니에서 아시아 강제 노동자들뿐만 아니라 호주와 인도 군인들을 식인한 행위에 대하여 최소한 100개 이상의 케이스 자료들을 모았다.

그는 "일부 사안에서는 일본 군인들이 굶주림으로 고통받게 되어서 저질러진 것이지만, 다수의 다른 사안에서는 전혀 배고픔으로 인한 행위가 아니었다"라고 주장했다. 다수의 보고서들에 의하면, 일본 군인들은 매우 건강했고 감자, 쌀밥, 마른 생선들을 섭취했다. 식인 행위는 단순히 식량 부족 때문에 발생한 것은 아니었다. 그는 또한 사기 부족으로 사기를 높이고자 식인 행위를 한 것도 아니라고 주장했다. 보고서에 따르면, 일본군의 사기는 높았고, 지휘관의 지시로 집단으로 식인 행위를 했다. 식인 행위는 일본 군인들이 승리의 기분을 느끼기 위한 것이고 군인들에게 강철 같은 정신을 갖도록 하기 위한 것이었다. 그는 전체 부대원들이 함께 식인 행위라는 금기 사항을 깨뜨렸기 때문에 식인 행위는 군인들을 서로 뭉치게 하는 데 도움이 된다고 주장했다.

호주군 중위의 진술서에는 그가 발견한 수많은 시체의 잔해에 대하여 언급했는데, 그중 하나는 오직 가죽이 벗겨진 머리와 척추뼈만 있었으며, 모든 시체들이 잔해의 형태에 비추어 그 육체가 훼손되어 고기의 일부가 요리된 것으로 추정할 수밖에 없다고 결론을 내렸다. 또 호주군 상등병은 진술서에서, 그가 일본 점령 지역에서 매장을 돕던 중 호주군 동료들의 사체가 훼손된 것을 보았다고 진술했다. 한 파키스탄군 상등병은 일본군이 싱가포르를 점령했을 때 체포되어 뉴기니에 끌려갔다. 그는 그가 수용된 지역에서 약 100일 동안 일본 군인들은 매일 한 명의 포로들을 살해하여 식인 행위를 했다고 증언했다. 그 상등병은 여전히 살아 있는 포로들로부터 살점을 떼어내는 것을 보았다고 진술했다.[210]

당시 이와 같은 일본인들의 의식을 엿볼 수 있는 또 다른 사례로 츠지 마사노부辻政信를 들 수 있다. 그는 태평양 전쟁의 최고 전략가 중의 한 명이었다. 〈동맹 통신〉(〈교도 통신〉과 〈지지 통신〉의 전신) 특파원 오노다 마사는 1943년 파푸아 뉴기니의 라바울에서 츠지와 기자회견을 해 전선의 상황을 들었는데 츠지는 허리에 차고 있는 바짝 마른 검은 통을 보이며 "이건 미군의 간이다. 와신상담이라는 말이 있지만 나는 이를 핥으며 연명했다"라고 자랑스럽게 말했다고 한다.

스기모리 히사히데는 그의 책 《츠지 마사노부》에서 다음과 같이 썼다.[211]

전쟁 중의 일본인에게 있어서 미·영은 귀축이요 추로(추악한 포로)로서, 그 간과 고기를 먹는 것이 인도상의 대죄라니 말도 안 되는 일이었다. 창피하게 살다가 포로로 잡힌 외국인 장병은 그 겁쟁이와 비겁함을 실컷 웃어 줘야지 그걸 불쌍하다고 하다니 언어도단이었다. 그런 분위기에서는 백인의 고기 한 점조차 입에 대지 못하는 남자는 겁쟁이였고, 그것을 시식할 것을 제안한 츠지 마사노부는 가장 옛 무사다움, 용감한 일본인의 전형이었다.

이오지마 전투의 억울한 피해자 조선인 노동자 1천 명

이오지마 전투는 1945년 2월 19일부터 3월 26일까지 서태평양의 전략적 요충지인 이오지마를 두고 벌어진 미 해군 및 해병대와 일본 제국 육군 간의 치열한 전투를 말한다.

도쿄에서 거의 정남쪽으로 1,216킬로미터 떨어진 곳에 위치한 이오지마는 면적이 22.4평방킬로미터밖에 안 되는 손바닥만 한 화산섬이었지만, 미군이 B-29 폭격기의 기지로 삼고 있던 마리아나제도와 일본 본토의 딱 중간 지점에 있었다.

미군이 마리아나제도의 사이판을 점령한 이후 중부 태평양에서 미 해군이 일본 본토로 진격하는 것을 막기 위하여 일본 해군이 이곳에 비행장과 레이더 기지를 건설했다. 이곳에도 조선인 군속 노동자 1,000여 명이 끌려가서 강제 노동을 했다.[212] 미군의 입장에서는 미군 폭격기가 일본 도쿄 폭격을 마치고 안전하게 귀환하기 위해서는, 그리고 미군의 일본 본토 상륙을 위해서는 이 섬을 확보해야 했다.

이오지마의 일본 해군 측 최선임자였던 해군 중장 이치마루 리노스케市丸利之助 제독은 제27항공전대 사령관으로 해군 육전대를 이끌며 전투를 지휘했다.

이오지마 수비대 사령관으로 새로 부임한 구리바야시 다다미치栗林忠道 장군은 냉철한 현실주의자로서 이오지마 방어가 강요된 자살행위임을 잘 알고 있었다. 그는 예정된 희생을 조금이라도 일본에 유리하게 이용할 방법을 강구했다. 그리하여 장기 방어전을 통해 최대한 미군의 희생을 이끌어 내 본토에 시간을 벌어 주기로 했다. 미군에게 이오지마에서 본토 상륙전에 대한 트라우마를 심어 줘 패망 직전의 일본에 조금이라도 유리한 상황을 만들고자 했던 것이다. 그래서 구리바야시 장군은 옥쇄 돌격을 엄격히 금지하고, 가능한 한 오래 병력을 유지하면서 집요하게 전투를 지속하기 위한 지침들을 만들어 부하들에게 숙지시켰다. 이 전략은 상당히 유효

한 조치였다. 구리바야시는 미군의 상륙에 대비하여 해안선에 방어선을 구축하지 않고 해안선 안쪽으로 병력을 뺐다. 그러고는 거대한 땅굴로 연결된 탄탄한 방어망을 구축했다.

1945년 2월 19일 개전 첫날에만 미 해병대 2,500여 명이 전사 및 부상으로 전열에서 이탈하는 피해가 났다. 결국 1주일 만에 끝난다는 전투는 끔찍한 희생자를 만들면서 3월 26일까지 약 40일간이나 계속된 끝에 미군의 승리로 끝났다. 치열한 전투 끝에 미군들이 이오지마에서 가장 높은 스리바치산 정상에 성조기를 게양하는 사진은 미 국민들을 감동으로 몰아넣었다. 그리고 미 해병대의 상징이 되어 전후 미국 각지에 세워진 해병대 기념비들이 사진 속 장면을 본떠 세워졌다.

한편, 일본군 사령관인 구리바야시 다다미치 중장은 탄약과 식량이 바닥나자 더 이상 버틸 수 없음을 느끼고 1945년 3월 26일 새벽 미군의 경계에 빈틈이 생긴 것을 확인하고 잔존 장병을 이끌고 미군 부대에 돌격하여 중상을 입고 전사했다. 그가 최후 결전을 앞두고 3월 16일 일본군 대본영에 타전한 옥쇄를 의미하는 결별 전보는 일본인들의 애국심을 자극하는 것으로 유명하다. 그는 사망 후 육군 대장으로 승진했다. 그는 전후 태평양 전쟁의 일본군 최고의 명장이라는 평가도 받고 있으며, 그를 주제로 한 소설과 영화도 나와 있다.[213]

격렬한 전투의 결과, 미 해군 및 해병대의 전 병력 11만 명 중 전사자는 6,821명, 부상은 19,189명, 실종이 494명이었다. 일본 육·해군은 21,000명 가운데 216명만 남고 전원 전사했다. 1천여 명의 일본 해군 소속 조선인 군속들도 전투 속에서 모두 사망했다. 비행장 등 섬 내 해군 시설 건설을 위해 강제징용되었던 조선인 군속들은 전투가 시작되자 전투원으로 종사했다. 1945년 3월 9일 자 〈서일본신문〉에서는 반도 용사도 돌격했다는 제하로 이들의 옥쇄를 보도했다.[214] 남의 나라 전쟁에 끌려간 약소국 조선 국민들의 억울한 죽음이었다. 일본은 이 조선인들의 희생에 대하여 아무런 배상이나 사과도 없었다. 전쟁에서 사망한 일본 군인들의 유족들에 대해서는 전후 배상 입법을 만들어 이들의 희생을 배상했다. 현재 우리는 이오지마 전투에서 사망한 조선인 노동자들의 규모나 인적 사항에 대하여 제대로 알지 못하고 있다. 일본은 자신들 군인들의 희생과 전투에만 관심이 있지, 조선인 노동자들에 대해서는 언급조차 하기를 꺼린다. 이제 우리가 찾아야 할 일이다.

제1부
위안부와 강제 동원의 역사적 기원
_ 인취와 난취

1. 公娼《大百科事典. 第9卷》(平凡社, 1935); 遊女, https://ja.wikipedia.org/wiki에서 재인용

2. Hicks, George (1997), The Comfort Women: Japan's Brutal Regime of Enforced Prostitution in the Second World War, W W Norton & Company, p.27

3. Comfort women used to prevent military revolt during war: historian, Korea Times, November 30, 2007

4. https://www.dhs.gov/blue-campaign/what-human-trafficking

5. Hicks, George (1997), The Comfort Women: Japan's Brutal Regime of Enforced Prostitution in the Second World War, p.27

6. 네이버 지식백과, 부산포왜관(釜山浦倭館) (한국향토문화전자대전)

7. Yamazaki, Tomoko; Colligan-Taylor, Karen F., Sandakan Brothel No.8, p.xvi

8. 公娼, https://ja.wikipedia.org/wiki

9. 吉原遊廓, https://ja.wikipedia.org/wiki

10. 요시와라 유곽, 나무위키, https://namu.wiki/w

11. 奴隷貿易, https://https://ja.wikipedia.org/wiki

12. 岡倉登志《アフリカの歴史 侵略と抵抗の軌跡》明石書店 2001年; 奴隷貿易, https://ja.wikipedia.org/wiki

13. 渡邊大門, '倭寇の人身売買は貴重な労働力' 日中朝を席巻した海賊集団の謎, 2018/12/09

14. 三宅亨《倭寇と王直》, 日本と東アジアのコミュニケーションの総合的研究, 2012年

15. 渡邊大門, '倭寇の人身売買は貴重な労働力' 日中朝を席巻した海賊集団の謎, 2018/12/09

16. 渡邊大門, '倭寇の人身売買は貴重な労働力' 日中朝を席巻した海賊集団の謎, 2018/12/09

17. 三宅亨《倭寇と王直》, 日本と東アジアのコミュニケーションの総合的研究, 2012年

18. 渡邊大門, 川中島の戦いは略奪が目的だった？ 信玄も黙認した '乱取り' の真実, 2019/01/05

19. 渡邊大門, 川中島の戦いは略奪が目的だった？ 信玄も黙認した '乱取り' の真実, 2019/01/05

20. 渡邊大門《人身売買・奴隷・拉致の日本史》p175, 柏書房, 2014

21.《多聞院日記 三十六》天正20年5月18日条(음력 1593년 5월 18일)

22. 渡邊大門, '極悪の欲情' 女好き秀吉' フロイスの目にはどう映ったか, 2018/09/23

23. 대우가문서록(大友家文書録)

24. 顕如上人貝塚御座所日記

25. 渡邊大門, '極悪の欲情' 女好き秀吉' フロイスの目にはどう映ったか, 2018/09/23

26. 大奥, https://ja.wikipedia.org/wiki/

27. Headrick, Daniel R. (2010). Power Over Peoples: Technology, Environments, and Western Imperialism, 1400 to the present. Princeton: Princeton University Press.

28. 岡美穂子《商人と宣教師 – 南蛮貿易の世界》東京大学出版会, 2010年

29. 스페인식으로 프란치스코 하비에르라고도 표기한다.

30. 岡美穂子《商人と宣教師 – 南蛮貿易の世界》東京大学出版会, 2010年, p.1.; 本多博之《天下統一とシルバーラッシュ – 銀と戦国の流通革命》吉川弘文館 〈歴史文化ライブラリー〉, 2015年, p.16, 南蛮貿易, https://ja.wikipedia.org/wiki에서 재인용

31. 片倉 穰, 東南アジア渡航朝鮮人に関する覚書, 日本近世初期における渡来朝鮮人

の研究: 加賀藩を中心に, 1990年度科学研究費補助金 (一般研究B) 研究成果報告書, pp.177~178

32. 〈박종인의 땅의 歷史〉조선이 명을 섬길 때 일본은 세계를 만났다, 조선일보, 2019. 02. 27

33. 安野眞幸《教会領長崎 - イエズス会と日本》講談社'講談社選書メチエ', 2014年.

34. 岡美穂子《商人と宣教師 - 南蛮貿易の世界》東京大学出版会, 2010年

35. 南蛮貿易, https://https://ja.wikipedia.org/wiki

36. 노성환, '일본 나가사키현의 조선인 천주교도에 관한 연구', 일어일문학 49집

37. 임진왜란, 나무위키

38. Slavery in Japan, https://en.wikipedia.org/wiki

39. Michael Weiner, ed. (2004). Race, Ethnicity and Migration in Modern Japan: Imagined and imaginary minorities (illustrated ed.). Taylor & Francis. p.408.

40. Slavery in Japan, https://en.wikipedia.org/wiki

41. 鬼塚英昭, '天皇のロザリオ' (平成十六年十月刊, 自費出版) pp.249~282

42. 片倉 穣, 東南アジア渡航朝鮮人に関する覚書, 日本近世初期における渡来朝鮮人の研究: 加賀藩を中心に, 1990年度科学研究費補助金 (一般研究B) 研究成果報告書, pp.177~178

43. Nelson, Thomas, (Winter, 2004), Monumenta Nipponica (Slavery in Medieval Japan), Sophia University

44. 伴天連追放令の根拠考, http://www.marino.ne.jp/~rendaico/nihonchristokyoshico/tuihorei.htm, バテレン追放令, 北國新聞, ２００２.7.9., http://www.hokkoku.co.jp/kagakikou/ukon/ukon19.html

45. 日本人女性人身売買考, (個人的) 週刊日本新聞・過去ログ選集, http://www.marino.ne.jp/~rendaico/nihonchristokyoshico/zinshinbaibaico.htm

46. 메이지(1867~1912), 다이쇼(1912~1926) 천황 시대를 말한다.

47. るいネット - キリシタンが日本の娘を50万人も海外に奴隷として, https://touro.rychnovskypruvodce.info/news-482.html#1_3

48. 동 서적 pp.414~417

49. 동 서적 도요토미시대(을편 pp.337~387)

50. 伴天連追放令の根拠考, http://www.marino.ne.jp/~rendaico/

nihonchristokyoshico/tuihorei.htm

51. The rarely, if ever, told story of Japanese sold as slaves by Portuguese traders, The Japan Times, May 26, 2013

52. ガスパール・コエリョ, https://ja.wikipedia.org/wiki

53. 豊臣秀吉の'バテレン追放令第１０条'と奴隷貿易をしていたキリシタン大名・天草四郎, 2007/03/27, http://www.asyura2.com/0510/bd42/msg/812.html

54. 네이버 지식백과, 고니시 유키나가〈小西行長〉- 임진왜란의 선봉에 섰던 기독교도 다이묘 (일본 다이묘, 이해진)

55. Gaspar Coelho, https://en.wikipedia.org/wiki

56. Yamazaki, Tomoko; Colligan-Taylor, Karen F., Sandakan Brothel No.8, p. xiv

57. 天正十五年六月十八日付覚

58. 吉利支丹伴天連追放令

59. バテレン追放令, https://ja.wikipedia.org/wiki

60. バテレン追放令, 博多・箱崎の陣で秀吉ひょう変 奴隷売買と寺院破壊を怒る

61. 伴天連追放令の根拠考, http://whttp://www.marino.ne.jp/~rendaico/nihonchristokyoshico/tuihorei.htm

62. P.249~257

63. 伴天連追放令の根拠考, http://www.marino.ne.jp/~rendaico/nihonchristokyoshico/tuihorei.htm

64. ガスパールコエリョ, https://ja.wikipedia.org/wiki

65. 渡邊大門, 秀吉禁止令も頻被り, 朝鮮出兵で横行した理性なき'奴隷狩り', 2019/05/23, https://ironna.jp/article/

66. 渡邊大門, 秀吉禁止令も頻被り, 朝鮮出兵で横行した理性なき'奴隷狩り', 2019/05/23

67. 네이버 지식백과, 간양록〈看羊錄〉- 처절한 임진왜란 포로 체험의 세계;〈김동철 칼럼〉노예 전쟁, 국방신문, 2018. 7. 16

68. 渡邊大門, 秀吉禁止令も頻被り, 朝鮮出兵で横行した理性なき'奴隷狩り', 2019. 05. 23

69. 강항, 간양록, 엮은이 탁양현, 퍼플, pp.48~49

70. 片倉 穣, 東南アジア渡航朝鮮人に関する覚書, 日本近世初期における渡来朝鮮人の研究: 加賀藩を中心に, 1990年度科学研究費補助金 (一般研究B) 研究成果報告

書, pp.177~178

71. 〈김동철칼럼〉 노예 전쟁, 국방신문, 2018. 7. 16

72. 添田 仁, 壬辰·丁酉 倭亂における朝鮮人被虜の末裔, http://www.lib.kobe-u.ac.jp/repository/80030010.pdf; 內藤雋輔,《文禄慶長役における被擄人の研究》, 東京大学出版会, 1977年

73. 정광,《조선가》 2020, p.190; 심재철,《일본 개화로 이어진 조선 도공의 문화변용》, 스토리오브서울, 2021. 2. 21 http://www.storyofseoul.com

74. 심재철,《일본 개화로 이어진 조선 도공의 문화변용》, 스토리오브서울, 2021. 2. 21 http://www.storyofseoul.com

75. 六反田豊, 文禄·慶長の役(壬辰倭亂), https://www.jkcf.or.jp/wordpress/wp-content/uploads/2019/11/1_1_2j.pdf

76. "日에 끌려간 조선의 도공들이 메이지 유신의 바탕이 됐다", 2020. 8. 25, donga.com

77. 渡邊大門, 秀吉禁止令も類被り, 朝鮮出兵で横行した理性なき'奴隷狩り', 2019. 05. 23

78. 강항, 간양록, 엮은이 탁양현, 퍼플, pp.11~12

79. "매일이 오늘이소서…"《임진왜란 때 납치된 조선인 도공들의 노래〈조선가〉》, 김영사, 2020. 8. 31

80. 손승철, 임진왜란피로인(壬辰倭亂捕虜人), 한국민족문화대백과사전, 네이버

81. Turnbull, Stephen (2002), Samurai Invasion: Japan's Korean War 1592–98, Cassell & Co, ISBN 978-0-304-35948-6

82. Mark Cartwright, The Japanese Invasion of Korea, 1592-8 CE, World History Encyclopedia https://www.worldhistory.org/article/1398/the-japanese-invasion-of-korea- 1592-8-ce/

83. 渡邊大門, '朝鮮出兵'波乱に満ちた生け捕り奴隷の人生, 2019. 07. 19, https://https://ironna.jp/article/13016

84. 藤木久志,《雑兵たちの戦場─中世の傭兵と奴隷狩り─》, 朝日新聞社

85. 渡邊大門, '朝鮮出兵'波乱に満ちた生け捕り奴隷の人生, 2019. 07. 19, https://ironna.jp/article/13016

86. 渡邊大門, '朝鮮出兵'波乱に満ちた生け捕り奴隷の人生, 2019. 07. 19

87. 임진왜란으로 눈물 흘린 조선 포로의 삶〈윤명철의 한국, 한국인 재발견〉, 한국경

제, 2020. 12. 06

88. 六反田豊, 文禄•慶長の役(壬辰倭亂), https://www.jkcf.or.jp/wordpress/wp-content/uploads/2019/11/1_1_2j.pdf

89. Arano, Yasunori (2005), The Formation of a Japanocentric World Order, International Journal of Asian Studies, p.199; Kaijian Tang (2015). Setting Off from Macau: Essays on Jesuit History during the Ming and Qing Dynasties. BRILL. p.93. ISBN 978-9004305526

90. 간양록(看羊錄) 처절한 임진왜란 포로 체험의 세계, 저자 강항(姜沆), 해설자 이채연, https://blog.naver.com/uifarm/220277222766

91. 內藤雋輔《文禄慶長の役における被虜人の研究》p.226, 東京大学出版社, 1976年

92. 渡邊大門, '朝鮮出兵'波乱に満ちた生け捕り奴隷の人生, 2019/07/19, https://ironna.jp/article/13016

93. 〈김동철 칼럼〉 노예 전쟁, 국방신문, 2018. 7. 16

94. 六反田豊, 文禄・慶長の役(壬辰倭亂), https://www.jkcf.or.jp/wordpress/wp-content/uploads/2019/11/1_1_2j.pdf

95. 片倉 穰, 東南アジア渡航朝鮮人に関する覚書, 日本近世初期における渡来朝鮮人の研究: 加賀藩を中心に, 1990年度科学研究費補助金 (一般研究B) 研究成果報告書, pp.177~178

96. 임진왜란, 나무위키

97. 榎一雄,《商人カルレッティ》, 大東出版社,〈大東名著選〉, 1984年, p.77, 82, 83

98. 岩生成一,《続・南洋日本町の研究》, 岩波書店, 1987年, pp.107~110

99. 片倉 穰, 위의 논문

100. 덴쇼소년 사절단과 안토니오 코레아, https://blog.naver.com/nalnarioppa/222196403440

101. Following the trail of "The Korean Man", https://koreajoongangdaily.joins.com/2004/03/03

102. 네이버 지식백과, 코레아씨〈Corea〉(두산백과)

103. 선조수정실록 27권, 선조 26년 1월 1일, 선조 26년 4월 1일; 고니시 유키나가, 나무위키

104. ジュリアおたあ, https://ja.wikipedia.org/wiki

제2부

가라유키상
_ 해외로 나간 일본의 성노예

1. サン＝フェリペ号事件, https://ja.wikipedia.org/wiki

2. 高木作右衛門, https://ja.wikipedia.org/wiki

3. 朱印船, https://ja.wikipedia.org/wiki

4. 鎖国, https://ja.wikipedia.org/wiki

5. 〈박종인의 땅의 歷史〉 인공 섬 데지마에서 일본은 근대를 배웠다, 조선일보, 2019. 03. 06

6. ヤン・ヨ_ステン, https://ja.wikipedia.org/wiki

7. 그 후 거주 중국인은 인접 나가사키시 신치마치에 중화거리를 형성하고 나가사키 신치중화가가 된다. 唐人屋敷, https://ja.wikipedia.org/wiki

8. Yamazaki, Tomoko; Colligan-Taylor, Karen F., Sandakan Brothel No.8, p.xv

9. Leupp, Gary P. (2003). Interracial Intimacy in Japan: Western Men and Japanese Women, 1543~1900. Continuum. p.48

10. Leupp, Gary P. (2003). Interracial Intimacy in Japan: Western Men and Japanese Women, 1543~1900. Continuum. p.49

11. Leupp, Gary P. (2003). Interracial Intimacy in Japan: Western Men and Japanese Women, 1543~1900. Continuum. P.35

12. Stanley, Amy (19 June 2012). Selling Women: Prostitution, Markets, and the Household in Early Modern Japan. University of California Press. p.77

13. 히라도시, 위키백과

14. Vos, Fritz (December 2014). Breuker, Remco; Penny, Benjamin (eds.). "FORGOTTEN FOIBLES: LOVE AND THE DUTCH AT DEJIMA (1641 – 1854)". East Asian History. Published jointly by The Australian National University and Leiden University (39); Prak, Maarten (22 September 2005). The Dutch Republic in the Seventeenth Century: The Golden Age. Cambridge University Press. p.119. ISBN 9781316342480

15. Prostitution in Japan, Wikipedia

16. Prostitution in Japan, Wikipedia

17. 〈박종인의 땅의 歷史〉 인공 섬 데지마에서 일본은 근대를 배웠다, 조선일보, 2019. 03. 06

18. 정하미, '조선통신사의 교토 체재와 조선인가도', 일본어문학 68집, 2015

19. 〈박종인의 땅의 歷史〉 1719년 통신사 신유한 "어찌하여 오랑캐가 부귀영화를 누린다는 말인가!", 조선일보, 2019. 01. 02

20. 스기타 겐파쿠, '난학사시', 1815

21. 長崎屋源右衛門, https://ja.wikipedia.org/wiki/

22. 〈박종인의 땅의 歷史〉 인공 섬 데지마에서 일본은 근대를 배웠다, 조선일보, 2019. 03. 06

23. 역사가 당신을 강하게 만든다. 최중경, 한울, p.37

24. 倭館, https://ja.wikipedia.org/wiki/

25. 倭館, https://ja.wikipedia.org/wiki

26. 태종실록 권 35, 18년(1418년) 3월 2일; 村井 章介, 中世倭人伝, 岩波新書 (1993/03)

27. Warren, James Francis (2003). Ah Ku and Karayuki-san: Prostitution in Singapore, 1870~1940. Singapore Series, Singapore: studies in society & history (illustrated ed.). NUS Press. ISBN 978-9971692674. P.87

28. Narangoa, Li; Cribb, Robert (2003). Imperial Japan and National Identities in Asia, 1895~1945. Psychology Press. ISBN 9780700714827. P.45

29. Frances, Raelene (July 2004). "White Slaves' and White Australia: Prostitution and Australian Society" (PDF). Australian Feminist Studies. 19 (44), Karayuki-san, https://en.wikipedia.org

30. Boris, Eileen; Janssens, Angelica Anna Petronella Octaviana, eds. (1999). Complicating Categories: Gender, Class, Race and Ethnicity. Cambridge University Press. ISBN 9780521786416. P.105

31. Christopher, Emma; Pybus, Cassandra; Rediker, Marcus, eds. (2007). Many Middle Passages: Forced Migration and the Making of the Modern World. University of California Press, p.212; Frances, Rae (2007). Selling Sex: A Hidden

History of Prostitution (illustrated ed.). UNSW Press, p.49. Karayuki-san, https://en.wikipedia.org에서 재인용

32. Frances, Rae (2007). Selling Sex: A Hidden History of Prostitution, p.46

33. Shimizu, Hiroshi; Hirakawa, Hitoshi (1999). Japan and Singapore in the World Economy: Japan's Economic Advance Into Singapore, 1870~1965. Routledge, p.25

34. Warren, James Francis (2003). Ah Ku and Karayuki-san: Prostitution in Singapore, 1870~1940. Singapore Series, Singapore: studies in society & history (illustrated ed.). NUS Press, pp.35~41. Karayuki-san, https://en.wikipedia.org에서 재인용

35. Yamazaki, Tomoko; Colligan-Taylor, Karen F., Sandakan Brothel No.8, p.xiv

36. Yamazaki, Tomoko; Colligan-Taylor, Karen F., Sandakan Brothel No.8, p.xix

37. Yamazaki, Tomoko; Colligan-Taylor, Karen F., Sandakan Brothel No.8, pp.xxi-xxii

38. 가라유키상, 나무위키

39. Yamazaki, Tomoko; Colligan-Taylor, Karen F., Sandakan Brothel No.8, p. xxiv

40. "위안부는 천황제가 만든 성폭력 시스템", 경향신문, 2010. 08. 06

41. Yamazaki, Tomoko; Colligan-Taylor, Karen F., Sandakan Brothel No.8, p.xxii

42. 가라유키상, 나무위키

43. 日本人女性人身売買考, (個人的) 週刊日本新聞 · 過去ログ選集, http://www.marino.ne.jp/~rendaico/nihonchristokyoshico/zinshinbaibaico.htm

44. 가라유키상, 나무위키

45. James Francis Warren, Ah Ku and Karayuki-san: Prostitution in Singapore, 1870~1940, NUS Press, 2003 p.160

46. "위안부는 천황제가 만든 성폭력 시스템", 경향신문, 2010. 08. 06

47. "Jinmin no iju to shofu no dekasegi" (The migration of [Japanese] subjects and prostitutes working away from home), in Jiji Shinpo (Current News), 18 January 1896

48. "위안부는 천황제가 만든 성폭력 시스템", 경향신문, 2010. 08. 06

49. https://www.yehland.com/2018/04/karayukisan.html

50. 가라유키상, 나무위키

51. Lu, Sidney Xu, "Japan's Asia-Pacific Migrations and the Making of the Japanese Empire, 1868-1945" University of Pennsylvania (2013). Publicly Accessible Penn Dissertations. 892

52. Yamazaki, Tomoko; Colligan-Taylor, Karen F., Sandakan Brothel No.8, p.xxii

53. https://www.yehland.com/2018/04/karayukisan.html

54. Yamazaki, Tomoko; Colligan-Taylor, Karen F., Sandakan Brothel No.8, p.xxiii

55. Warren, James Francis (2003). Ah Ku and Karayuki-san: Prostitution in Singapore, 1870~1940. Singapore Series, Singapore: Karayuki-san, https://en.wikipedia.org에서 재인용

56. Bin Mihalopoulos (1993) The making of prostitutes: The Karayuki-san , Bulletin of Concerned Asian Scholars, 25:1, 41~56

57. Yamazaki, Tomoko; Colligan-Taylor, Karen F. (2015). Sandakan Brothel No.8: Journey into the History of Lower-class Japanese Women. Routledge

58. Yamazaki, Tomoko; Colligan-Taylor, Karen F., Sandakan Brothel No.8, p.xxiii

59. Yamazaki, Tomoko; Colligan-Taylor, Karen F., Sandakan Brothel No.8, p.xxiv

60. 가라유키상, 위키백과; Yamamoto, Mayumi (April 2004). "Spell of the Rebel, Monumental Apprehensions: Japanese Discourses on Pieter Erberveld". Indonesia; Mayo, Marlene J.; Rimer, J. Thomas; Kerkham, H. Eleanor, eds. (2001). War, Occupation, and Creativity: Japan and East Asia, 1920~1960. University of Hawaii Press. p.315, Karayuki-san, https://en.wikipedia.org/wiki/에서 재인용

61. Yamazaki, Tomoko; Colligan-Taylor, Karen F., Sandakan Brothel No.8, p.xxiv

62. Erdstrom, Burt (2002). Turning Points in Japanese History. RoutledgeCurzon. ISBN 1-903350-05-0, pp.75~78

63. Downer, Leslie, Women of the Pleasure Quarters: The Secret History of the Geisha, Broadway, ISBN 0-7679-0490-7, p.97

64. Hicks, George (1997), The Comfort Women: Japan's Brutal Regime of Enforced Prostitution in the Second World War, W W Norton & Company, p.27

65. Morisaki, Baishun oˉkoku no onnatachi; Prostitution in Japan, Wikipedia

66. Stanley, Amy (2012). Selling Women: Prostitution, Markets, and the Household in

Early Modern Japan (1 ed.). University of California Press. pp.193, 194

67. Karayuki-san, https://en.wikipedia.org/wiki/

68. J. Mark Ramseyer, Contracting for sex in the Pacific War, International Review of Law and Economics 65 (2021), p.4

69. Amy Stanley, Hannah Shepherd, Sayaka Chatani, David Ambaras, Chelsea Szendi Schieder, "Contracting for sex in the Pacific War": The Case for Retraction on Ground of Academic Misconduct, The Asia-Pacific Journal, Volume 19, Mar 01, 2021, p.4

70. "위안부는 천황제가 만든 성폭력 시스템", 경향신문, 2010. 08. 06

71. Yamazaki, Tomoko; Colligan-Taylor, Karen F., Sandakan Brothel No.8, p.xxv

72. Yamazaki, Tomoko; Colligan-Taylor, Karen F., Sandakan Brothel No.8, p.xxvi

73. 貴志 謙介, 終戦わずか2週間後「東京の慰安婦」は米軍のいけにえにされた, 現代ビジネス (講談社). (2018年 8月 15日)

74. Nicholas D. Kristof, Fearing G.I. Occupiers, Japan Urged Women Into Brothels, The New York Times, Oct. 27, 1995

75. 大霞会編, 続内務省外史, 地方財務協会

76. Nicholas D. Kristof, Fearing G.I. Occupiers, Japan Urged Women Into Brothels, The New York Times, Oct. 27, 1995

77. 特殊慰安施設協会, https://ja.wikipedia.org/wiki; Calvin Sims (2000年 6月 1日). "3 Dead Marines and a Secret of Wartime Okinawa". The New York Times

78. Recreation and Amusement Association, https://en.wikipedia.org/wiki/

79. Kovner, Sarah (2012). Occupying Power: Sex Workers and Servicemen in Postwar Japan. Stanford University Press; Herbert P. Bix (2000). Hirohito and the Making of Modern Japan. Perennial. p.538

80. 貴志 謙介, 終戦わずか2週間後「東京の慰安婦」は米軍のいけにえにされた, 現代ビジネス (講談社). (2018年 8月 15日)

81. Nicholas D. Kristof, Fearing G.I. Occupiers, Japan Urged Women Into Brothels, The New York Times, Oct. 27, 1995

82. Yoshiko Toyama, The Story of Tojin Okichi, The sad tale of the Shimoda geisha and the US diplomat, Japan Travel, Nov 6, 2014

83. Townsend Harris, https://en.wikipedia.org/wiki/

84. Tanaka, Yuki (2002). Japan's Comfort Women: Sexual Slavery and Prostitution During World War II and the U.S. Occupation. Routledge.

85. 特殊慰安施設協会, https://ja.wikipedia.org/wiki

86. Dower, John W. (1999). Embracing Defeat: Japan in the Wake of World War II. Norton

87. U.S. troops used Japanese brothels after WWII, AP, April 28, 2007

88. Nicholas D. Kristof, Fearing G.I. Occupiers, Japan Urged Women Into Brothels, The New York Times, Oct. 27, 1995

89. Nicholas D. Kristof, Fearing G.I. Occupiers, Japan Urged Women Into Brothels, The New York Times, Oct. 27, 1995

90. U.S. troops used Japanese brothels after WWII, AP, April 28, 2007

91. 貴志 謙介, 終戦わずか2週間後‘東京の慰安婦’は米軍のいけにえにされた, 現代ビジネス (講談社). (2018年 8月 15日)

92. Nicholas D. Kristof, Fearing G.I. Occupiers, Japan Urged Women Into Brothels, The New York Times, Oct. 27, 1995

93. Nicholas D. Kristof, Fearing G.I. Occupiers, Japan Urged Women Into Brothels, The New York Times, Oct. 27, 1995

94. 特殊慰安施設協会, https://ja.wikipedia.org/wiki

95. 戦後の日本を知っていますか?―占領軍の日本支配と教化

96. なぜ米軍は慰安婦問題を無視するのか？

97. 日本に存在した‘慰安夫’米国女性兵も‘慰安’が必要だった, ‘中国網日本語版(チャイナネット）’2012年7月19日, japanese.china.org.cn. China Internet Information Center http://japanese.china.org.cn/

98. Nicholas D. Kristof, Fearing G.I. Occupiers, Japan Urgesd Women Into Brothels, The New York Times, Oct. 27, 1995

99. Tanaka, Yuki (2002). Japan's Comfort Women: Sexual Slavery and Prostitution During World War II and the U.S. Occupation. Routledge.

100. 特殊慰安施設協会, https://ja.wikipedia.org/wiki

101. U.S. troops used Japanese brothels after WWII, AP, April 28, 2007

102. Tanaka, Yuki (2002). Japan's Comfort Women: Sexual Slavery and Prostitution During World War II and the U.S. Occupation. Routledge; Molasky, Michael S. (1999). American Occupation of Japan and Okinawa. Routledge.

103. Soh, C. Sarah (2008). The Comfort Women: Sexual Violence and Postcolonial Memory in Korea and Japan. University of Chicago Press. p.209

104. Kovner, Sarah (2012). Occupying Power: Sex Workers and Servicemen in Postwar Japan. Stanford University Press.

105. "Rape and War: The U.S. Experience [Archive] - The Phora". www.thephora. net; Recreation and Amusement Association, https://en.wikipedia.org/wiki/

106. Hata, Ikuhiko (1999). Ianfu to Senjō no Sei. Shinchosha. pp.166~170

제3부

일본군 위안부 제도
_ 국가적 폭력의 산물

1. 한국 여성가족부, 일본군 위안부 피해자 e역사관(http://www.hermuseum.go.kr/ PageLink.do)

2. 양현아, 〈2015년 한일 외교장관의 '위안부' 문제 합의에서 피해자는 어디에 있었나?〉, 김창록, 양현아, 이나영, 조시현, 〈2015 '위안부' 합의 이대로는 안 된다〉, 경인문화사, p.16

3. 와다 하루키, 정재정 옮김, 《일본군 '위안부' 문제의 해결을 위하여》, 역사공간, 2016, p.51~52에서 인용

4. 西岡力, 《朝日新聞 '日本人への大罪'》, 悟空出版, 2014. 와다 하루키, 정재정 옮김, 《일본군 '위안부' 문제의 해결을 위하여》, p.48에서 인용

5. 秦郁彦, '慰安婦と戰場の性' 新潮社〈新潮選書〉, 1999, pp.358~366

6. 1937년 9월 29일 육달 제48호 '야전주보규정개정(野戰酒保規程改正)'

7. 皇軍將兵慰安婦女渡来ニツキ便宜供与方依頼ノ件

8. 支那事変の経験より観たる軍紀振作対策(1940), 육군주계단 기사발행부 '육군주계
   단기사' 제378호 부록(1941)

9. 在中支森川部隊特殊慰安業務に関する規定

10. 日本の慰安婦, https://ja.wikipedia.org/wiki

11. 日本の慰安婦, https://ja.wikipedia.org/wiki

12. 日本の慰安婦, https://ja.wikipedia.org/wiki

13. 제120회 일본국회 - 참의원 - 외무위원회 - 13호-1991. 4. 1, 남상구, 일본 정부의
    일본군'위안부'에 대한 역사인식과 정책 변화, 한일관계사연구 58집에서 인용

14. 性奴隷の本質をぼかす'安倍首相の慰安婦発言を韓国メディア非難'日本軍,国家の
    組織的後押し', 産経新聞. (2015年 3月 28日); "아베, 美의회 연설 앞두고 '위안부
    문제' 교묘한 물타기". 연합뉴스, 2015. 3. 28

15. 戦時性的強制被害者問題の解決の促進に関する法律案(仮称)

16. Denial Reopens Wounds of Japan's Ex-Sex Slaves, New York Times, March 8,
    2007; Ex-Prostitutes Say South Korea and U.S. Enabled Sex Trade Near Bases,
    New York Times, Jan. 7, 2009

17. 永井和 京都大学文学研究科教授, 日本軍の慰安所政策について, http://nagaikazu.
    la.coocan.jp/works/guniansyo.html

18. Ms. Radhika Coomaraswamy, Report on the mission to the Democratic People's
    Republic of Korea, the Republic of Korea and Japan on the issue of military
    sexual slavery in wartime. Report of the Special Rapporteur on violence against
    women, its causes and consequences, in accordance with Commission on
    Human Rights resolution 1994/45.

19. Involuntary servitude, Wikipedia

20. "13th Amendment". Legal Information Institute. Cornell University Law School.
    November 20, 2012

21. Hicks, George (1997), The Comfort Women: Japan's Brutal Regime of Enforced
    Prostitution in the Second World War, p.29

22. Hicks, George (1996). "The 'Comfort Women'". In Duus, Peter; Myers, Ramon
    Hawley; Peattie, Mark R. (eds.). The Japanese Wartime Empire, 1931~1945.
    Princeton University Press. pp.305~323

23. "부러진 뼈는 신경쓰지 않고 성병 검진만 했다", 미디어오늘 2017. 6. 3 ; 稲葉正夫 編,《岡村寧次大將資料: 戰場回想編》, 原書房, 1970

24. 와다 하루키, 오누마 야스아끼, 시모무라 미츠코 공편, 이원웅 역,《군대 위안부 문 제와 일본의 시민운동》, 도서출판 오름, 2001, p.27~28

25. 미네기시 겐타로,《천황의 군대와 성노예》, 박옥순 옮김, 도서출판 당대, 2001, p.51

26. 미네기시 겐타로,《천황의 군대와 성노예》, p.50

27. Ms. Radhika Coomaraswamy, Report on the mission to the Democratic People's Republic of Korea, the Republic of Korea and Japan on the issue of military sexual slavery in wartime, No. 11

28. Hicks, George (1997), The Comfort Women: Japan's Brutal Regime of Enforced Prostitution in the Second World War, p.33

29. J. Mark Ramseyer, Contracting for sex in the Pacific War, International Review of Law and Economics 65 (2021), p.7

30. 상하이 사변 (시사상식사전, 박문각), 네이버 지식백과

31. 소화 12년(1937) 9. 15(육군)

32. 〈위키피디아 일본어판 번역〉 '일본의 위안부(日本の慰安婦)' (1), 미디어워치

33. 호사카유지 편저,《일본의 위안부 문제 증거자료집 1》, 30~31쪽, 황태연 외, 일제 종족주의에서 인용

34. 笠原十九司,《南京事件》, 岩波書店, 1997 등, 미네기시 겐타로, 천황의 군대와 성노 예, 박옥순 옮김, 도서출판 당대, 2001, p.53.

35. Ms. Radhika Coomaraswamy, Report on the mission to the Democratic People's Republic of Korea, the Republic of Korea and Japan on the issue of military sexual slavery in wartime.

36. 미네기시 겐타로,《천황의 군대와 성노예》, p.58.

37. 永井和 京都大学文学研究科教授, 日本軍の慰安所政策について, http://nagaikazu. la.coocan.jp/works/guniansyo.html

38. 〈위키피디아 일본어판 번역〉 '일본의 위안부(日本の慰安婦)' (1), 미디어워치

39. 永井和 京都大学文学研究科教授, 日本軍の慰安所政策について

40. 육군주계단 기사발행부 '육군주계단기사' 제378호 부록

41. 日本の慰安婦, https://ja.wikipedia.org/wiki

42. 日本の慰安婦, https://ja.wikipedia.org/wiki

43. 미네기시 겐타로, 《천황의 군대와 성노예》, pp.77~78

44. Hicks, George (1997), The Comfort Women: Japan's Brutal Regime of Enforced Prostitution in the Second World War, W W Norton & Company, p.17

45. 和歌山県知事発内務省警保局長宛 '時局利用婦女誘拐被疑事件ニ関スル件'(1938 年2月7日付)

46. 皇軍将兵慰安婦女渡来ニツキ便宜供与方依頼ノ件, https://www.awf.or.jp/1/facts-04.htm

47. "일본군 위안부 동원에 일본 영사관도 개입", 조선일보, 2007. 03. 06; 永井和 京都大学文学研究科教授, 日本軍の慰安所政策について, http://nagaikazu.la.coocan.jp/works/guniansyo.html

48. 와다 하루키, 오누마 야스아끼, 시모무라 미츠코 공편, 앞의 책, p.28

49. 永井和 京都大学文学研究科教授, 日本軍の慰安所政策について

50. 永井和, 陸軍慰安所の設置と慰安婦募集に関する警察史料, http://nagaikazu.la.coocan.jp/2semi/nagai.html

51. 支那事変の経験より観たる軍紀振作対策, 陸密第1955號

52. 日本の慰安婦, https://ja.wikipedia.org/wiki

53. 井浦祥二郎《潜水艦隊》学習研究社(2001年6月)

54. 日本の慰安婦, https://ja.wikipedia.org/wiki

55. Papers prove Japan forced women into second world war brothels, says China, https://www.theguardian.com/world/2014/apr/28/japan-second-world-war-brothels-papers-china

56. 内務省警保局警務課長 '支那渡航婦女ノ取扱ニ関スル件伺'(1938年 11月 4日付)

57. 内務省警保局長発大阪・京都・兵庫・福岡・山口各府県知事宛'南支方面渡航婦女ノ取扱ニ関スル件'(1938年 11月 8日付)

58. 미네기시 겐타로, 《천황의 군대와 성노예》, 도서출판 당대, 2001. pp.78~79

59. 南支方面渡航婦女の取り扱いに関する件, 日本の慰安婦, https://ja.wikipedia.org/wiki

60. 永井和, 陸軍慰安所の設置と慰安婦募集に関する警察史料, http://nagaikazu.

la.coocan.jp/2semi/nagai.html;《赤旗》1996年 12月 20日付, 吉川春子《従軍慰安婦 - 新資料による国会論戦 -》あゆみ出版 1997年

61. 와다 하루키, 오누마 야스아끼, 시모무라 미츠코 공편, 앞의 책, p.31

62. 日本の慰安婦, https://ja.wikipedia.org/wiki

63. 호사카유지 편저,《일본의 위안부 문제 증거자료집 1》, 45~49쪽

64. 上海派遣軍内陸軍慰安所ニ於ケル酌婦募集ニ関スル件

65. 北支派遣軍慰安酌婦募集ニ関スル件

66. 上海派遣軍内陸軍慰安所ニ於ケル酌婦募集ニ関スル件

67. '慰安婦資料'上海派遣軍内陸軍慰安所に於ける酌婦募集に関する件 (昭和13. 1. 19), https://dokdoandeastasia.com/

68. 支那渡航婦女募集取締ニ関スル件

69. 日本の慰安婦, https://ja.wikipedia.org/wiki

70. 남문희, 일본은 어떻게 '고노 담화'를 비틀었나, 시사인 제355호, 2014. 07. 04

71. 네이버 지식백과, 조선인 강제 연행(朝鮮人强制連行) (한국민족문화대백과, 한국 학중앙연구원)

72. Ms. Radhika Coomaraswamy, Report on the mission to the Democratic People's Republic of Korea, the Republic of Korea and Japan on the issue of military sexual slavery in wartime.

73. Korean and Japanese prisoners of war in Kunming, Kunming-REG-OP-3

74. 정진성, '미하원 일본군 위안부 관련 결의안 논의 과정에서 제기된 협의의 강제성과 그 역사적 진실', 400쪽 이하; 황태연 외, 일제종족주의에서 인용

75. Evidence documenting sex-slave coercion revealed, The Japan Times, April 18, 2007. http://search.japantimes.co.jp/cgi-bin/nn20070418a5.htm; "JAPANESE TROOPS TOOK LOCALS AS COMFORT WOMEN": INTERNATIONAL, Pacific Islands Report. September 21, 1999. http://www.pireport.org/articles/1999/09/21

76. Report on enforced prostitution in Western Borneo, N.E.I. during Japanese Naval Occupation

77. "일본군은 거리에서 마구잡이로 여성을 체포해 위안소에 넣었다", 신동아, 2012. 11. 23

78. Files: Females forced into sexual servitude in wartime Indonesia, The Japan Times, May 12, 2007

79. "Digital Museum: The Comfort Women Issue and the Asian Women's Fund".

80. "일본군은 거리에서 마구잡이로 여성을 체포해 위안소에 넣었다", 신동아, 2012. 11. 23

81. 西野瑠美子, '慰安婦'とは何であったか, 季刊 中帰連 2004年 03月 31日, http://www.ne.jp/asahi/tyuukiren/web-site/backnumber/05/nisino_ianhu.htm

82. 西野瑠美子, '慰安婦'とは何であったか, 季刊 中帰連 2004年 03月 31日, http://www.ne.jp/asahi/tyuukiren/web-site/backnumber/05/nisino_ianhu.htm

83. Tanaka, Yuki. Japan's Comfort Women. London and New York: Routledge, 2002., Larry Niksch, Japanese Military's "Comfort Women" System (2007), https://en.wikisource.org/wiki

84. Larry Niksch, Japanese Military's "Comfort Women" System (2007), https://en.wikisource.org/wiki

85. 西野瑠美子, '慰安婦'とは何であったか, 季刊 中帰連 2004年 03月 31日, http://www.ne.jp/asahi/tyuukiren/web-site/backnumber/05/nisino_ianhu.htm

86. 日本の慰安婦, https://ja.wikipedia.org/wiki

87. 時局利用婦女誘拐被疑事件ニ関スル件

88. 中央日報 2017年 07月 10日 '婦女子を誘拐して慰安婦として動員せよ'

89. 日경찰, 위안부 모집 과정 '유괴'로 판단해 수사…당시 문서 공개, 조선일보, 2017. 8. 13

90. J. Mark Ramseyer, Contracting for sex in the Pacific War, International Review of Law and Economics 65 (2021), p.6

91. Amy Stanley, Hannah Shepherd, Sayaka Chatani, David Ambaras, Chelsea Szendi Schieder, "Contracting for sex in the Pacific War": The Case for Retraction on Ground of Academic Misconduct, The Asia-Pacific Journal, Volume 19, Mar 01, 2021, p.11

92. "강제 동원 아니라고? 경찰이 말리던 아버지 때리고 잡아갔다", 연합뉴스, 2021. 03. 21

93. 위안부 실체 '폭로' 살아있는 '진실' 황금주 할머니 별세, 중앙뉴스, 2013. 01. 04

94. 支那渡航婦女ノ取扱ニ関スル件

95. 日本の慰安婦; 支那渡航婦女の取扱に関する件 https://ja.wikipedia.org/wiki

96. 支那渡航婦女の取扱に関する件 https://ja.wikipedia.org/wiki

97. 軍慰安所従業婦募集ニ関スル件

98. Larry Niksch, Japanese Military's "Comfort Women" System (2007), https://en.wikisource.org/wiki

99. 호사카유지 편저, 《일본의 위안부 문제 증거자료집 1》, 87~88쪽, 황태연 외, 일제 종족주의에서 인용

100. 永井和 京都大学文学研究科教授, 日本軍の慰安所政策について, http://nagaikazu.la.coocan.jp/works/guniansyo.html

101. 永井和 京都大学文学研究科教授, 日本軍の慰安所政策について

102. 永井和 京都大学文学研究科教授, 日本軍の慰安所政策について

103. 미네기시 겐타로, 《천황의 군대와 성노예》, pp.76~77

104. "위안부 연행해 돌아오라" 지시한 日 문서 발견, 강제 연행 증거 없다던 日 정부 주장과 정면 배치, 조선일보, 2015. 04. 09

105. Japanese Prisoner of War Interrogation Report No. 49: Korean Comfort Women, 1 Oct 1944, UNITED STATES OFFICE OF WAR INFORMATION

106. Larry Niksch, Japanese Military's "Comfort Women" System (2007), https://en.wikisource.org/wiki

107. U.S. Office of War Information. Survey of Current Political and Temper of the Korean People. August 15, 1942

108. Larry Niksch, Japanese Military's "Comfort Women" System (2007), https://en.wikisource.org/wiki

109. 女子挺身隊, https://ja.wikipedia.org/wiki

110. 高崎宗司 '半島女子勤労挺身隊'について : 《'慰安婦'問題 調査報告 · 1999》財団法人女性のためのアジア平和国民基金刊, 1999年

111. 女子挺身隊, https://https://ja.wikipedia.org/wiki

112. 秦郁彦, 《慰安婦と戦場の性》新潮社〈新潮選書〉, 1999年 6月, ISBN 978-4106005657

113. 女子挺身隊, https://ja.wikipedia.org/wiki

114. '위안부'는 소문과 괴담이던 시절… 그들도 정신대라 불렸다, 경향신문, 2020. 5. 28

115. Ms. Radhika Coomaraswamy, Report on the mission to the Democratic People's Republic of Korea, the Republic of Korea and Japan on the issue of military sexual slavery in wartime.

116. 정신대(挺身隊) (한국근현대사사전, 2005. 9. 10, 가람기획), 네이버 지식백과

117. 朝日新聞 1997.3.31.

118. 産経新聞 2014.4.1.(인터넷판).

119. 前田朗, '國外移送目的誘拐罪の共同正犯',《戰爭責任研究》19號

120. 이영훈 외,《반일종족주의》, 15쪽

121. Ms. Radhika Coomaraswamy, Report on the mission to the Democratic People's Republic of Korea, the Republic of Korea and Japan on the issue of military sexual slavery in wartime.

122. 池本幸三·布留川正博·下山晃,《近代世界と奴隷制》, 人文書院, 1995

123. 미네기시 겐타로,《천황의 군대와 성노예》, 박옥순 옮김, 도서출판 당대, 2001, p.127

124. Dr Hakim Adi, Africa and the Transatlantic Slave Trade, BBC, 2012. 10. 05 http://www.bbc.co.uk/history/british/abolition/africa_article_01.shtml

125. 日本の慰安婦, https://ja.wikipedia.org/wiki

126. 日本の慰安婦問題, https://ja.wikipedia.org/wiki

127. 軍위안부 연구 선구자 요시미 "핵심은 성노예와 같은 상황", 연합뉴스, 2019. 9. 13

128. "일본군위안부 문제 '주범'은 일제 식민지배와 친일세력", 한겨레, 2015. 3. 11

129. Larry Niksch, Japanese Military's "Comfort Women" System (2007), https://en.wikisource.org/wiki

130. 욱일장 받은 하버드 교수, "위안부는 매춘부" 논문 파문, JTBC, 2021.02.02.

131. J. Mark Ramseyer, Contracting for sex in the Pacific War, International Review of Law and Economics 65 (2021), p.1, 2

132. "강제 동원 아니라고? 경찰이 말리던 아버지 때리고 잡아갔다", 연합뉴스, 2021. 03. 21.

133. Amy Stanley, Hannah Shepherd, Sayaka Chatani, David Ambaras, Chelsea Szendi Schieder, "Contracting for sex in the Pacific War": The Case for Retraction on Ground of Academic Misconduct, The Asia-Pacific Journal, Volume 19, Mar 01, 2021

134. J. Mark Ramseyer, Contracting for sex in the Pacific War, International Review of Law and Economics 65 (2021), p.4, 5

135. "램지어, 위안부 논문 근거 조선인 계약서 못 봤다고 시인", 한겨레, 2021. 2. 26

136. 일본 '위안부' 최고권위자 "램지어 논문, 멋대로 꾸며내" 철회 공동성명, 시사 한겨레, 2021. 2. 1

137. G. Hicks, "Comfort women, sex slaves of the Japanese Imperial Force", Heinemann Asia, Singapore, 1995, pp. xiii, 24, 42 and 75. Ms. Radhika Coomaraswamy, Report on the mission to the Democratic People's Republic of Korea, the Republic of Korea and Japan on the issue of military sexual slavery in wartime에서 인용

138. "위안부 속여서 끌고 가는 것 직접 봤는데 꾸며낸 일이라고?" … "사설 쓴 논설위원들 다 불러라" … JP, 와타나베 사장 호통쳤다, 중앙일보, 2015.5.6.

139. Hicks, George (1997), The Comfort Women: Japan's Brutal Regime of Enforced Prostitution in the Second World War, W W Norton & Company, p.17

140. '위안부 보고서 55'5-1. 죽어도 말하기 싫은 그 얘길 자꾸 하라니…, 아시아경제, 2014. 9. 11

141. J. Mark Ramseyer, Contracting for sex in the Pacific War, International Review of Law and Economics 65 (2021), p.7

142. 와다 하루키, 오누마 야스아키, 시모무라 미츠코 공편, 앞의 책, p.31

143. Anger of wartime sex slaves haunts Japan and South Korea, https://www.theguardian.com/world/2012/oct/18

144. 양현아, 2015년 한일외교장관의 '위안부' 문제 합의에서 피해자는 어디에 있었나?, 김창록, 양현아, 이나영, 조시현, '위안부' 합의 이대로는 안 된다. 경인문화사, 2015. p.16

145. 日本の慰安婦問題, https://ja.wikipedia.org/wiki

146. 부러진 뼈는 신경쓰지 않고 성병검진만 했다, 미디어오늘 2017. 6. 3. http://beta.

mediatoday.co.kr/137146/

147. 정진성, '일본군위안소 제도의 성립', 일본군 '위안부' 문제의 책임을 묻는다; 부러 진 뼈는 신경쓰지 않고 성병검진만 했다, 미디어오늘 2017. 6. 3.

148. 東京新聞 2010.8.8.大図解シリーズ '終戦の日を考える'

149. 第170回国会(臨時会), 質問主意書, 質問第一五〇号, 2008. 12. 22.

150. Huang, Hua-Lun (2012). The Missing Girls and Women of China, Hong Kong and Taiwan: A Sociological Study of Infanticide, Forced Prostitution, Political Imprisonment, "Ghost Brides," Runaways and Thrownaways, 1900 – 2000s. McFarland. ISBN 9780786488346.

151. Comfort women, https://en.wikipedia.org/wiki/Comfort-women#CITEREFHuang2012

152. 昭和19年度内地樺太南洋移入朝鮮人労務者供出割当数調

153. 秦郁彦,《慰安婦と戦場の性》新潮社〈新潮選書〉

154. 慰安所と慰安婦の数, 慰安婦問題とアジア女性基金デジタル記念館, http://www.awf.or.jp/1/facts-07.html

155. 慰安所と慰安婦の数, 慰安婦問題とアジア女性基金デジタル記念館

156. 日本の慰安婦問題, https://https://ja.wikipedia.org/wiki

157. Comfort women: an unfinished ordeal, International Commission of Jurists, p.7

158. 朝日文庫, p.120

159. 高崎宗司'半島女子勤労挺身隊'について :《'慰安婦'問題 調査報告·1999》財団法人女性のためのアジア平和国民基金刊,1999年

160. Hicks, George (1997), The Comfort Women: Japan's Brutal Regime of Enforced Prostitution in the Second World War, W W Norton & Company, p.11, 19

161. "Comfort Woman" Ellen van der Ploeg passed away, http://www.janbanning.com

162. Hwang Geum Joo et al. v. Japan, Minister Yohei Kono, Minister of Foreign Affairs, http://www.internationalcrimesdatabase.org

163. Larry Niksch, Japanese Military's "Comfort Women" System (2007), https://en.wikisource.org/wiki

164. Norimitsu Onishi, Denial Reopens Wounds of Japan's Ex-Sex Slaves, The New York Times, March 8, 2007

165. Japan Should Compensate Canadian POWs, Expert Says, TORONTO GLOBE AND MAIL, Aug. 17, 1993, at 3D, Karen Parker and Jennifer F. Chew. "Compensation for Japan's World War II war-rape victims", Hastings International and Comparative Law Review, vol. 17(1994), p.497에서 인용

166. 정신대(挺身隊) (한국근현대사사전, 2005. 9. 10., 가람기획), 네이버 지식백과

167. Yamazaki, Tomoko; Colligan-Taylor, Karen F., Sandakan Brothel No.8: an episode in the history of lower-class Japanese women, Routledge, p.xxv

168. 永井和 京都大学文学研究科教授, 日本軍の慰安所政策について

169. Comfort Women Used to Prevent Military Revolt During War, Korea Times, November 30, 2007

170. Cumings, Bruce (1997). Korea's Place in the Sun: A Modern History (First ed.). New York London: W.W. Norton & Company. ISBN 978-0393316810, p.155

171. 일본군 '위안부' 피해자 문제에 관한 보고서, 여성가족부, 2017. 4

172. U.S. lawmaker seeks Japan apology 中央日報 August 14, 2009

173. 정신대 1백 31명 생존/북한, 중간보고서발표, 한국일보, 1993. 08. 04

174. 영화 '귀향'의 역사왜곡과 일본군 위안부에 대한 7가지 오해, 미디어워치, 2018. 4. 14

175. 朝鮮中央通信社日帝の罪状録を発表, 朝鮮新報 2010. 11. 24

176. Karen Parker and Jennifer F. Chew. "Compensation for Japan's World War II war-rape victims", Hastings International and Comparative Law Review, vol. 17(1994), p.497

177. History of the Comfort Women of World War II, https://www.thoughtco.com/world-war-ii-comfort-women-3530682

178. Larry Niksch, Japanese Military's "Comfort Women" System (2007), https://en.wikisource.org/wiki

179. Gamble, Adam; Watanabe, Takesato (2004), A Public Betrayed, Regnery Publishing, ISBN 978-0-89526-046-8, p.309

180. 昭和史の謎を追う

181. 日本の慰安婦問題, https://ja.wikipedia.org/wiki

182. "JAPANESE TROOPS TOOK LOCALS AS COMFORT WOMEN": INTERNATIONAL, Pacific Islands Report. September 21, 1999. http://www.pireport.org/articles/1999/09/21

183. Documents detail how Imperial military forced Dutch females to be 'comfort women', Japan Times. October 7, 2013. https://www.japantimes.co.jp/news/2013/10/07; Yoshimi, Yoshiaki (2000), Comfort Women. Sexual Slavery in the Japanese Military During World War II, Asia Perspectives, translation: Suzanne O'Brien, New York: Columbia University Press, ISBN 978-0-231-12033-3

184. Watanabe, Kazuko (1999). "Trafficking in Women's Bodies, Then and Now: The Issue of Military "Comfort Women"". Women's Studies Quarterly. 27 (1/2): 19–31. JSTOR 40003395

185. 정진성, '일본군위안소 제도의 성립', 일본군 '위안부' 문제의 책임을 묻는다; 부러진 뼈는 신경쓰지 않고 성병검진만 했다, 미디어오늘 2017. 6. 3

186. 호사카유지 편저, 《일본의 위안부 문제 증거자료집 1》, 295쪽, 황태연 외, 일제종족주의, p.145에서 인용

187. 支那渡航婦女の取扱に関する件(내무성발경 제5호)

188. 미네기시 겐타로, 《천황의 군대와 성노예》, 박옥순 옮김, 도서출판 당대, 2001, pp.118~119

189. 吉見義明《從軍慰安婦》

190. 미네기시 겐타로, 《천황의 군대와 성노예》, pp.119

191. 미네기시 겐타로, 《천황의 군대와 성노예》, pp.119~120

192. International Convention for the Suppression of the Traffic in Women and Children, https://www.oas.org› en_traites-inter-women_children

193. 미네기시 겐타로, 《천황의 군대와 성노예》, p.120

194. 미네기시 겐타로, 《천황의 군대와 성노예》, p.121

195. "강제 동원 아니라고? 경찰이 말리던 아버지 때리고 잡아갔다", 연합뉴스, 2021. 03. 21

196. 日本の慰安婦問題, https://ja.wikipedia.org/wiki

197. "JAPANESE TROOPS TOOK LOCALS AS COMFORT WOMEN":
INTERNATIONAL, Pacific Islands Report. September 21, 1999. http://www.
pireport.org/articles/1999/09/21

198. Japan's Wartime Sex Slave Exhibition Exposes Darkness in East Timor, The
Japan Times, December 23, 2006.

199. 일본군 위안부피해자e역사관

200. 日本の慰安婦, https://ja.wikipedia.org/wiki

201. 重村實, '特要員という名の部隊',《特集文藝春秋》1號

202. 미네기시 겐타로,《천황의 군대와 성노예》, p.77

203. 慰安所と慰安婦の数, 慰安婦問題とアジア女性基金デジタル記念館, http://www.
awf.or.jp/1/facts-07.html

204. 소화13(1938) 1. 20

205. 호사카유지 편저,《일본의 위안부문제 증거자료집 1》, 144~146쪽, 황태연 외, 일
제종족주의, p.137에서 인용

206. 소화14(1939) 11. 14

207. 호사카유지 편저,《일본의 위안부 문제 증거자료집 1》, 117~121쪽, 황태연 외, 일
제종족주의, pp.136~137에서 인용

208. Ms. Radhika Coomaraswamy, Report on the mission to the Democratic
People's Republic of Korea, the Republic of Korea and Japan on the issue of
military sexual slavery in wartime.

209. 이영훈 외,《반일종족주의》, p.320

210. UN Doc. E/CN.4/1996/53

211. UN Doc. E/CN.4/ 1996/53/Add.1

212. Ms. Radhika Coomaraswamy, Report on the mission to the Democratic
People's Republic of Korea, the Republic of Korea and Japan on the issue of
military sexual slavery in wartime.

213. J. Mark Ramseyer, Contracting for sex in the Pacific War, International Review of
Law and Economics 65 (2021), p.7

214. 유엔 "위안부 日 배상" 촉구/인권委 보고서 발간… 日정부 곤혹, 한국일보, 1998.
08. 10

215. Note verbale dated 96/03/26 from the Permanent Mission of Japan to the United Nations Office at Geneva addressed to the Centre for Human Rights, https://digitallibrary.un.org/record/

216. 제네바 UN 일본 대표부가 UN 인권센터에 보낸 외교문서

217. Ms. Gay J. McDougall, Special Rapporteur, An Analysis of the Legal Liability of the Government of Japan for "Comfort Women Stations" Established during the Second War.

218. Hwang Geum Joo et al. v. Japan, Minister Yohei Kono, Minister of Foreign Affairs, http://www.internationalcrimesdatabase.org

219. Norimitsu Onishi, Denial Reopens Wounds of Japan's Ex-Sex Slaves, The New York Times, March 8, 2007

220. Watanabe, Kazuko (1999). "Trafficking in Women's Bodies, Then and Now: The Issue of Military "Comfort Women"". Women's Studies Quarterly. 27 (1/2): 19–31. JSTOR 40003395; Comfort women, https://en.wikipedia.org/wiki/

221. Kelly D. Askin, "Comfort Women-Shifting Shame and Stigma from Victims to Victimizers", International Criminal Law Review 1 (2001), p.29 황태연 외, 일제종족주의, p.147에서 인용

222. 황태연 외, 일제종족주의, p.147

223. 와다 하루키, 정재정 옮김, 일본군 '위안부' 문제의 해결을 위하여, 역사공간, 2016, p.16~17에서 인용

224. 부러진 뼈는 신경쓰지 않고 성병검진만 했다, 미디어오늘 2017. 6. 3

225. 구라바시(倉橋正直), '종군 위안부 문제의 역사적 연구'

226. 부러진 뼈는 신경쓰지 않고 성병검진만 했다, 미디어오늘 2017. 6. 3

227. 西野瑠美子, '慰安婦'とは何であったか, 季刊 中帰連 2004年 03月 31日, http://www.ne.jp/asahi/tyuukiren/web-site/backnumber/05/nisino_ianhu.htm

228. FeND(Japanese-U.S. Feminist for Decolonisation), http://fendnow.org/encyclopedia/the-facts-2007/

229. FeND(Japanese-U.S. Feminist for Decolonisation), http://fendnow.org/encyclopedia/yes-we-remember-the-facts-2012/

230. 미네기시 겐타로, 《천황의 군대와 성노예》, 도서출판 당대, 2001. p.191

231. 미네기시 겐타로,《천황의 군대와 성노예》, pp.191~192

232. 日本の慰安婦, https://ja.wikipedia.org/wiki

233. 미네기시 겐타로,《천황의 군대와 성노예》, pp.194~195

234. 廣崎リユウ, '從軍慰安婦に返還されない軍事郵便貯金',《週刊金曜日》26號; 미네
기시 겐타로,《천황의 군대와 성노예》, pp.195~196; 이영훈이 공개 저격한 위안
부 문옥주, 그에 관한 진짜 이야기,〈반일 종족주의 20〉근거로 들이댔던 '문옥주
일대기'의 정반대 내용들, 오마이뉴스, 2020. 1. 13

235. Amy Stanley, Hannah Shepherd, Sayaka Chatani, David Ambaras, Chelsea Szendi
Schieder, "Contracting for sex in the Pacific War": The Case for Retraction on
Ground of Academic Misconduct, The Asia-Pacific Journal, Volume 19, Mar 01,
2021, p.7

236. 위의 논문, p.7~8

237. 미네기시 겐타로,《천황의 군대와 성노예》, p.177

238. Nelson, Hank (May 17, 2007), The Consolation Unit: Comfort Women at
Rabaul, The Australian National University

239. The United States Strategic Bombing Survey (Pacific) The Allied Campaign
against Rabaul, Naval Analysis Division, Washington, 1946, pp.23~25

240. Hisashi Noma, The Story of Mitsui and O. S. K. Liners lost during the Pacific
War: Japanese Merchants Ships of War, published in English and Japanese,
2002, p.160

241. Kentaro Igusa, The Jungle and Leaf of Hibiscus: Memoirs of a Navy Surgeon in
the South Pacific, privately published, Canada, 1987, p.16

242. George Hicks, The Comfort Women, Allen and Unwin, Sydney, 1995, pp.82~83

243. AWM54, 779/9/4, Interrogation of natives evacuated from Pondo and Gazelle
Peninsula, Nelson, Hank (May 17, 2007), The Consolation Unit: Comfort
Women at Rabaul에서 인용

244. IJA Transport/Hospital Ship BUENOS AIRES MARU: Tabular Record of
Movement, http://www.combinedfleet.com/

245. Nelson, Hank (May 17, 2007), The Consolation Unit: Comfort Women at
Rabaul, The Australian National University

246. Hisashi Noma, p.221, Nelson, Hank (May 17, 2007), The Consolation Unit: Comfort Women at Rabaul에서 인용

247. 여성가족부, 일본군 '위안부' 피해자 e-역사관, http://www.hermuseum.go.kr/cop/bbs/anonymous/selectBoardArticle.do

248. 여성가족부, 일본군 '위안부' 피해자 e-역사관

249. 여성가족부 일본군 '위안부' 피해자 e-역사관, http://www.hermuseum.go.kr/

250. 와다 하루키, 오누마 야스아끼, 시모무라 미즈코 공편, 이원웅 역,《군대 위안부 문제와 일본의 시민운동》, 도서출판 오름, 2001, p.134

251. 앞의 책, p.138

252. 앞의 책, p.138

253. Norimitsu Onishi, Denial Reopens Wounds of Japan's Ex-Sex Slaves, The New York Times, March 8, 2007

254. 와다 하루키, 오누마 야스아끼, 시모무라 미즈코 공편, 앞의 책, p.157

255. 앞의 책, p.159; Rosa Henson, https://en.wikipedia.org/wiki/

256. 얀 루프 오헤른,《나는 일본군 성노예였다》(최재인 옮김), 삼천리, 2018

257. 구영주 서평, 일본군 성노예 네덜란드 여성의 고백, 카톨릭 뉴스 지금은 여기, 2018. 7. 18에서 인용했다(출처 http://www.catholicnews.co.kr/news/articleView.html?idxno=20259).

258. 얀 루프 오헤른,《나는 일본군 성노예였다》(최재인 옮김), 삼천리, 2018

259. Hicks, George (1997), The Comfort Women: Japan's Brutal Regime of Enforced Prostitution in the Second World War, W W Norton & Company, p.20

260. 중국무한에 정신대할머니 9명 생존/정대협 확인, 한국일보, 1994. 06. 05

261. 과거 위안부였던 한국인 강덕경씨의 증언; 미네기시 겐타로,《천황의 군대와 성노예》, 도서출판 당대, 2001, p.14에서 인용

262. 한국에서 중국으로 연행되어 해방 후에도 중국에 남아 있었던 하군자씨의 증언; 위 미네기시 겐타로,《천황의 군대와 성노예》pp.14~15에서 인용.

263. 식민지 인도네시아에 살고 있다가 위안부가 되었던 네덜란드인 얀 루프 오헤른(Jan Ruff O'Herne)의 증언; 위 미네기시 겐타로,《천황의 군대와 성노예》p.20에서 인용

264. 한국인 윤두리 씨의 증언; 위 미네기시 겐타로,《천황의 군대와 성노예》p.36에서

인용

265. 김음례 씨의 증언, 위 미네기시 겐타로,《천황의 군대와 성노예》, p.40에서 인용

266. Ms. Gay J. McDougall, Special Rapporteur, An Analysis of the Legal Liability of the Government of Japan for "Comfort Women Stations" Established during the Second War; Karen Parker and Jennifer F. Chew, "Compensation for Japan's World War II war-rape victims", Hastings International and Comparative Law Review, vol. 17, 1994, p.499

267. Karen Parker and Jennifer F. Chew. "Compensation for Japan's World War II war-rape victims", Hastings International and Comparative Law Review, vol. 17(1994), p.499

268. 慰安所と慰安婦の数, 慰安婦問題とアジア女性基金デジタル記念館

269. G. Hicks, "Comfort women, sex slaves of the Japanese Imperial Force", Heinemann Asia, Singapore, 1995, p. 115, Ms. Radhika Coomaraswamy, Report on the mission to the Democratic People's Republic of Korea, the Republic of Korea and Japan on the issue of military sexual slavery in wartime에서 인용

270. 필리핀제도 동쪽에 있는 서태평양의 섬나라

271. Ms. Radhika Coomaraswamy, Report on the mission to the Democratic People's Republic of Korea, the Republic of Korea and Japan on the issue of military sexual slavery in wartime.

272. Hicks, George (1997), The Comfort Women: Japan's Brutal Regime of Enforced Prostitution in the Second World War, W W Norton & Company Incorporated, ISBN 978-0-393-31694-0, https://en.wikipedia.org/wiki/Comfort_women#cite_note-75에서 재인용

273. "일본군, 조선인 여성 30명 총살" 위안부 학살 기록 원본 찾았다, 경향신문, 2016. 11. 6.

274. 일본군 '위안부 피해자 학살' 영상 처음 나왔다, 한겨레신문, 2018. 2. 28

275. Japanese Prisoner of War Interrogation Report No. 49: Korean Comfort Women, 1 Oct 1944, United States Office Of War Information

276. 한국향토문화대사전, https://terms.naver.com/

277. 와다 하루키, 오누마 야스아끼, 시모무라 미츠코 공편, 이원웅 역,《군대위안부 문

제와 일본의 시민운동》, 도서출판 오름, 2001, p.190~192, 쓰루미 순스케, 현재의
생각

278. 君川丸 (特設水上機母艦), https://ja.wikipedia.org/wiki

279. 와다 하루키, 오누마 야스아끼, 시모무라 미츠코 공편, 이원웅 역,《군대 위안부 문
제와 일본의 시민운동》, 도서출판 오름, 2001, p.251~252

제4부
한국인의 슬픈 역사
_ 강제징용의 진실

1. Convention C029 - Forced Labour Convention, 1930 (No. 29), https://www.ilo.
org/

2. 渡邊大門, '倭寇の人身売買は貴重な労働力' 日中朝を席巻した海賊集団の謎,
2018/12/09

3. John Haberstroh, In re World War II Era Japanese Forced Labor Litigation and
Obstacles to International Human Rights Claims in U.S. Courts, 2003 Asian Law
Journal

4. Chung Hye-Kyung, The Forcible Drafting of Koreans During the Final Phase of
Colonial Rule and the Formation of the Korean Community in Japan, 44 KOREA J.
30, 38 - 47 (2004). TIMOTHY WEBSTER, THE PRICE OF SETTLEMENT: WORLD
WAR II REPARATIONS IN CHINA, JAPAN AND KOREA에서 인용

5. 네이버 지식백과, 조선인 강제 연행(朝鮮人強制連行) (한국민족문화대백과, 한국학
중앙연구원)

6. 박경숙, 〈식민지 시기(1910년~1945년) 조선의 인구 동태와 구조〉, 한국인구학 제
32권 제2호(2009년), pp.29~58

7. 일제 강제 동원 실상 폭로한다, 인천일보, 2021.03.02.

8. German Deal Over Ex-Forced Laborers Could Help Japan, ASIAN ECON. NEWS,

Feb. 11, 2002; Korean Scholars Pledge Drive to Protect Dokdo Sovereignty, XINHUA NEWS AGENCY, Aug. 16, 2002. John Haberstroh, 앞의 책에서 인용

9. 네이버 지식백과, 강제 동원의 규모 (문답으로 읽는 20세기 한국경제사, 2010. 11. 29, 정태헌)

10. 잊힌 강제징용자 800만…이제 8천 명 남았다, 매일경제, 2016. 08. 14

11. Donald Macintyre, Fighting for Wartime Retribution, Time Mag., Jan. 17, 2000. John Haberstroh, 앞의 책에서 인용

12. 노동신문 2003년 1월 31일, 日本統治時代の朝鮮人徴用, ウィキペディア (Wikipedia)

13. 朝鮮新報 2003년 2월 4일, 日本統治時代の朝鮮人徴用, ウィキペディア (Wikipedia)

14. 영화 〈귀향〉의 역사 왜곡과 일본군 위안부에 대한 7가지 오해, 미디어워치, 2018. 4. 14

15. 朝鮮中央通信社 日帝の罪状録を発表, 朝鮮新報 2010. 11. 24

16. 日本労働年鑑 特集版 太平洋戦争下の労働運動, 法政大学大原社会問題研究所, 労働旬報社

17. 日本人の海外活動に関する歴史的調査, 통권 제10권 조선편 제9분책

18. 日本労働年鑑 特集版 太平洋戦争下の労働運動, 法政大学大原社会問題研究所, 労働旬報社

19. 強制動員真相究明ネットワーク, '朝鮮人強制動員Q&A'

20. 네이버 지식백과, 강제징용 (소년중앙 시사용어)

21. 일본 外務省アジア局北東アジア課'第6次日韓会談 一般請求権小委員会第8回会合'(被徴用者数)1961年 12月 21日, 日本統治時代の朝鮮人徴用, ウィキペディア (Wikipedia)

22. 한·일 회담 문서 발췌-대일 청구권, 한겨레, http://www.hani.co.kr

23. 네이버 지식백과, 강제징용 (소년중앙 시사용어)

24. 歴史教育研究会《日本と韓国の歴史共通教材をつくる視点》P304, P305, 山口公一'大東亜共栄圏の中の植民地朝鮮', 日本統治時代の朝鮮人徴用, ウィキペディア (Wikipedia)

25. 그 내역은 1939년도 7만 9,660명, 1940년도 8만 7,133명, 1941년도 7만 5,155명,

1942년도 12만 2,262명, 1943년도 11만 7,943명, 1944년도 4월~9월 11만 7,152명(이상 합계 59만9,305명)이다.

26. 東京聯合ニュース 2014年4月8日 '朝鮮人約８０万人を強制動員 裏付ける日本資料確認', 日本統治時代の朝鮮人徴用, ウィキペディア (Wikipedia)

27. 일본. 外務省アジア局北東アジア課 '一般請求権徴用者関係等専門委員会第1回会合'(朝鮮関係軍人軍属数)1962年2月13日, 日本統治時代の朝鮮人徴用, ウィキペディア(Wikipedia)

28. 네이버 지식백과, 징용 거부 운동(徴用拒否運動) (한국민족문화대백과, 한국학중앙연구원)

29. 昭和14年10月8日付 函館新聞

30. 네이버 지식백과, 일본 국가와 재벌의 유착 (문답으로 읽는 20세기 한국경제사, 2010. 11. 29, 정태헌)

31. 水野直樹他,《日本の植民地支配 肯定賛美論を検証する》(岩波書店) p.40, 41, 日本統治時代の朝鮮人徴用, ウィキペディア(Wikipedia)에서 인용

32. 네이버 지식백과, 조선인 강제 연행(朝鮮人強制連行) (한국민족문화대백과, 한국학중앙연구원)

33. 水野直樹他,《日本の植民地支配 肯定賛美論を検証する》, p.40, 41

34. 네이버 지식백과, 전시체제와 강제 동원 (한국독립운동사, 2014. 5. 30, 박찬승)

35. 네이버 지식백과, 조선인 강제 연행(朝鮮人強制連行) (한국민족문화대백과, 한국학중앙연구원)

36. 水野直樹他,《日本の植民地支配 肯定賛美論を検証する》, p.40, 41

37. 네이버 지식백과, 조선인 강제 연행(朝鮮人強制連行) (한국민족문화대백과, 한국학중앙연구원)

38. 네이버 지식백과, 징용 거부운동(徴用拒否運動) (한국민족문화대백과, 한국학중앙연구원)

39. 네이버 지식백과, 전시체제와 강제 동원 (한국독립운동사, 2014. 5. 30, 박찬승)

40. 네이버 지식백과, 폭력성과 강제성, 강제 동원의 본질 (문답으로 읽는 20세기 한국경제사, 2010. 11. 29, 정태헌)

41. 半島人移入雇用に関する件

42. 朴慶植編, 〈戦時強制連行・労務管理政策〉①, pp.298~299, 日本統治時代の朝鮮

人徴用, ウィキペディア(Wikipedia)

43. 吉林省檔案館, 廣西師範大學出版社編《日本関東憲兵隊報告集(第一輯)》6, 廣西師範
　　大學出版社, 2005年, 日本統治時代の朝鮮人徴用, ウィキペディア(Wikipedia)

44. 鎌田澤一郎, 《朝鮮新話》1950年, 鄭大均《在日・強制連行の神話》p.112, 日本統治
　　時代の朝鮮人徴用, ウィキペディア(Wikipedia)에서 인용

45. Chung Hye-Kyung, 앞의 책

46. 네이버 지식백과, 징용 거부 운동(徴用拒否運動) (한국민족문화대백과, 한국학중
　　앙연구원)

47. 네이버 지식백과, 전시체제와 강제 동원 (한국독립운동사, 2014. 5. 30, 박찬승)

48. 네이버 지식백과, 강제 동원(強制動員) (한국향토문화전자대전)

49. 네이버 지식백과, 전시체제와 강제 동원 (한국독립운동사, 2014. 5. 30, 박찬승)

50. 〈大陸東洋経済〉1943年 12月 1日号, '座談会 朝鮮労務の決戦寄与力', 日本統治時
　　代の朝鮮人徴用, ウィキペディア(Wikipedia)

51. 外村大, 植民地朝鮮の戦時労務動員─政策と実態─, 4. 労働力需要増加と労務動員
　　の困難化, 日本統治時代の朝鮮人徴用, ウィキペディア(Wikipedia)

52. 国立公文書館 アジア歴史資料センタ＿ 外務省外交史料館A門 '本邦内政関係雑纂
　　/ 植民地関係 第二巻' 8 . 復命書及意見集 / 1 復命書及意見集の1 レファレンスコ
　　＿ド B02031286700, 日本統治時代の朝鮮人徴用, ウィキペディア(Wikipedia)

53. 네이버 지식백과, 폭력성과 강제성, 강제 동원의 본질 (문답으로 읽는 20세기 한국
　　경제사, 2010. 11. 29, 정태헌)

54. Chung Hye-Kyung, 앞의 책

55. 국민 징용령, http://www.okpedia.kr

56. 국민 징용령, http://www.okpedia.kr

57. 네이버 지식백과, 전시체제와 강제 동원 (한국독립운동사, 2014. 5. 30, 박찬승)

58. 국민 징용령, 우리역사넷, 국사편찬위원회, http://contents.history.go.kr

59. 朴慶植, 山田昭次 監修《朝鮮人強制連行論文集成》(明石書店, 1993年) p.581, 日本
　　統治時代の朝鮮人徴用, ウィキペディア(Wikipedia)에서 인용

60. 終戦後の朝鮮人取扱に対し極度の不平不満に関する件

61. 千葉県警察部特別高等課《昭和二十年・内鮮報告書類編冊》1945年9月28日付, 東金
　　警察署長から千葉県知事宛'終戦後の朝鮮人取扱に対し極度の不平不満に関する

件', 日本統治時代の朝鮮人徴用, ウィキペディア (Wikipedia)

62. 外村大,《朝鮮人強制連行》pp.63~76, 149, 178, 岩波新書, 日本統治時代の朝鮮人
徴用, ウィキペディア (Wikipedia)

63. 네이버 지식백과, 폭력성과 강제성, 강제 동원의 본질 (문답으로 읽는 20세기 한국
경제사, 2010. 11. 29, 정태헌)

64.《在日強制連行の神話》文春新書 2004年, pp.61~63, 日本統治時代の朝鮮人徴用,
ウィキペディア(Wikipedia)

65. 3·1 독립선언문

66. 네이버 지식백과, 국민정신총동원운동(國民精神總動員運動) (두산백과)

67. 大政翼賛会, https://ja.wikipedia.org/wiki/

68. 한국민족문화대백과사전(국민총력조선연맹(國民總力朝鮮聯盟))

69. 징용, 위키백과

70. 애국반, 우리역사넷, http://contents.history.go.kr

71. 네이버 지식백과, 국민총력조선연맹(國民總力朝鮮聯盟) (한겨레음악대사전,
2012. 11. 2, 송방송)

72. 庵逧由香,《朝鮮における戦時動員政策の展開_国民運動の組織化を中心に》,《国
際関係学研究》21, 津田塾大学, 1995, 日本統治時代の朝鮮人徴用, ウィキペディア
(Wikipedia)

73. 樋口雄一,《太平洋戦争下の女性動員》, '朝鮮史研究会論文集', 1994(32), p.125, 日
本統治時代の朝鮮人徴用, ウィキペディア(Wikipedia)

74. 한국민족문화대백과사전(국민총력조선연맹(國民總力朝鮮聯盟))

75. 네이버 지식백과, 조선임전보국단(朝鮮臨戰報國團) (한국민족문화대백과, 한국학
중앙연구원)

76. 네이버 지식백과, 징용 거부운동(徵用拒否運動) (한국민족문화대백과, 한국학중앙
연구원)

77. 네이비 지식백과, 탈주하는 노동자들 (문답으로 읽는 20세기 한국경제사, 2010.
11. 29, 정태헌)

78. 日本労働年鑑 特集版 太平洋戦争下の労働運動, 法政大学大原社会問題研究所, 労
働旬報社

79. 네이버 지식백과, 탈주하는 노동자들 (문답으로 읽는 20세기 한국경제사, 2010.

11. 29, 정태헌)

80. 日本労働年鑑 特集版 太平洋戦争下の労働運動, 法政大学大原社会問題研究所, 労働旬報社

81. 네이버 지식백과, 임금탈취 (문답으로 읽는 20세기 한국경제사, 2010. 11. 29, 정태헌)

82. 네이버 지식백과, 탈주하는 노동자들 (문답으로 읽는 20세기 한국경제사, 2010. 11. 29, 정태헌)

83. 사단법인 일본광산협회 편, 1940. 12

84. 네이버 지식백과, 임금탈취 (문답으로 읽는 20세기 한국경제사, 2010. 11. 29, 정태헌)

85. 네이버 지식백과, 임금탈취 (문답으로 읽는 20세기 한국경제사, 2010. 11. 29, 정태헌)

86. The Postwar Dollar Bought Fewer Yen, The New York Times, May 27, 1986, https://www.nytimes.com/1986/05/27/opinion

87. https://www.usinflationcalculator.com/

88. 네이버 지식백과, 조선인 강제 연행(朝鮮人强制連行) (한국민족문화대백과, 한국학중앙연구원)

89. 네이버 지식백과, 전시체제와 강제 동원 (한국독립운동사, 2014. 5. 30, 박찬승)

90. 네이버 지식백과, 전시체제와 강제 동원 (한국독립운동사, 2014. 5. 30, 박찬승)

91. 네이버 지식백과, 조선인 강제 연행(朝鮮人强制連行) (한국민족문화대백과, 한국학중앙연구원)

92. 1944년 칙령 제519호

93. 광주지방법원 2013. 11. 1 선고 2012가합10852 판결 손해배상(기)

94. 日本労働年鑑 特集版 太平洋戦争下の労働運動, 法政大学大原社会問題研究所, 労働旬報社

95. 歴史教育研究会《日本と韓国の歴史共通教材をつくる視点》pp.304~305, 山口公一 '大東亜共栄圏の中の植民地朝鮮', 日本統治時代の朝鮮人徴用, ウィキペディア(Wikipedia)

96. 日노인의 징용피해자 증언, "바짝 마른 그들은 힘 없이 걸어왔다", 연합뉴스, 2019. 10. 12

97. 西岡力、〈歴史戦争の認識なき外務省がもたらす禍根―'戦時徴用工'を第二の'慰安婦'にしてはならぬ 政府は一刻も早く事実関係の調査をして外交戦に備えよ〉《正論》2015年9月号, 日本統治時代の朝鮮人徴用, ウィキペディア（Wikipedia）

98. 吉田春男 "松代大本営建設回顧録" 昭和39年2月 in 西条地区を考える会《松代でなにがあったか！ 大本営建設 西条地区住民の証言》竜鳳書房 2006年1月, p.131, 日本統治時代の朝鮮人徴用, ウィキペディア(Wikipedia)

99. 飯島滋明《'松代'から何を読みとるか》p.245 名古屋学院大学論集, 社会科学篇, 第45巻, 第4号（2009年3月）; 松代大本営の保存をすすめる会《マツシロへの旅》p.9, http://rnavi.ndl.go.jp, 日本統治時代の朝鮮人徴用, ウィキペディア（Wikipedia）

100. 稗田和博 '玉砕か？逃避行か？今に残る松代巨大地下壕'《ビッグイシュー日本版》第124号, 有限会社ビッグイシュー日本, 大阪市, 2009年8月1日, 12頁, 松代大本営跡, ウィキペディア(Wikipedia)

101. 飯島滋明《'松代'から何を読みとるか》p.246 名古屋学院大学論集, 社会科学篇,第45巻,第4号(2009年3月), 日本統治時代の朝鮮人徴用, ウィキペディア(Wikipedia)

102. 林えいだい《松代地下大本営》p.27, 1992年, 明石書店, 日本統治時代の朝鮮人徴用, ウィキペディア/(Wikipedia)

103. 〈일제 강제징용 피맺힌 증언〉강제 동원 피해를 세상에 알리다 1, 재일사학자 박경식, 인천일보, 2021. 04. 14

104. 옥매산 광산 노동자 해몰 사건, 해남군, http://haenam.grandculture.net/

105. 長生炭鉱, http://orange.zero.jp/

106. 〈일제 강제징용 피맺힌 증언〉강제 동원 피해를 세상에 알리다 1, 재일사학자 박경식, 인천일보, 2021. 04. 14

107. 아버지…아직 끝나지 않은 73년 전 '조세이의 비극', 한겨레, 2015-03-29

108. 네이버 지식백과, 군함도 (시사상식사전, pmg 지식엔진연구소)

109. 유네스코 세계유산위, '日군함도 역사 왜곡' 비판 결정문 채택, 조선일보, 2021. 07. 22

110. 浮島丸の史実を次世代に 7月25日, 舞鶴で追悼のつどい, 産経新聞, 2015年6月27日

111. 우키시마호 폭침 사건은 끝나지 않았다, 〈기고〉 전재진 우키시마호 폭침 진상규명회 대표, 통일뉴스, 2019. 7. 4

112. 포츠담 선언, 나무위키

113. National Composition of Forces to Occupy Japan Proper to the Post-Defeat Period, SWNCC 70/5

114. Ultimate Occupation of Japan and Japanese Territory, JWPC385/1

115. 日本の分割統治計画, https://ja.wikipedia.org/wiki

116. 浮島丸事件, https://ja.wikipedia.org/wiki

117. 浮島丸事件, https://ja.wikipedia.org/wiki

118. 浮島丸事件, https://ja.wikipedia.org/wiki

119. 우키시마호 폭침 사건은 끝나지 않았다, 〈기고〉 전재진 우키시마호 폭침 진상규명회 대표, 통일뉴스, 2019. 7. 4

120. 7,000여 명의 원혼은 어디로...돌아오지 못한 귀국선 우키시마호, 시사저널, 2016. 08. 11

121. "浮島丸の史実を次世代に 7月25日, 舞鶴で追悼のつどい". 産経新聞, 2015年6月27日

122. 浮島丸事件, https://ja.wikipedia.org/wiki

123. 7,000여 명의 원혼은 어디로...돌아오지 못한 귀국선 우키시마호, 시사저널, 2016. 08. 11

124. 浮島丸事件, https://ja.wikipedia.org/wiki

125. 7,000여 명의 원혼은 어디로… 돌아오지 못한 귀국선 우키시마호, 시사저널, 2016. 08. 11

126. 舞鶴湾下佐波賀沖の凹地の確認について, '浮島丸'の沈没跡地か, 海上保安学校, 第八管区海上保安本部, 平成２１年１１月２６日

127. (사할린 동포)일제 말기 강제징용으로 머나먼 사할린까지 끌려간 사람들, Haru, 2019. 7. 21

128. 한-러, 사할린서 강제이주 한인 유해 송환 회담, 연합뉴스, 2013. 05. 23

129. 7,000여 명의 원혼은 어디로… 돌아오지 못한 귀국선 우키시마호, 시사저널, 2016. 08. 11

130. 日警, 蘇軍 진주 직전 사할린 韓人 18명 학살, 연합뉴스, 1995. 12. 02

131. 전쟁의 광기가 휩쓴 죽음의 사할린, 〈기록되지 않은 역사〉 해방 직후 사할린 한인 학살사건, 일다, 2013. 01. 01 https://www.ildaro.com

132. 전쟁의 광기가 휩쓴 죽음의 사할린, 〈기록되지 않은 역사〉 해방 직후 사할린 한인 학살 사건, 일다, 2013. 01. 01 https://www.ildaro.com; 7,000여 명의 원혼은 어디로… 돌아오지 못한 귀국선 우키시마호, 시사저널, 2016. 08. 11; 〈유레카〉 사할린 미즈호 마을의 비극, 2015. 10. 5 한겨레

133. "일제 경찰이 가둬놓고 소방호스로 휘발유 뿌린 뒤 방화", 재외동포신문, 2015. 03. 10

134. 〈데스크칼럼〉 사할린 동포의 친구, 대구 청년들, 매일신문, 2019. 08. 28

135. 네이버 지식백과, 천인갱 (시사상식사전, pmg 지식엔진연구소)

136. 학살로 '천인갱'에 묻힌 조선인들… 죽어서도 못 돌아왔다, 세계일보, 2019-09-20

137. 朝鮮総督府受刑者海南島出役ニ伴フ監督職員等増員ニ関スル件(内務省発管第72号)

138. 斉藤日出治, 日本の海南島侵略 (1939-45年) 軍事占領から空間の総体的領有へ

139. 천인갱, 70년의 기다림, 취재파일K, KBS, 2015. 08. 16

140. 斉藤日出治, 日本の海南島侵略 (1939-45年) 軍事占領から空間の総体的領有へ

141. 징용, 위키백과

142. John Leicester, Chinese Forced Laborers Are Suing Japanese Firms for Compensation, SEATTLE TIMES, Aug. 24. 2000

143. 日本労働年鑑 特集版 太平洋戦争下の労働運動, 法政大学大原社会問題研究所, 労働旬報社

144. 〈일제 강제징용 피맺힌 증언〉 21세기 일본의 우주군사대국화와 그 위험성, 인천일보, 2021. 05. 12

145. 日本労働年鑑 特集版 太平洋戦争下の労働運動, 法政大学大原社会問題研究所, 労働旬報社

146. William Underwood, Chinese Forced Labor, the Japanese Government and the Prospects for Redress, 3 ASIA-PAC. J. — JAPAN FOCUS, July 2005, at 1, 2

147. Hiroshi Matsubara, Mitsui Case Breaks New Ground for Wartime Redress, JAPAN TIMES, Apr. 27, 2002

148. Timothy Webster, The Price of Settlement: World War II Reparations IN China, Japan AND Kor.

149. 日本労働年鑑 特集版 太平洋戦争下の労働運動, 法政大学大原社会問題研究所, 労働旬報社

150. Kajima to Compensate Chinese for War Labor, THE JAPAN TIMEs, Nov. 30, 2000

151. John Haberstroh, In re World War II Era Japanese Forced Labor Litigation and Obstacles to International Human Rights Claims in U.S. Courts, 2003 Asian Law Journal

152. 斉藤日出治, 日本の海南島侵略 (1939―45年) 軍事占領から空間の総体的領有へ

153. 한곳에서 죽은 1,200명의 조선인들… '천인갱'을 아시나요, 20. 01. 10 오마이뉴스

154. 네이버 지식백과, 완런컹 〈萬人坑(만인갱)〉 (두산백과)

155. 〈歴史戦 南京が顕彰した男 (下)〉 朝日記事 万人坑'はなかったという指摘に本多勝一氏はこう返答した… '中国の主張を代弁しただけ' (2/7ページ), 産経新聞. (2016年5月15日); 万人坑, https://ja.wikipedia.org/wiki/

156. 山西省大同市の'万人坑'遺跡記念館を訪ねて, japanese.china.org.cn, 10. 07. 2015

157. 旧日本軍による'万人坑' 大同の犠牲者は15万人, 〈人民網日本語版〉 2005年1月11日

158. Churchill, Winston (1986). The Hinge of Fate, Volume 4

159. Akira Fujiwara, Nitchû Sensô ni Okeru Horyo Gyakusatsu, Kikan Sensô Sekinin Kenkyû 9, 1995, p.22

160. McCarthy, Terry (12 August 1992). "Japanese troops ate flesh of enemies and civilians". The Independent. London.

161. Yuki Tanaka, Hidden Horrors, 1996, pp.2, 3

162. Herbert Bix, Hirohito and the Making of Modern Japan, 2001, p.360

163. "World War II POWs remember efforts to strike against captors", The Times-Picayune. Associated Press, 5 October 2012.

164. Prisoners of the Japanese : POWs of World War II in the Pacific—by Gavin Dawes, ISBN 0-688-14370-9

165. Dawes, Gavan (1994). Prisoners of the Japanese: POWs of World War II in the Pacific. Melbourne: Scribe Publications. pp. 295 – 297. ISBN 1-920769-12-9

166. Donald L. Miller "D-Days in the Pacific", p.317

167. Morison, Samuel Eliot (2002) (1960). Victory in the Pacific, 1945. Volume 14 of History of United States Naval Operations in World War II. Urbana, Illinois: University of Illinois Press. ISBN 0-252-07065-8. OCLC 49784806

168. Battle of Saipan, historynet.com

169. Better late than never, The Bataan Campaign, Remembering the Battle for Bataan, 1942, Philippine-defenders.wv.us/html/murphy_ james_bio.html

170. Esconde, Ernie B. (April 9, 2012). "WW2 historical markers remind Pinoys of Bataan's role on Day of Valor". GMA Network

171. Woolfe, Jr., Raymond G. (2016). The Doomed Horse Soldiers of Bataan: The Incredible Stand of the 26th Cavalry. Rowman & Littlefield Publishers. p.414. ISBN 978-1-4422-4534-1

172. Pantingan River massacre, https://en.wikipedia.org/wiki; Mariano Villarin, We remember Bataan and Corregidor: the story of the American & Filipino defenders of Bataan and Corregidor and their captivity (Gateway Press, 1990), 176

173. Murphy, Kevin C. (2014). Inside the Bataan Death March: Defeat, Travail and Memory. Jefferson, North Carolina: McFarland. p. 328. ISBN 978-0-7864-9681-5; Greenberger, Robert (2009). The Bataan Death March: World War II Prisoners in the Pacific. Compass Point Books. p. 96. ISBN 978-0-7565-4095-1

174. 〈文藝春秋〉 2006年3月号, 490頁; バタ__ン死の行進, https://ja.wikipedia.org/wiki

175. "Bataan Death March", Interaksyon; "O'Donnell Provost Marshal Report". www.mansell.com

176. バタ__ン死の行進, https://https://ja.wikipedia.org/wiki

177. McCoy, Melvin; Mellnik, S.M.; Kelley, Welbourn, Prisoners of Japan: Ten Americans Who Escaped Recently from the Philippines Report on the Atrocities Committed by the Japanese in Their Prisoner-War-Camps, LIFE, February 7, 1944

178. Chappell, John David (1997). Before the bomb: how America approached the

end of the Pacific War. University of Kentucky Press. p. 30. ISBN 978-0-8131-1987-8.

179. Masanobu Tsuji, https://en.wikipedia.org/wiki; 辻政信, https://ja.wikipedia.org/wiki

180. Burma Railway, https://https://en.wikipedia.org/wiki

181. Daws, Gavan (1994). Prisoners of the Japanese: POWs of World War II in the Pacific. New York: William Morrow & Co.

182. MacArthur, Brian (2005). Surviving the Sword: Prisoners of the Japanese in the Far East, 1942 – 1945. New York: Random House.

183. The Bridges of the Thailand-Burma Railway, PBS, June 26, 2008, https://www.pbs.org/

184. The Enemy; Treatment of prisoners, http://hellfire-pass.commemoration.gov.au

185. The Workers; Rōmusha recruitment, http://hellfire-pass.commemoration.gov.au

186. Gamba, C. The National Union of Plantation workers. p. 1, Burma Railway, https://en.wikipedia.org/wiki

187. Death Railway Movements, http://www.mansell.com/pow_resources

188. David Boggett, NOTES ON THE THAI-BURMA RAILWAY, 京都精華大学紀要第二十号

189. "After the War: War crimes trials". The Thai-Burma Railway & Hellfire Pass., http://hellfire-pass.commemoration.gov.; Cast into oblivion: Malayan Tamils of the Death Railway, FMT News, November 22, 2015

190. 〈제물포럼〉 오키나와 강제징용 '고생일기', 인천일보, 2019. 12. 23

191. 책임연구원 김민영 군산대 교수

192. 〈일제 강제 동원 피맺힌 증언〉 오키나와, 그 지옥의 조선인 1, 인천일보, 2021. 03. 03

193. 〈일제 강제징용 피맺힌 증언〉 오키나와, 그 지옥의 조선인 2, 인천일보, 2021. 03. 10

194. 오키나와 에메랄드빛 슬픔…발굴 기다리는 강제 동원 희생자 유골, 연합뉴스,

2019-02-14

195. 마샬군도의 한국인 강제징용자 생생한 모습 공개, 한겨레, 2014-08-13

196. 〈일제 강제징용 피맺힌 증언〉 남태평양, 그 일본군 식인의 지옥 1, 인천일보, 2021. 03. 24

197. 남양군도 밀리 환초 한국인 반란사건(1944년 3월), 국사편찬위원회, http://archive.history.go.kr/

198. 밀리 환초 학살 사건, https://namu.wiki/

199. Bradley, James (2003). Flyboys: A True Story of Courage. Little, Brown and Company.

200. "The Faith of George HW Bush". www.christianpost.com.

201. 〈일제 강제징용 피맺힌 증언〉 남태평양, 그 일본군 식인의 지옥 2, 인천일보, 2021. 04. 07

202. 치치지마 식인 사건, https://namu.wiki/; 小笠原事件, https://ja.wikipedia.org/wiki/

203. 小笠原事件, https://https://ja.wikipedia.org/wiki/

204. Chichijima incident, https://en.wikipedia.org/wiki/

205. "The Pacific War Online encyclopedia: Mori Kunizo". pwencycl.kgbudge.com.

206. 小池 新, 〈これはうまい. お代わりだ〉硫黄島激戦の裏で, 日本軍将兵はなぜ"アメリカ人将校の肉"を食べてしまったのか, 文春オンライン, 2020/08/16, https://bunshun.jp/articles/

207. 小田部雄次·林博史·山田朗,《キーワード日本の戦争犯罪》雄山閣 1995年

208. 小池 新, 〈これはうまい. お代わりだ〉硫黄島激戦の裏で, 日本軍将兵はなぜ"アメリカ人将校の肉"を食べてしまったのか, 文春オンライン, 2020/08/16, https://bunshun.jp/articles/

209. 치치지마 식인 사건, https://https://namu.wiki/

210. Terry McCarthy, Japanese troops 'ate flesh of enemies and civilians', Saturday 22 October 2011, https://www.independent.co.uk/news/world

211. 杉森久英,《辻政信》文藝春秋新社 1963年

212. 이오지마 전투, https://https://namu.wiki/

213. 하시가쿠미코(梯久美子)의 소설《산화한 비극의 이오지마 총지휘관 구리바야시

다다미치》와 영화 〈이오지마에서 온 편지〉는 일본에서 히트하여 구리바야시 장군
은 일본의 유명한 영웅이 되었다. 栗林忠道, https://ja.wikipedia.org/wiki
214. 이오지마 전투, https://namu.wiki/

일본의 노예

1판 1쇄 인쇄   2021년 12월 01일
1판 1쇄 발행   2021년 12월 10일

지은이   박태석
펴낸이   박태석
펴낸곳   월드 헤리티지
주소   서울 서초구 서초대로 266 한승아스트라 702호
등록   2020년 6월 12일 제2020-000112호

전화   02)587-2854
팩스   02)587-2855
이메일   taesok8866@gmail.com

ISBN 979-11-975944-0-3 (03910)